岩波文庫

38-607-3

開かれた社会とその敵

第2巻 にせ予言者
—ヘーゲル, マルクスそして追随者—

(上)

カール・ポパー著
小河原　誠訳

岩 [illegible] 書店

DIE OFFENE GESELLSCHAFT UND IHRE FEINDE
Bd. 2: Falsche Propheten: Hegel, Marx und die Folgen
THE OPEN SOCIETY AND ITS ENEMIES
Vol. II: The High Tide of Prophecy: Hegel, Marx, and the Aftermath

by Karl R. Popper

Based on the 8th edition published in German
by Mohr Siebeck GmbH & Co. KG, Tübingen in 2003,
edited by Hubert Kiesewetter.
This Japanese edition published 2023
by Iwanami Shoten, Publishers, Tokyo
by arrangement with the University of Klagenfurt.

凡　例

一、底本について

本訳書の底本は、Karl Popper, *Die offene Gesellschaft und ihre Feinde, Band I: Der Zauber Platons; Band II: Falsche Propheten: Hegel, Marx und die Folgen*, 8. Auflage, herausgegeben von Hubert Kiesewetter, Mohr Siebeck, 2003(以下、ドイツ語版と略記)である。これを第一巻(上・下)、第二巻(上・下)の四分冊にて訳出、刊行する。

本書の初版は、編者の手になる「本書が日の目を見るまで」(第一巻(下)に収録)に詳細に描かれているように、幾多の紆余曲折を経て、イギリスのラウトリッジ・キーガン・ポール社から一九四五年に英語の二冊本として刊行された(*The Open Society and Its Enemies: "The Spell of Plato" and "The High Tide of Prophecy: Hegel, Marx, and the Aftermath"* 以下、英語版と略記)。これは第五版(一九六六年)をもってテキストが確定し、最終確定版として今日におよんでいる。そのため、一般にはこの英語版が『開かれた社会とその敵』の底本とされることが多い。

一方、本訳書が底本としたドイツ語版は、ポパー自身が監修したドイツ語訳に、かれがみずから加えた変更(これは、一九九二年までおよんだ)を反映させ、さらに各種の引用文献についてドイツ語版の編者キーゼヴェッターが再調査し、誤りなどを訂正し、文献的に遺漏がなく正確であることを期して修正した版である(詳しくは、第一巻(上)に収録した「編者の注記」を参照)。このドイツ語版が事実上の最終確定版であると考えられる。

したがって、本訳書には、ドイツ語版には収録されているが英語版にはない「ドイツ語版第七版への序」(一九九二年執筆)およびBBCでのラジオ講演「イマヌエル・カント　啓蒙の哲学者」を訳出している。また、注におけるいくつかの追加(重要なものが多い)や、断りなくなされた言い回しなどの変更を含んでいる。

なお、翻訳にあたっては、あきらかに英語版がただしい箇所(ドイツ語への翻訳においてミスが生じたと断定せざるをえない箇所が、ごくわずかだが存在する)、あるいは英語版の表現がより明晰である箇所については、断ることなく英語版の表現を採用した。

二、各種記号について

原文のイタリック体による強調の箇所には傍点を付した。

引用符には、カギかっこを用い、「　」とした。

原文の（　）は、基本的にそのままとした。

ドイツ語版の編者による注や補足は、［　］で示した。

三、原注について

本書には、本文を分量的にうわまわり、読み応えのある膨大な注が巻末についている。

本訳書においては、（1）（2）……の注番号をつけ、各分冊に分割して収録した。

注番号に＋が付されたものは、読者の関心をひくと思われる幅広い素材や論争的問題への言及を含んでいることを示しており、原書に類似の表示がなされている。＋のない注番号は、出典、あるいは本書におけるテキスト箇所を示すものである。

ポパーが本書第一版の原稿執筆時に使用できなかった資料を利用していたり、一九四三年以降に加筆したりしている箇所は、〈　〉で示している。しかし、この記号は注冒頭部の「注一般について」で述べられているように、すべての加筆箇所について表示されているわけではない。

ドイツ語版（フランケ版）の訳者パウル・K・ファイヤーアーベントによる注は、【　】で示した。

「本書が日の目を見るまで」（第一巻（下））につけられた原注は、（1）（2）……の注番号をつけ、文章末においた。

四、訳注について

訳注は、本文中に〔　〕で示した。分量の多い訳注については、〔1〕〔2〕……の注番号をつけ、各章末にまとめた。

なお、ポパーの著作で邦訳書のあるものについては、それを併記するように努め、初出を中心に主な箇所に掲載した。また、プラトン、アリストテレス、ヘーゲル、マルクスなどの邦訳書については、「編者の注記」内で言及した。ただし、必ずしも邦訳書の訳文にはしたがっておらず、適宜変更を加えている。

五、索引について

人名索引と事項索引を、第二巻（下）の巻末に付した。人名索引は、訳者の判断で、重要でないと思われる人物は割愛した。事項索引については、同一の原語を文脈に応じて訳し分けたり、また砕いて訳出したりした箇所もあるので、その語の概念を示すことばを載せておいた。したがって、本文中の訳語とぴったり対応していないものもある。

目 次

〔第四分冊〕

開かれた社会とその敵

〔第三分冊〕

第八版
フーベルト・キーゼヴェッター編集

第二巻

にせ予言者（上）

――ヘーゲル、マルクスそして追随者

神託まがいの哲学の出現

第一一章　ヘーゲル主義のアリストテレス的根源

ここでの課題は、ヒストリシズムの思想とそれが全体主義的国家論におよぼした影響の歴史を叙述することである。だが、ここではそれに手をつけることさえできない。思い出していただきたいのだが、ここで述べるのは、こうした思想が現代でとった形態についで、その歴史的背景を照らし出すかもしれない若干の散発的な注釈以上のものではない。長期にわたるその発展の歴史、とりわけプラトンとヘーゲルやマルクスとのあいだに横たわる時空領域の歴史について叙述することは、本書の枠組みを大きく超えでる課題である。したがって、アリストテレスについては、ただプラトンの本質主義についてのかれの理解の仕方が、ヘーゲルの、したがってまたマルクスのヒストリシズムに影響を与えたかぎりでのみ扱うことになろう。プラトンを批判したさいに、ある程度まで馴染んだアリストテレスの思想や問題のみを扱うからといって、一見して思われるほど大きな不都合がもたらされるわけではない。というのも、たしかにアリストテレスは驚嘆すべき学識と驚くほど広い視野をもってはいたが、とくに独創的な思想家であったわけではないからである。かれがプラトンの思想的な豊かさに付け加えたものは、主として体系的な叙述であり、とくに経験的、わけても生物学的諸問題への熱烈な関心であった。だが忘れてはならない点がある。かれは、論理学の発案者であり、だからこそ、かれの他の業績に対してとおなじように、みずから(『詭弁論駁論』の末尾で)得てもよいと望んだもの、すなわち、われわれの心からなる感謝とみずからの不十分さに対する赦しとに文句なくあたいする。だが、プラトンの読者や称賛者にとっては、この不十分さは残念ながら見逃しがたいのである。

第一節

プラトンの最晩年のいくつかの著作には、同時代におけるアテネの政治的発展——民主主義の堅牢化——のこだまが感じ取れる。プラトンでさえ、民主主義はあれこれの形をとって持続的な制度として定着してしまったのではないかと疑い始めたと思われる。アリストテレスには、民主主義の持続的な勝利はもはや疑いえないという言外の含みが見て取れる。かれは、民主主義の盟友ではなかったとはいえ、それを避けがたいものとして受け入れ、この敵と妥協しようとした。

妥協しようとする傾向は、奇妙にも先行者や同時代者(とりわけ、プラトン)のうちに誤りを見つけ出そうとする傾向と結びついているのであって、これは一切の学問を包括しようとするアリストテレスの著作群のもつきわだった特徴である。そこにはプラトンの作品の動機をなした、あの悲劇的で心をかきむしるような葛藤の痕跡は見られない。プラトンに特有なあの透徹した洞察の閃光に代わって、そこにあるのは無味乾燥な体系化であり、後世の多くの凡庸な著作家たち多数に通有なあの傾向、すなわち、どんな問題でも〈健全で均衡のとれた〉判断によって、つまり、どんな人間にもただしいと受け取れるような判断によって、決着をつけてしまおうとする傾向である。これは、多くのばあい、もったいぶった態度で争点を隠すことでもある。この疲労困憊させる習慣——アリストテレスはこれをその有名な〈中庸説〉において体系化した——は、かれのこじつけめいた、そしてしばしば無内容なプラトン批判の源のひとつとなっている。(1) 洞察力の欠如を示す一例は、この歴史への洞察力(アリストテレスは歴史家でもあった)のばあいで言えば、かれの注意を免れていた歴史上の出来事でもあるのだが、まさに民主主義がマケドニアの帝国主義的君主政に席を譲らざるをえなかった瞬間に、ギリシアにおける民主主義の見せかけだけの強化に満足していたという事実である。アリストテレスは、父親とおなじようにマケドニア宮廷の廷臣であり、そしてフィリッポス王によってアレクサンダー大王の教師に選ばれていた。だが、これらの人物やその遠謀を過小評価していたように思われる。おそらく、これらの人物をよくわかっていると思い込んでいたからであろう。「アリストテレスは、それと気づくことなく、君主政と食卓をともにした(2)+」というのがゴンペルツの的確な批評である。

アリストテレスの思考はプラトンの思想によって完全に支配されている。しぶしぶとではあったにせよ、かれはプラトンからほとんどすべてのものを——かれのかなり非芸術家的な気質が許すかぎりにおいてであるが——受け継いでいるし、とりわけ政治一般に対する態度を継承している。そこからかれは、プラトンの本性論的奴隷論を強化し、自分の体系のなかで用いるのである。「何人かの者は生まれつき〔von Natur aus 自然からして。本性上〕自由であるが、他の者は奴隷である。そして後者にとっては奴隷であることがふさわしくまたただしい……生まれつき自分自身に属さず他人に属する者は生まれつき奴隷である……ギリシア人は自分自身を奴隷と呼ぶことを好まず、この表現を野蛮人にのみ限定して使用する。……奴隷には思考能力が欠けている。(3)+」その一方で、自由な女であってもこの能力はすこしばかり欠けているとされる。（アテネの奴隷制反対運動についての知識の多くは、アリストテレスによるそれへの批判と痛罵に負うている。かれは自由のための先駆者に反論し、それによって、かれらの見解の若干を残してくれたわけだ。）いくつかの点でアリストテレスはプラトンの奴隷制論をなにほどか緩和したし、そしてあまりにも過酷であるとして、師をしかるべく咎めてもいる。かれはプラトンを批判できる機会には逆らえなかったし、当時のリベラルな諸傾向との妥協であれ、妥協の機会には逆らえなかった。

しかし奴隷制論は、アリストテレスがプラトンから継承した数多くの政治思想のうちのひとつにすぎない。とりわけ、最善国家についてのかれの理論は、われわれが知るかぎりでは、『国家』と『法律』での理論を模倣しており、そうした理論についてのかれの理解の仕方はそれらを理解するうえでたいへん役に立つ。アリストテレスの最善国家はつぎの三つのもののあいだでの妥協である。ロマンチックなプラトンふうの貴族政、〈合理的で均衡のとれた〉領主制(Feudalismus)、そして若干の民主主義的思想。これらのなかでは領主制が最善とされている。アリストテレスは民主主義者と一緒にすべての市民に対して統治に参加する権利を要求する。もちろん、これは耳に響くほど、ラディカルな意図をもったものではない。なぜなら、アリストテレスはすぐつづけて、奴隷のみならず、生産階級に属する者はすべて市民身分から排除されると明言しているからである。そこからかれは、プラトンとおなじように、労働者階級は統治してはならないし、統治階級は労働も金を稼ぐこともしてはならないと説いている。（だが、かれらはお金を大量にもっていると仮定されているのだ。）支配者は土地所有者であり、みずから労働してはならない。ただ狩猟、戦争、そしてそれらに類似した趣味のみが支配者にふさわしいことと見なされている。アリストテレスは、どんなかたちであれ金を稼ぐことに、つまり、職業的活動のすべてに対して恐れを抱いており、それはおそらくプラトンのばあいよりもはるかに度を超している。プラトンは、平民的な、低劣な、あるいは堕落した精神状態を表わすために、〈職工的（banausisch）〉[4]+という表現を用いた。アリストテレスは、この表現のもつ軽蔑的な意味合いを拡張して、純粋な趣味でない関心一切に適用できるようにした。かれはこのことばを、われわれが〈職業的（professionell）〉ということばを用いるときのように用いたし、とりわけアマチュア・スポーツ競技では〔金銭の獲得によって〕資格を失うという意味において用いた。だが、たとえば医者のような専門家に対してするようにも用いたのだ。アリストテレスにとっては、どんなものであれ専門職的営み〔プロフェッショナリズム〕は身分の喪失を意味する。領主は、とかれはこう主張する。「技芸であれ学問であれ、なんらかの営みに」熱中してはならない。「なるほど、郷紳がある程度までならば習得してもよい自由学芸は存在するであろうが、それらに度を超した関心を払うときには、つぎのような悪弊が生じるであろうから[5]」――そうした者は、それらの学芸に専門的職業人のように精通し、身分を失うということである。これが、アリストテレスの自由人教育(liberale Erziehung)の思想なのである、つまり、奴隷、奉仕者、職業人の教育に対置された紳士教育の――残念ながら、まだ廃れてはいない――教育思想なのである[6]。おなじ調子で、かれはしばしば「余暇こそあらゆる活動の第一原則である[7]」と言っている。アリストテレスが有閑階級に対して示した賛美と恭順は、居心地の悪さという注目すべき感情に発していると思われる。このマケドニア宮廷医師の息子は、自分自身の社会的地位の問題によって不安を覚えていた、つまり、自身の学者的な関心はまさに専門職的な関心と見なされうるのだから身分の喪失をみちびくかもしれないという可能性によって、不安にかられていたように見える。「ほとんど信じられないであろうが、かれは貴族である友人からこのような非難を受けるのではないかと恐れていた節がある。……まことにもって奇妙きわまりないことである！　最大ではないとしても、あらゆる時代をつうじてそのような者の一人が、職業的学者たらんとしなかったのだ。かれは、ディレッタント、世俗の人と見なされることを好んだ[8]」とゴンペルツは言っている。かれには、劣等感があったのだ。プラトンにすがってはいないと証明しようとするかれのひたむきな努力、またかれ自身の〈専門職的な〉過去と、また自身は疑いもなく専門職的な〈ソフィスト〉であった（かれは修辞学さえ教えていた）という事実を無視しても、そこにはおそらくもうひとつの根拠がある。なぜなら、アリストテレスとともにプラトン哲学は権力の座の要求というその壮大な野望を放棄するからである。この瞬間から、それはただ教える職業としてのみ存続しうることになった。そして領主的な大地主をのぞいて哲学を研究するお金と余暇を有している者はほとんどいないのだから、哲学はただただ伝統的な紳士教育の本質的でない一部になろうと望むだけになった。このように一段と穏健になった望みを抱いて、アリストテレスは領主層を、まさに戦争とか政治的な紛糾事にかかわっていないときに、哲学的な思弁と哲学的な瞑想とがもっとも幸福で高貴で洗練された暮らし方であるから、それらがかれらの〈よき生〉にとって最高度に重要な部分になりうる、と説得しなければならないと考えたのである。哲学は、アリストテレス自身が述べているように、気散じのための最良の形態なのである。なぜなら、「だれしも……気散じを目的として戦争を始めはしないだろう」(9)から。

こうした宮仕え哲学は楽天的なものになりやすいであろう、そうでないとしたら暇つぶしの方法として受け入れられることはほとんどないであろうから、と仮定しても問題ないであろう。じっさい、アリストテレスがプラトン主義を体系化したさいに施したもっとも重要な訂正はこの楽天主義のうちにこそある。(10) プラトンの漂流感は、どんな変化も、少なくともある宇宙的な期間においては、いずれにせよ悪化せざるをえないという理論に表現されていた。変化は、いつにせよ、腐敗であったわけである。ところが、アリストテレスの理論は、改善であるような変化を許容する。したがって、変化は進歩でもありうる。プラトンはあらゆる発展は、原型からの、つまり、完全な形相とかイデアからの出発であり、したがって、変化することで、そしてオリジナルとの類似性を失うにしたがって、その完全性を喪失すると教えていた。この理論は、かれの甥であり後継者であったスペウシッポスによって、またアリストテレスによっても見捨てられた。だがアリストテレスは、スペウシッポスの議論はいわばあまりにも行き過ぎであるとして非難した。というのも、スペウシッポスの議論からはより高等な形態に向かう一般的な生物進化が帰結してくるからである。アリストテレスは当時大いに議論された生物発展論の敵対者であったと思われる[11]+。だが、かれがプラトン主義に与えた特有の楽天的言い回しは、生物学的思弁の成果でもあった。それは最終目的を原因と捉える目的因(Zweckursache)の考えに基礎をおいている。

　アリストテレスによれば、一般的に作用する四つの原因のうちのひとつ——したがって運動や変化の原因のひとつ——は、運動が志向するところの目的因(Endursache)あるいは目標である。目的因は、目標あるいは望まれた目的であるかぎりで、善でもある。

それゆえ、善は運動の出発点――これはプラトンが教え、またアリストテレスも承認した――でありうるばかりでなく、また運動の終点にもあらねばならないことになる。[12] そしてこのことは、時間的に始点をもつもの、あるいはアリストテレス自身が言うところでは、存在するものへと生成していく一切のものにとって重要な意味をもつ。みずから展開していく事物一切にとって、その形相とか本質は、事物が展開していくさきの目的とか目標とか最終状態と同一なのである。したがって結局のところ、かれの公の否認にもかかわらず、スペウシッポスによって訂正されたプラトン主義に非常によく似た学説がえられる。形相やイデアをプラトンはいつでも善と見なしていたが、これらはいまや始点ではなく終点に存在する。したがってアリストテレスは、プラトンの悲観主義を楽天主義によっておき換えたことになる。

運動の目標とか目的を目的因として強調するというアリストテレスの目的論は、かれの圧倒的な生物学的関心を表現している。それは、プラトンの生物学的理論[13]によってのみならず、プラトンがその正義論を全宇宙に拡張したという事情によっても影響されている。というのも、プラトンは市民が属する階級それぞれは社会における自然な場所、すなわち、市民が帰属しそして生まれつきからしてふさわしい場所を占めていると教えていたのみならず、おなじ原則によって、物理的物体の世界やそこでのさまざまな部類や種類を解釈しようとしていたからである。かれは、石とか土といった重量物の重さ、そしてまたそれらの落下しようとする傾向、さらには空気とか炎の上昇しようとする傾向を、それらは、もともといた場所のあり方を保持する、あるいは取り戻そうとするからだと仮定することで説明しようとした。石とか土は、大部分の石と大部分の土があるところに、そしてただしい自然の秩序にしたがってあろうとするところにあろうとするから落下し、空気や炎は（天上の物体であるわけだが）、みずから止まろうとするところに、そしてただしい自然の秩序にしたがって属するところにあろうとするから、上昇するというのである[14]。このような運動論は動物学者アリストテレスの心に訴えるものであった。それは目的因の理論と容易に結合できるし、あらゆる運動をひたすら自分の小屋に帰ろうとしている跑足《だくあし》の馬に類似したものとして説明できるからである。アリストテレスはこの説明を有名な本性上の位置の理論として発展させた。どんなものでも、それ自身の本性上の位置から隔たっているものは、その位置に戻ろうとする自然な傾向をもつというのである。

若干の変更を加えたとはいえ、プラトン的な本質主義〔Essentialismus 文脈からすると本性主義という訳語を当てることもできる〕についてのアリストテレス的翻案は、プラトンとのごくわずかの相違しか示せない。アリストテレスは、みずから強調するところなのだが、もちろん、プラトンとは異なり、形相とかイデアが知覚可能な物体から離れて存在するとは考えない。だがこうした相違が重要になるのは、変化の理論の修正とかたく結びついているからである。プラトンの理論のもっとも重要な点のひとつは、形相とか本質とか起源（父なるもの）は、感覚的に知覚対象物に先立って、またそれゆえにそれらとは分離されて存在する――感覚的な知覚対象物はそれらからますます離れていくのだから――と仮定する点にある。アリストテレスにとって、感覚的な知覚対象物はみずからの最終目標に向かって運動していくのであり、最終目標はそうしたものの形相とかエッセンス、あるいは本質（Wesen）と同一視される。[15] そして生物学者としてかれは、感覚的な知覚対象物はみずからの内にその最終状態とか本来の姿（Wesen）の種子〔Samen 精子〕を宿していると見なすのである。ここにかれが、事物のなかの形相とか本質は、プラトンのごとくに、事物に先立って、あるいは事物の外に存在するのではないと言いえた理由のひとつがある。アリストテレスにとって、あらゆる運動とか変化は、事物の本質に内在する若干の潜勢力（あるいは可能性）の現実化（あるいは〈現勢化〉）である。たとえば、木材の本質的な可能性とは、水に浮かびうるとか、燃えうるといったことである。こうした可能性は、木材が浮かびもせず燃えもしないでいるとしても、その本質に属する。だが、そうした出来事が生じるときには、事物はその可能性を現実化し、みずから変化し運動するわけである。[16]したがって、事物のあらゆる可能性を包摂するエッセンスはいわば事物の変化と運動の内的源泉なのである。こうしたアリストテレス的なエッセンスあるいは形相、ことばを換えれば、こうした〈形式的な〉あるいは〈最終的な〉原因は、したがってじっさいにはプラトンの〈本性(Natur)〉とか〈魂〉と同一である。しかも、この同一性はアリストテレス自身によって首肯されている。かれは『形而上学』においてつぎのように書いているからである。「本性もまた潜勢力とおなじ部類に属する。なぜなら、それは事物そのものに内在する運動原理なのだから。[17]」他方でかれは、〈魂〉を「生体の第一エンテレキー」として定義する。そして〈エンテレキー〉は、今度は形相として、あるいは運動力と見なされる形相的原因(Formalursache)として説明される。[18]したがって、このようないくぶんか錯綜した術語装置を介してふたたびプラトンのもともとの観点に帰りつくのである。すなわち、魂とか本性は形相とかイデアに類似したものであるが、事物に内在し、その運動あるいは変遷の原理であるというのである。〈ツェラーが、アリストテレスは「学問的用語の明確な規定とその全面的な展開をおこなった[19]」とたたえたとき、思うに、かれは〈明確な規定〉という語を満足の念をもって使うことはできなかったのではないかと思う。とはいえ、包括的な展開は承認されねばならないとともに、アリストテレスはこうした錯綜してこむずかしい専門術語を用いることで、ツェラーの表現を使えば、「哲学に対して千年以上にもわたってそのやり口を示し」、あまりにも多くの哲学者を魅了したというじじつに嘆かわしい事実も承認されねばならないのだ。）

アリストテレスは、たしかに百科全書的な歴史家であったが、ヒストリシズムに直接の貢献をしたわけではなかった。プラトンは、洪水やその他のくり返し生じる破局が人間という種族をときに破滅させ、そしてごくわずかの生存者しか残さないという理論を語ったが、アリストテレスはこの理論のいくぶんか制約されたかたちを主張した。[20] この点を別にすれば、かれは歴史の発展動向の問題には興味をもっていなかったように思われる。にもかかわらず、変化にかんするかれの理論がヒストリシズム的解釈にとっていかに歓迎すべきものであったかを示すことはできるのであり、しかもそれが壮大なヒストリシズム哲学の構築にとって必要なあらゆる要素を含んでいたことも示すことができる。はじめて、この状況を全面的に利用したのはヘーゲルであった。アリストテレスの本質主義からは直接にヒストリシズム的教説が帰結してくるが、それにはつぎの三つの教説を区別することができる。

(1)（ヘーゲルの言い回しを用いるならば）個人とか国家は発展するときにのみ、そしてそれらの歴史を知ることができるときにのみ、その隠された「まだ完全に現実とはなっていない……内的なもの」[21] を知ることができる。この教説は、のちになって、とりわけヒストリシズム的方法を、つまり、歴史的方法を適用することによってのみ、換言すれば、社会の変化を研究することによってのみ、社会的なもの、あるいは社会の本質についての知識がえられるという原理を受容させることになった。さらにそれは歴史を崇め、それを実在の大劇場にし、さらには世界の法廷にするという態度をみちびいた（とりわけ、既知のものや現実的なものを善と同一視するヘーゲルの道徳的実定主義（Positivismus）と結びつけられたときに）。

⑵未展開の本質のうちに隠れているものをあらわにしていく変化のみが、変化していく対象のうちにはじめから内在していた本質、可能性、萌芽を発現させることができる。こうした教説は、歴史的宿命とか、本質と結合しているために避けられない使命といった、ヒストリシズム的考えをみちびいた。なぜなら、ヘーゲルはのちに「原理、最終目的、使命……と呼ばれているものはまだ完全に現実化していない[22]」もの以外のなにものでもないと示すからである。したがって一人の人間、ひとつの民族、ひとつの国家が出会うどんな出来事であっても、この人間、この民族、この国家において発現する本質、ほんとうのもの、ほんとうの〈人格〉から流れ出てくるのであり、したがってそこから理解しうるのだとされた。「人間の宿命は直接的に己自身の存在と結びついている。それはかれが事実として立ち向かうものだが、じっさいには己自身の生の一部である[23]。」

ヘーゲルの宿命論についてのこのエドワード・ケアードに発する言い方は、あきらかに、あらゆるものはそれ自身の〈本性上の位置〉を探すというアリストテレスの理論にロマンチックで歴史的なかたちで対応している。そしてこれは、言うまでもなく、陳腐なことの大げさな表現でしかない。人間に起こることは外部の状況ばかりでなく、自分自身にも、つまりかれがそうした状況に反応する仕方にも依存するとしか言っていないからである。しかし純朴な読者は、こうした底なしの深淵のごとき知恵に含まれる真理を理解し、そして〈宿命〉とか、とりわけ〈己自身の存在〉といった刺激的なことばで表現されざるをえない知恵を自分も体得できると思い込み、極端なまでにいい気になってしまうのだ。

(3)本質は、実在的なもの、あるいは現実的なものになろうとしたら、変化のなかで自己を展開しなければならない。この教説はのちにヘーゲルにおいてはつぎのようなかたちをとった。「それ自体で存在しているものは、可能性であり、展開する能力であるが、まだ自己の内部から存在に到達していないものである。それが現実となるためには第二の契機をもたねばならない。それは活動である。[24]」したがってわたくしが〈存在に到達しよう〉と欲するならば(たしかに、これはささやかな願いでしかないが)、わたくしは〈なにごとかを行為に、現にある存在〉にもたらさねばならない。このいまでも依然として人気のある理論は、ヘーゲルが明瞭に見ていたように、奴隷制論の新たな正当化をみちびいた。[25] なぜなら、自己を主張するとは、他者との関係において、彼らを支配することを意味するからである。そしてじっさい、ヘーゲルは、そのようにして人間の関係のいっさいは主人と奴隷、支配と屈従という根本関係に還元されると言うのである。どのような者であれ、自分自身を主張し、そして己のただしさを証明しなければならず、自己の独立を維持する本性、勇気、一般的な能力をもたない者は奴隷であらざるをえないと言うのである。人間関係についてのこの魅惑的な理論は、言うまでもなく、ヘーゲルの国際関係論に対応する。民族は歴史の舞台でみずからを主張しなければならないのであり、世界支配を目指すことがその義務なのである。

こうした遠大なヒストリシズム的帰結のすべてについては、次章でべつな側面からアプローチするつもりであるが、二〇世紀以上にわたってアリストテレスの本質論のうちに〈隠され、未展開のまま〉まどろんでいた。アリストテレス主義は、その多くの称賛者たちが知っていた以上に、実り多く有望であったわけだ。

第二節

われわれの哲学にひそむ主要な危険は、怠慢で朦朧としているといったことを除けば、煩瑣主義である。それは曖昧なものをあたかも精密であるかのように論じ……。

F・P・ラムゼイ

われわれはもうゆったりと構えていないで、ヒストリシズム哲学を分析する地点、あるいはいずれにせよ、アリストテレスとヘーゲルとのあいだの発展について短い注釈をつけうる地点、また第三節として本章を締めくくるキリスト教の成立について注釈をつけることのできる地点に達している。とはいえ、目下のところは主題からはいくぶんか外れ、むしろ専門的技術的な問題になるのだが、アリストテレスが展開した本質主義的定義方法について語っておきたい。

定義や〈概念の意味〉の問題はヒストリシズムとは直接のかかわりはない。しかしそれは、混乱とあの特有の言いまわしの尽きることのない源泉であったのであり、これがヘーゲルの精神においてヒストリシズムと結びつき、それをつうじて他の有害きわまりない知的な時代病——わたくしは神託まがいの哲学(orakelnde Philosophie)〔神託は曖昧なので何とでも解釈できることを指している」と呼ぶつもりであるが――を産み出したのであった。くわえてそれはまた、遺憾ながらこんにちでも蔓延しているアリストテレスの知的影響、ことばを換えれば、字義の末梢に拘泥する空虚な煩瑣主義いっさいの源でもあった。それは、中世において悪弊をもたらしたのみならず、われわれの現代哲学にも災難をもたらしている。なぜなら、ルートヴィヒ・ウィトゲンシュタイン[26]の哲学のような現代哲学でさえ、のちに見るようにこの影響のもとで、苦しんでいるからである。アリストテレス以来の思想の発展はつぎのように要約できるだろう。アリストテレスの定義方法を用いている学問分野は、すべからく、空虚なことばあそびの段階にあり、不毛な煩瑣主義に閉じ込められており、さまざまな学問が進歩した度合いは、この本質主義的方法から自己を解放しえた度合いに依存する、と。(これがわれわれの〈社会科学〉の大部分が依然として中世に属する理由である。) この問題がプラトンとアリストテレスによって根本から混乱させられており、かれらの影響は深く根を張った偏見をもたらしているので、そうした偏見を駆逐することは絶望的と思われるという事実を踏まえるならば、この方法を論じることは少しばかり抽象的にならざるをえないであろう。にもかかわらず、多くの混乱と饒舌の源泉を分析することは、興味を惹かないわけではない。

プラトンにならってアリストテレスもまた、知識と思い込み〔臆見〕とを区別した。[27]+ かれによれば、知識あるいは学問は二種類存在しうる。証明的知識か直感的知識かである。証明的知識は同時に〈原因〉についての知識でもある。それは証明されうる諸言明――結論（結語）――と、それの三段論法的証明――これは〈中間項（Mittelbegriff）〉で〈原因〉とか〈根拠〉をあらわにする――から成立する。直感的知識は（事物が〈直接的に知りうるもの〉であるならば、つまり、事物の〈原因〉とか〈根拠〉が事物の本来的な本性（Natur）と同一であるならば）、〈形相〉とか〈本質〉あるいは事物の本来的な本性を〔直接的に〕把握することから成り立つ。把握されたものは、あらゆる証明の根源的にして基礎的な前提を捉えているから、あらゆる学問の情報源となる。

アリストテレスは、すべての知識を証明しようとか論証しようとしてはならないと強調した。このときかれは疑いもなくただしかった。どんな証明も前提から出発しなければならない。そして証明というものは、それ自体として前提からの導出であり、したがって結論の真なることを最終的に決めることは決してできないのであり、ただ前提がただしいと仮定するならば、帰結も真であらねばならないと示しうるのみである。ここで前提そのものを証明しようとするならば、その前提が真であるかどうかという問いをさらに以前の段階に移す、つまり一連の新しい前提に移すことになり、これは無限につづく（*ad infinitum*）。アリストテレスは、このような（論理学者の言う）無限後退を回避するためには、真であることを疑いえない、そして証明を必要としない前提が存在すると仮定しなければならない、と教え、そうした前提を〈根本前提〉と呼んだ。そうした根本前提から結論を導出する方法が受け入れられるならば、アリストテレスにしたがうかぎり、すべての知識は根本前提のうちに含まれていることになるから、根本前提すべてについての百科全書的なリストさえ入手できれば知識の全体を所有できることになろう。ところで、そうした根本前提はどのようにしてえられるのか。アリストテレスもまた、プラトンとおなじように、結局のところすべての知識は事物の本質の直感的把握によってえられるのだと信じた。アリストテレスは「事物の本質を知ることによってのみ、事物を知ることができるのであり、事物についての知識はその本質の知識から成り立つ[28]」と書いている。〈根本前提〉とは、かれにとってはエッセンス、つまり事物の本質を記述する言明以外のなにものでもない。だが、そうした言明は定義と呼ばれる[29]。したがって、一切の〈証明の根本前提〉は定義である。

　しかし、定義とはどのようなものなのであろうか。定義の一例は〈子馬とは幼い馬である〉といった言明であろう。こうした言明における主語——この例では〈子馬〉という語——は、定義されるべき語(表現)(あるいは被定義語)もしくは被定義項と呼ばれる。そして、〈幼い馬〉は定義子、あるいは定義項と呼ばれる。原則として定義子は、被定義項より長く複雑であり、しばしば両者の表現の長さの違いはかなりのものである。アリストテレスは被定義項を事物の本質の名前と、そして定義子をこの本質を記述するものと考えた[30]。そしてかれは、定義子は本質を、あるいは当該の事物の本質的な属性を余すところなく記述するものであらねばならないと強調する。したがって、〈子馬は四本足である〉といった言明は、たしかに真ではあるが、満足のいく定義ではない。それは子馬の本質と呼ばれるものを汲みつくしてはいないからである。というのも、それは犬にもあてはまるからである。そしておなじように、〈子馬は茶色である〉という言明もまたたしかに若干の馬についてはあてはまるが、すべての馬についてあてはまるわけではない。それは定義される概念のたまたまの特性を記述しているのみであって、本質的な特性を記述しているわけではないからである。

しかし問題が生じてくる。もっとも困難な問題は、いかにして定義に、あるいは根本前提に到達できるのかという問題であり、定義がただしいこと、つまり間違っておらず、ただしい本質を捉えそこなってもいないことを、いかにして確定できるのかという問題である。アリストテレスはこの点について明確に語ってはいないが[31]、根本においてふたたびプラトンにしたがったことにはほとんど疑いがない。プラトンはこう教えていた。イデアは誤ることのない知的直感によって把握できる、言い換えれば、それは眼前に目の当たりにすることができる、あるいは、われわれの〈こころの目〉によって見ることができるのであって、それは視覚に類似したものとして、だが感覚に依存する要素はどんなものであれ排除されており、まったくもってわれわれの知性にのみ依存する過程である、と。[32] アリストテレスの捉え方は、これほどラディカルでもなければ精神性に富むものでもないが、結局のところはおなじである。というのも、アリストテレスは、数多くの観察をおこなったあとでのみ定義に到達できると教え、感覚をつうじての経験はそれ自体としては普遍的な本質を捉えるものではなく、したがって完全に定義を確定しうるわけではないと認めているからである。結局のところかれはただ、われわれには知的直感、つまり、事物の本質、エッセンスを誤りない仕方で捉え、それらについての知識を獲得させてくれる精神的あるいは知的能力があるはずだと要請しているだけなのである。さらにかれは、本質についてのこのような直感的知識によって、われわれにはそうした本質を記述し、したがって定義する能力があると見なしている。（この理論を擁護するためにかれが『分析論後書』で導入した議論は驚くほど脆弱である。それはただ、根本前提についての知識は証明的なものではありえない――そうだとしたら無限後退に至ってしまうであろうから――と、そして、根本前提はそこからの結論とおなじように真でありおなじように確かなものであらねばならないと指摘しているだけなのである。かれはこう書いている。「したがって、根本前提についての証明的知識は存在しえないのであり、そしてただ知的直感のみが証明的知識よりも真でありうるのだから、根本前提を把握するのは知的直感であらざるをえない。」『霊魂論』や『形而上学』の神学的部分には、注釈というよりはむしろ論証と見なした方がよいものが存在する。というのも、そこでは知的直感についての理論が述べられており、その理論によれば知的直感はその対象――本質――と触れ合い、それと合一しさえするからである。「ほんとうの知識はその対象と同一である。[33]+」)

以上のてみじかな分析を要約しておこう。つぎのように述べれば、完全で余すところのない知識についてのアリストテレスの理想をただしく定式化したことになると思われる。アリストテレスにとって研究の最終目標は、あらゆる本質的なものについて直感によって獲得された定義を百科全書的に取り集めることにあった、すなわち、あらゆる本質的なものの名前をその定義子とともに収集することにあった、言い換えれば、アリストテレスにとって学問の進歩とは、こうした百科全書の項目となるものを順次集め、拡張しつつ、欠落している部分を埋めるとともに、言うまでもないことながら、「集められた事実の領域」――これは証明的知識を形成するわけだが――で、含まれている定義から三段論法にもとづく導出をおこなうことにあった、と。

ところで、こうした本質主義的な見解の一切が現代科学の方法ともっとも鋭利な対立を示すことにはほとんど疑いはないだろう。（わたくしは経験科学のことを考えている。純粋数学となれば、おそらく話は別であろう。）科学〔経験科学〕においてわれわれは真理を発見するために最善を尽くすとはいえ、真理を発見したのかどうかという点については決して確信をもちえないことを意識している。われわれは、過去に味わった多くの幻滅から、最終的な決着といったものを期待してはならないこと、科学上の理論が反駁されたとしても、多くのばあい、目の前にある二つの理論のうちどちらがよりよいものであるかを大きな信頼性をもって確定できるのだから、少しも幻滅する必要のないことを学んでいる。そこからして進歩しているとわかるのであって、そしてその認識こそが、最終的な決着とか確実性をえるといった幻想が失われたときに、大部分のわれわれを慰めてくれるのである。換言すれば、科学上の理論はたしかにいつでも仮説にとどまらざるをえないが、多くの重要なばあいにおいて、ある新しい仮説が古い仮説より優れているかどうかを見出しうるということである。というのも、仮説が相互に異なっているならば、異なった予測がみちびかれ、そしてそれらはしばしば実験的にテスト可能になると考えられるからである。こうした〈選別実験(experimentum crucis)〉[1]にもとづいて、しばしば新しい理論は、古い理論が挫折していたところで、満足のいく成果をもたらすことが見出されるのである。したがって、真理の探究では科学の確実性は科学の進歩によっておき換えられたと言えよう。そして、科学の方法についてのこうした見解は科学の発展によって確証されもする。というのも、科学は、アリストテレスが考えたように本質にかかわる情報を順次百科全書的に集積していくことによってではなく、きわめて革命的な方法によって発展するからである。それは、大胆な着想、新しくきわめてありそうもない理論（たとえば、地球は平坦でないとか「距離空間」は平坦でないといった理論）の前進によって、つまり、古い理論の放棄によって、進歩するのである。

しかし、科学の方法がこのように理解されるならば、科学においてはプラトンやアリストテレスがこの語を理解した意味で、すなわち、最終的に決着をつけることができるという意味での〈知識〉は存在しないということになろう[34]。科学では、真理が獲得されたと想定する十分な根拠はない。ふつうに〈科学的知識〉と呼ばれているものは、原則としてそのような意味での知識ではなくして、むしろ、種々の競い合う仮説についての、またそれらがさまざまな検討において験証されてきた次第についての情報である。プラトンやアリストテレスのことば遣いで言えば、こうした〈認識〉、〈知識〉は、〈思い込み〉――つまり、科学によって想定され、そしてもっともよく験証されてきた思い込みなのである。さらにこの見解は、科学には証明は存在しない（もちろん純粋数学や論理学は除外されるが)ということを意味している。われわれが生きている世界について、それがどのようであるかの情報を与えてくれる経験科学では、「証明」という語で理論の真理性の永久的決定が理解されるのであれば、そのような証明が現れることはない。(反対に科学の理論を反駁することは可能である。) 他方で、数学や論理学は、ともども証明を許すが、世界についての情報を与えるのではなくして、それを記述するための道具を発展させるにすぎない。したがって(べつの箇所で触れておいたのだが)、「科学の言明は現実にかかわるかぎりで反証可能であらねばならないし、反証可能でないかぎりで現実とはかかわりをもたない[35]」と言えよう。だが、証明は経験科学においていかなる役割も果たさないとはいえ、論証には依然として大きな意義がある。論証の役割は事実として少なくとも観察や実験の役割とおなじくらい重要である[36]。

　科学においては、定義もまたアリストテレスが考えていたのとはまったく異なった役割を果たしている。アリストテレスは、定義においては——たとえばそれを名指すことによって——まず本質が指示され、ついで定義子によって、それが記述されると説いた。それはちょうど〈この子馬は茶色である〉といった通常の文において、まず〈この子馬〉ということばによってあるものが指示され、ついでそれが〈茶色である〉と記述されるといったことに似ている。またかれは、定義されるべき表現が指示する事物の本質をこのように記述することにより、そうしたことばの意味を規定し説明してもいるのだと説いた。[37]したがって定義は同時に二つの非常によく類似した問いに答えることができるわけである。ひとつは、〈それはなにか〉という問いである。たとえば〈子馬とはなにか〉という問いであって、これは被定義表現によって示される本質についての問いである。他は、〈それはなにを意味するのか〉という問いである。たとえば〈子馬〉とはなにを意味するのか〉という問いであって、表現の（すなわち、この本質が表示する表現の）意味についての問いである。目下のところ、ここで触れられた二つの問いを区別する必要はなく、むしろそれらがなにを共有しているのかを見ることが大切である。わたくしはとりわけつぎの共有点に注意を促したい。二つの問いは、定義において上にある表現によってひき起こされ、そしてともに下にある定義子によって答えられるということである。これは、科学における定義の方法とは根本的に異なる本質主義的立場を特徴づけている。

本質主義的な解釈は定義を〈ノーマルに〉、つまり、上から下へと読むのに対し、現代科学においてふつうに用いられている定義は、後ろから前へ、つまり下から上へと読まれねばならない。なぜなら、定義とは、定義子から始まり、それへのてみじかな、そして扱いやすい表示、つまり、一種のラベルを問うものだからである。科学の考え方においては、たとえば〈子馬とは幼い馬である〉といった定義は、〈われわれは幼い馬を何と呼ぶべきか〉という問いに対する答えなのであって、〈子馬とはなにか〉という問いに対する答えではない。（〈生命とはなにか〉とか〈重さとはなにか〉といった問いは科学では何の役割も演じない。）科学における定義の用い方は、〈下から上へと〉という手続きによって特徴づけられる。それはアリストテレス的なあるいは本質主義的解釈とは対立して、唯名論的解釈と呼ぶことができよう。[38] 現代科学に現れるのは、唯名論的定義、すなわち、長い定式を短縮しみじかく記述するために導入される短縮的なシンボルあるいはラベルのみである。[39]+ そしてここからただちに、定義は科学においてとくに重要な役割はなにも演じていないことが見抜けるであろう。なぜなら、短縮的シンボルは、言うまでもなく、いつでも長い表現によって、つまり、それを主張している定義子によって代替できるからである。そのようなことをすると、多くのばあい、科学の言語は非常に複雑なものとなり、時間と紙を浪費することになるだろう。だがそのようにしたからといって、事実にかんする情報を一片たりとも失うわけではない。〈科学的認識〉は、そこでの概念が目的にかなって使われるという意味においては、すべての定義を除去したところで、まったく影響を被らないままであろう。その唯一の影響は言語にかかわるのであって、その正確さではなく、ただ簡便さを失うということであろう。[40]（ここから、科学には簡便さのために定義を導入するさし迫った実際上の必要はないと取られてはならない。）定義の役割についてここに述べた考え方と、アリストテレスの考え方とのあいだにある対立よりも、より大きな対立はほとんどありえない。アリストテレスにとって、本質主義的定義は、知識のいっさいを引き出すための原理である。したがってそれは、知識の全体を包括し、短い言い方を長い言い方におき換えることに役立つ。それとは反対に科学的、あるいは唯名論的定義は、そもそもいかなる知識も、〈思い込み〉さえ保持していないのであり、その役割はただ新しい短縮的なラベルを導入する点にある。それは長い物語を短縮された仕方で述べるだけなのである。

こうしたラベルは実際の場面では大いに役立つ。この点を見るには、細菌学者がある種のバクテリアに言及するにさいして、〈それを一連の類似の種から区別するための染色方法などをふくめて〉それにかんする全記述をたえず繰り返さねばならなくなり、途方もない煩雑さに出会うことを思い浮かべてみさえすればよい。おなじように考えてみれば、科学者でさえも、科学の定義はすでに説明しておいたように、〈下から上へと〉読まれねばならないことをなぜしばしば忘れてしまったのかが分かるであろう。なぜなら、細胞学のような科学を研究し始めた大部分の人びとは、関係する新しい専門的表現の意味を見出そうと努めざるをえないからである。そのようにしてかれらは実際のところ定義を〈上から下へと〉、つまり本質主義的定義のばあいにおけるように短い表現を非常に長い表現におき換えることによって学習するからである。だがこれは心理学的偶然にすぎず、教師や教科書の著者はまったくべつなふうに進むこともできる。たとえば専門的用語はそれが必要になったあとにはじめて導入するといったこともできるだろう(41)。

これまで示そうと努めてきたように、科学のあるいは唯名論的な定義の使用は、アリストテレスの本質主義的な定義の仕方とは根本的に異なる。だが、定義についての本質主義的な捉え方は、それ自体でも支持できないことを示すことができる。しかし、その点に立ち入ると、本題からの逸脱が長くなるのでそれを避けるために、本質主義的学説のうちの二つのみを批判しておきたい。それら二つの学説は、現代における有力な学派のいくつかが依然として頼みとしているだけに重要である(42)。ひとつは知的直感についての秘教的な学説であり、他は、正確でありたいとするならば〈概念を定義しなければならない〉といういうきわめて通俗的な学説である。

アリストテレスは、まさにプラトンとおなじように、われわれには本質的なものを直感し、そしてどの定義がただしいのかを示す能力があると仮定し、それを〈知的直感〉と呼んでいた。現代の多数の本質主義者はこの学説をくり返している。他の傾向の哲学者は、カントにしたがいつつ、知的直感のようなものは存在しないと反論している。わたくしの考えはこうである。われわれには〈知的直感〉と記してもよさそうなものがあることをよろこんで承認できるし、あるいはもうすこし正確にいうなら、われわれのある種の知的経験がそのように記されることを承認できるというものである。着想、観点、あるいは算数の方法——たとえば、掛け算——を、〈ピンときた〉という意味で〈理解する〉人は、誰でもそうしたものごとをある意味で、直感的な仕方で理解しているのだ。この種の知的経験はたくさん存在する。他面でわたくしはつぎの点を強調しておきたい。こうした経験が科学の営みにとってどれほど重要であろうとも、それはなんらかの着想とか理論の真なることを基礎づけるものではない、と——そうした理論が研究者にとって〈直感的に見てとれる〉もの、あるいは〈自明〉であるとしたところで[43]+。この種の直感は、論証を探すように刺激できるかもしれないとはいえ、論証としては役立たない。なぜなら、誰か他の人にとっては、まさにこの理論の偽なることが自明だからである。科学の道はかつて自明と見なされた理論の残骸で舗装されている。例を挙げておこう。フランシス・ベーコンは、静止しているのが明白な地球の周りを太陽と星々が回っているのだという自明な真理を否定する人びとをすべてを嘲弄したのであった。直感は、科学者の生活においては、詩人の生活におけるのとおなじように、疑いもなく重要な役割を果たす。直感は科学者を発見へとみちびいていく。だがそれは彼を誤りへとみちびいていくかもしれないのだ。だから、それはいつでもかれの個人的なことがらにすぎない。

科学は、科学者がいかにしてそのような認識に到達したかを問いはしない。科学が興味をもつのは、だれもがテストできるような論証である。偉大な数学者カール・フリードリヒ・ガウスはかつて「結果は得た。だがどのようにしてそれを得たのかはわからない」と述べたとき、この状況を的確に語っていたのだ。こうしたことはことごとく、いわゆる本質的なものの知的直感というアリストテレス的学説にあてはまる。これは、ヘーゲルによって、そしてわれわれ自身の時代においてはエドムント・フッサールとその多数の弟子たちによって、主張された学説である。そしてこれは、〈本質的なものの知的直感〉とかフッサールが名づけたところの〈純粋現象学〉が科学の方法でもなければ哲学の方法でもないことを示すものである。(44)+（それは、純粋現象学者が信じているように、新しい発見であるのか、それともデカルト主義（あるいはヘーゲル哲学）の変種であるのかは、大いに論じられた問題であるが、簡単に決着をつけることができる。それはアリストテレス哲学の変種なのである。）

第二に批判すべき学説は、これよりも重要な仕方で現代の見解と関連しているし、とくに字句へのこだわりの問題と関連している。アリストテレス以来、すべての言明が証明されうるわけではないこと、そして証明しようとする試みはただ証明の無限後退をみちびき、したがって自滅せざるをえないことが知られている。だが、アリストテレス(45)にしても他の多数の著述家にしても、概念の意味を定義しようとする類似の試みがおなじようにして定義の無限後退に陥らざるをえないことを明確に知っていたわけではないように見える。リチャード・H・S・クロスマンの『今日のプラトン』からのつぎの一節は、現代の多数の名声高き哲学者たち、たとえばルートヴィヒ・ウィトゲンシュタインによって主張された見解を特徴づけている。「意味を正確に知っていないならば、問いを有効に論じることは不可能である。時間をたっぷり費やしても価値のない議論の大部分は、圧倒的に、使用される語に各人がそれ独自のぼんやりとした意味を付与しており、しかも相手もその語におなじ意味をもたせていると思い込んでいるという事実に由来する。はじめに概念を定義しておけば、討論をはるかに有効に進めることができるだろう。日刊紙をちょっと読んでみさえすれば、（修辞学の現代版に相当する）プロパガンダはなかんずく概念の意味を混乱させることに依存していることを見るであろう。政治家が、法律によって使用しようとする概念すべてを定義しなければならないとなったら、その人気や魅力の大半を失うであろう。かれらの演説は短くなるであろうし、政治家同士の見解の相違はまったくことば遣いのものにすぎないことがわかるだろう。(46)+」この箇所はアリストテレス由来の偏見のひとつ、つまり、定義を使用すれば、言語をより正確なものにすることができるという先入見を特徴づけるものである。しかし、ほんとうにそうであろうか。

第一につぎの点は明白である。「政治家が」（あるいは他の誰かが）「法律によって、使用しようとする概念すべてを定義しなければならないとなったら」、かれらの演説は短くなるどころか、無限に長くなるであろう。なぜなら、証明とか導出が言明の真なることを基礎づけることができないのとおなじように、定義は概念の意味を基礎づけることはできないからである。両者は問題をただ移すことしかできない。導出は真理の問題を前提に引き戻し、定義は意味の問題を定義する側の概念に（つまり、定義子を構成する概念に）引き戻すだけである。[47]+ しかもこうした定義する側の概念も、出発点の概念とおなじように、間違いなく曖昧で混乱していることだろう。いずれにせよ、それら自身が定義されねばならない。とすると新しい概念が導入されることになるが、それらもおなじように定義されねばならないわけだ。[48] したがって無限後退が生じてしまう。すべての概念に定義を要求することは、あらゆる主張について証明を要求することとおなじように、支持できない。

こうした批判は一見したところでは不公平なものと思われるかもしれない。というのも、つぎのような反論がすぐ浮かんでくるからだ。定義を要求する者は、〈民主主義〉〈自由〉〈義務〉〈宗教〉などなどといった語にしばしばまといついている曖昧さの排除を考えているだけである。たしかに、すべての概念を定義することはできないが、そのような若干の危険な概念に対しては定義を与えることができるのだから、その程度にしておけばよい。なんといっても定義する概念が付着してこざるをえないのだから、無限後退を避けようとしたら一度か二度、定義をおこなったらそこで止まらなければならない。だが、このように言って弁護することは支持できるものではない。上記のような概念がしばしば誤用されることは承認しよう。だが、それらを定義しようとする試みが状況を改善しうるという点は否定したい。それは状況を悪化させるだけである。政治家は、その〈概念〉をただ一度だけ〈定義〉し、そのあとは定義する側の表現を定義しないままにしておいたところで、演説を短縮できるわけではないことは明白だろう。なぜなら、〈新しい専門用語を導入する唯名論的定義とは反対の〉どんな本質主義的定義も、すなわち〈われわれの概念を定義する〉どんな定義にしたところで、すでに見たように、短い話にかえて長い話を導入するものだからである。(49)+ そのうえ、ある種の概念を定義しようとする試みは曖昧さと混乱をさらに増加させるであろう。定義する側のすべての表現がそれ自身定義されるべきことを要求できないとしたら、目端の利く政治家あるいは哲学者は、定義せよという要求をなんなく満たすことができる。〈民主主義〉ということでなにを理解しているのかと聞かれたなら、かれはたとえば〈一般意志の支配〉とか〈民族精神の支配〉と答えることができるわけだ。そしてかれはいまや定義を与えたのであり、それによって正確さの最高規準を満たしたのだから、もはや誰しも彼を批判しえないことになる。じっさい――かれはいかにして批判されうるというのか、さらに〈支配〉とか〈民族〉とか〈意志〉とか〈精神〉といった概念の定義が要求されるならば、われわれは無限後退に追いやられることになる。だからあえてそうした要求をする者はいないであろう。だが、そうした要求が提起されたところで、簡単に満たすことができるだろう。他面で、提出された定義がただしいか真であるかについての争いは、ただ空虚なことばの争いをみちびくだけである。

かくして本質主義的定義は崩壊する。アリストテレスにならって、知識の〈諸原則〉を基礎づけようとはせず、ただ〈語の意味を定義すべきである〉という控えめな要求に甘んじているときでさえ崩壊してしまうのだ。

しかし、明晰に曖昧さなく語るべきだという要求は、非常に重要であるし、満たされる必要がある。唯名論の学説のなかでそれはできるのだろうか。また唯名論は無限後退を免れることができるのだろうか。

できるのである。唯名論的立場にとって無限後退に該当するような困難は存在しない。すでに見たように、科学は、概念の意味を確定するために定義を用いるのではなく、ただ扱いやすい短縮的ラベルとして導入するにすぎない。そして科学は定義には依存しない。すべての定義(したがってまた定義された概念)は、与えられた情報を失うことなく消去できる。だから、科学においてはじっさいに必要不可欠な概念の一切は、ただ無定義語のみであろう。では科学はどのようにして概念の意味を確定するのであろうか。この問いに対してはさまざまな答えが提案されてきた。だが思うに、それらのどれひとつとして現実には満足のいくものではない[50]+。どうしてそうなのか——思うに、アリストテレスの学説やそれに類似した哲学の諸傾向が概念の意味を正確に知ることがいかに重要であるかを長期にわたって説得してきたので、われわれすべてはそう信じるようになってしまったということなのだ。われわれは信じたことにしがみついている。しかも、二千年の長きにわたって概念の意味にこだわりつづけた哲学が饒舌や字義の詮索に満たされ、くわえて驚くほど曖昧で多義的であるのに対し、概念やその意味ではなく、代わりに事実にこだわってきた物理学のような科学が、大きな正確さを達成したという事実があるにもかかわらず、そうなのである。たしかに、概念の意味の重要性がアリストテレスの学説の影響のもとで過大に語られすぎてきたと指摘するのは重要である。だが、わたくしは物理学の例はもっと多くのことを示してくれると思う。意味の問題にこれほど集中しても大きな正確さがみちびかれなかったという事実はわきにおいて、むしろ、意味の問題への没頭それ自体こそが、曖昧さ、二義性、そして混乱の主要な源であるということである。

科学では立てられた主張は概念の意味に依存しないように配慮されている。さらに概念が定義されるときには、定義からなんらかの知識が引き出されるとか、論証がそれにもとづくといったことが生じないようにしている。これが概念には配慮がほとんどなされない理由である。われわれは概念に過重な負担をかけない。概念に可能なかぎり重みをおかないように努力するのだ。概念の「意味」があまりにもまじめに受け取られすぎないようにしているのである。概念は〈実際の場面で使われることから学ばれるのだから〉いくぶんか曖昧であり、正確さが達成されるのは、曖昧さというぼんやりした半影領域を縮小することによってではなくして、そこから距離を取ることによって、つまり、概念の意味のありうる曖昧さからなにごとも生じないように注意深く言明を形成することによってなのである。こうした仕方で語にかかわる争いが回避されるのだ。

科学や科学言語の正確さは概念の正確さに立脚するという考えは、たしかにもっともらしいが、にもかかわらずそれはたんなる偏見であろう。言語の正確さは、むしろ、正確であろうとする課題をたてることでそこでの概念に負担をかけることのないように注意深く努力することに依存する。〈砂丘〉とか〈風〉といった概念はたしかに非常に曖昧である。〈小さな砂の山は〈砂丘〉と呼ばれるためにはどのくらいの高さであらねばならないのか。空気の動きは〈風〉と呼ばれるためにはどのくらいの速さであらねばならないのか。〉こうした概念は地質学者の目的にとっては十分に正確である。より正確な区別が求められるなら、かれはいつでも〈1メートルから8メートルの高さの砂丘〉とか、〈秒速4メートルから8メートルの速さの風〉ということができる。そして精密科学においても事情は似たようなものである。たとえば、物理的測定においては誤差領域がたえず考慮される。そして正確さはそうした領域を完全に排除するとか、存在しないと主張することにあるのでもなく、むしろそれらを明確に承認することにあるのだ。

たとえば物理学における〈同時性〉といった表現がそうであるように、概念が困難を作り出すときでさえ、困難は正確さの欠如とか両義性にあるのではなく、むしろわれわれが直感的にもっている理論に――あまりにも少なくではなく――多すぎる意味を、あるいはいわゆる〈正確な〉意味を負わせているからなのである。アルベルト・アインシュタインが同時性の概念を分析して見つけ出したのは、物理学者は同時的な出来事を解明するにあたって暗黙のうちに間違った仮定(信号には無限の速さがあるという仮定)をおいていたということなのである。誤りは、かれらがなにも意味していなかったとか、かれらが意味していたものは両義的であったとか、あるいは概念は十分に正確でなかったという点にあったのではない。むしろアインシュタインが見出したものは、ある理論上の仮定――〈自明〉であるがゆえにその間違いが気づかれずにいた仮定――を削除することで、科学に生じた困難を排除できるということであった。したがってかれは、概念の意味の問題ではなく、理論が真であるかどうかの問題にかかわっていたのである。ある一定の物理学上の問題からまったく離れて、同時性という概念の〈本質的意味〉について分析すれば、あるいは、物理学者たちは同時性という概念で〈ほんとうはなにを考えているのか〉を研究すれば、大きな前進がもたらされるだろうなどとはとても思えない。

こうした例を見れば、そもそも困難に陥る前に問題を解こうなどとすべきではないということが分かると思う。またアインシュタインの例をもって、曖昧さとか多義性の問題といった概念の〈意味〉の問題にのめり込むことが正当化されるわけでもないだろう。こうした問題に汲々とするのは、むしろ、多くのことがらが概念の〈意味〉に依存し、われわれが扱うのはそうした意味であるという仮定をおいているからである。そこからして、語をめぐる争いが生じ、煩瑣主義がみちびかれてこざるをえないのだ。こうした観点からすれば、ウィトゲンシュタインの学説を批判することができるだろう。この学説によれば、科学は事実を探求するのだが、哲学の課題は概念の意味を明瞭にし、もって言語を純化し、言語的な謎を取り除くことにあるとされている。[(51)+] この学派の見解の特徴をなしているのは、合理的な批判の対象になりうるような論証は作らないということである。そこからしてこの学派は、その繊細な分析をもっぱら、手ほどきを受けた者たちからなる小さな秘教的なグループに向けておこなった。ここからわかるのは、意味の問題に汲々とするならば、いつでも、哲学におけるアリストテレス的な志向から生じるきわめて典型的な結果、つまり煩瑣主義と神秘主義がみちびかれやすいということである。(52)+

では、アリストテレス主義がもたらしたこれら二つの典型的な結果はどのようにして生じたのかを考えてみよう。アリストテレスは、証明あるいは論証、および定義は、知識を獲得するにあたっての二つの根本的な方法であると強調した。まず証明についての教説を考えてみたい。すると、疑いもなく、この教説は証明できる以上のことを証明しようとする無数の試みをみちびいたことがわかる。中世哲学はそうした煩瑣主義で満ちているし、その傾向は大陸ではカントに至るまで観察できる。カントは、神の存在を証明しようとするあらゆる試みを批判したが、これはフィヒテ、シェリングそしてヘーゲルのロマン主義的反動をみちびいた。この新しい反動の傾向は、証明やそれとともに合理的な論証の一切を放棄しようとする点にあった。ロマン主義とともに、哲学においては、そしてまた社会科学においてもおなじだが、新しい種類のドグマティズムがはやりだした。このドグマティズムは、受け入れられるか投げ捨てられるだけというその有無を言わさない主張との対決を迫る。神託まがいの哲学のこのロマン主義的な時期は、ショーペンハウアーによって「不誠実の時代」と呼ばれ、つぎのように述べられている。「以前の哲学者すべてが書いたものには、あの率直さ、つまり読者と一緒に探求しようとする精神の印があったのだが、この地では消え失せている。にせ哲学者どもは読者に教え込み聴従させようとしている。どのページもそれを証言している。(53)」

アリストテレスの定義論も似たような結果をみちびいた。第一にそれは、大量の、重箱の隅をほじくるような詮索を生み出した。のちになって哲学者たちは、定義について議論することは不可能であると感じ始めた。そこからして本質主義はおしゃべりを活気づけ、また議論することへの、つまり、理性への幻滅をみちびきもした。煩瑣主義、神秘主義、理性への絶望——これらは、プラトンの、そしてアリストテレスの本質主義の避けがたい結果である。そして、アリストテレスとともに、自由に対するプラトンの公然たる反乱は、理性に対する隠然たる反乱となったのである。

アリストテレス自身から知られるのであるが、本質主義と定義論とがはじめて提起されたとき、強烈な反対に、とりわけ、理路を踏んで反対したと言ってよいのだが、ソクラテスの古い仲間アンティステネスの反論に出会った。(54)+ しかし、この反論は不幸なことに完敗し、その影響力をすべて失った。人間の知的発展にとってこの敗北から生じた帰結にはほとんど評価しきれないほどのものがある。そのいくつかについては次章で論じることにしたい。これをもって、わたくしの逸脱、つまり、プラトン－アリストテレス的定義論への批判を閉じる。

第三節

わたくしが、アリストテレスをきわめて素描的に取り扱ったこと、プラトンとくらべれば一段とそうであったことを再度いう必要はほとんどないであろう。これら二人の哲学者について書いたのは、ヒストリシズムの登場に、そしてまた開かれた社会に対する戦いにかれらがどんなかかわりをもったかを、さらにはわれわれの時代の問題——現代のヒストリシズムと全体主義の父であるヘーゲルの神託まがいの哲学の登場——にどんな影響を与えたかを示すためであった。ここでアリストテレスからヘーゲルへの展開について論じることはそもそもできない。それについて少しでもまともに扱おうとしたら、少なくとももう一巻必要であろう。本章に残されたページはわずかであるが、その時期を開かれた社会と閉じた社会の闘争という光のもとでどのように解釈できるかを示唆しておきたいと思う。

プラトン－アリストテレス的な思弁と、かの偉大な世代の精神、つまり、ペリクレス、ソクラテスそしてデモクリトスの精神とのあいだにおける闘争は、あらゆる時期をつうじてたどることができる。この精神はキニク派の運動によって多かれ少なかれ純粋に保存された。かれらは初期のキリスト教徒のように、人間はともに同胞〔兄弟姉妹〕であると説いた。かれらはそれを唯一の神が父親であるという一神教的な信仰に結びつけていた。アレクサンダー大王の世界帝国も、そしてまたアウグストゥスのそれもまた、最初はペリクレスのアテネにおいてすがたをあらわし、西洋と東洋との接触からたえず新たに刺激されてきたこの理念に影響されている。この理念やおそらくはキニク派の運動そのものが、初期キリスト教の成立に影響を与えたことは間違いないところであろう。

キリスト教は初期には、キニク派の運動とおなじように、〈学のある書き手〉、つまり著述する者の学識あるプラトン主義的観念論や主知主義に反対していた。（「主はこれらのことを知者や賢者には隠され、赤子には開示された。」）疑いもなく、それは、一部には、広い意味でのいわゆるユダヤ的プラトン主義運動に対する抗議、つまり、神やそのことばを抽象的に崇めることへの抗議であったと思われる。(55) それはたしかに、ユダヤの部族社会に対する抗議、つまり、その硬直した空虚な種族的タブーや、またたとえば選民思想に、つまり神を部族の神と解釈することに表現されているユダヤ氏族の排他性に対する抗議でもあった。部族の掟や部族の統一をそのように強調することは、原始的な部族社会の特徴であるというよりはむしろ、部族生活の古い形態を再建し強固にしようとする絶望的な試みであったのだろう。そしてユダヤ社会（Judentum）のばあい、これはバビロン捕囚がユダヤの部族生活におよぼした影響への反動であったと思われる。だが、このようなより大きな硬直性へ向かう運動とならんでもうひとつ別種の運動が見出される。それは、同時期に発生したと言えるものであって、人道主義的な理念、つまり偉大な世代がギリシアの部族生活の崩壊にさいしてとった反応に類似した理念を生み出した。この過程は、ユダヤ民族の独立が最終的にローマによって破壊されたときにも繰り返されたように思われる。それは、正統的なユダヤ社会に体現されている種族へ還帰しようという解決策と、野蛮人（あるいは異邦人）と奴隷をも含むキリスト教の新しい宗派が担ったのだが、人道主義的立場に立とうという解決策とのあいだで、新しいそして深刻な分裂をみちびいた。『使徒の宣教』(56)からは、この問題が、社会的問題ならびに国家の問題もふくめて、いかに切迫していたかを窺うことができる。そしておなじことは、ユダヤ社会の展開からも読み解くことができる。なぜなら、保守派はまさにこのおなじ状況に対して、プラトンから拍手喝采さえもらえるほどの頑強さをもって部族の〈掟〉にしがみつき、それで部族の生活形態を堅持し石化させるという試みで対応したからである。ほとんど疑いのないことだが、こうした展開は、プラトンの理念の展開もそうであったように、開かれた社会――このばあいではキリスト教――を信じるという新しい信仰告白に対するかたくななまでの抵抗をつうじて鼓吹されていたのだ。

だが、偉大な世代の信念、とりわけ、ソクラテスの信念と、初期キリスト教徒の信仰とのあいだの一致はきわめて深いものがある。初期キリスト教徒の強さがその道徳的勇気にあることは疑いないであろう。それは、「臣民をしてその良心に反しても強制的に行動させる権限をもつ(57)」というローマの要求を承認しなかった点にある。キリスト教の殉教者たちは、正義の尺度を定める権利が権力の側にあることを拒否し、ソクラテスが死んだのとおなじ大義のために受難したのであった。

キリスト教信仰がローマ帝国において国家宗教となったとき状況は大きく変わった。つまり、キリスト教教会(そして背教者ユリアヌス帝(58)+の新プラトン主義的反教会をモデルとした後日の組織化)がこのように公認されたことには、支配者の側にたつ諸勢力による天才的な政治的駆け引きであったのではないか、という疑問が立てられるだろう。かれらには、宗教、すなわち、すべての人間は神の前で平等であるという根本信条をもつ宗教――つまり、権力や暴力をもってしても、またローマの神々に対する無神論とか不敬のゆえをもって弾劾し格闘しても、無駄であった宗教――に見られる凄まじい道徳的影響力をくじくという目的があったのではないか。ことばを換えてみよう。（とくにユリアヌス帝後の）ローマは、「人びとの道徳的感情を破壊しようなどと無益な試みをするのではなく、かれらの道徳的感情に訴えかける」というヴィルフレド・パレートの忠告にしたがう必要を認めたのではないか、という問いが生じてくる。この問いに答えることはむずかしい。しかし、この問いを（アーノルド・J・トインビーのように）却下することはできない。つまり、コンスタンティヌス帝とその後継者の時代に「時代錯誤的なシニシズムを帰属させることに対して」、言ってみれば、われわれ自身の「現代的な西洋的生活形式」(59)に合致する動機を帰属させることに対して「警告を発するわれわれの歴史感覚」を引き合いに出して、却下することはできない。なぜなら、すでにみたようにこの種の動機はすでに前五世紀に三〇人僭主政の指導者クリティアスによって、しばしば、そしてシニカルに、あるいはより正確に言えば、恥も外聞もなく表現されていたからであるし、そして類似の表現はギリシア哲学史のなかでは稀ではないからである(60)+。だがそれがどうであれ、暗黒時代は、ユスティニアヌス帝（紀元後五二九年）による、非キリスト教徒、異端者、哲学者への迫害から始まったことにはほとんど疑いがない。教会はプラトンやアリストテレスの全体主義の足跡をそのまま辿ったのであり、そしてその展開は異端審問において頂点に達した。とりわけ異端審問の理論は純粋にプラトン主義的であると記すことができるだろう。それは『法律』の最後の三巻に示されている。プラトンはつぎのように言っていたのだ。羊飼いの義務は、掟やとりわけ宗教上の実践や理論をかたくなに変えることなく維持して、どんな状況にあっても羊たちを守ることである――正直で名誉心にとんだ人間ではあるのだろうが、病んだ良心をもっているばかりに権力者の恫喝に屈服することを肯じない狼のごときは殺害せざるをえないとしても。

文明はわれわれ自身の時代にあっても内的緊張を強いてくるのだが、そうした重荷に対する特徴的な反応のひとつは、中世ではいわゆる〈キリスト教的な〉権威信仰がある種の知的サークルで最新の流行となったということである。というのは、疑いもなく、過去はより〈有機的〉でより〈統合されていた〉という理想化があったからばかりでなく、その時代のなにもわからないという不可知論がこの重荷を際限もなく増大させていたことへの無理もない反動のためでもあった。人びとは世界を統治しているのは神であると信じていた。そう信じることでかれらの責任は軽くなった。人間こそが世界を統治しなければならないのだという新しい信仰は、多くの人びとに対してほとんど耐え難い重責を作り出した。こうした点はすべて承認されねばならないだろう。だがわたくしには、中世がキリスト教の観点からしてさえ、われわれ西洋の民主主義国家よりもよりよく統治されていたとは思えない。なぜなら、福音書にはつぎのようにあるからだ。キリスト教の開祖は、〈律法学者(Rechtsgelehrten)〉にそのことばの真なる解釈と偽なる解釈とを分かつ規準はなにかと問われて、司祭とレビ人はともに苦痛にゆがんでいる人を見てもその〈傍らを通り過ぎた〉が、サマリア人は傷に包帯をしてやり、必要なものを世話したという寓話を引いて答えたのであった。教会が自由と良心を踏みにじった時代の到来を望むのみならず、教会の目の前で、そしてその権威のもとで、未曽有の抑圧によって人間を絶望へと駆り立てた時代の到来を望むような〈キリスト教徒〉こそ、この寓話を思い出すべきであろう。(61)+ こうした時代に立ち帰ろうという現代のロマン主義的な中世賛美がつむぐ日々と、〈キリスト教世界(Christentum)〉で人間がどれほど苦しんでいたか、それへの感動的な論評として、ここではハンス・ジンサーの書『ネズミ、虱そして世界史』〔邦訳『ネズミ・シラミ・文明――伝染病の歴史的伝記』〕から、中世における〈〈聖ヨハネのダンス〉とか〈聖ヴィトゥスのダンス〉として知られている〉舞踏病の蔓延について語っている一節をひいておきたい。(わたくしはジンサーを中世にかんする権威として引用するつもりはない。当該の事実はほとんど異論の余地のないものなのだから、そのような必要はまったくない。しかしかれの注釈には、実践的なサマリア人の刻印が、偉大で人間的な医者の刻印が押されている。）「この奇妙な発作は、以前にも知られていなかったわけではないが、〈黒死病〉という恐ろしい困窮の期間中およびその直後に、一般的なものとなった。多くのばあい、舞踏病は神経系の流行性の感染と結びつく病態特性を示してはいない。それはむしろ、抑圧された状態におかれ、そしてこんにちではほとんど想像しえないほどに貧窮化した住民における恐怖と欠乏から生み出された大衆的狂乱に似ているように思われる。引きつづく戦争、政治的社会的崩壊にくわえて、不可避で神秘的で致死的な病という震えあがるような疫病が加わったのだ。人間は防御の術のない恐怖と危険の世界に落とされたかのように、そこに絶望的に立ちすくんだ。伝染病に打ちひしがれ、超自然的な力によって課せられたのだと信じていた当時の人びとにとって、神と悪魔は生きた観念であった。圧迫され虚脱状態に陥っていた人びとにとって、当時の状況からして宗教的ファナティズムの方向を取らざるをえなかったのだが、狂気という内面への逃亡以外に出口があるわけがなかった。」つづけてジンサーはこうした出来事とわれわれの時代におけるある種の反応〔反動〕とのあいだの類似性を引く。なぜなら、こうした病気は、「いくつかの点で、現代にあっては文明世界の均衡をゆさぶったいくつかの政治的経済的な大衆的狂乱に類似している」からである。つづけてかれは権威主義的支配の時代を生きた人びとを特徴づけて「ほとんど信じがたいほどの逆境と危難の猛威に打ちひしがれ、恐怖に怯え困窮した住民」[62]と要約している。としたら、中世の〈破られることのない調和と統一〉へ帰ろうとする要求と、疫病と抑圧から人類を解放するために理性を適用する態度とでは、どちらがキリスト教徒にふさわしい態度であるかと問う必要があるだろうか。

だが少なくとも中世の権威主義的教会の一部は、こうした実践的な人道主義的な態度を〈世俗的〉また〈エピクロス主義〔快楽主義〕的〉として、そして、野獣のごとくその胃袋を満たすのみの人間の態度として烙印を押しつづけたのであった。〈エピクロス主義〉〈唯物論〉そして〈経験主義〉といった概念、すなわちかの偉大な世代のなかでももっとも偉大な者の一人であったデモクリトスの哲学は、このようにして非難すべきものの別名となり、そしてプラトンやアリストテレスの種族を理想とする立場が一種のキリスト以前のキリスト教として称賛されたのであった。じっさい、プラトンやアリストテレスの、こんにちでも依然として巨大な権威の源は、かれらの哲学が中世の権威者によって受け継がれたという点に求められるべきであろう。全体主義陣営の外部においては、われわれの生活に対するかれらの実践的な影響は滅んだが、かれらの名声は生き延びたことを忘れてはならない。またデモクリトスの名前が知られることは少ないとはいえ、かれの道徳とかれの学問はわれわれのただなかに依然として生きている。

訳　注

〔1〕この語はしばしば「決定実験」と訳され、理論の最終的真理性を確定する実験を意味するものと誤解されたが、ポパーがそのようなものを考えているのでないことは、すでに文脈からして明白であろう。

第一二章　ヘーゲルと新たな部族神話

それゆえヘーゲルの哲学は、……思想を深く掘り下げすぎてほとんど理解できなくなるほどのものであった。

ジェームズ・H・スターリング

第一節

ヘーゲルは、われわれの時代におけるヒストリシズムの根源となっているが、ヘラクレイトス、プラトン、そしてアリストテレスの直接の継承者であった。ヘーゲルは驚くべきことを成しとげた。かれのような論理の大魔術師にとって、魔法の力をもった弁証法の助けのもと純粋形而上学のシルクハットから生きたほんもののウサギを取り出すことなど児戯に類したことであった。かれは、プラトンの『ティマイオス』とその数-神秘論から出発して（なんとニュートンの『プリンキピア』の一一四年後に）純粋な哲学的な方法を使い、諸惑星はケプラーの法則にしたがって運動しなければならないと証明することに成功した。そのうえ、かれは諸惑星の現実の位置を導出し、それによって火星と木星とのあいだには惑星は存在しないと証明したのであった（不幸なことに、かれはそのような惑星が数カ月前に発見されたことに気づかないでいたのだ）。[1] おなじようにしてかれは、磁性化すると鉄は重量を増加させるとか、ニュートンの慣性論と重力論とは相互に矛盾する（もちろんかれには、アインシュタインが慣性質量と重力質量の同一性を示すだろうなどとは予見できることではなかった）とか、その他こうした類のことを数多く証明したのであった。かくも呆れるほど実り豊かな哲学的方法がまじめに受け取られたということ、これを一部ではあれ説明するのは、当時におけるドイツ自然科学の後進性のみであろう。というのも、真摯な人たち、たとえばショーペンハウアーとかヤコブ・F・フリースとか、なかんずくデモクリトスのように「ペルシア大王となるよりは、ひとつでもいいから因果法則を見つけたい」[2] と願っている科学者たちは、当初ヘーゲルをまじめに受け止めはしなかったというのがことの真相であったろうと思われるからである。のちにヘーゲルの名声を作り出したのは、すべての秘密を解き明かすことができないのでしばしば失望をもたらす科学の刻苦に満ちた細々とした仕事よりは、この世界の深遠なる神秘への手っ取り早い手引きを好むといった人たちであった。というのも、こうした人たちはまもなく、こうも扱いやすくまた同時に(見かけだけなのだが)むずかしい印象を与えつつ、どんな任意の問題にも適用できる方法は他にはないことを見出したからである。「なにも生み出さない形式論理学」に取って代わったこの魔術的方法、ヘーゲルの弁証法ほど、かくもすみやかに本当らしく見え讃嘆を呼ぶ成功に達し、わずかばかり頭をひねるだけで、ほとんど科学的な研究をせず科学的な知識をもたずとも、かくもふくれ上がった見せかけだけの科学になりえたものはなかった。(ショーペンハウアーがドイツ観念論のこの時期について語ったように)ヘーゲルの成功は「不誠実の時代(3)」の始まりだったのであり、(コンラート・ハイデンが現代の全体主義的教説が支配する時代を特徴づけたように)「無責任の時代」の始まりだった。初めは知性の、そしてのちには、その帰結としての道徳的無責任の始まりであった。それは大げさで気取ったことばからなる魔術と隠語の力によって支配された新しい時代の始まりであった。

あらかじめ読者がヘーゲルの大げさで煙幕をはるような晦渋きわまる表現をまじめに受け取ることがないように、かれが音について、とりわけ音と熱との関係について発見したと称する驚くべき詳細のいくつかを引用しておきたい。かれは『エンチクロペディー』でつぎのように書いている。「三〇二節　音とは物質的な部分とその否定的存在との特殊交代的存在の変化である。――この特殊なものの抽象的、あるいはいわゆる観念的な理念性にすぎない。だが、この変化はこのため直接的には物質的な特殊的な存立の否定である。それゆえこれは特殊的な重さと凝集との実在的理念性――熱である。打ち合わされた物体とか擦りあわされて音を出す物体に見られる発熱は、その概念からすれば音にともなって発生した熱現象である。(4)」依然としてヘーゲルのまじめさを信じている人たち、あるいはかれの知恵の秘密は、空虚さにではなく、おそらくその底知れぬ深さに、思想の充満に求められるべきではないか、と思い悩んでいる人びとがいる。そうした人にはこの引用の――唯一理解可能な――最後の文を注意深く読んでもらいたいと思う。なぜなら、ここでヘーゲルは馬脚を現しているからである。あきらかにこの文が言っているのは「音を出す物体に見られる発熱は、……音にともなって発生した熱現象である」ということ以上ではない。それゆえ問いが生じてくる。ヘーゲルはその大げさなことば遣いで自己催眠にかかっているのか、それとも、ずうずうしくも他人を魔法にかけ、欺こうとしたのか。わたくしはヘーゲルがその手紙において書いていたことを斟酌すれば後者であると確信している。『自然哲学』の公刊に先立つ数年前の日付をもつその手紙で、ヘーゲルはもうひとつの『自然哲学』、すなわちかれの以前の友シェリングのそれに言及している。「ご存知でしょうが、小生は微分法、物理学、自然史、化学を大いに学んできました」――と、この手紙でヘーゲルは自慢して（ただのはったりにすぎないのだが）――「知識もないのに想像力だけで哲学をし、妄想からの空虚な思いつきそのものを思想と考えるような自然哲学のペテンには引っかかりませんでした。[5]」これはシェリングの方法、すなわち、ヘーゲルがそれ相応の公衆のもとではこれが成功を収めることを見抜くやいなや、みずから模倣するどころかいっそう粗雑なものとしたあの厚かましい瞞着法の判断としてはただしいものである。

それにしても、プロイセン国家という後ろ盾がなかったならば、ヘーゲルはドイツ哲学でもっとも影響力ある人物には出世できなかっただろうと思われる。そうした事情のもとで、かれは、ナポレオン戦争後の封建的〈復古〉期に任命されて、プロイセン体制初の公認哲学者になった。のちには国家もまたかれの弟子たちを後援したし（ドイツには、国家によって統制された大学しか存在しなかったし、いまでもそうである）、かれらもまた相互に助け合った。ヘーゲル主義はかれの弟子たちの多くによって公的には否認されたとはいえ、ヘーゲル学派の哲学者たちはそれ以来、教育活動を、そして間接的にはドイツの中等学校を支配した。（ドイツ語圏では唯一ローマ・カトリックのオーストリアの大学が、いわば洪水のなかの孤島のように、邪魔だてされずにいた。）ヘーゲル哲学が大陸においてかくも華々しい成功を収めたあとでは、イギリスにおいても、こうした影響力に富む運動はつまるところなにかを提供してくれるにちがいないと考えた人たちからの支持をえるのも容易であった。そしてかれらはスターリングがヘ、ー、ゲ、ル、の秘密と呼んだものを探求し始めたのであった。かれらは、もちろんヘーゲルの〈より高邁なる〉観念論や〈より高邁なる〉道徳の要求に惹きつけられたのであるが、ヘーゲルの弟子たちから一斉に非道徳的という烙印を押されることを多少なりとも恐れていた。なぜなら、穏やかなヘーゲル主義者でさえ自分たちの学説を「……精神的道徳的価値に永久に敵対する諸勢力からの脅威を前にすれば、たえず新たに戦い取らねばならないもの」と呼んでいたからである。若干の真に卓越した人たち（わたくしはとりわけマクタガートのことを考えているのであるが）は、ヘーゲルの水準をはるかに超えでて建設的な観念論のためのまじめな試みを企てた。しかしそうした試みも、つまるところおなじように卓越した批判家たちの攻撃の的となるにすぎなかった。そしてヨーロッパ大陸の外部においては、とりわけここ二〇年来、ヘーゲルに対する哲学者たちの関心はたえず減衰してきたと言えるだろう。

としたら、そもそもヘーゲルに頭を悩ます必要があるのだろうか。その答えはこうだ。科学者たちは決してかれをまじめに取り上げはしなかったという事実、そしてまた多くの哲学者〈進化論者〉[6]はのぞく）はかれへの関心を失い始めたという事実があるにもかかわらず、ヘーゲルの影響力は現実にはきわめて強力でありつづけているということだ。道徳や社会の哲学において、（経済学を唯一の例外として）社会や政治の科学において、ヘーゲルの影響、とりわけかれのジャーゴン〔隠語〕の影響はいまなおきわめて強力である。とりわけ歴史、政治、教育にかかわる哲学者たちは依然としてかれの圧倒的な影響下にある。この点は政治のなかでは、マルクス主義的極左も保守的中道派もまたファシスト的極右もその政治哲学のすべてをヘーゲルに負うているという事実から有無を言わさず浮かび上がってくる。左翼は、ヘーゲルのヒストリシズム的図式において現れる民族間の戦争を階級戦争に、極右はそれを人種間の戦争におきかえている。だが両者とも多かれ少なかれ意識的にかれにしたがっている。（一般的に言って、保守中道派はヘーゲルに多くを負っていることをあまり自覚していない。）

この巨大な影響はどうすれば説明できるのであろうか。わたくしの意図はこの現象を説明することよりもそれと戦うことにある。とはいえ、説明のための若干の提言をおこなうことはできる。ある種の理由から哲学者は、こんにちでもそうなのだが、自分の周りに気取った雰囲気や魔術師の雰囲気を漂わせてきた。哲学は風変わりで深遠なことがらにかかわっていると見なされている。つまり、宗教とおなじように神秘的なことがらにかかわっているとはいえ「幼子」とか市井の大人には決して「開示」されない仕方でかかわる専門分野と見なされている。つまり、哲学はそのように見なすにはあまりにも深遠すぎるのであって、知識人、学識者、賢者の宗教とか神学と見なされている。ヘーゲル主義はこのような捉え方にあまりにもみごとに適合する。ヘーゲル主義こそまさにいま述べたような通俗的な迷信が哲学について思いなす当のものなのだ。〔すなわち〕哲学は森羅万象について一切合切を知っている。それはどんな問いに対しても答えを用意している。そしていったい誰がその答えをただしくないと確信できるというのか〔というわけだ〕。

しかし、これがヘーゲルを成功させた主たる理由ではない。かれの影響とそれに対して戦う必要とは、おそらく一般的な歴史状況を簡単に見るだけでよりよく理解されるであろう。

中世の独裁支配(Autokratie)はルネサンス期に解体し始めた。その政治的補完物は中世の封建主義であったわけだが、大陸ではこれはフランス革命ではじめて脅威にさらされた。宗教改革は中世の封建主義を強化したにすぎない。開かれた社会に向けての闘いは一七八九年の諸理念とともに始まったのであり、封建的君主制はまもなくこの危機の深刻さを悟った。一八一五年に反動的党派がプロイセンでふたたび権力を掌握したとき、かれらは猛烈にイデオロギーを必要としていた。この必要に答えるべく、ヘーゲルはプロイセン国家によって任命されたのであった。かれはなにをおこなったか。開かれた社会の最初の大敵たち、ヘラクレイトス、プラトン、アリストテレスの思想を再生させたのだ。フランス革命が偉大な世代やキリスト教の永遠の理念、つまり、自由、平等、全人類の友愛を再発見したように、ヘーゲルは理性や自由への絶えざる反乱の根源にあったプラトンの思想を再発見した。ヘーゲル哲学は部族(Horde)のイデオロギーのルネサンス〔再生〕である。ヘーゲルの歴史的な意義は、かれがいわばプラトンと現代版全体主義との結合環(「ミッシング・リンク」)であるという事情からあきらかになる。現代の独裁者(Autokrat)で、自分たちの考えがプラトンにまでさかのぼることを知っている者はごくわずかでしかない。しかし、多くの者はヘーゲルに負うていることは知っているし、ヘーゲル主義という頑迷な雰囲気のなかで育てられてきた。連中は、国家、歴史そして民族を崇拝することを教えられた。(わたくしのヘーゲル解釈は、言うまでもなく、かれもまたプラトンの教説をおなじように、つまり、現代の用語を用いていえば、全体主義として解釈したということを前提としている。じっさい、かれの解釈はわれわれの解釈と合致する(『法の哲学』におけるヘーゲルによるプラトン批判を参照されたい[7])。

かれのヒストリシズム的哲学の分析を始めるまえに、読者にはかれのプラトンばりの国家崇拝を垣間見てもらうために、いくつかの箇所を引用しておこう。それらの箇所は、ヘーゲルの徹底した集団主義がプラトンにばかりでなく、フランス革命当時、またその後、プロイセン王であったフリードリヒ・ヴィルヘルム三世にも負うていることを示している。かれらの教説は、個人はその身体的、精神的存在をふくめてすべてを国家に負うているのだから、国家がすべてであり個人は無であるというものである。これが、プラトンのお告げ、フリードリヒ・ヴィルヘルム三世のお告げ、そしてヘーゲルのお告げである。「普遍的なものは国家のうちに存在する」とヘーゲルは書く。「国家は、精神が自己形成を遂げる世界である……それゆえ、国家は地上における神として崇拝されねばならないし、自然を理解することがむずかしいとしたら、国家を把握することはさらに無限に困難であることが洞察されねばならない……国家は世界を通る神の行進である……国家は有機体である……完全な国家に、意識、思考が帰属する……悪しき国家とは、たんに存在するだけのものであり……真の現実とは必然性であり、現実的なものは、それ自身において必然的である。」国家は「それ自身のためにあり……国家は現存する現実的な人倫的生命体である」(8)。このような抜粋だけでも、ヘーゲルのプラトン主義を示すには、また、かれがいかに容赦なく国家の絶対的な道徳的権威——個人の道徳や良心の一切をことごとく国家に押しこむもの——を主張したかを示すに十分であろう。ヘーゲルのプラトン主義は、言うまでもなく、大げさでありヒステリーじみているが、プラトン主義を現代の全体主義に結びつけたことを余すところなく明示するのみである。

ヘーゲルは、国家へ奉仕することで、また歴史に与えた影響によって、その天才をあきらかにしたのではないか。わたくしはこうした問いに重要性はないと考える。なぜなら、それはわれわれのロマン主義、つまり「天才」への特別な思い入れをあらためてあきらかにするものでしかないからだ。この点から目を転じても、わたくしは成功がなにごとかを証明するとか、歴史が審判者であるなどとは信じていない。[9] むしろ、そうした主張そのものがヘーゲル主義の一部なのだ。ヘーゲルについて言えば、わたくしはかれに才があったなどとさえ思っていない。かれは消化に悪い著述家なのだ。くわえて、かれの熱烈な弁護者でさえ、かれの文体が「疑いもなく醜悪」[10] であることを認めざるをえないのだ。そしてかれの著作内容について言えば、かれが唯一卓越しているのは独創性に著しく欠けているという点にすぎない。ヘーゲルの著作のうちには、かれ以前にもっと上手に語られなかったようなものはなにもない。かれの国家護持的な方法には、おなじく国家護持的な先行者から引き継がなかったようなものはなにもない。[11]+ しかし、その引き継がれた思想や方法をかれは一面的に、才のかけらさえ示すことなく、唯一の目的、つまり、開かれた社会と戦い、そして仕事をくれたプロイセンのフリードリヒ・ヴィルヘルムに仕えるという目的に捧げたのだ。ヘーゲルは混乱しており、理性を蔑んだが、それはこうした目的への手段として必要だったのであり、一部には、偶然かもしれないが、かれの精神状態のきわめて自然な表現であった。そして〈ヘーゲル案件〉は、いかに道化師がやすやすと〈歴史をつくる〉者になりうるのかを示すという災害だらけの帰結がなかったとしたら、ほとんど語るにあたいしないであろう。〈ドイツ観念論〉の興隆にまつわる悲喜劇は、それがみちびいた忌まわしい犯罪にもかかわらず、なんといってもコミカルな歌劇に似ている。そしてこうした発端が、おそらくは、のちの立役者たちがワーグナーの壮大なゲルマン風歌劇から抜け出してきたのか、それともオッフェンバックの笑劇から抜け出してきたのかを決めかねる理由を説明するのであろう。

ヘーゲル哲学は、外部からの誘因、つまりフリードリヒ・ヴィルヘルム三世によるプロイセン体制復興への関心によって規定されており、それゆえにまじめに受け取ることはできないとわたくしは主張した。だが、この主張は決して新規なものではない。この事情は、政治情勢につうじていた人びとすべてに知られていたし、自立していた人たちによって、その数はわずかではあれ、公然と語られていた。最良の証人はショーペンハウアーである。かれ自身は、プラトン主義的観念論者であり、反動派[12]でこそなかったが、保守派ではあった。とはいえ、なににもまして真理を貴ぶ清廉な人物であった。かれが、哲学的なことがらにかんして当時見出せるもっとも有能な審判者の一人であったことに疑いはない。ショーペンハウアーにはヘーゲルを個人的に知っているという愉快があって、ヘーゲル哲学の題辞としてシェイクスピアの「阿呆どもが無考えに語り散らすたわ言」[13]を提案し、この大家についてつぎのような卓抜な肖像画を描いた。「シェリングにつづいたのは……哲学の大臣気どりの奴で、……上から大哲学者の印綬をさずけられたヘーゲルであったが、薄っぺらで、味も素っ気もなく、吐き気を催すような、無学な山師であった。類例を見ない厚かましさ、無知蒙昧さで駄作を書きなぐったが、売文稼業の追随者からは不滅の英知と吹聴され、ふさわしいことにはバカ者どもによってそのようなものとして受け入れられ、かつて聞かれたことのない完全な賛美の合唱が生じたのであった。こうした男に権力ずくで提供された広汎な精神的影響力は学識ある世代全体の知的腐敗をもたらした。」べつの箇所でショーペンハウアーはヘーゲル主義の政治的策動をつぎのように描いている。「哲学は、カントによってあらたに注目を集めたのだが、すぐに上からは国家の利害の、下からは個人の利害の道具になった。……哲学における……人目をひく活発さ……を見れば、この運動の実際の第一動因、隠れた原動力は、荘厳な顔つきや断言とはうらはらに、理想主義的ではなく現実主義的な目的である……したがって、むき出しの党派根性がいわゆる賢人のペンを激しく動かしている。真理などは、考えられるかぎりで最後の最後。……まったくもって、哲学が一方の側からは国家利害の、他方の側からは利得の手段として下劣に悪用されている。こんなときはかつてないと言いたい。こうしたことをしていれば、……真理もついてくるとでも思っているのだろうか。……政府は哲学を国家目的の手段とするし、他方で学者は哲学職に生活の糧を見る……。」ショーペンハウアーは、ヘーゲルをプロイセン政府の有給エージェントと見ているわけだが、この見方は、たとえば、ヘーゲルに心酔している弟子のシュヴェーグラーによっても確認される。アルベルト・シュヴェーグラーはヘーゲルについてつぎのように言っている。「しかしながら、かれの本当の名声と広範な影響力は一八一八年にベルリンに招聘されたときから始まる。この地で、かれのまわりに多人数の広範な、学問的にも非常に活発な学派が形成され、かれは、プロイセンの官僚制国家との癒着をつうじて政治的行政的影響力を獲得し、自己の哲学を国家公認の哲学とさせた。それらふたつは、かれの哲学の内的純粋性と道義的信用に益するものではなかった。[14]」ジェームズ・H・スターリングは、シュヴェーグラーの英語版の編集者であり、英国における最初のヘーゲル主義信奉者であるが、もちろんヘーゲルを擁護し、読者に「ヘーゲル哲学は国家哲学であるというつまらない暗示[15]」を文字通りに受け取らないようにと警告している。だが、数ページあとでかれはまったく意図せずして、ヘーゲル自身は自分の哲学の党派政治的役割と国家護持の役割を十分に自覚していたというシュヴェーグラーの叙述や見解を首肯している。（スターリングが引いた証言[16]は、ヘーゲルが自己の哲学の役割についてかなりシニカルであったことを示している。）そして数ページあとではからずも「ヘーゲルの秘密」を漏らしている。というのも、かれはつぎのような詩的でもあり予言者めいてもいる文章を書き、その前年一八六六年になされたプロイセンによるオーストリア電撃攻撃を指す暴露をおこなっているからである。「プロイセンが目下、急速に展開している強力な活力と組織は、ヘーゲルに、とりわけかれの倫理と政治についての哲学に負うのではないか。目に見えない頭脳のなかで計画を練り上げておき、大衆が重みをくわえた手で電撃的に打ちかかった組織の中心は、じっさい、あの辛辣なヘーゲルではないだろうか。この組織の価値にかんしては、つぎのように言ったら、多くの人にとって手に取るようにわかるだろう。立憲政体の英国では株式や債務証書の所有者は商業に蔓延する不道徳によって破産したのに対し、プロイセン鉄道の通常の株式所有者は平均八・三三パーセントの配当を受け取ることができた、と。つまるところ、これがヘーゲルのなんたるかを語っている！」

「思うに、ヘーゲルの基本は読者のすべてにあきらかになったにちがいない。わたくしはヘーゲルから多くのものをえてきた[17]」とスターリングは賛辞をつづける。わたくしもまたヘーゲルの根源はあきらかになったものと願うし、スターリングの収益も、非ヘーゲル主義的にして立憲政体の英国で商業に蔓延するという不道徳を免れたものと確信する。

（この文脈でつぎの事実に言及せずに済ますことのできる人がいるだろうか。マルクス主義哲学者は、いつでもやすやすと、敵対者の議論はその階級利害によって影響されていると指摘するが、ふつうヘーゲルにはこの非難を向けないという事実である。ヘーゲルをプロイセン絶対主義の擁護者として弾劾する代わりに、かれらは、英国で弁証法の創始者の著作、とくに論理学にかんする著作が広く読まれていないことを遺憾とするのである。反対にロシアでは、一般にヘーゲル哲学の功績、とくに論理学の功績は公に承認されている。(18)）

ヘーゲルの政治的動機の問題に立ち帰ろう。かれの哲学は、雇用主のプロイセン政府の利害によって影響されていたのではないかと疑われるのであるが、それには十分すぎるほどの理由があるだろう。そうした影響はフリードリヒ・ヴィルヘルム三世の絶対主義のもとでは、ショーペンハウアーやシュヴェーグラーが知りえた以上のことを意味していた。というのも、ここ数十年に至ってはじめて、この王が明確かつ首尾一貫してあらゆる教授活動や学習活動を国家利害の完璧な統制下におこうとしたことを示す記録が公刊されたからである。その教育綱領にはつぎのように書かれている。「抽象的な学問はただ学術の世界とかかわるにすぎず、この集団の啓発に役立つのみであるから、言うまでもなく、国家の福祉にとっては無価値である。それを完全に押さえつけてしまうのは愚かなことであろうが、適当な限界内に収めておくことは健全であろう。[19]+」一八一八年におけるヘーゲルのベルリン招聘は反動の高潮期になされた。それは、王が政府内から、解放戦争における成功に大きく寄与した改革者や民族派的自由主義者を粛清し始めた時でもあった。とすると、ヘーゲルの招聘は哲学を適当な限界内に収めておき、もって哲学を健全なものとし、〈国家の安泰〉、すなわちフリードリヒ・ヴィルヘルムとその絶対主義的統治が安泰であるように奉仕させる策略ではなかったかという問いが生じてこよう。またこの問いは、ヘーゲルの大の賛美者がかれについてつぎのように語っていることを読むときにも生じてこよう。「そしてかれはベルリンに、思想史においてもっとも強力な哲学学派の公認の独裁者として、死の一八三一年までとどまった。[20]」（わたくしは〈思想〉は〈無思想〉でおき換えられるべきであると思う。というのは、独裁者が、よしんば哲学の独裁者であったところで、思想史に寄与しうるなどとは思えないからである。しかし、この点を別にすれば、この啓発的な箇所は十分に真実をうがっている。たとえば、この強力な学派は一致して黙殺を申し合わせ、ショーペンハウアーが存在した事実を四〇年間世間から隠蔽するのに成功した。）じっさい、ヘーゲルは〈哲学を適当な限界内に収めて〉おく権力を握っていたように見えるのだから、おそらくわれわれの問いは不当ではないであろう。

以下はヘーゲルの哲学すべてがこの問題への揺るぎのない答えとして、当然のことながら、然りという答えとして、解釈できることを示す試みである。またこのように、つまり、ヘーゲルの全哲学をプロイセン至上主義の弁護として解釈するならば、ヘーゲル主義を多面的に照らし出せるであろうことを示すための試みでもある。分析は三部に分かれ、本章の第二、三、四節であつかう。第二節はヘーゲルのヒストリシズムと道徳にかんする実定主義に、あわせてこの思想のかなり難解な理論的背景、かれの弁証法的方法といわゆる同一哲学をあつかう。第三節はナショナリズムの台頭をあつかう。第四節では、バークとヘーゲルの関係について数言を費やすことになろう。そして第五節は、現代の全体主義がヘーゲルの教説に依存している次第を論じる。

第二節

ヘーゲル哲学についての分析を、かれのヒストリシズムとプラトンのそれとを一般的に比較することから始めたい。

プラトンは、イデアとか本質は、生成流転するものに先立って存在し、あらゆる発展の歩みはイデアの完全性からの離脱運動として、それゆえ没落として、腐敗に向かう運動として説明できると信じていた。とりわけ国家の歴史は腐敗の歴史であるとされ、この腐敗は最終的には支配階級の人種的退化にもとづくとされた。（ここでは、プラトンの〈人種〉〈魂〉〈自然〉〈本質〉といった概念間の密接な関係が思い出されねばならないだろう。）[21] ヘーゲルはアリストテレスとおなじく、イデアとか本質は流転するもののなかに存在すると信じている。あるいはヘーゲルは、もっと正確に言えば（ヘーゲルのような人物を正確にあつかうことができるかぎりにおいてだが）、それらは生成流転するものと同一である、と説いている。「すべての現にあるものは……イデアである。」[22] しかし、こう語られたからといって、プラトンが本質とその知覚される現象とのあいだに引いた深い裂け目が埋められたわけではない。なぜなら、ヘーゲルはつぎのように書いているからである。「本質（Wesen）が語られるとき、本質と」（ものの）「存在は区別されている。」「ものの直接的存在は、ここでは、いわばその背後に本質を隠している外皮として、膜としてイメージされる——さらにこうも言えよう。すべてのものは本質をもっている。したがって、それは真実には直接あらわになるものではない。」プラトンやアリストテレスと同様にヘーゲルもまた本質を、少なくとも有機体の本質を（またそれゆえ国家の本質をも）魂とか〈精神〉と考えているのである。

しかし、ヘーゲルはプラトンとは異なり、生成流転する世界は没落し、そしてイデアから離脱して腐敗していく、とは説いていない。スペウシッポスやアリストテレスとおなじく、ヘーゲルも、一般的傾向はむしろイデアに向かうものであり、進歩であると説く。かれは、プラトンに同調して「ものというものは、その存在が、みずからの本質を示すという点にのみある。存在は本質となる」[23]と断言するのではあるが、プラトンとは反対に、本質さえも発展すると確信している。ヘーゲルの世界においては、ヘラクレイトスの世界におけると同様、万物が流転する。もともとはプラトンが確固たるもの、安定したものを獲得するために導入した本質もその例外ではないのである。しかしこの運動は退廃ではない。ヘーゲルのヒストリシズムは楽観的である。ヘーゲルの本質と精神は、プラトンの魂とおなじように、みずから運動する。すなわち、それらは自己展開するのであり、現代風に言えば、〈自己開示的（emergent）〉であり、〈みずからを創造する〉。そして、それらはアリストテレスが語る〈目的因〉、ヘーゲルの言い方によれば、「自己実現的な目的因および自己自身において自己を実現した目的因」[24]に向かって自分を駆り立てていく。この目的因あるいは本質の発展目標は、ヘーゲルが〈絶対理念〉とか〈理念〉

と呼んでいるものである。（この理念は、ヘーゲルが知っていたように、かなり複雑である。それは、一における全、美、認識、実践活動、把握、至高善、学問的にとらえられた普遍である。しかし、これらにまつわる矮小な困難を気にかける必要はない。）ヘーゲルの運動する世界は、〈自己開示的〉あるいは〈創造的〉進化[25]の状態にある。そのどの状態も、先行する状態を包含するとともにそこから生じてきたのであり、どの段階も先行するすべての段階を駆逐し、ますます完全態に近づいていく。それゆえ、発展の一般法則は進歩の法則である。しかしそれは、以下に見るように、単純で直接的な進歩の法則ではなく、〈弁証法的〉進歩の法則なのである。

先に引用した箇所が示しているように、集団主義者ヘーゲルは、プラトンとおなじく、国家を有機体と考える。そして国家に集団的な〈一般意志〉を付与したルソーにならって、ヘーゲルは国家に意識的で思考する本質、かれの〈理性〉あるいは〈精神〉を付与する。この精神は、その〈真の本質を活動とする〉――この点では、ルソーに依拠している――のであるが、同時に国家を形成する集団主義的な民族精神（Geist der Nation）でもある。

本質主義者にとっては、国家についての知識や理解はあきらかに国家の本質や精神についての知識と同一である。前章で見たように[26]、本質やその〈潜勢力〉は〈実際の〉歴史からのみ把握できる。かくしてわれわれはヒストリシズム的方法の根本的立場に到達したわけである。それによれば、〈国家のような〉社会制度にかんする知識は、その歴史あるいはその〈精神〉の歴史を研究することによって獲得される。また前章で敷衍しておいたヒストリシズムの他の二つの帰結も生じてくる。民族の〈精神〉が隠された歴史的運命を規定するということである。〈存在に現れ出る〉ことを望むどんな民族も、その個別性あるいは魂を主張するには〈歴史の舞台〉に現れ出る必要がある、つまり、他の民族を打ち破らねばならないのである。戦いの目的は世界支配である。そこから、ヘーゲルは、ヘラクレイトスとおなじように、戦争をあらゆるものの父、そして王であると考えたことがわかるであろう。ヘラクレイトスが信じたようにかれは、戦争は正義であると信じている。ヘーゲルは「世界史は世界法廷である」と書く。そしてヘラクレイトスとおなじようにかれはこの教説を一般化し自然にまで拡張する。かれは、もののコントラストとか対立、対立の二極性などを一種の戦争と、自然の発展の原動力と見なすのである。そしてヘラクレイトスとおなじようにヘーゲルは対立物の統一と同一性を信じている。じっさい、対立物の統一は発展において、つまり弁証法的進歩において非常に重要な役割を果たす。そこからしてこれら二つのヘラクレイトスの教説、つまり対立物の戦争と、対立物の同一性あるいは統一性はヘーゲル弁証法の主要な考えと呼ぶことができるだろう。

これまでのところ、この哲学は、ほとんど独創性をもたないにせよ、まずは型どおりのヒストリシズム(27)であるように見受けられる。だから、この哲学をショーペンハウアーにならって山師的行為と記す理由はないように見える。ところが、ヘーゲル弁証法を分析してみるならば、この印象は一変する。なぜなら、ヘーゲルはこの方法をカントの向こうを張って閲覧に供しているからである――カントは形而上学への攻撃においてこの種の思弁は支持しえないと示そうとしていたというのに。(カントの攻撃の激しさはわたくしの「序論」の題辞から推し量ってもらえるであろう。)ヘーゲルは決してカントに反駁しようとはしなかった。かれはお辞儀してカントの見解をその反対のものへとねじ曲げた。それによって、形而上学への攻撃であったカントの〈弁証論(Dialektik)〉は、形而上学の主たる道具としてのヘーゲルの〈弁証法(Dialektik)〉に変わってしまった。

カントはヒュームの影響下にその著『純粋理性批判』でつぎのように主張した。純粋な思弁や理性は、決して経験によってテストすることのできない領域に踏み出すときにはいつでも、矛盾や〈アンチノミー〉に巻き込まれ――かれははっきり述べていたのだが――〈たんなる空想〉〈ナンセンス〉〈幻想〉〈不毛な独断主義〉〈一切を知り尽くしているという上辺だけのうぬぼれ〉と述べた(28)ようなイメージを生む危険をもつ、と。カントは、どんな形而上学的主張とかテーゼ――たとえば世界の時間的始まりとか神の存在――にかんしても、反対の主張あるいはアンチテーゼをたてることができるのであり、二つの主張はともにおなじ前提から出発し、おなじ〈明白さ〉をもって証明されうることを示そうとした。経験の領域を離れると、どんな論証に対してもおなじような妥当性をもつ対抗論証が必然的に存在するのだから、われわれの思弁はもはや学問的たりえなくなる。カントの意図は形而上学を乱作する者たちの〈忌々しい多産性〉を最終的に停止させることにあった。だが、結果は正反対であった。カントが停止させたのは、なんと駄作屋たちの合理的論証をもちいようとする試みであった。かれらが放棄したのは、公衆を啓発しようとする試みであり、（ショーペンハウアーが述べたような[29]）瞞着しようとする試みではなかった。事態のこのような成り行きにはカントにもかなりの責任があることは認められねばならない。なぜなら、かれの著作の晦渋な文体――かれは長年の思索のあとで大急ぎで書き下ろしたのであった――は、ドイツの理論的著作に見られるそれでなくても明晰さにかける水準をさらに大きく低下させたからである。[30]+

　カントのあとに出た形而上学の駄作屋のうち誰一人としてカントに反駁しようとこころみたものはいなかった。[31]ヘーゲルに至っては恩着せがましくも、カントは「弁証法を、……あらたに栄誉ある地位に復位させた」とまで顕彰する始末であった。ヘーゲルは、カントがアンチノミーを指摘したのはまったくただしいが、それに当惑したのは誤っていると説いた。理性が自己矛盾せざるをえないのはまさしく理性の本性によるとヘーゲルは主張した。理性がもろもろの矛盾やアンチノミーにかかわらざるをえないのは、人間の諸能力の弱点ではなく、まさしくあらゆる合理性の本質である——というのも、それが理性の展開の仕方であるから、というのだ。ヘーゲルの主張では、カントは理性をあたかも静止したものであるかのように分析したのであり、人間やその社会的遺産が発展することを忘れたのである。われわれ自身の理性と呼ばれているものは社会的遺産の産物、すなわち、われわれがそこで生きている社会集団、つまり民族の歴史的発展の産物なのであるという。この発展は弁証法的に、すなわち三拍子のリズムで進む。最初にテーゼが立てられるが、それは批判を呼びおこす。異論を唱える反対者たちはその反対、すなわちアンチテーゼを主張する。こうした諸見解の衝突からジンテーゼ、すなわち一種の対立物の統一、妥協とか、二つの見解を正当に扱うより高い水準での融合が生じる。このようなジンテーゼは、もともとの二つの相対立する主張を止揚〔アウフヘーベン〕することで、いわばそれらを吸収する。ジンテーゼはそれらをみずからの構成要素へと縮減し、否定し、止揚し、そして保存する。そしてジンテーゼが達成されるや、この全過程はいまやより高い水準で反復される。こうしたことが、簡単に言って、ヘーゲルが〈弁証法的トリアーデ〉と呼んだ進歩の弁証法的三拍子リズムの特徴なのである。

よろこんで承認するが、これは批判的な討論や、したがってまた学問的思考がしばしば進んでいく道筋の記述としては悪くないものである。というのも批判というものは、いつにせよ、ある種の矛盾とか齟齬《そご》の発見にあり、そして学問の進歩は主として、そうした矛盾がどこで現れてこようとも、除去することにあるからである。だが、それは、学問が発展するのは、矛盾は許容されないし、回避可能であると仮定されるときにのみ発展するという意味である。そこには、矛盾の発見は学者をしてその除去のために全力を尽くさせるということ、また現実に学問は矛盾が許容されるやいなや崩壊せざるをえないということが含まれている(32)。ところが、ヘーゲルは弁証法的トリアーデからまったく異なった結論を引き出す。矛盾は学問の進歩のための手段であるのだから、矛盾は許容されるし不可避であるばかりでなく、高度に望ましいものでもあるという結論を引き出すのである。これは、あらゆる論証、あらゆる進歩を破壊せざるをえない教説である。というのも、矛盾は避けがたく、かつ望ましいのだとしたら、それを除去する必要もなくなり、あらゆる進歩が終焉せざるをえないからである。

だが、この教説こそまさにヘーゲル主義の根本原則のひとつなのである。ヘーゲルはあらゆる矛盾を意のままに扱おうとする。「ものとは……矛盾である(33)」とかれは主張するが、それは、学問ばかりでなくあらゆる合理的論証の終焉を意味する立場を弁護するためである。かれは、合理的な論証、したがって学問の、そして知性の進歩を阻止しようと欲するから矛盾を許容するのである。かれは、批判と論証を不可能にすることにより、自分自身の哲学をあらゆる批判から守ろうとする。たしかにあらゆる批判から身を守るならば、二重に擁護された独断主義(doppelt verschanzter Dogmatismus)〔英語版では「補強済みの独断主義」〕として、そして哲学的発展の凌駕されない頂点として、みずからを打ち立てることができるわけだ。(この点で、典型的な弁証法的歪曲の最初の例はこうだ。進歩の観念はチャールズ・ダーウィンにつながる時代に人気があったのだが、保守派にとっては好都合なものではなかったので、その反対に歪曲された――つまり、すでに目的に到達してしまった発展という観念に、つまり、停止状態にもたらされた発展という観念に歪曲された。)

ヘーゲル哲学が依拠している二本の柱のうちのひとつ、弁証法的な三段階の歩みについてはこれくらいにしておこう。この理論の意味は、その適用形態からあきらかになるだろう。

ヘーゲル主義の他方の柱はいわゆる同一哲学である。これは、それ自体、弁証法の適用されたものである。これになんらかの意味を見出そうとして、読者の時間を潰したいとは思わない。そうしたことはべつの箇所でしておいたからである。(34) というのも、同一哲学は大体において恥しらずなことばの歪曲以外のなにものでもなく、ことばの二義性によって真理を覆い隠すものであり、ヘーゲル自身のことばを使えば、「空虚な思いつき、しかも無知からくる思いつき」以外のなにものでもないからである。それは過去の哲学の死霊や木霊《こだま》、つまり、ヘラクレイトス、プラトン、アリストテレスの死霊とともにルソーやカントの死霊が閉じ込められている迷宮である。この迷宮では、死霊どもが素朴な見物人を惑乱させ、あらぬ所へ連れて行こうとして、羽目を外した狂宴をくりひろげているのだ。そこでの主要な考え、そして同時にヘーゲル弁証法と同一哲学をつなぐ環は、ヘラクレイトスの対立物の統一という教説である。「登りの道と下りの道は同一である」とヘラクレイトスは語った。ヘーゲルはそれをつぎのようなことばで繰り返す。「西への道と東への道はおなじである。」対立物の同一性についてのこのようなヘラクレイトスの教説が過去の哲学からの無数の残存物に適用され、それによってヘーゲルの体系の〈構成要素〉に〈縮減〉される。本質とイデア、一と多、実体と偶有性、形式と内容、主体と客体、存在と生成、万有と無、運動と静止、現実態と潜勢態、実在と現象、物質と精神、こうした過去の亡霊のすべてが偉大なる独裁者の脳裏をうろつきまわる。その一方でかれは、風船玉と、つまり、神とか世界についてみずからふくらませ空想した問題と踊りを踊っているのだ〔チャップリンの映画『独裁者』が暗示されている〕。しかし、これは妄想のなかでのやり口であり、しかもプロイセンのやり口である。というのも、この明らかな混乱の背後にはフリードリヒ・ヴィルヘルムの絶対君主制の利害が潜んでいるからである。同一哲学は現存する秩序の正当化に奉仕する。その主たる成果は、倫理と法にかんする実定主義(Positivismus)、つまり、現存するものは善である、なぜなら現にあるもの以外に他の尺度は存在しないから、という説である。それは、力は正義である、という教説でもある。

この教説はどのようにして導出されたのか。ひたすら一連の二義性を媒介にすることによってである。プラトンにとって、形相やイデア(Idee)は、すでにみたように、〈意識のなかの観念(Idee)〉、つまり、表象とはまったく異なるものである。そしてプラトンは、イデアのみが実在し、移ろいゆく事物は非実在的であると主張していた。ヘーゲルはこの教説からイデア的＝実在的(ideal＝wirklich)という等式を引き出す。ところで、カントは弁証論のなかで「純粋理性の観念」について語り、〈観念(Idee)〉を〈意識のもつ観念(＝表象)〉の意味で用いた。この学説からヘーゲルは、観念とはなにかしら意識にかかわるもの、精神的もの、あるいは合理的なものという考えを継承する。これは、観念＝理性(Idee＝Vernunft)という等式で表現できるだろう。これら二つの等式を結合するならば、というよりはむしろ二義性を利用するならば、実在的＝理性(wirklich＝

Vernunft)という等式があきらかになるだろう。ここからヘーゲルは、すべての理性的なものは実在的であり、すべての実在的なものは理性的であらねばならないのであり、実在するもの(Wirklichkeit)〔現実〕の発展は理性の発展と合致すると主張した。ところで、理性あるいはイデアの最終的な発展相以外に高次の尺度は存在しえないのであるから、いま実在する、あるいは現にあるものは必然的にあるのであり、理性的で善なるものであらねばならない(35)。そしてとりわけ善なるものは、以下に見るように、現に実在しているプロイセン国家であるというのである。

これが同一哲学である。〔そこに顕著な〕倫理にかかわる実定主義から目を転じるならば、つづいて(ショーペンハウアーのことばを使えば)副産物のように真理論も現れてくる。事実としてこれはじつに好都合な理論でもある。すでにみたように、すべての理性的なものは実在する。そこからして当然のことながら、すべての理性的なものは実在するものに一致し、それゆえ真であらざるをえない。真理も理性とおなじような仕方で発展する。そしてつい最近の発展段階下の理性と共鳴するすべてのものは、この段階にとって真であらざるをえない。ことばを換えてみよう。その理性が時流に合っている人にとってたしかと思われるすべてのことは、真であるということである。自明であることと真であることとが一にして同一になる。時流に合っている人間は、ただあるひとつの説を信じるだけでいい。そのとき、その説は定義上、真なのである。そこからしてヘーゲルが主観的なものと呼ぶもの、つまり信じているものと、客観的なもの、つまり真理とのあいだの対立は同一性へと転じる。そしてこの対立物の統一は学問的な認識も説明する。「理念(Idee)は主観的なものと客観的なものとの結合である……学問は学問そのものと真理との分離がすでに止揚されていることを前提とする。」(36)+

ヘーゲルの同一哲学についてはもうこれくらいでよいだろう。それは、ヒストリシズムがよって立つ知恵の第二の柱であったわけだ。この柱がうち建てられているのを見たわけであるから、ヘーゲルのかなり抽象的な説を分析するという少しばかり難儀な仕事も終わったことになる。本章の残りの部分は、この抽象的な理論がヘーゲルによって実際の政治にどう適用されたかを見るだけにしよう。実際面での適用なるものを見れば、かれの努力のいっさいが国家護持の目的をもっていたことがよりいっそう明確になる。

わたくしの主張は、ヘーゲル弁証法はその大部分において一七八九年の理念の歪曲を意図して考え出されたものだというものである。ヘーゲルは、弁証法的方法が理念をその反対のものに歪曲ができることを完全に意識していた。ヘーゲルはつぎのように書いている。「弁証法は哲学においては新しいものではない……。」ソクラテスは「語られているとことがらをより解明しようとするかのような態度をとった。そこであらゆる問いを投げかけ、語っている相手を最初にただしいと思われていたことの反対へとみちびいていった[37]。」ヘーゲルのこのような描きかたは、ソクラテスの意図の記述としてはまず公正なものとは言えないであろう。(ソクラテスの主たる目的は、思い上がりとか妄想を暴露することにあったのであって、人びとを以前に信じていたものとは反対のものへ転向させることにあったのではなかったことを考えるならば。)だが、これをヘーゲル自身の意図の表明として見るならば、卓越してはいる。とはいえ、ヘーゲルの方法は、その綱領〔プログラム〕が思わせるよりは、じっさいにははるかに不器用なものであったことがあきらかになるのではあるが。

弁証法のそのような用い方の最初の例として思想の自由、学問の独立、客観的真理の規準の問題を選んで、それらがヘーゲル『法の哲学』(二七〇節)でどのように扱われているかを見ることにしよう。ヘーゲルは思想の自由と国家によるその保護を要求しているとしか信じられないような書きぶりで始める。「その(つまり、国家の)形態は普遍的なものであるという原理は思想にとって本質的なものであるから、思想や学問の自由はその面から出てくることになる(ジョルダーノ・ブルーノを焚刑に処し、ガリレオにコペルニクス的太陽系を述べた廉で謝罪させたのはむしろ教会であった)。……したがって、学問もまたそうした面に依拠しなければならない。というのも、学問の目的は、認識することであり、しかも客観的な真理を考えることだからである。」この見込みのありそうな書き出し——これは論敵の〈第一印象〉の叙述として把握できるであろうが——のあとで、ヘーゲルはそれを「かれらに最初にただしいと思われていたことの反対へ」とみちびいていく。その次第はこうである。教会へもうひとつの見せ掛けだけの攻撃をすることで自己の戦線変更を隠蔽するのだ。「たしかに思考にもとづく認識が、人倫的なことがらや国家組織に向かうとき……所見を語り論拠からの推論をする学問からこぼれ落ちてくることがあるかもしれない……そして、教会がその固有のものに対してもつのと同じ思い上がり、つまり、その所見と確信においては自由であるという思い上がりのようなものを伴って。」思想の自由の要求、自分自身で判断するという学問の要求は、したがって〈思い上がり〉であるのだ。しかし、これはヘーゲルによる歪曲の第一歩にすぎない。つぎにはこう聞かされる。国家は、国家の転覆を図るような所見に直面した時には、「客観的真理を……守らねばならない」と。これはつぎのような根本的な問いをみちびくはずだ。なにが客観的真理でありなにがそうでないのかを判定する者は誰なのか。ヘーゲルの答えは、国家である。国家が、「みずからの所見、確信、またそうじて客観的真理と見なされるべきものにかんする思考のもつ形式的権利を実効力あるものとさせる。」この答えをもって思想の自由や、自己自身の尺度を打ち立てるという学問の要求はその反対物に席を譲る。

このような弁証法使用の第二の例として、ヘーゲルが立憲制の要求をどう扱ったかを選びたい。かれはそれを平等と自由についての自分流の扱いと結びつけた。憲法の問題をただしく評価するためには、プロイセン絶対主義が〈国王の完全な主権の原則を無視すれば〉憲法を知らなかったこと、また、ドイツの諸侯国において領主たちが要求していた、民主主義的改革運動のスローガンが〈侯国に憲法を与えるべし〉であったことを思い起こす必要がある。しかし、フリードリヒ・ヴィルヘルムは、「数年前から民族を呼号し、憲法を求めて怒声を上げる、活発で騒々しい激情家連中」に譲歩してはならないと固く信じる点で、宰相フレデリック・アンシヨンに同意していた(38)。そして、国王は大きなプレッシャーのもとで憲法を約束したのだが、それを果たすことはなかった。〈国王の〈憲法〉について無邪気な発言をしたばかりに、解任された不幸な宮廷医師がいたという話もある。〉さて、ヘーゲルはこのきわどい問題をどう扱っているだろうか。「国家とは、卓越した生きた精神として、組織化された、特殊な現実性において区別された全体としてのみ存在する」とかれは書く。「……憲法は国家権力の分節化したものであり……それは現存する正義である。……自由と平等は……憲法の基本的な規定であり、最終的な目標であり、結果である……」これはもちろん序章にすぎない。しかし、憲法要求が絶対君主制の要求へと弁証法的に変形されるのを見る前に、ヘーゲルがどのようにして二つの〈目標であり、結果である〉もの、つまり自由と平等を、その反対物に歪曲するかを見ておかなければならない。

まず、ヘーゲルが平等を不平等にする次第を見よう。ヘーゲルは「市民が法のもとに平等であるということ、これには高い真理が含まれているが、このように表現されるならば、それは同語反復である」と承認する。「というのも、それで言われているのは、法律があるという状態、つまり、法律が支配していることにすぎないからである。しかし、具体的には市民は……法の外においても平等である点でのみ、法のもとで平等である。財産、年齢、強健さ、才能、器用さ等々における平等のみが、……法のもとでの平等な取り扱いを……可能にするし、またするべきである。法自体は、……不平等な条件を前提としている。……逆に言えば、現実における個人の最高度の具体的不平等を生み出しているのは、まさに現代国家の高度な発展と教育である[39]。」

平等論という〈高次の真理〉がその反対物に歪曲される次第を素描するにあたって、わたくしは、ヘーゲルの議論を徹底的に短縮した。読者には警告しておかねばならないが、本章全体をつうじてこの方法を用いざるをえないであろう[40]。そうすることによってのみ、かれの饒舌と(間違いなく病的な)思考の飛翔を読み解けるのである。

さて、自由について考えてみよう。「自由について言えば」とヘーゲルはこう書く。「法律によって規定された権利、つまり国家、都市などの公的な権利や私的な権利は、かつて自由（原語の Freiheit は領主などから勝ち取られた権利という意味をもつ。その権利の範囲で自由に活動できたということ）と呼ばれていた。じっさい、すべての真の法律は自由（権利）である。なぜなら、それは、自由の理性による規定、……したがって、内容が含まれているからである。」この議論は、〈自由〉が〈あるひとつの自由（eine Freiheit、あるひとつの権利）〉とおなじであり、したがって〈法〉とおなじであることを示そうとするものであり、そこからは、法の数が増えるにつれて自由の範囲が拡大することが帰結するが、あきらかに、プラトンが最初に発見した自由のパラドックス——これについてはプラトンのところ（第一巻第六、七章）でてみじかに論じておいた——の粗雑な表現に他ならない（ことば遊びにもとづいているので粗雑である）[41]。このパラドックスはつぎのように表現できるだろう。無制限の自由は、自由とは対立するものに至る。なぜなら、法にもとづく保護や制限がなければ、自由は、弱者に対する強者の専制にならざるをえないからである、と。このパラドックスは、ルソーも漠然と再定式化していたが、カントによって解決された。かれは、すべての人に平等な自由を確保するためには、必要以上の制約であってはならないが、個々人すべての自由を制約することを要求したのであった。へーゲルは、もちろんカントの解答を知っているが、それには好意を寄せず、著者に言及することなく、つぎのような見下した描写をしている。「他方、誰もが他者の自由との関係で自分の自由を制限しなければならず、国家とはこの相互的制約の状態であり、法律とは諸制約であるという考え方ほど一般的になっているものはない。……この分野は、したがって当然のことながら、同時に制約の領域でもある。」そしてかれはカントの理論の批判をこうつづける。「なぜなら、自由は自然性のうちに、つまり、放埓と恣意に捕らえられているからである。」この曖昧模糊とした注釈によって、カントの平等主義的正義論は却下される。

しかし、ヘーゲル自身は、自由を法と同一視するというつまらない揶揄だけでは、自分の目的には十分ではないと感じて、いくぶんかためらいながら、もともとの問題、すなわち憲法の問題に立ち返る。「しかし、政治的自由にかんして言えば」、とかれはこう述べる。しばしばそれは「市民社会の特定の目的と事業を自己の主要な職分としている……者」(ことばを換えれば、ふつうの市民)「の国家の公的業務への……正式の関与として」理解されている。そして、「そのような関与に……かかわる国家の面のみを憲法と呼ぶのが慣例になっており、……そのような関与の存在しない国家を憲法のない国家と見なすことが慣例になっている。」これは、たしかに慣例である。だが、この慣例からどうやって逃れるのか。純粋にことばのトリック——定義によってである。「この意味については、つぎのことだけは言っておかねばならない。憲法のもとで、権利、つまり自由一般の規定が……理解されねばならないということである。[42]」しかし、またしてもヘーゲル自身はこの論証のおそろしく貧弱なのを感じ、絶望のあまりかれは、(ルソー起源の)集団的神秘主義に、そしてヒストリシズムの腕のなかに身を投じる。「憲法を制定する組織化された権力は、誰に、どのような組織に、そしてどのように組織された機関に帰属するのかという問題は、民族の精神を作るのは誰かという問題とおなじである。憲法の表象を精神から切り離して、この精神が、身をまとう憲法なしに、存在するかのように、あるいは、存在してきたかのように考えるならば、そうした見解はこのつながり」(つまり、精神と憲法のつながり)「についての考察の浅薄さを証明するだけである。……憲法を作ったし、作っているのは、内在する精神と歴史——そして、その歴史とは精神の歴史にすぎないのだが——である。」だが、この神秘主義は、絶対主義を正当化するにはあまりにも漠然としすぎている。より明確化されなければならない。そこでヘーゲルは急いでつぎのように明確化する。「生きた全体、国家そのものと憲法の保持、その持続的な生成をおこなうのが政府である。……有機的な全体としての政府には、すべてを保持し決定していく国家意志が存在する。その意志は、すべてを貫徹する統一としての最高の頂点——統治のための領主権力——をもつ。〔国家のあらゆる〕要素がその自由なありように達している国家の完全形態においては、このような主観要素は、決定する意志の統一が現実に存在していない形態としてのいわゆる道徳家や多数派に発する決定ではなく、決定する個人の現実的な個別的意志として存在する。言うまでもなく、君主制である。したがって、君主制的憲法は、発展した理性の憲法であり、他のすべての憲法は、理性の実現過程における下位の段階に属する。」そして、さらに明確にしようとして、ヘーゲルは『法の哲学』に同趣旨の箇所——いままでの引用箇所はすべてかれの『エンチクロペディー』からである——でつぎのように説明している。「最終的決定の契機……このような絶対的な自己決定……が、領主的権力そのものを識別する原理を」構成する。「このように、全体の、絶対的な決定を下す契機は……個人、君主である。」[43]+

ついにわかった！　あらゆる憲法体制のうちどう見ても最高段階にある絶対君主制によって祝福されている国に、誰が〈憲法〉を要求するほど馬鹿になりえようか。そのような要求をする者たちは、自由を要求する者たちがプロイセンの絶対君主制で、「すべての要素がその自由なありように達して」しまっているのを見て取れず、あきらかに自分たちがなにをしているのか、なににについて話しているのかを分かっていないのだ。言い換えれば、ここにあるのは、プロイセンが〈最高の頂点〉であり、自由の真の防波堤であるというヘーゲルの絶対的な弁証法的証明である。プロイセンの絶対主義的憲法は〈地下牢への入り口であると信じる人もいるだろうが〉自由への入り口であり、人類が向かっていくゴールであり、その政府は、もっとも純粋なかたちでの自由の精神――強制収容所における自由の精神――を注意深く保存し維持しているという証明なのである。

ヘーゲルとともに、かつて国家の支配権を要求していたプラトンの哲学は、国家のもっとも従順な下僕となる。

言っておかねばならないが、こうした下賤な奉仕は自発的になされたのだ。[(44)+] 絶対主義的君主制の幸福な日々には全体主義による威嚇は存在しなかったし、無数の自由主義的な出版物が示しているように、検閲に効果はなかったからである。ヘーゲルは『エンチクロペディー』を出版したとき、ハイデルベルクで教授であった。そしてこの出版直後に、ベルリンに招聘され、称賛者たちが述べているように、哲学の〈公認された独裁者〉になった。しかし、こうした類のことは、かりに真実であったところで、かれの弁証法哲学の卓越性や哲学者としての偉大さに対するわずかの反証にさえならないと反駁する人がいるかもしれない。こうした主張に対してはすでにショーペンハウアーの返答を挙げておいた。「哲学が一方の側からは国家の利害の、他方の側からは利得の手段として下劣に悪用されている。こんなときはかつてないと言いたい。こうしたことをしていれば、……真理もついてくるとでも思っているのだろうか。」

　これらの箇所は、ヘーゲルの弁証法がじっさいにはどう適用されたのかをかすかにとはいえ垣間見せてくれる。であれば、弁証法と同一哲学が結合された適用形態に進むことにしよう。

　すでに見たように、ヘーゲルは、一切の事物、本質でさえも運動すると説いていた。本質や理念や精神は発展するのであり、その発展は、もちろん、弁証法的な自己運動である[45]。そしてあらゆる発展の最終段階は、過去の発展すべての頂点であり、すべての先行段階を克服しているから、合理的であり、したがって善であり真であらねばならない。（したがって、事物はますますよくなっていくだけである。）あらゆる現実の発展は現実の過程であるから、それは、同一哲学にしたがえば、合理的にして理性的な過程であらざるをえない。そして歴史もあきらかにおなじであるに違いないのである。

　ヘラクレイトスは、歴史には隠れた理性がはたらいていると主張した。ヘーゲルにとって、歴史は開いた本になる〔「開いた本」とはなにも隠していないということの慣用表現〕。その本は純然たる鎮護国家の書である。この本は、摂理の知恵に訴えて、プロイセン君主制の卓越性を擁護し、プロイセン君主制の卓越性に訴えて、摂理の知恵を擁護する。

歴史は現実的なものの発展である。それゆえ、同一哲学によれば歴史は理性的なものであらねばならない。歴史をそのもっとも重要な部分とする現実の世界の発展は、ヘーゲルによって、一種の論理操作と、あるいは、思考過程と同一と見なされている。歴史は、かれの見るところでは、〈絶対精神〉もしくは〈世界精神〉の思考過程である。歴史はこの精神の立ち現れである。歴史は、摂理によって考え抜かれた一種の巨大な弁証法的三段論法(46)なのである。この三段論法は、摂理がしたがう計画書でもある。そして、その論理的結論は、摂理が追い求める目的——世界の完成——である。ヘーゲルはその著『歴史哲学』でつぎのように述べている。「哲学が歴史に接近するさいの唯一の考えは、理性が世界を支配しており、したがって世界史には理性にそくして近づけるという理性の単純な考えである。この確信および洞察は……哲学そのものにおいては……前提ではない……哲学においてはつぎのことは証明されている。すなわち、理性は……実体であるとともに無限の力であり、……無限の質料であるとともに無限の形相……である……こうした思想のみが、真なるもの、永遠なるもの、端的に力あるものであり、それは世俗の世界に開示されるし、それ以外として、つまり、その栄誉と栄光として以外には開示されることはない……、こうしたことは、すでに述べておいたように、哲学で証明されているし、ここでは証明済みのものとして、前提されている。」このようなことばの奔流もわれわれを遠くまで連れていくことはない。しかしながら、ヘーゲルが言及している〈哲学〉(すなわち、かれの『エンチクロペディー』)の一節をよく見れば、かれの鎮護国家論的な目的も少しあきらかになるだろう。というのもつぎのように言われているからである。「歴史には、しかも本質的に世界史には、最終目的それ自体が据えられており、そしてそれ――摂理の計画――は現実に実現されてきたし、されているということ、歴史のなかに理性が存在すること、こうしたことは、対自的には哲学的には成就されているし、そして即自かつ対自的には必然化されている。」いまや摂理の目標は歴史の成果において〈実現している〉のだから、この実現は当時のプロイセンで生じているのではないかという疑いが生じてくる。そして、この疑いは的中する。そのうえ、この目標が理性の歴史的発展――あるいはヘーゲルの表現するところでは、その「生命が……諸段階の循環である精神」――の弁証法的三段階において、どのようにして達成されるかさえ示されているのである。第一段階は、東洋の専制主義であり、第二段階はギリシア・ローマの民主主義と貴族によって形成され、第三段階にして最高の段階はドイツ民族の君主制――言うまでもなく絶対君主制――である。そしてヘーゲルは、未来のユートピア的な君主制を意味しているのではないことをこの上なく明確にしている。かれはこう書いているのだ。「思想は現在であり、精神は不滅であり、すなわち、それは過ぎ去ってしまったのでも、まだ到来していないのでもなく、本質的にいまなのである。かくして、精神の現在の姿は、それ自身のなかに先行する以前の段階すべてを概括している。[47]」

しかし、ヘーゲルはさらに明確にする。かれは、歴史の第三期、ゲルマン的君主制もしくは〈ゲルマン的世界〉をさらに三つに分け、つぎのように述べる。「まず、宗教改革を、つまり、中世が終わる夜明けにつづき、万物を照らす太陽としての宗教改革そのものを、ついで宗教改革後の状態の発展を、そして最後に前世紀末から始まる最近の時代」、つまり一八〇〇年から一八三〇年（この講義がなされた最後の年）までの期間「について考察しなければならない。」そしてふたたびヘーゲルは、この現在のプロイセンが自由の頂点であり、防波堤であり、目標であることを証明する。「精神は……世界史のなかで、具体的な現実のなかで、目の前で上演されている。」しかも、ヘーゲルは精神の本質は自由であると説く。「自由」は、「精神の唯一真なる形態」である。[48] したがって、精神の発展は自由の発展でなければならず、最高の自由は、歴史的発展の最後の部分を構成するゲルマン的君主制のこの三〇年間に達成されたものであらざるをえない。そしてじつに、「ゲルマン精神は新しい世界の精神であり、その目的は自由の無限の自己決定としての絶対的真理の実現である」と書かれているのである。そして、ヘーゲルはプロイセンを称賛し、その政府は「官界に基礎をもち、君主の個人的な決定が頂点にある。なぜなら、最終的な決定は、先に指摘しておいたように、絶対に必要であるから」と述べたあとで、ヘーゲルはこの書の超絶した結論に到達する。かれはこう書くのだ。「ここまで意識は到達しているのであり、これが、自由の原理が自己実現した形態の主要契機である。なぜなら、世界史は自由の概念の展開に他ならないからである。……世界史は……精神の現実的生成である。これは、歴史における真の神義論であり、神の正当化である。起こったこと、日々起こっていることは……本質的には神の御業であるという洞察のみが、精神を世界史と、そして現実と和解させることができる。」(49)

問いたいものである。わたくしが、ヘーゲルは神の擁護と同時にプロイセンの擁護を提供していると言ったとき、ただしくはなかったか、また、ヘーゲルによって地上における神的理念として讃えるべく命じられている国家が、一八〇〇年から一八三〇年に至るフリードリヒ・ヴィルヘルムのプロイセンにすぎないことが明らかではないか、と。また問いたい。われわれすべてにとって貴重な理念のかくも下劣な歪曲、つまり、理性、自由、平等やその他の開かれた社会の諸理念のみならず、神の真摯な信仰や真摯な祖国愛のこのような歪曲は克服されうるものなのだろうか、と。

一見進歩的で革命的な前提から出発したヘーゲルが、読者には馴染みがあると言ってよい一般的な弁証法を用いて、ものごとを歪曲し、ついには驚くほど保守的な結果に終わる次第について述べた。同時にかれは、歴史哲学と倫理と法の実定主義を結合させ、後者に一種のヒストリシズム的正当性を与える。歴史はわれわれの裁き手なのである。歴史と摂理が現にある力を存在させたのだから、その力は正義(Recht)であるばかりでなく、神的な正義でさえあらざるをえないのだ。

しかし、ヘーゲルはこの倫理的実定主義に完全に満足しているわけではない。かれはもっと多くを要求する。かれは、自由や平等と戦うように、人間の兄弟愛、人道主義という思想的財産、かれの言うところでは、〈博愛主義〉とも戦う。良心は、盲目的な従順によって、栄光と運命というヘラクレイトス的なロマンチックな倫理によって、全人類の兄弟愛は全体主義的なナショナリズムによっておき換えられなければならないのだ。それはどのようにおこなわれるのか。本章の第三節、とくに第五節で示したい[50]。

第三節

さて、かなりの奇怪事——ドイツ・ナショナリズム台頭のものがたり——について簡単ではあるにせよ語っておきたい。この用語が指している諸傾向は、疑いもなく、理性や開かれた社会に対する反乱と密接に関係している。ナショナリズムは、われわれの部族的本能に訴え、情熱と偏見に訴え、個人に課せられた責任の重荷から解放されたいというわれわれの郷愁に満ちた願望に訴えてくる。ナショナリズムは、個人の責任を集団の責任におき換える。こうした傾向と符節を合わせていたことがわかるのだが、政治理論についての最古の著作、老寡頭政治家の著作のみならず、プラトンやアリストテレスの著作でさえも、決定的にナショナリズム的な見解を示していた。というのも、それらの著作は、開かれた社会や帝国主義〔この語は、ここでは世界をひとつの国家として捉える立場といったくらいの意味で用いられている〕、コスモポリタニズム、万人の平等といった新しい理念と闘うために書かれたものであったからである。(51) しかし、このような初期の国家主義的政治理論の展開は、アリストテレスで中断する。アレクサンダー大王の大帝国とともに、真正の部族的ナショナリズムは政治的実践からは永遠に消え、政治理論からも長いあいだ消えてしまう。アレクサンダー大王以来、ヨーロッパとアジアの文明国家はすべて、起源を大きく異にする人びとを包含した超国家であり、帝国である。ヨーロッパ文明とそれに属するすべての政治的主体は、それ以来、民族を超えた、より正確に言えば、部族を超えたものである。（古代シュメール帝国は、アレクサンダー大王とわれわれの時代にある時間くらいアレクサンダー大王から過去にさかのぼった時代に最初の民族を超えた文明を生み出したと思われる。）そして、政治的実践について言えることは、政治理論にも言えるのであり、おおよそ百年前までは、プラトン的‐アリストテレス的ナショナリズムは、政治理論から実質的に消えていた。（もちろん、部族や共同体への思いはいつにせよ強いものであった。）ほぼ百年前にナショナリズムが息を吹き返したとき、それはすでに徹底的な混血がなされていたヨーロッパのうちでももっとも雑種的な部分であるドイツと、とりわけ住民の大部分がスラブ系であったプロイセンにおいて生じたのであった。（一般には知られていないのだが、わずか一世紀前のプロイセンは、当時スラブ系住民が圧倒的であったため、およそドイツ国家とは考えられていなかった。もっとも、その地の王たちは、ブランデンブルクの封侯としてドイツ帝国の「選帝侯」ではあったが。ウィーン会議では、プロイセンは「スラブ系王国」として記載された。そして、一八三〇年にいたってもヘーゲル自身は、ブランデンブルクやメクレンブルクを「ゲルマン化したスラブ人」が居住する土地として言及していたのである。[52]）

したがって、民族国家の原則が政治理論に再導入されたのは、そう遠い昔のことではない。にもかかわらず、この原則は、現在では広く受け入れられており、通常は、無意識のうちに自明のこととして受け止められ、ある意味で、通俗的な政治思想の暗黙の前提という役割を果たしている。多くの人がこの原則を政治倫理の根本的な要求であると考えているし、とくにウッドロー・ウィルソンの、善意に発するのであろうが、熟考されたとは言えない民族自決の原則ともなっている。ヨーロッパの歴史を少しでも知っている人なら、どうしてこのような適用できない原理を打ち立てようとするのか、理解しがたいであろう。ありとあらゆる民族の移住や混交、もともとはアジアの居住地からやってきてヨーロッパという半島の雑踏のなかで分裂し、混血した無数の人びとの波を知っている人なら、このような原則は立てなかったであろう。その説明はこうだ。真摯な民主主義者であったウィルソンは、優しくて忍耐強い人類に押しつけられた、もっとも反動的にして精勤を励む政治哲学由来の運動の犠牲になったということだ。かれは、プラトンやヘーゲルの形而上学的政治理論やそこに根差した民族主義運動のもとで受けた教育の犠牲者となったのだ。おなじことは、開かれた社会に向けての闘士すべてのうちでももっとも偉大なトマーシュ・G・マサリクについても言えることである(53)。

民族国家の原則、すなわち、各国家の領土と民族の居住する領土とは一致すべしという政治的要求は、現代の多くの人が思うかもしれないほど自明のことでは決してない。民族という概念の輪郭をより正確に規定できたとしたところで、民族という概念が基本的な政治的カテゴリーであるべきなのか、たとえば宗教とか特定の地域内での出生、王朝への忠誠心とか民主主義のような政治的信条(これは多言語国家スイスの統一要因と言えよう)よりも重要な政治的カテゴリーであるべきなのかは依然として明らかではないだろう。しかも、宗教や領土や政治的信条は多かれ少なかれ明確に規定できるが、民族のもとでなにが理解されるのかを実践政治に役立つかたちで説明できた人はかつていなかった。(もちろん、民族とは、特定の国家に住んでいる、あるいはそこで生まれた多くの人びとであると言えば、すべては明らかであろうが、こうした説明は、国家が民族によって決定されるのであり、その逆ではないと要求する民族国家の原則の放棄にほかならないであろう。)民族の統一性は共通の起源、言語、歴史にあると主張する理論は、いずれにしてもじっさいには適用できない。民族国家の原則は適用できないだけでなく、なんぴとによっても明確に考え抜かれたこともない。それは神話であり、非合理なロマン主義的にしてユートピアを願う夢、自然主義と部族的集団主義の夢である。

だが、近代のナショナリズムは、その内部に反動的で非合理的な傾向を抱えていたとはいえ、ヘーゲル以前の短い歴史のなかでは、不思議なことに、リベラルで革命的な信条であった。歴史上の偶発事——最初の国民軍であるナポレオン麾下のフランス軍によるドイツ領への侵攻、そしてこの出来事によってひき起こされた反動——によって、近代のナショナリズムは自由の陣営への道を見つけたのであった。この発展の歴史をたどり、ヘーゲルがどのようにしてナショナリズムを全体主義陣営に引き戻したかを見ることは、興味のないことではない。というのも、それは、ギリシア人の野蛮人に対する関係は主人の奴隷に対する関係とおなじであるとプラトンが最初に主張して以来、全体主義の思想に属していたからである。

覚えておられると思うが、不幸なことにプラトンは政治の根本問題を、誰が統治すべきか、誰の意志が法となるべきか、というかたちで表現した。ルソー以前においては、この問いに対する答えは、通常、君主であるというものであった。ルソーは新しい、きわめて革命的な答えを提出した。君主ではなく、人民が支配すべきである、と、一人の人間の意志ではなく、すべての人間の意志が決定すべきである、と。このようにして、かれは人民の意志、集団意志という概念を発見するに至ったのである。かれはこれを〈一般意志〉と呼んだ。ひとたび意志を付与されると、人民は超人間的なものに高められざるをえなかった。「なぜなら、外部の諸勢力との関係において」(すなわち、他のもろもろの人民との関係において)「それは、単一のもの、個体になる」とルソーは言うからである。このような工夫には、ロマンチックな集団主義の要素がかなりあったが、ナショナリズムへ向かう傾向はまだなかった。しかし、ルソーの理論は公然とナショナリズムの萌芽を含んでいた。そのきわだった教説は、さまざまな民族は人格として把握されねばならないと主張するものであったからである。そして、ナショナリズムの方向でじっさいに大きな一歩が踏み出されたのは、フランス革命が国民徴兵制にもとづいて国民軍を創設したときであった。

つぎにナショナリズムの理論に貢献したのは、カントのかつての教え子であり、その当時はかれの個人的な友人でもあったヨーハン・G・ヘルダーであった。ヘルダーは、よき国家は、〈自然な〉境界、すなわち、自分たちの〈民族〉が居住する領土の境界と合致する境界をもつべきであると主張した。かれはこの説を『人類史の哲学によせる諸理念』(一七八五年)のなかで当初つぎのように打ち出した。「もっとも自然な国家は」とかれはこう書いている。「一国民としての性格をもった一民族である……民族は族として自然界の植物のようなものであり、ただ多くの分枝をもつにすぎない……人間の結びつきすべてに共同体からの助けがあり、安全がこの結合体の主たる目的であるように、国家にとっては、このような自然の秩序以外には最良のものはなにもないし、当然のことながら、そのなかでは、誰にせよ自然が命じたところのものとなっている。(55)」この理論は、国家の〈自然な〉国境という問題に答えを与えようとするものであり、ついでに言えば、民族の〈自然な〉境界という新しい問題をみちびくものであったが、当初はあまり影響力をもってはいなかった。興味深いことには、カントはこの書の危険なまでに非合理なロマン主義に気づき、遠慮のない批判によってヘルダーを不倶戴天の敵とした。その批判の一節を引用しておこう。それは、ヘルダーだけでなく、のちの神託まがいの哲学を語った者、フィヒテ、シェリング、ヘーゲル、そしてかれらの現代における後継者たちをもみごとに特徴づけている。「巧みに類似点を見つけ出すこざかしさ、またそれを図々しく利用する連想力といったものが、遠くにぼんやりと捉えられた対象を感じとか感覚だけで捉える巧みさに結びつけられており、しかもそれが、偉大な内容をもった思想のはたらきであるとして、あるいは多くのことをおのずから推測させる暗示であるとして、まさに思想にもとづく冷静な判断であるかのように受け止められている」とカントは書いている。そして後の部分では「だが、おなじようにここでは、あちこちで同義語が説明として通用し、隠喩が真理と見なされていないかを……調べたいとさえ思わない」(56)と述べられている。

ドイツ・ナショナリズムに最初の理論を与えた哲学者はフィヒテであった。かれは、民族の境界は言語によって決まると主張した。(これは事態を好転させるものではない。方言の違いはいったいどこから言語の違いとなるのか。スラブ人やゲルマン人はいかに多くの異なった言語を話すことか、それともそれらの違いはたんなる方言にすぎないのか。)

フィヒテの見解は、かれがドイツ・ナショナリズムの定礎者の一人であったことを考えると、不思議な発展を遂げた。かれは、一七九三年にはルソーとフランス革命を擁護し、一七九九年には依然としてつぎのように明言していた。「今後はフラ［ンス］共［和国］だけが高潔の士の祖国となりうること、今後は人類のもっとも高貴な希望だけでなく、その存在さえもその勝利と一心同体であるゆえ、それらの者がその諸力を捧げうるのはこの共和国のみであることは明らかである。……小生は、自分になしうるし、なしうるであろう一切を共和国の手に委ねる。以上、誓約する。」こうした発言をしたとき、フィヒテは当時フランスの支配下にあったマインツで大学の地位を求めて交渉中であったことは言っておくにあたいする。「一八〇四年には」と、アンダーソンはそのナショナリズムにかんする興味深い研究のなかで、つぎのように書いている。「フィヒテは……プロイセンでの服務を離れ、ロシアから招聘されることを熱望していた。プロイセン政府はかれに財政的に十分なものを提供していなかったので、ロシアからもっと認められることを望んでいたのだ。かれはロシアの仲介者に、サンクトペテルブルク科学アカデミーの会員に任命され、四〇〇ルーブルを下らぬ給料を支払ってくれるなら、「死ぬまで身を捧げる」と書き送っている。二年後には」、とアンダーソンはこうつづけている。「フィヒテは、コスモポリタンからナショナリストへの変貌が完了した。」

ベルリンがフランスに占領されたとき、フィヒテは愛国心からこの都市を去った。だが、「かれは」とアンダーソンは書いている。「この行為を、プロイセン王とその政府に気づかさずにはおかなかった。」アダム・ミュラーとヴィルヘルム・フォン・フンボルトがナポレオンに引見されたとき、フィヒテは不機嫌を隠し切れず一八〇七年五月四日付で妻につぎのように書きおくっている。「ミュラーとフンボルトのことを妬ましくは思っていない。むしろ、このような恥ずべき栄誉にかかわらなかったことをよろこんでいる。……不透明な時代にあって、大義への忠節を公に示しておくことは、自分の意識においてのみならず、おそらくその後の成功にも相違をもたらすだろう。」これに対してアンダーソンはつぎのような論評をくわえている。「じっさい、かれは儲けた。かれがベルリン大学へ招聘されたのは、疑いもなくこの挿話の結果であった。これはかれの行動の愛国心を損なうものではないが、本来の姿を照らし出すものではある。」[57] さらに付けくわえておくべきことがある。フィヒテの哲学的キャリアは、最初から詐欺にもとづいていたということだ。かれの最初の著作は、カントの宗教哲学が一般的に期待されていた時期に、『あらゆる啓示への批判』[一七九二年]というタイトルのもと匿名で出版された。この書はカントの文体を巧妙に模倣していたが、どうにもならない愚作であった。噂をふくめてすべてが、これはカントの書であると人びとに信じさせるように動き出していた。フィヒテは、カントの友誼（カントは、この本の最初の数ページ以上を読む気にはなれなかった）によってのみ出版社を見つけえたことを思えば、事情はまっとうな光のもとに現れてくるというものだろう。出版界がフィヒテの作品をカントの作品として称賛したとき、カントはフィヒテの著作であることを公に認めざるをえなくなった。そして突然にフィヒテは名声に包まれ、イエナ大学の教授に任命された。しかし、カントはのちに、フィヒテから距離をとるために、第二の声明を出すことを余儀なくされた。その声明には、つぎのようなことばが「イタリアの格言からであるが」書かれている。「神よ、われらをわれらの友人から守りたまえ。敵からはわれら自身を……守らん。」(58)+

以上は、その「駄法螺《だぼら》」で近代ナショナリズムばかりでなく、カントの学説の歪曲から生じた近代の観念論哲学を登場させた男の経歴にまつわる挿話である。（ショーペンハウアーに倣って、わたくしはフィヒテの「駄法螺」とヘーゲルの「いかさま」を区別するが、この区別が少しばかり衒学的であることは認めざるをえない。）ことの全体は、「哲学の歴史」、そして歴史全般に興味深い光を投げかける。わたくしの念頭にあるのは、フィヒテやヘーゲルのような道化師がまじめに受け止められ、崇められ、もったいぶってはいるがうんざりするような研究（とそれにふさわしい試験論文）の対象にされたという、スキャンダラスというよりはむしろ滑稽な事実だけではない。つぎのようなことも念頭にある。駄法螺屋フィヒテやいかさま師ヘーゲルが、デモクリトス、パスカル、デカルト、スピノザ、ロック、ヒューム、カント、J・S・ミル、バートランド・ラッセルのような人物と同列に語られているという恐ろしい事実だけではなく、かれらの倫理上の教説がまじめに受け止められ、それどころか、他の哲学者の教えよりも優れているなどとしてしばしば優先されているという事実である。念頭にあるのは、思想と空想、善と悪とを区別することさえできない多くの哲学史家たちが、歴史こそわれわれの裁き手であり、哲学の歴史はさまざまな思想体系に対する暗黙の批判であるとずうずうしくも宣言するという事態である。なぜなら、かれらのへつらいや賛辞は、かれら自身の哲学史を暗黙のうちに批判するものでしかないし、哲学という商売をより栄誉あるものとするためになされたうぬぼれとか自慢話、わめき声とかくだらない謀議への批判でしかないことは明白だと思うからである。かれらの高慢さが、思考力のなさに正比例して、人類に奉仕する度合いには反比例して膨張するというのが、その界隈で「人間本性」と呼ばれているものの法則であるように思われる。

フィヒテがナショナリズムの使徒となったとき、ドイツではナポレオンの侵略に対する反動として本能的で革命的なナショナリズムが高揚してきた。（これは、国家を超えた帝国の拡大に対する部族的意識の典型的な反応のひとつであった。）民衆はルソーやフランス革命の意味で理解していた民主主義的な改革を要求したが、フランスの征服者なしにそれを実現したいと考えていたのだ。かれらは自分たちの君主に反旗をひるがえし、同時にナポレオンにも反旗をひるがえした。この初期のナショナリズムは、新しい宗教という力強さをもって勃興し、その内部に自由と平等を求める人道的な欲求を包み込んでいた。「このナショナリズムは」とアンダーソンはこう書いている。「正統派キリスト教が衰退していたときに成長し、特殊な神秘的体験への信仰をつうじて、取って代わった」(59)のであり、抑圧された部族の成員が他の成員と共有する共同感情という神秘的な体験をつうじて、キリスト教に、またとりわけ絶対主義の権力乱用が破壊した王への信頼感と忠誠心に、取って代わったのである。この調教されていない新しい民衆の宗教は、あきらかに支配階級、とくにプロイセン王にとって大きな不安と危険の源であった。この危険にどのように対処すべきか。解放戦争のあと、フリードリヒ・ヴィルヘルムは、最初にナショナリスト的な顧問官を解任し、それからヘーゲルを任命することで対処した。なぜなら、フランス革命は哲学の影響力を証明していたからである。これは、ヘーゲルが(自分自身の職務の基礎として)報酬をえたあとに強調した点でもあった。「いまや精神的なものについての意識が本質的に基礎となり、それをつうじて支配しているのは哲学であることがあきらかとなった。フランス革命は哲学に発していると言われているし、哲学が世界〔世俗社会〕についての知恵と呼ばれることにも理由がないわけではない。というのも、哲学はそれ自身でまた他に対しても絶対的な真理であるばかりでなく……哲学は現世のなかで生きているかぎり、真理でもあるからである。だから、革命はその最初の刺激を哲学から受けとったと言われたときに、反論してはならない。(60)」これは、ヘーゲルが、自分の現在の政治的課題を、反対方向での運動の鼓舞――哲学にとっては、はじめてではないが、反動の力を強化する鼓舞――にあると見ていたことを示唆している。自由や平等などの理念の歪曲も、この課題の一部であった。しかし、おそらくそれ以上にさし迫った課題は、革命的なナショナリズムという宗教を飼いならすことであった。ヘーゲルは「人びとの道義的な感情を破壊しようなどと無益な試みはせずに、そうした感情に訴える」というパレートの助言に忠実にそってこの任務を果たした。かれは、ナショナリズムに真っ向から反対するのではなく、統制のとれたかたちでプロイセン当局を信じることへと変容させることによってナショナリズムを飼いならそうとした。そうすることで、ナショナリズムが根本において属していた閉じた社会の陣営に強力な武器を取り戻したのである。

こうしたことは、かなり不器用な仕方でなされた。ヘーゲルは、政府に気に入ってもらおうとして、しばしばナショナリストを露骨に攻撃した。『法の哲学』にはこう書かれている。「人民の主権は、君主のもつ主権と対立するものとして捉えられているが、これは、近年、人民の主権について語られ始めたときのふつうの意味である——こうした対立のもとでは、人民の主権は、人民という荒唐無稽な表象の根底をなしている混乱した思想に属している。君主のいない人民は……かたちなき大衆である。[61]」それ以前に、『エンチクロペディー』でかれはつぎのように書いていた。「私人の集合が……しばしば人民と語られている。しかし、そのような集合としては、それは烏合の衆であって、民族ではない。この点において、国家の唯一の目的は、民族がそのような集合としてではなく、存在し、権力をもち、行動するということである。民族がそのような烏合の衆のような状態にあるのは、一般的には不正、不道徳、不合理の状態である。そうした状態では人民は、荒れ狂う始原の海——精神的要素としての民族がおこなうように、自己を破壊することはないだろうが——の力のようにかたちなく、荒涼とした、先の見えない力であろう。そのような状態が、真の自由の状態であると言われているのをしばしば耳にする。」これは、紛れもなく、王が疫病のように憎悪するリベラルな民族主義者を暗示している。この点は、ヘーゲルが神聖ドイツ帝国の再建という初期のナショナリストたちの夢にどう向き合ったかを見ると、一段とあきらかになろう。かれは、プロイセンにおける最新の動向に賛辞を呈しながら「帝国というウソは完全に消えた。それは主権国家の並立になった」と述べている。ヘーゲルは自分の反リベラルな傾向から、イギリスを悪い意味での国家の特徴的な例として糾弾する。かれはつぎのように書いている。「たとえば、私人の国家公務への参加が圧倒的であるため、国家体制がもっとも自由であると考えられているイギリスは、経験が示すところでは、民法や刑法の制定において、財産権やその自由な処分権において、芸術や学問の制度などにおいて、ヨーロッパの他の文明諸国とくらべて格段に遅れているし、客観的自由、すなわち合理的権利は、むしろ、形式的自由と特殊な私的利害の犠牲になっている(そのうえ、これは宗教に捧げられるべき制度や財産においても生じている[62]+)。」これは、じつに驚くべき断言である。とくに芸術と科学を考えるときには。というのも、プロイセンほどの後進国はなかったからである。プロイセンでベルリン大学が設立されたのは、国王が語ったように、ナポレオン戦争の影響下で「国家は、身体的力で失ったものを知的勇気でおき換えなければならない[63]」という考えのもとにおいてであったからである。(数ページあとで、ヘーゲルは、イギリスの芸術と科学について自分が言っていたことを忘れている。というのも、かれは、「歴史叙述が洗練され、確固として成熟した性格をもつに至ったイギリス」について語っているのだから。)

見られた通り、ヘーゲルは、自分の任務がナショナリズムの自由主義的、さらには帝国主義〔ここでは世界をひとつの国家として捉える立場といったくらいの意味〕的傾向と闘うことにあることをよく知っていた。かれは、ナショナリストたちの集団主義的な要求は、全能の国家によって自動的に充足されるから、国家権力の強化にのみ協力すればよいのだと説得することで任務を果たそうとした。かれはつぎのように書いている。「国家としての民族は、その実体的な合理性と直接の現実における精神である……したがって、地上における絶対的権力である。……国家は……民族そのものの精神である。現実の国家は、その特殊な任務、戦争、制度などのすべてにおいて、この精神によって生気を吹き込まれている。……特定の民族の自己意識は、それがそうあるかたちにおいて一般的な精神を……になうものであり、その意志がおかれている客観的な現実である。この絶対的な意志に対して、べつの特定の民族の意志は権利をもたない。かの民族が世界を支配する民族である。(64)」だから、歴史の舞台で行動するのは国民であり、その精神であり、その意志である。歴史とは、世界の支配をめぐるさまざまな民族精神の競争である。それゆえ、リベラルなナショナリストが推奨する改革は、いずれにしても国民とその精神が主役であるため、不必要である。くわえて「かの民族は……みずからにふさわしく、かつみずからのために帰属するところの憲法を」もつ（法実定主義）。かくしてヘーゲルはナショナリズムのもつリベラルな要素を、プラトン的－プロイセン的な国家崇拝によってのみならず、歴史と歴史における成功の崇拝によっておき換えていることがわかる。(フリードリヒ・ヴィルヘルムはナポレオンに対して成功を収めた。)こうしてヘーゲルは、ナショナリズムの歴史に新しい一章を開いただけでなく、ナショナリズムに新しい理論を提供した。すでに見たようにフィヒテは、ナショナリズムは言語にもとづくという理論を立てていた。ヘーゲルは民族の歴史理論を導入したわけである。ヘーゲルによれば、民族は歴史のなかで行動する精神によって統一されている。それは共通の敵と、戦われた戦争の戦友意識によって統一されている。(人種とは、起源によってではなく、起源についての共通の誤認によって統一された人びとの集合体であると言われる。おなじように、ヘーゲルの意味での民族とは、その歴史についての共通の誤解によって統一された人びとであると言えよう。)この理論とヘーゲルのヒストリシズム的本質主義との関連は明らかである。民族の歴史は、その本質、あるいは「世界史の舞台」で自己主張するその精神の歴史であるというのだから。

ナショナリズムの台頭についての以上の素描を締めくくる前に、ビスマルクのドイツ帝国建国に至るまでの出来事についてコメントをくわえておきたい。ヘーゲルの政策は、ナショナリズムの感情を破壊しようなどと無益な試みをするのではなく、それに訴えるという点にあった。しかし、この名高い方法も、ときとして、かなり奇妙な結果をもったように思える。中世のキリスト教は権威主義的信条へと変貌を遂げたが、その人道主義的傾向を完全に抑え込むことはできなかった。キリスト教はときとしてその権威主義的な外套を突き破って現れ出た（そしてそのとき、それは異端として迫害された）。このように、パレートの忠告は、支配階級を危険にさらす傾向を中和することもあるが、意図せずしてそれを保存してしまうこともある。おなじようなことはナショナリズムでも生じた。ヘーゲルはそれを飼いならし、ドイツのナショナリズムをプロイセンのナショナリズムでおき換えようとした。しかし、そのように「ナショナリズムを」（かれ自身のジャーゴン〔隠語〕を使えば）プロイセン国家の「構成要素に縮減」することによって、ヘーゲルはそれを後刻のために「止揚〔保存〕」してしまったのだ。プロイセンは、旧態依然とした方法で、ドイツ・ナショナリズムの感情を利用せざるをえなくなった。つまり、プロイセンは、一八六六年にオーストリアと戦ったとき、ドイツ・ナショナリズムの名の下に、「ドイツ」の指導力の確保と保存を口実にして戦わざるをえなかった。そして、一八七一年の大きく拡大したプロイセンのためには、新「ドイツ帝国」の名の下に、まさに、ヘーゲルが語る民族の歴史理論にしたがい闘争と戦争によって統一された新しいドイツ民族の名の下にプロパガンダをしなければならなかったのである。

第四節

われわれ自身の時代においては、ヘーゲルのヒステリックなヒストリシズムは、依然として現代の全体主義を急速に成長させる肥料である。かれの理論は、本章第五節で示すつもりだが、〔全体主義のための〕土地を準備し、知性を知的不誠実に向けて育てた。われわれは、知的正直さこそわれわれの大切にするもの一切にとっての基礎であることを学ばなければならない。

だが、これですべてなのか。以上はただしいのか。ヘーゲルの偉大さは、かれが新しい歴史的思考様式——新しい歴史感覚——の創造者であったという点にあると主張されることがある。この主張にはまったく根拠がないのだろうか。

わたくしの友人の多くは、ヘーゲルに対する態度のゆえをもって、またヘーゲルの偉大さを見ていないゆえをもってわたくしを批判した。もちろんかれらはまったくただしかったのだ。わたくしはかれの偉大さを見ることなど、じっさい、できなかったのだから。（わたくしはいまなおそうである。）この間違いなるものを取り除くためにわたくしは、ヘーゲルの偉大さはどこにあるのか、という問いをかなり体系的に調べてみた。

結果はあてはずれであった。たしかに、ヘーゲルが歴史ドラマの巨大さと壮大さを語ることで、歴史への関心を促したことは認めなければならない。疑いもなく、かれの野心的なヒストリシズム的一般化、時代区分、解釈は何人かの歴史家を魅了し、貴重で詳細な研究に向かわせた。(だが、その研究はほとんどいつでもヘーゲルの成果の脆弱さ、かれの方法の脆弱さを暴露するか、あるいは指摘するものであった。)しかし、この歴史研究を刺激するような影響は、歴史家や哲学者の仕事であったのだろうか。むしろ、そうした影響は宣伝屋の所業ではなかったのか。歴史家はヘーゲルを(もしあるとして)哲学者と見なす傾向があり、哲学者はふつうかれの貢献を(そうしたものがあるとして)歴史の理解に資したことだと信じている。しかし、ヒストリシズムは歴史(歴史叙述)ではないし、それを信じる者が歴史の理解をもっているわけでもないし、歴史感覚を示すわけでもない。もし歴史家としての、あるいは哲学者としてのヘーゲルの偉大さを規定したいと望むならば、かれの歴史観が霊感をもたらしたかどうかではなく、むしろその観念のなかに多くの真実があったかどうかを問うべきである。

わたくしは、ヘーゲルの哲学に含まれていると言える重要な思想をひとつだけ見つけた。それによってヘーゲルは、理性が伝統にどれほど多くを負うているかを認識できない抽象的な合理主義や知的主義を攻撃した。それは、人間はなにも書かれていない白紙として人生を始めることはできないし、無から思想の世界を創造することもできないのであって、思想は、大部分、知的遺産から産み出されたものであるという事実の洞察である(ヘーゲルはその『論理学』のなかではふたたび忘れてしまっている)。

よろこんで承認するが、これは重要なポイントであり、探そうと思えばヘーゲルのなかに見出すことができる。だが、この思想がヘーゲル独自の貢献であるという点は否定したい。それはロマン主義の共有財産だった。社会制度やその他の社会的形成物が歴史の産物であること、理性によって計画された発明ではなく、風変わりな歴史上の出来事から、着想や利害の相互作用から、苦難や情熱から生まれた形成物であること――こうした考えはすべてヘーゲルよりも古い。それはエドマンド・バークにまでさかのぼる。かれは、あらゆる社会制度が機能するにあたって伝統がはたす意義を指摘していたのであり、その思想は、ドイツ・ロマン主義運動の政治思想にかなり大きな影響を与えていた。この影響の痕跡はヘーゲルにも見出すことができるが、歴史的・進化論的相対主義の誇張された説得力のない形態でしか見出せない。つまり、こんにち信じられていることはこんにちの真理であるという危険な教説のかたちで、また、昨日の真理(たんに〈信じられていたもの〉ではなく、真理そのもの)も明日は偽かもしれないという、おなじように危険な証明されていない推論のかたちでしか、つまり、伝統の意義をただしく評価することにはつながりそうもない教説形態でしか見出せないのである。

第五節

さて、ヘーゲル主義を論じるにあたって最後の部分に達した。すなわち、新たな部族神話、新たな全体主義がヘーゲルの教説に依存していることを分析したいと思う。もしわたくしの目標が、全体主義台頭の歴史を書くことにあるとしたら、最初にマルクス主義を論じなければならないだろう。なぜなら、ファシズムは、部分的には、マルクス主義の精神的・政治的挫折から出現したものであるからだ。（おなじようなことは、マルクス主義とレーニン主義の関係にも言える。）しかし、ヒストリシズムがわたくしの主たる関心事であるので、いまのところヒストリシズムのもっとも洗練された形態であるマルクス主義については後論に譲ることにし、まずはファシズムへの攻撃に向かいたい。

現代の全体主義は、自由と理性に対する永続的反乱における一発作にすぎない。これまでの発作との違いは、イデオロギーにあるというよりは、指導者たちが先行者たちの不遜きわまりない夢のひとつを実現し、自由に対する反乱を大衆運動にした点にある。

(もちろん、大衆性を過大評価してはならない。インテリゲンチャは民衆の一部分にすぎない。)それが可能になったのは、当該諸国においてもうひとつの民衆運動、すなわち、ソーシャル・デモクラシー〔社会民主主義〕、もしくはマルクス主義の民主主義版——労働者の見方からすれば、これは自由と平等の思想を代表するものであった——が崩壊したからである。この運動が、一九一四年に戦争に対して断固とした態度を取り損なったのはたんに偶然によってばかりではないことがあきらかになったとき、平和の問題、とりわけ失業と経済恐慌の問題に直面して、その無力さがますますあきらかになったとき、そして、指導者たちがファシストの攻勢に対してこの運動をとどのつまりは及び腰でしか擁護しなかったことがあきらかになったとき、自由の価値と平等の可能性に対する信念は深刻な脅威にさらされたのであって、こうしたときに自由に対する永続的反乱は手段のいかんを問わず多かれ少なかれ民衆の支持をえたのである。

したがって、ファシズムは、マルクス主義が残したものの一部を引き継がざるをえなかった。ここからして、ファシズム・イデオロギーの〈独自な〉特徴が説明できる。つまり、ファシズムは伝統的に自由への反乱という扮装をまとっていたのだが、そこから逸れる点が説明できるのである。というのも、ファシズムは超自然的なものへ訴えかけたところで、どうしようもないことを知っていたからである。なるほどそれはまったくの無神論であったわけではないし、神秘的・宗教的な要素をもたなかったわけでもない。しかし、マルクス主義によって不可知論〔神が存在するか否かは知りえないという論〕が広がっていたために、どんな政治信条であれ労働者のあいだで人気を得ようとしても政治信条は、伝統的宗教のひとつにさえ結びつくことができないという状況が生じていた。そこからして、ファシズムは、少なくともその初期の段階では、一九世紀の進化的唯物論を少しばかり公式イデオロギーに混入させていた。

したがって、ファシズムという安酒の公式は、どこの国でもおなじである。ヘーゲル＋一滴の一九世紀の唯物論(とくにエルンスト・ヘッケル(65)による粗雑なダーウィニズム)ということだ。人種論の〈科学的〉要素は、ヘッケルにまでさかのぼることができる。かれは、一九〇〇年の「国家の内的・政治的発展にかんして、ダーウィニズムの原理からなにを学ぶことができるか」と題された懸賞論文の責任者であった。第一等を得たのは、ヴィルヘルム・シャルマイヤーの人種論をあつかった大冊の研究であった。これによってかれは、人種生物学の祖父となった。この唯物論的人種論は、起源がまったく異なるにもかかわらず、プラトンの自然主義によく似ていることは興味深い。二つのばあいとも、基本の着想はおなじである。政治腐敗(開かれた社会の進展と、読むべきなのだが)の根源は、退化、とくに上流階級の退化に求められると考えているのだ。さらに、現代の血と土の神話は、プラトンの土から生まれた人間の神話に正確に対応している。それにもかかわらず、〈ヘーゲル＋プラトン〉ではなく、〈ヘーゲル＋ヘッケル〉こそが現代人種論の公式である。これから見るが、マルクスはヘーゲルの〈精神〉を、物質と物質的・経済的利益でおき換えた。同様に、人種論は、ヘーゲルの〈精神〉を物質的なもので、血や人種という準生物学的なイメージでおき換えたのだ。いまや〈精神〉に代わって、血が自己展開する本質であり、〈精神〉に代わって、血が世界の支配者であり、世界史の舞台で自己展開するのだ。〈精神〉に代わって、民族の血がその本質的な運命を決定する。

ヘーゲル主義が人種主義へ変身をとげたところで、あるいは精神が血へ変身をとげたところで、ヘーゲル主義の主要傾向が大きく変わるわけではない。うわべが生物学的で現代進化論的な姿をとるだけである。その結果は、自己自身を発展させる本質という唯物論的であると同時に神秘的な宗教である。それは、（ヘーゲル主義者ベルグソンがその予言者であった）創造的発展の宗教、つまり、かつてG・B・ショーが、根本的にというよりはむしろ予言者的に、「人類を征服したあらゆる宗教の第一条件……つまり、形而上学的生物学という条件を満たす信仰[66]」と呼んだ宗教を彷彿とさせるものである。じっさい、人種論というこの新しい宗教は、いわば形而上学的な要素と生物学的な要素とを、言い換えれば、一方においてヘーゲルの神秘的な形而上学を、他方においてヘッケルの唯物論的な生物学を明確に示している。

現代の全体主義とヘーゲル主義の相違についてはこれくらいにしておこう。この相違は、二つの教説のもっとも重要な政治的傾向を考えれば取るに足らない。相違が重要になるのはただ大衆向けのプロパガンダとしてのみである。とはいえ、その類似性に目を向けてみると、違った姿が浮かび上がってくる。現代の全体主義的傾向に示されているほとんどすべての重要な観念は、アルフレッド・ツィンメルンが言うように、「権威主義的運動のための武器」[67]を集め、保管したヘーゲルから直接に引き継がれたものである。これらの武器のほとんどはヘーゲルが自身で鍛造したわけではなく、自由に対する永続的反乱という古代からのさまざまな戦争宝典のなかで発見したにすぎないとはいえ、それらを再発見し、現代の信奉者たちに手渡したのは疑いもなくかれの功績である。そうした観念のうちでも貴重なもののいくつかを提示しておこう。(すでに論じておいたプラトンの全体主義と部族主義、そして主人と奴隷の理論は省略する。)

(a)国家とは、国家を形成する民族(あるいは人種)の精神(いまでは、血)がかたちを取ったものであり、選ばれた民族(いまでは、選ばれた人種)は、世界を征服すべく運命づけられているというヒストリシズム的形態をとったナショナリズム。

(b)国家は、その他のすべての国家に対して天敵であるから、戦争においてみずからの存在を主張しなければならない。

(c)国家はいかなる道徳的義務からも解放されている。歴史、すなわち歴史における成功こそが唯一の裁き手であり、集団にとっての利益が個人の行動における唯一の原則である。プロパガンダとしてのウソや真実の歪曲は許容される。

(d)〈全体的かつ集団主義的〉戦争、とりわけ老いたる民族に対する若い民族の戦争には〈道義的〉理念が含まれている。最高度に望ましいものとしての戦争、運命、栄光。

(e)偉人の創造的役割、世界史的人物、深い知恵と大きな情熱をもった人物(いまでは、指導者原理)。

(f)つまらない凡庸さに満ち満ちた小市民の人生とは対照的な、〈英雄となれ〉〈危険を冒して生きよ〉といった〈英雄的な生涯〉の理想。

この精神にかかわる宝物リストは、体系的でもなければ完全でもない。それらはすべて古くからの世襲財産の一部である。それらはヘーゲルとその後継者の作品においてばかりでなく、三世代の長きにわたって知識人に利用されてきた。かれらは、もっぱらそのような粗悪な精神的食料――つまり、ショーペンハウアーがすでに早い段階で「もっとも愚かなガラクタことばからなるえせ哲学」とか「冒瀆きわまりないことばの乱用による……巨大な神秘化(68)」として認識していた哲学――によって生きていたのだ。このリストの各項目について、よりくわしく見ていくことにしよう。

(a)現代の全体主義の教説によれば、国家はそのものとしては最高善ではない。最高善はむしろ血であり、民族であり、人種である。より高い人種は国家を形成する力をもつ。人種や民族の至高の目標は、自己保存のための有効な手段として機能する強力な国家を形成することである。この教説はヘーゲルに帰せられるべきものである(血を精神におき換えることを除けば)。というのも、ヘーゲルはつぎのように書いているからである。「民族のそのままの存在においては、実質的な目的は、そのようなものとして自己の維持を図ることである。国家を形成していない民族(民族そのもの)は、本来的には歴史をもたない。ちょうど、国家形成以前に存在していた民族やまたいまでも未開の民族として存在している民族がそうであるように。民族に生じることは……国家との関係において、はじめてその本質的な意味をもつ。」このようにして形成された国家は、全体主義的であらざるをえないし、その権力は、その機能のすべてをつうじて、民族の生活全体に浸透し、支配することにならざるをえない。それは「民族生活の他の具体的な側面……芸術、法律、習慣、宗教、科学の基礎であり中心である……そのような限定された内容は、国家となっている具体的な現実のうちに存在するのであって……民族の精神そのものである。現実の国家は、そのあらゆる特殊なことがら、すなわち、戦争、制度などなどにおいて、こうした民族精神から生気を吹き込まれている。(69)」国家は強力であらねばならないのだから、必然的に他国と競争せざるをえなくなる。〈世界史の舞台〉で自己を主張し、その特殊性、精神、〈厳密に定められた民族性〉を歴史的行為によって証拠だて、最終的には世界制覇を目指さねばならない。ここでは、ヘーゲル自身のことばで、このヒストリシズム的本質主義の概要を辿っておこう。「精神は本質にしたがって行動し、みずからをそれ自体であるところのものにしようとし、みずからの行為をし、みずからの仕事をする。……したがって、民族の精神はこうである。それは、いまある既存の世界で、……みずからが作り出したものの広がり全体のなかで、それがひき起こす出来事や行為のなかで、自分自身を構築するところの規定された精神である。それが精神の作品――民族である。精神の行為であるところのものが民族というものなのである。……民族はみずからが欲するものを作り出し、それを守ることで、人倫にかない、徳をもち、強くなる。世界史的民族のみごとな開花を示す憲法は固有のものであり……したがって、それ以前の世界史的民族の諸憲法との比較をつづけても、そこから学ぶものはなにもない。……他の、さらに言っておくべきことは、特定の民族精神そのものは世界史の歩みのなかでは個体にすぎないということである。」精神、あるいは民族の天賦の才は、最終的には世界制覇のなかで証明される。「特定民族の自己意識は……それ」

（つまり、民族精神）「が、みずからの意志をおく客観的な現実である。この絶対的な意志に対しては、他の特定民族の意志はなんの権利ももたない。その民族こそが世界を支配する民族である。」

しかしヘーゲルは、ナショナリズムの歴史的・全体主義的理論を展開しただけでなく、ナショナリズムの心理的可能性を明確に予見していた。かれは、ナショナリズムが欲求を満たしていることを見て取っていた――それは、世界のなかで自分の居場所を見つけ知りたいという、また、強力な集団に属したいという人びとの欲求を満たしているのだ。それは同時に、ドイツ・ナショナリズムの顕著な特徴、とりわけイギリス人に対する（最近の用語を使うと）強い劣等感を示している。そしてかれは、ナショナリズムや部族主義をもちいて、第一〇章（第一巻）で述べた文明の重荷という感情に意識的に訴えかけている。ヘーゲルはこう書いている。「すべてのイギリス人はこう言うだろう。われわれは大洋を航海し、世界の商業を握り、東インドとその富を手中に収めている、と。……それ〔民族精神〕に対する個人の関係は……個人が何者かになるためにそれが個人の心性や技能になるということである。というのもかれは、民族の存在を、すでに完成された、確定した世界であり、そこにみずからが同化していかなければならないものと見るからである。民族の精神は、みずからが作り出したものである世界で、自己を享受し、満足する。[70]」

(b)ヘーゲルとかれの人種主義的後継者の双方が主張する理論は、国家は、その本質からして、他の個別の国家との対立においてのみ存在しうるというものである。現代ドイツを代表する社会学者の一人であるハンス・フライヤーはつぎのように書いている。「存在が内向きに収縮すると、望んでいないときでさえ、境界線を作り、境界は嫌でも敵を作る。[71]」おなじようにヘーゲルはこう書いている。「個人は、他の個人との関係なしには真実の個体としての個人ではないように、国家は他の国家との関係なしには現実の個体ではない。……国家相互間の関係には、情熱、利害、目的、才能、美徳、暴力、不正、悪徳といった内部での特殊性、また外部からの偶発性が、その最大限の現れ方をして、波乱にとんだ戯れとして襲いかかってくる。——それは、人倫の全体、国家の独立性そのものが偶然にさらされる戯れである。」そうだとしたらわれわれは、「自由な国家の連邦制」の力を借りて永遠の平和を実現しようというカントの計画を受け入れ、この不満足な状態に終止符を打つべきではないのか。断じて違う、とヘーゲルはカントの平和のための計画にコメントをつけながらつぎのように言う。「カントは諸侯の連合を提案した。」これはかなり不正確なコメントである。(なぜなら、カントは、こんにち民主主義国家群と呼ばれる連邦を提案したのだから。)「それは、国家間の紛争を調停すべきものであった。神聖同盟はおおよそそのような機関たらんとしていた。しかしながら、国家は個体であり、その個体性には本質的に否定が含まれている。したがって、いくつかの国家が族をなしたとしても、この結合体は、個体性として対立を作り出し、敵を生み出さざるをえない。」つまり、ヘーゲル弁証法では、否定は境界づけることと等価であり、それゆえに境界線、つまり境界だけではなく、対立するもの、つまり敵を作り出すことを意味するのだ。「その」(つまり、民族精神の)「運命と行為はそれらの相互的関係において、精神の有限性が現れ出る弁証法である。」この引用文は『法の哲学』からであるが、以前の『エンチクロペディー』では、ヘーゲルは現代の理論、とりわけフライヤーの理論を先取りしている。「国家は、つまるところ、個々の民族の直接的現実態であるという面をもっている。国家は、単一の個体として、もっぱら他のそのような個体と向き合う。その相互的関係のなかで、恣意と偶然が生じる……このような独立性は、相互間の争いを作り出し、暴力的関係、つまり戦争状態に至らせる。……この状態は、国家の実態を……その個体性において示している。」したがって、プロイセンの歴史家ハインリヒ・フォン・トライチュケが「戦争はじっさいに必要なだけでなく、理論的にも必要なもの、政治の論理の要請でもある。国家の概念とともにすでに戦争の概念も与えられている。なぜなら、国家の本質は権力にあるのだから」と繰り返すとき、かれは、ヘーゲルの弁証法的本質主義を十二分に理解していたことを示しているわけである。

(c)国家は法であって、道徳の法であるとともに法律上の法でもある。したがって、それは他のいかなる規準にもしたがうことができないし、ましてや市民道徳の規準に服するわけにもいかない。国家の歴史的責任はより深い。世界史こそが、その唯一の裁き手である。国家を裁く唯一可能な規準は、その行動の世界史上における成功である。そして、この成功、つまり国家の権力および版図の拡大は、市民の私生活における他のいっさいの考慮をわきに押しやらざるをえない。法〔正義〕とは、国家の権力に奉仕するものである。これはプラトンの理論であり、現代の全体主義の理論であり、ヘーゲルの理論である。それはプラトン的‐プロイセン的道徳でもある。ヘーゲルはこう書いている。「国家は、人倫的理念の現実態である――言い換えると、啓示されたものとして、みずからに明白となった、実体的意志としての人倫的精神である。[72]」したがって、国家を超えた倫理的理念は存在しえない。それゆえ、国家間の紛争は、個々の特定の意志が合意に達することができないばあいには、戦争によってのみ決着をつけられる。しかし、どんな侵犯が……条約違反、あるいは承認と名誉の侵害と見なされるべきかは無規定のままである。国家はどんな細部においてもその無限性と名誉をたもつからである。というのも、「国家間の関係は不安定であるし、仲裁する執行者はいない」からである。換言すれば、「国家に対してなにがそれ自体においてただしいのかを決定する……権力は存在しない。……国家間の関係は、約束を結ぶが、同時にそうした約束の上に立つ、自立したもの同士の関係である」(つまり、遵守する必要はない)。国家の連合、国家間の条約は、「つねに特殊的な至高意志にもとづく」ため、「偶然性がつきまとう」。

世界史的な出来事や行為については、ただ一種類の判決が下されるのみである。成功、成功がすべてだというのである。したがってヘーゲルは、「実体的な使命」、つまり「絶対的な最終目的」、「世界史の真実の成果」(73)を特定することができる。成功すること、すなわち、力をめぐる、世界征服をめぐる、さまざまな民族精神の弁証法的闘争から、最強者として立ち現れること、これが、唯一かつ究極の目標であり、判断の唯一の根拠なのである。あるいは、ヘーゲルがより詩的に表現しようとしているように、民族精神の運命は「この精神の有限性の現れる弁証法であり、そこから一般精神、世界精神が、世界史における個々の民族精神に、その正義――そしてこの正義は至高のものであるのだが――を振るう者であるとき、制約されざるものとしてたち現れる」。

フライヤーの考えもよく似ている。だが、かれはそれをいっそう大胆に表現している。「歴史で支配的なのは、男らしく大胆な調子である。柄を握る者が戦利品を獲る。失策を犯す者は滅ぼされる……撃つことができる者だけが、的を射抜くことができる。」しかし、こうした思想すべては、つまるところヘラクレイトスのくり返しにすぎない。「戦争は、……ある者を神として、他の者をただの人間として示す。後者を奴隷にし、前者を主人にすることによって。……戦争は正義である。」こうした理論によれば、自分たちが攻撃される戦争と自分たちが近隣を攻撃する戦争とのあいだには、道徳的な違いはありえず、唯一可能な相違は成功か否かなのである。『奴隷制度とその生物学的基礎づけおよび道徳的正当化』（ミュンヘン、一九二三年）の著者フランツ・ハイザーは、支配者種族と支配者道徳の予言者であるが、つぎのように主張している。「自衛を強いられるとしたら、攻撃者がいるはずである……ならば、なぜ自分たちが攻撃側になってはいけないのか。」しかし、この教説は、もともとはヘーゲルに由来する。だがそれは、攻撃はいつにせよもっとも効果的な防御であるという有名なクラウゼヴィッツの教説に基礎をおいている。戦争をひき起こすような攻撃に言及したおり、ヘーゲルは、〈防衛戦争〉を〈征服戦争〉に変える必要があることを示した。だが、それだけではない。強烈な個性をもつ国家は、かれが美化して「外に向かう活動の素材」[74]と呼ぶもののための機会と領域を見つけようとして「おのずと過敏になりやすい」とも説いているのだ。

しかし、国家や民族関連のあらゆる事案にかんする唯一の裁き手を歴史上の成功とすることにくわえて、道徳上の区別、たとえば攻撃と防御との区別を取り壊そうとする試みもなされるから、ヘーゲルは、良心の道徳的性格には反論せざるをえなくなる。それをおこなうにあたってかれは、みずからが〈偽りの道徳〉と呼ぶものとは対照的に、〈道徳の真の原則〉なるものをたてる。この〈真の道徳〉が、一服のヒストリシズムを処方されたプラトン主義的で全体主義的な道徳であること、そして、〈形式的なただしさ〉と呼ばれている〈偽りの道徳〉が個人の良心の道徳であることはほとんど言うにおよばない。ヘーゲルはつぎのように書いている。「われわれはここで意気高く、偽りの道徳に対抗して、道徳あるいは人倫の真の原則を確立することができよう。なぜなら、世界史は、道徳の本来の場――個人の良心、本当の意志、行動様式――よりも高いところで動くのであり、……精神の絶対的な目的が要求し達成するもの、つまり摂理がおこなうことは、その道徳性からして個人に帰せられるような義務を超えている……したがって、自分たちはただしいと考える者」(つまり、新約聖書に依拠するような道徳家)「たちが擁護するものは、生きた精神からも神からも見放された形式的な権利にすぎない。世界史的個人である偉人の行為」に対して「……かれらが服していないところの道徳的要請を……突きつけてはならない。かれらに対して、謙虚さ、謙遜、博愛、慈善といった私的な美徳の数々が唱えられてはならない。世界史は、そもそも道徳の圏域から解き放たれている[75]。」ここには、少なくとも一七八九年の第三の理念、兄弟愛の思想、あるいはヘーゲルが表現するところでは、博愛や良心の倫理といった理念の歪曲がある。このプラトン主義的ヘーゲル主義的なヒストリシズムの道徳論はたえず繰り返されてきた。たとえば、有名な歴史家エドゥアルト・マイヤーは、「偉大な政治的行為に対して、市民道徳という不十分な尺度を当てようとする平板な道徳家ぶった判断」を断罪している。「というのも、それは、国家にかかわる、また歴史上の責任にかかわる深遠な、真に人倫的な要素といったものを無視しているからである。」

　このような見解が主張されるところでは、プロパガンダ的ウソや真理の歪曲に対するいっさいの抑制は消失してしまわざるをえない——とくにそれが国家権力の要求に役立つばあいには。しかし、ヘーゲルはこの問題にかなり巧妙にかかわっている。かれはこう書いている。「偉大な精神は、その公的責任にかんして民族を欺くことが許されるかどうかという問題を提起した。これに対しては、民族はその実質的な基盤にかんしては……欺かれてはならないと答えねばならないだろう。」（支配者道徳を語るフランツ・ハイザーは「かれらは間違っていない。なぜなら、かれらは種の魂と一体となって生きているからだ」と述べている。）つづけてヘーゲルはこう述べている。「だが、それを知る仕方については……みずから騙されている……世論は、したがって、尊敬されるとともに軽蔑されるにあたいする。……あちこちで耳にする世論を軽蔑できない者は、決して偉業を成し遂げられないであろう。……その時代が欲しており語っているものを、その時代に対して語り、もたらす者は、その時代の偉人である。(76)」簡単に言えば、大事なのはいつにせよ成功のみであるということなのだ。ウソが成功したのであれば、ウソではなかったというわけだ。なぜなら、民族はその実質的な基盤において騙されなかったからである。

(d)国家は、とりわけ他国との関係において、道徳的であることを免れている――それは無道徳である。とすると、戦争は道徳的には悪ではなく、中立であると言われているのかと予期されるであろう。だが、ヘーゲルの理論はこの予期にそうものではない。かれの理論からは、戦争はそれ自体で善であるということが帰結するのだ。「語られたことのなかには、戦争の道徳的要素がある……」と言われており、「有限なもの、つまり財産とか生命といったものは偶然のものであると定立する必要がある。というのも、財産とか生命は有限であることをわからせてくれるものであるからである。この必然性は、一方で、自然力という形をとる。すべて有限なものは死すべきものであり、移ろいゆく。しかし、道徳的な存在、国家においては、……この必然性は、自由が成し遂げたもの、道徳的なものに高められる。……戦争は……したがって、特殊的なものの理念性がその権利を獲得し、現実となる契機である――そこには、より高い意味がある。つまり、戦争をつうじて……〈民族の道徳的健全性は……有限と定められているものの固定化に対して守られる……ちょうど風の動きが海を持続的な静止からくる腐敗から守るように、そのように風は持続的な休息をおき換えていく。おなじように民族は持続的な、あるいは永続的でさえある平和をおき換える〉。」そしてつぎのように示される。「幸福な戦争は国内の騒乱を防ぎ、国家の内部権力を強化してきた……内に妥協をしない民族は、外部への戦争を介して、国内での平和を獲得する。」(77)『法の哲学』に由来するこの箇所は、〈財をもつことの危険〉についてのプラトンやアリストテレスの教えからの影響を示している。同時に、この箇所は、道徳と健全さとの、倫理学と政治的衛生学との、あるいは権利〔正義〕と権力との同一化の好例である。これは、すぐに見るが、ヘーゲルの『歴史哲学』のつぎの箇所が示しているように、徳と力との同一視に直接つながるものである。(この箇所はすでに述べた箇所、つまり、劣等感を克服する手段としてのナショナリズムにかかわり、したがって、戦争でさえもこの崇高な目的のための適切な手段となりうることをあきらかにしている箇所に直接つづいている。)同時に、邪悪な古いもてる国に対する若いもたざる国の高貴な攻撃性についての現代の理論がはっきりと見えてくる。ヘーゲルはこう書いている、「民族はその望むものを生産するという点で、道徳的で、徳があり、強い……」。しかし、これが達成されるや「精神のこのような活動は、もはや必要なくなる。それは、その欲するものをもっているのだ。民族は戦時でも平時でも多大の事績をなしとげることができる……だが、その活動のなかには、もはや生き生きした実体的な魂は存在しなくなる。……民族は壮年から老人へと移っていく個人とおなじように生きる。……こうした惰性(時計は巻かれると勝手に動いていく)は、自然死をもたらす。……そのように個人が死ぬように、民族も自然死を遂げる……民族は、自分のなかで自然死を遂げている時にのみ、非業の死を遂げる……」。(この最後のコメントは腐敗と没落の伝統に属するものである。)

ヘーゲルの戦争観は意外にも現代的である。そのうえかれは、機械化の道徳的な帰結を見ている。あるいはむしろ、機械化された戦争遂行のなかに、全体主義あるいは集団主義の倫理的精神がもたらす諸帰結を見ている。「勇敢さは……さまざまである。獣の勇気、強盗の勇気、名誉のための勇気、騎士道的勇気は、まだ真のかたちをとっていない。文明化された民族の真の勇気とは、個人が多くのなかの一人に過ぎなくなるほどに、国家のために犠牲になる覚悟のことである。」(おそらく、国民皆兵制を示唆しているのだろう!)「ここで重要なのは、個人的な勇気ではなく、一般的なものへの従属である。……現代世界の原則は……勇敢さにより高度の力を与えたので、その表現はより機械的に見えるし……それは、個人に対してではなく、敵という全体そのものに向けられる。」（総力戦原理の示唆であり、おそらくそれを先取りしたものであろう）「したがって、個人的な勇敢さは個人的ではないものとして出現する。それゆえ、その原理が銃器を発明したのであり、個人のはたらきとしての勇敢さをより抽象的なかたちに変えたのは、偶然にそうした武器が発明されたからということではない。」おなじ調子でヘーゲルは、火薬の発明を説明する。「人類はそれを必要とした。するとそれは、すぐそこにあった。」[78]（摂理はなんと親切なことか！）

したがって、哲学者エーリヒ・カウフマンが一九一一年に自由な人間の共同体というカント的理想につぎのように反論したのは純粋なヘーゲル主義のなせるわざであった。「〈自由を望む人びとの共同体〉ではなく、戦争での勝利こそが社会の理想である……戦争において、国家はその本質をあきらかにする。」あるいは、著名な軍事科学者エヴァルト・バンゼが一九三三年につぎのように書いたとき、それも純粋なヘーゲル主義のなせるわざであった。「戦争は、時代の精神性全体の……最高の増大であり、また、民族の力の最高度の興隆である……それは、行動と精神の統合である。……じっさい、それは人間の魂がもっとも強く、もっとも豊かにみずからをあきらかにしうる地盤である。……民族の現実的な存在様態、つまり国家の意志と仕事が、どこかしらもっとも豊かにあらわれうるとしたら、それは戦争においてであろう。」そしてエーリヒ・ルーデンドルフ将軍は一九三五年につぎのようにつづけている。「いわゆる平和の年月にあっては、政治は総力戦に備えるかぎりにおいてのみ意味をもつ。」これによって、かれは著名な本質主義の哲学者マックス・シェーラーが一九一五年につぎのように書いたことをより正確になぞっているにすぎない。「戦争……それは、そのもっとも現実的な成長と生成の状態における国家である。戦争は〈純粋な政治〉である。」おなじようなヘーゲル主義的教説は、一九三五年にハンス・フライヤーによって再定式化された。「国家は、その存在の最初の瞬間から……暴力の義務を負うている。……戦争は、国家行動のもっとも明確な事例であるだけでなく、国家存立の要素でもある。もちろん、延期され、防止され、隠蔽され、回避された戦争というものも受け入れねばならない。」しかし、もっとも大胆な結論をみちびき出したのはフリッツ・レンツである。かれはその著『価値原理としての人種』のなかで、試みにつぎのような質問を投げかける。「もし人間性というものが道徳の目的であるならば、われわれは間違った側にいるのではないだろうか。」当然のことながら、このような愚かな考えはつぎのような答えによって即座に追い払われる。「人間性が戦争を反駁するのではなく、戦争がわれわれにあっては人間性を反駁するのだ。」この考えは、エドガー・ユングによって、ヒストリシズムと結びつけられている。かれは「人間性、人権思想は、……歴史の統制者ではない」と注釈している。

しかし、反人道的な議論の根源にあるのは、ショーペンハウアーが〈ほら吹き〉と呼んだヘーゲルの先行者ヨーハン・G・フィヒテである。フィヒテはこう書いた。「ドイツ人のあいだで、人間性(Humanität)という単語の代わりにそれの文字通りの翻訳たらざるをえない人間たること(Menschlichkeit)が語られたとしたら、ドイツ人は、ひとは野獣ではなく人間であるのだから、そんなことはたいしたことではないと言ったことであろう。このように、ローマ人なら決して言わなかったように、ドイツ人は言ったことであろう。というのも、ドイツ人の言語では、人間たることはたんに感覚をつうじて捉えられる現象を指す概念にすぎず、ローマ人におけるように、現象を超えた超感覚的なものを指す記号になったことはなかったからである。……それにもかかわらず、この見知らぬローマ人の記号」(すなわち「人間性」という語)「を狡猾にもドイツ人たちのもとで通用させようとする者は、あきらかにかれらの道徳的思考を引き下げるものであろう……」フィヒテの教説は、オスヴァルト・シュペングラーによって繰り返されている。かれはつぎのように書いているのだから。「しかし、〈人間たること〉には、蝶や蘭のたぐいがそうであるように、いかなる目標もいかなる思想もいかなる計画もない。〈人間たること〉というのは、……空虚なことばである。」そしてまたアルフレッド・ローゼンバーグにおいては、「人間は……その運命が脆弱であったときに、世俗性からの回心、人間性、人間の文化といった、本来かれにとって疎遠な動機を信じ込まされたので、内面が歪んだ」(79)と言われている。

わたくしは、大量の素材をコルナイの著作に負うている。それがなかったならば、こうした素材には近づけなかっただろうと思う。そのコルナイはつぎのように語っているが、じつに的を射ている。「統治や社会組織の合理的で文明的な方法に……関心をもつすべてのひとは……戦争がそれ自体で悪であることに同意する。」（平和主義者をのぞいて）多くのひとの考えでは戦争はある種の状況下では必要悪かもしれない、と付け加えたうえでかれはつぎのようにつづけている。「ナショナリストの態度には、必ずしも戦争の継続とか頻発を望む気持ちが含まれているわけではないが、戦争を必要悪とする態度とは異なっている。この態度が戦争のうちに認めるのは、じつに悪ではなく善、ばあいによっては危険な善、つまり、大祝祭というめったにない機会のためにもっともよく保存されてきた強烈にひとを酔わせる葡萄酒にも似た善なのである。(80)」戦争はありふれたどこにでもある悪なのではなく、稀有であるとはいえ、貴重な善なのである――これは、ヘーゲルとその追随者の見解を適切に要約するものである。

ヘーゲルの曲芸のひとつは、ヘラクレイトスの運命観を蘇らせたことである。ギリシア的運命観は、個人の、あるいは民族の本質を表現する壮大なものであって、自然の法あるいは道徳の法こそ普遍的であるという唯名論的なユダヤ教的な思想とは対立するとかれは強調した[81]。運命についての本質主義的な教説は、前章で示したように、民族の本質は歴史のなかでのみ露わになるという見解からみちびき出される。それは、無為のすすめという意味で「宿命論的」なものではない。「宿命」は「前もって定められていること」とは同一視されない。正反対なのだ。自己、自分の真実の本質、自分の奥底の魂、自分を構成しているもの（知性というよりは、意志と情熱）、これらすべてが自分の運命を形成するにあたって決定的な意味をもつのだ。ヘーゲルがこの理論を拡張して以来、運命とか宿命といった観念は、いわば、自由への反乱にとってはお気に入りの執着的妄想となった。コルナイは、人種論（運命がひとを人種の一員にする）と自由への敵対とのあいだには関係があると強調しているが、それはただしい。かれはこう書いている。「人種の原理は……人間の自由の究極の否定、平等な権利の否定を体現すべく規定されているのであり、それは人類の目には挑戦として映る。」そしてただしくもこう指摘する。人種主義は「自由に対しては運命を、個人の良心に対しては血の必然的な衝動を対置する」傾向をもつ、と。この傾向は、いつものように曖昧に表現されているとはいえ、ヘーゲルのなかにも見出される。ヘーゲルはつぎのように書いていたのだから。「精神の原理、最終目的、使命あるいは本性とか概念と呼ばれてきたものは、一般的なもの、抽象的なもの、……内奥のものにすぎず、そのようなものとして、……完全に現実化しているわけではない。……それらを成し遂げられたもの、現実に存在するものにもたらす活動は、人間の欲求、衝動、傾倒、情熱である。」エルンスト・クリークは、全体主義教育を語る現代の哲学者であるが、宿命論の方向でさらにこうつづけている。「個人のもつすべての合理的な欲求、行為、および能力は、日常の活動領域に限定される。その先においては、より高い運命の力をつかむときにのみ、使命と充足を果たすことができる。」かれが、つぎのようにつづけるとき、個人的な体験でもあるかのように聞こえてくる。「かれは、自分の計画や合理的な欲求からではなく、自分の上にあるもの、下にもあるものを介して、つまり、自己に発するのではなく、自己を通過して道を切り開いていくものを介することで、創造的で運命を担った人間になる。」（しかし、この哲学者が「「前提なき」、「価値自由な」科学の……時代だけでなく」、「「純粋理性」[82]」の時代も」終わりを迎えようとしていると信じているなら、それは、きわめて私的で個人的な体験の不当な一般化というものであろう。）

運命の観念と同時に、その対応物である名声の観念もヘーゲルによって復活させられている。「個人は……道具……である。したがって、かれらが実体のある……営みへ個人的に参与することで獲得するのが……報酬としての名声である。[83]」そして、異教的要素の混入したキリスト教を大宣伝しているヴィルヘルム・シュターペルは、すかさず「すべての偉大な行為は名声のためになされた」と繰り返す。しかし、この「キリスト教的」道徳家はヘーゲルよりも一段と急進的である。「形而上学的な意味での名声こそが真の道徳である」と説き、この真なる道徳の「真の定言命法」に呼応して「名声をえられることをおこなえ！」というのである。

(e)しかし、誰もが名声をえられるわけではない。名声の宗教は、平等の考えを廃棄〔アウフヘーベン〕し、〈偉人〉崇拝の宗教に至る。したがって、現代の人種論にとっては、「魂は魂にひとしくなく、人は人にひとしくない」(84)（ローゼンバーグ）。したがって、指導者原理、あるいはヘーゲルが言うところの、世界史的人間という思想を自由に対する永続的反乱の武器庫から取り出し引き継ぐことにはもはやなんの障害もない。この思想はヘーゲルがもっとも好んだテーマのひとつである。「民衆を欺くことが許されるかどうか」というふとどきな問題を論じて（上述を見よ）、ヘーゲルはつぎのように言っているのだ。「世論にあっては一切が偽であり真であるが、そのなかから真なるものを見つけることが偉人の仕事である。みずからの時代が欲し表現しているものを語り実現する者は時代の偉人である。偉人は、時代の内的なもの、本質的なことをおこない、それらを実現する――そして、そこここで耳にする世論を軽蔑できない者は、決して偉業を達成できないだろう。」これは、指導者〔Führer〕、〈偉大なる独裁者〉を政治評論家として描くきわだった描写であるが、これは、偉大な男の偉大さは歴史における精神のもっとも重要な道具であるという注意深く練り上げられた神話と結びついている。〈歴史的人間――世界史的個人〉を論じながらヘーゲルはつぎのように言う。「かれらは実践的で政治的な人間であった。しかし、同時に、かれらはなにがなされておらず、時代にそくしたものはなんであるか、についての洞察力をもった思慮深い人間であった……世界史的人間、時代の英雄は、それゆえ、洞察力をもった者として認識されるべきである。かれらの行動、かれらの演説は、その時代における最高のものである……なぜなら、かれらはそれをもっともよく理解した者、むしろすべての者が教えを乞い、それをよいものと認め、少なくともそれ」（つまり、かれらの政治）「にしたがうところの人間であるからである。……それゆえ、他の者たちもこれら魂の指導者にしたがう。というのも、そうした者たちは、自分たちに立ち現れてくるかれらの固有の精神のもつ抗しがたい力を感じるからである。」しかし、偉人とは、偉大な理解力や知恵のある人物であるだけでなく、偉大な情熱――もちろん、政治的情熱や野心――をもつ人間でもある。それによって、かれは他者のなかに情熱をかき立てることができるのである。「偉人は、他者を喜ばせようとしたのではなく、自分自身を喜ばせようとした。……かれらは偉大なことを……

欲し実現させたから偉人なのである。……世のなかには情熱なくして成し遂げられたものは」なにもない。「……これは、理性が自分自身のために情熱を働かせることであり、理性の狡知と呼ぶべきものである。……情熱ということばは、ここで表現したいと思っていることを適切に表わすことばではまったくない。つまり、ここでは、特定の意図から、……あるいは、こう言いたければ、利己的な意図から、しかも目的のために自己の欲求と気質からくる全エネルギーを注ぐような人間の活動のことを理解したい。……これに反して、情熱とか特定の利害関心からくる目的とか欲望充足は、もっとも強力なものである。それらは、法律や道徳が設定しようとするどんな制約も尊重しないという点で、また、こうした自然の力は、秩序と節度、正義と道徳のために人為によって長期にわたって課せられてきた規律よりも人間にいっそう身近なものであるという点で、威力をもっている。」ルソー以来、ロマン派は、人間はもっぱら合理的なわけでも、大要においても合理的なわけでもないことを見抜いてきた。しかし、人道主義的な教説の代表者たちが目標としての合理性にこだわっているのに対し、理性への反乱は、政治的な目標のために、人間の非合理性に対するこの心理学的洞察を利用し尽くしてきた。ファシストは「人間本性」へ向けて訴えかける。それは、われわれの情熱、われわれの集団主義的で神秘的な欲求、「知られざるものとしての人間」へ向けて発せられている。先ほど引用したヘーゲルのことばを利用すれば、こうした訴えは理性への反乱を語る狡知と呼ぶことができよう。しかし、この狡知の頂点をヘーゲルは、つぎのような弁証法的な歪曲——じつに不遜きわまりない——のうちに達成する。かれは、合理主義にはリップサービスを尽くし、かれ以前以後の誰よりも大きな声で「理性」について話しながら、最後にはつぎのように書くことで、非合理主義に、つまり、情熱のみならず、残忍な力の神格化にひれ伏してしまうのだ。「この人倫的な全体」(すなわち国家)「が存在することが理性の絶対的な関心事である。ここに、どれほど未発達であれ国家を創建した英雄の正義と貢献がある。……だから、かれらが、他の偉大な、神聖な関心事であっても無頓着に扱う——こうした行動は、もちろん道徳的に非難されるものだが——こともまた事実である。しかし、こうした偉大な人物は、おおくの罪のない花を踏みにじり、行く手にふさがる多くのものを粉砕せざるをえないのだ。」

(f)人間は合理的な存在であるというよりも、むしろ英雄的な存在であるという考えは、理性への反乱によって作り出されたものではない。それは、典型的な部族の理想である。英雄的な人間についてのこのような理想と、ヒロイズムのより合理的な尊重とは区別されなければならない。ヒロイズムは称賛にあたいするし、これからもそうであろう。だが思うに、称賛は、ヒーローが身を捧げた大義に対するわれわれの評価にこそ依存すべきである。ギャング的行動におけるヒーロー的な要素は、わたくしの考えでは、ほとんど評価しうるものではない。しかし、スコット船長とその乗組員、エックス線や黄熱病の研究者、何よりも自由の擁護者は、われわれの全面的な称賛にあたいする。

英雄という部族的理想は、とくにファシズム的なかたちでのそれは、理想とするものが別種なのである。それは、ヒロイズムを称賛にあたいさせているもの、たとえば文明が求めているもろもろのもの、への直接的な攻撃なのである。それは、文明化した生の理想そのものへの攻撃なのである。文明化した生は、それが大切にしている安全という理想のゆえに、陳腐で唯物論的であるとしてやり玉にあげられる。危険を冒して生きよ！というのがその命令なのだ。かれらがこの命令にしたがうときの大義など二の次である。あるいはヴェルナー・ベストが言うところでは、「大事なのは、よく戦うことであって、〈大義〉ではない。……他の形態での戦いが個人にとって避けられない運命であるように、戦争は国家と民族にとっての運命である」。こうした議論は、さいど言うが、ヘーゲル的思想を練り上げたものである。ヘーゲルはこう書いている。「平時では、市民生活がいっそう拡大され、あらゆる領域が統合される。だがそれは、長い目で見れば、人間が自堕落になることである。……説教壇からは、浮世の物事の不確実なるさま、空虚なるさま、無常なるさまについて多くのことが語られるが、誰もが……自分のものだけは大丈夫だろうと考えている。しかし、この不確実なるものがじっさいに抜き身のサーベルをもった軽騎兵の姿でことばを発すると……すべてを見通し精神修養をきわめていた者も、征服者を罵り出すのだ。」べつの箇所でヘーゲルは、いわゆる〈たんなる習慣〉――このことばのもとでかれは文明化された共同体の通常の生活のようなものを理解していると思われる――の陰鬱な姿を描いている。「習慣は、それ以外の行為の可能性がなくなった行為……行為が本来もっていた目的の豊かさと深みを言う必要がなくなり――いわば外面的、感覚的であり」（つまり、現代人が好んで表現したがるように、〈物質化したものであり〉）「もはや大義のなかで強化される必要のなくなった存在であって……政治的には無意味で退屈なものである。」ヘーゲルは、自分のヒストリシズムにいつにせよ忠実であり、〈所有することの危険〉を語ったアリストテレスとは異なり）自分の反‐功利主義的態度を歴史についての我流の解釈で基礎づけている。「世界史は幸福の地ではない。幸福の期間中は、そこではなにもなされていないのだ。なぜならそれは、同意はあるが、対立の欠けた期間であるからである。(85)」したがって、自由主義、つまり自由と理性は、いつものように、ヘーゲルの攻撃対象である。ヒステリックな叫びがいたるところでこだまする。われわれは、われらの歴史を欲する！　われらの宿命を欲する！　われらの戦いを欲する！　われらの鎖を欲する！　こうしたヒステリックな叫びがヘーゲル主義の建造物中に、閉じた社会や自由への反乱の要塞のなかに轟きわたっている。

理性的なものはすべて現実的なものであるという理論に基礎をおく、やや官吏ふうの楽観主義を持しているにもかかわらず、ヘーゲルの作品には、悲観主義を生み出す特徴も存在する。その悲観主義は、現代の人種主義的哲学者のなかでも知的な層、おそらく、そのなかでも初期の者たち(ラガルド、トライチュケ、メーラー・ファン・デン・ブルックなど)よりはむしろ、著名なヒストリシストであるシュペングラーの追随者に特徴的なものである。シュペングラーの、生物学的ホーリズム、直感的理解、集団精神、時代精神も、またロマン主義でさえも、これら運命の告知者たちをそのきわめて悲観主義的な生の展望から救うことはできない。未来を予見するが、その到来を防ぐには無力だと感じている者たちに残された〈猛り狂った〉能動主義には、誤認すべくもなく、絶望の要素が差しはさまれている。興味深いのは、人種主義の両翼、つまり〈無神論の側に立つ〉陣営と〈キリスト教の側に立つ〉陣営が、おなじようにこのような陰鬱な展望を共有していることである。

シュターペルは、キリスト教の陣営に属するわけだが(ただし、ここには他の者、たとえばゴガルテンも属する)は、つぎのように書いている。「人間は、その全体において原罪の下にある。……キリスト教徒は、そもそも罪のなかにある以外の生き方をすることができないことを知っている。……したがって、かれは道徳上の些末事を気にかけない。……倫理化されたキリスト教は……端的に反キリスト教である……この世界は神から死すべきものへとひき渡された、それは滅びるべく定められている……――よって、定めにしたがって滅びるがよい！　それを〈改善〉できると思っている者、〈より高い人倫〉をもたら〈したい〉と思っている者は、神に対して笑うべきちっぽけな反抗をしているのだ。……」天国への希望は、「〈至福〉の喜び……を得るという確信を意味しはせず、戦争における服従と戦友精神を意味する」（部族への還帰）。「神がその兵士に地獄に行くべしと命じるならば、神に誓いを立てた者は……地獄へ行く。神がその誓いを立てた者に一時的な苦悩を与えるように指示したならば、その苦悩に耐えなければならない……信仰とは勝利の別名にすぎない。主は勝利を求め、主は勝利を保証する。[86]」

　非常によく似た精神は、現代ドイツを代表する二人の哲学者、「実存主義者」のハイデガーとヤスパースの仕事でも命脈を保っている。かれら二人は、もともとは本質主義の哲学者、フッサールとシェーラーの追随者であった。マルティン・ハイデガーは、ヘーゲルの無の哲学を再生させたことで有名になった。ヘーゲルは、〈純粋な存在〉と〈純粋な無〉は同一であるという理論を立てていた。もし人が純粋な存在の観念を表象しようとするならば、人はすべての特殊的な〈対象規定〉を捨象しなければならず、したがってヘーゲルが表現しているように、〈なにも残らない〉[1]。（このヘラクレイトス風の方法は、ありうる同一性すべてを証明するために利用することができる。——たとえば、純粋な富と純粋な貧困との、純粋な支配体制と純粋な奴隷制度との、純粋なアーリア主義と純粋なユダヤ教との同一性などなどを証明するために利用できよう。）ハイデガーは、このような無にかんするヘーゲル理論を巧みに実際生活——あるいは「実存」哲学に応用する。生きること、実存は、無を理解してはじめて理解できるというのである。ハイデガーはその著『形而上学とはなにか』でつぎのように言っている。「ただ、存在者のみが探求されるべきである。それ以外は——ない（nichts）。……存在者が唯一存在するのであって、それを超えては——ない。」無の探求（「どこでないもの（Nichts）を探すというのだろうか、どうやってないものを見つけ出すというのだろうか」）は、われわれが「無を知っている」、つまり、われわれは不安からそれを知っている、という状況があるからこそ〔無の探求が〕可能になるという。「不安は無を開示する」[87]という。

ハイデガー的実存哲学では、生きることの真の意味は「現存在の被投性」〔ここに今こうして生きていることは世界のなかに投げ出されていることであるという概念〕、「死に向かう存在」におかれている。不安、無への不安、死の苦悩、これらはそうしたハイデガー的実存哲学の生きることにかかわる基本的カテゴリーである。人間の実存は、〈鋼鉄の雷雨〉として解釈されるべきであり、人間の〈真の実存〉は、「情熱的な、人間の幻想からは解き放たれた、事実として、自己を意識した、自分に不安をもつ、死への自由である。」しかし、こうした陰鬱な告白にも慰めとなる面がないわけではない。読者は、ハイデガーの情熱に圧倒される必要はない。なぜなら、権力への意志や生への意志は、かれの主人であり師匠であるヘーゲルに劣らず展開されているように見えるからである。ハイデガーは一九三三年につぎのように書いている。「ドイツの大学の本質への意志は学問への意志であるが、それは、みずからの国家において自己を知る民族としてのドイツ民族が歴史的・精神的使命を果たそうとする意志である。学問およびドイツの運命は、とりわけ本質への意志において力を発揮しなければならない。」この箇所は、およそ独創性と明快さの記念碑などではないが、自分の主人への忠誠の記念碑であることは間違いない。にもかかわらず、かれの「実存哲学」の深遠な知恵を信じつづけているハイデガー崇拝者たちには、ショーペンハウアーのつぎのことばを思い出してもらうのがよいだろう。「……そのような探求をしていれば、真理が副産物のように出てくると信じているのだろうか。」また、ハイデガーからの最後の引用文にかんして言えば、かれらは、ショーペンハウアーによる、恥知らずな後見人への助言が、ドイツ内外において多くの教育者によって多数の有望な若者に成功裏に適用されたのではないかと自問すべきであろう。思い浮かぶのはつぎの箇所である。「若者を意図的に愚かにさせ、まったく考えられないようにしたいのであれば、ヘーゲルの原著を熱心に研究することほど効き目のある手段はない。なぜなら、こうしたことばの怪物的な組み合わせは、互いに相殺し合い、矛盾するために、精神はなにかを考えようとしてもむなしく苦しめられるのみで、ついには疲労困憊の底に沈み、次第に思考能力をまったく破壊されるのであり、かれらによって虚ろで空虚な美辞麗句が思想と取り違えられる……――後見人は、被後見人がかれの計画にとってはあまりにも賢くなりすぎると心配になるや、ヘーゲル哲学を熱心に研究するように勧め、そうした不幸を予防するだろう(88)。」

カール・ヤスパースは、可能なときには、その虚無的傾向をハイデガーよりもいっそう大胆に表現している。ヤスパースは、あなたは無に、無化に直面したときにのみ、実存を体験し、それをただしく評価することができるだろう、と説く。本質的に生きるとは、危機のなかで生きるということである。人生を満喫するためには、危険を冒すだけでなく、敗北することもなければならない。――ヤスパースは変化と運命というヒストリシズムの考えを無謀にもそのもっとも陰鬱な極端にまで進めている。すべてのものごとは破滅しなければならない。すべては失敗に終わる。このようにして、ヒストリシズムの発展法則が、幻滅した知性に現れてくる。破滅を見つめよ——さすれば、生のエキサイティングな面を感得するだろう！　存在と無の境界線上にある「限界状況」でのみわれわれは真実に生きる。生の至福はいつでもその知解可能性が終わるところに一致するが、とりわけ身体の極限状況、そして何よりも身体の危機と一致する。失敗の味を体験することなくして生を味わうことはできない。あなた自身の滅亡を享受せよ。[89]+

これは賭博者の哲学——ギャングの哲学ではないかという問いがここでは否応なく湧き上がってきはしまいか。この「衝動と恐怖、勝つか狩り立てられる獣か」[90]（コルナイ）という悪魔的な宗教、換言すれば、ことばの完全な意味での絶対的なニヒリズムは、言うまでもなく、人びとの信条ではない。こうした信仰告白は、知性を捨て、ひいては人間性を捨てた、秘教的な知識人集団に特有なものである。

もうひとつのドイツ、荒廃した高等教育体系によって毒されなかったふつうの人たちのドイツが存在する。しかし、この「もうひとつの」ドイツがその思想家たちのドイツでないことはたしかである。——たしかに、ドイツには他の思想家（なかでもカント）もいた。しかし、ここに述べ終えた〔ドイツ思想界についての〕概観は勇気を鼓舞してくれるものではない。わたくしはコルナイのつぎのような注釈にこころの底から同意する。「ドイツ文化に絶望し、つまるところプロイセンの思想家たちのドイツとならんでもうひとつのドイツ、プロイセンの将軍たちのドイツがあると考えてみずからを慰めても……おそらくパラドックスを犯しているわけではないだろう。[91]」

第六節

わたくしは、ヘーゲル流のヒストリシズムは現代の全体主義哲学と同一であると示そうとしてきた。この同一性が余すところなくはっきりと見て取られたことは滅多にない。ヘーゲル流のヒストリシズムは、広範な知識人サークルの、さらには公然たる「反ファシスト」や「左翼」の人びとの言語となっている。ヘーゲル流のヒストリシズムは、むしろかれらの知的雰囲気の一部となり、多くの人は、それとその恐ろしいまでの不誠実さに、呼吸する空気と同様、気づいていない。だが、人種主義哲学者のなかには、ヘーゲルに依存していることに十分気づいている者もいる。一例は、ハインツ・O・ツィーグラーである。かれは、その研究『現代の民族』のなかで、ヘーゲル（とA・ミュラー）の「人格として把握された集団精神」という考えの導入をまったくもって「民族の哲学におけるコペルニクス的転回[92]」と呼んだのだ。ヘーゲル主義の重要性を意識しているもうひとつの例は、とりわけイギリスの読者の関心をひくであろうが、イギリス哲学史にかんして最近出版されたドイツ語の著作(ルドルフ・メッツ著、一九三五年)のなかでの判断に見出すことができる。そこでは、トマス・H・グリーンほどの優秀な人物が批判されている。だが、それはもちろん、ヘーゲルの影響を受けたからではない。かれが「イギリス人の典型的な個人主義に陥った」からというのである。「……かれはヘーゲル流の国家概念の方向でのラディカルな帰結を前にして縮みあがった」からだそうだ。ヘーゲル主義と勇敢に戦ったホブハウスの立場は、「国家の全能によって、自分の自由が脅かされている」――この感情はおそらく多くの人には十分に根拠のあるものと言ってよいだろう――「と感じ、それから身を守ろうとした典型的なブルジョア自由主義」と軽蔑的に呼ばれている。ボサンケットはもちろん生粋のヘーゲル主義者として称賛されている。しかし、こうしたことが英国の批評家のかなりによってまじめに受け止められたという事実には意味深いものがある。

こうした事実を言い立てるのは、なににもまして、このような空疎で平板なおしゃべり(ヘーゲル自身は、自分の哲学の「高貴な深遠さ」について語るとき、はからずもその浅薄さを露呈している)に対するショーペンハウアーの闘争を継続することが、いかに困難であり、同時にいかに急を要するかを示したいからである。少なくとも新しい世代は、おそらくわれわれの文明およびその敵との闘いの歴史上最大であろうこの知的欺瞞から解放されるように助けられるべきである。おそらく新しい世代は、一八四〇年にこの「巨大な瞞着は、後世にわれわれの時代について尽きることのない嘲笑の種を提供するだろう」(93)と予言したショーペンハウアーの期待を満たすことであろう。(だが、これまでのところから判断するかぎり、この偉大な悲観論者は、後世にかんして途方もない楽観論者であることが証明されている。)このヘーゲル流の茶番劇は十分なほど害悪をひき起こした。いまやそれに終止符を打たなければならない。われわれが語らなければならないのだ。——残念ながら成功はおさめなかったとはいえ、また、百年前には暴露されたこのスキャンダルに触れることで自分自身を汚す危険を冒すことになるとはいえ。あまりにも多くの哲学者が、ショーペンハウアーのたえず繰り返された警告を無視してきた。かれらは自分たちを危険にさらしてではなく(というのも、かれらはまずいことになったわけではなかったので)、むしろ自分たちが教えた者たちを危険にさらして、ひいては人類を危険にさらして放置してきたのだ。

この章は、百年以上前に反国家主義者であるショーペンハウアーが、ヘーゲルについて語ったつぎのようなことばで閉じるのが適切であろう。「わたくしの確信するところ、かれには哲学への貢献など何ひとつないし、それどころか、哲学のみならずドイツ文学全般に、腐敗をもたらすような、知性を麻痺させるような、悪臭を放つとも言えるような影響を与えたのだ。それに対して機会あるごとに力のかぎり対抗することが、独立独歩して考え判断する能力のある人すべての義務である。なぜなら、もしわれわれが黙っていたら、いったい誰が語るというのか。」

訳注

〔1〕原表現は〉verbleibt nichts〈で、これは、無理な訳をつけると「無が残る」となる。"nichts" は不定代名詞で否定の働きをするのだが、名詞化されて「無」を意味する "Nichts" となっている。

マルクスの方法

集団主義者は……おそらく、進歩への熱望、貧者への同情、不正をかぎつける鋭い感覚、そして大事業への推進力をもっているが、これらは過ぎ去った［一九］世紀のリベラル派には欠けていた。しかし、集団主義者の科学は、経済についての根本的に間違った見解から……出発している。それゆえ、かれらの行動はとことん破壊的にして反動的である。そこから人間は、精神も心も引き裂かれ、不可能な決定の前に立たされる。

ウォルター・リップマン

第一三章　マルクスの社会学的決定論

自由への反乱がとった戦術は、いつでも「人びとの道義的な感情を破壊しようなどと無益な試みで疲弊するのではなく、そうした感情に訴える」[(1)+]ことにあった。そこからして人道主義に立つ思想家のたいせつな思想は、しばしば仇敵によって大声で称賛された。かれらは、そのようにして盟友を装って人道主義の陣営に入り込み、分裂と極度の混乱をひき起こした。この戦術は、多くのばあい、非常な成功を収めたため、いまでも、人道主義的諸原則のまじめな擁護者の多くが、「正義」についてのプラトンの思想、「キリスト」の権威という中世の教え、「一般意志」についてのルソーの教説、あるいはフィヒテとヘーゲルの「国民の自由」[(2)+]という教説に深く影響されている。しかし、人道主義陣営に貫入し、分裂させ、混乱させるこの方法――大部分の人には意識されないゆえに二重に成功したところの知的第五列〔内応部隊〕を形成するという方法――がその最大の成功を達成したのは、ヘーゲル主義から真に人道主義的な運動が出現したあとになってであった。つまり、これまでのヒストリシズムのなかでもっとも純粋でもっとも発展した危険きわまりない形態であるマルクス主義の出現後のことであった。

ヘーゲル左派であるマルクス主義と、それに相対するファシズムとに類似点があることにこだわりたくなるであろう。だが、そうすることで、両者の違いを見落とすとしたら、不公平というものである。というのも、これらの運動の知的起源はほとんどおなじであるとはいえ、マルクス主義に人道主義的衝動があることは疑いえないからである。さらに、マルクスはヘーゲル右派とは反対に、社会生活のもっとも切迫した問題に合理的な方法を適用しようとする誠実な試みをした。だが、そのどこまでも真摯な理論的試みは、以下で示したいと思うが、理論的にはほとんど成功しなかった。とはいえ、それは無価値なわけではない。科学は、試行しそして誤りを媒介として進んでいく。マルクスは試行した。そしてその主要な教説において誤ったとはいえ、かれの試行は無駄ではなかった。かれはわれわれの目を開かせ、さまざまな点で眼差しをするどくさせてくれた。マルクス主義以前の社会科学への復帰など、もはや考えられもしない。現代の著者すべてが、たとえそうと知らなくても、マルクスから恩恵を受けているのだ。それは、わたくしのように、かれの教説に同意しない者たちにとくにあてはまることである。よろこんで承認したいが、たとえばプラトンとヘーゲルについてのわたくしの論述はマルクスの影響下にある(3)。

マルクスの誠実さを認めなかったら、マルクスを正当に扱うことはできない。かれの開かれた態度、現実感覚、空疎なレトリックやとりわけ道徳的な冗舌に対する不信は、かれを偽善とパリサイ主義〔真心のない形式主義〕に対するもっとも影響力ある闘士の一人にした。マルクスは、虐げられている人たちを助けようとする燃えるような熱望をもっていたし、ことばだけではなく、行動で示すことの重要性を十分に意識していた。かれの最大の才は主に理論的領域にあったから、かれはその途方もない労力のすべてを、大多数の人びとの運命を改善する闘争の助けになると信じた科学的な武器を鍛え上げることに費やした。かれはほんものの真理探求者であった。かれの知的な正直さこそが、思うに、かれを多くの追随者から分かつのである。(とはいえ残念なことに、かれはショーペンハウアーが「知性を破壊する(4)」と呼んだような、ヘーゲル弁証法の雰囲気のなかで教育を受けたので、その腐敗的影響を受けずに済ますことはできなかった。)社会科学や社会哲学に対するマルクスの関心はもともと実践的な関心であった。かれは知識のうちに人類の進歩を促進するための手段を見たのであった(5)。

では、なぜマルクスを攻撃するのか。わたくしは、マルクスはその功績にもかかわらず、にせ予言者だったと信じている。かれは歴史の進路の予言者であり、その予言は当たらなかった。とはいえ、それはわたくしの主たる非難ではない。なににもまして重要なのは、かれが数え切れないほど多数の知的な人びとを誤導し、社会問題の科学的取り扱いは歴史の予測をすることであると信じさせたことである。マルクスには、開かれた社会の大義を推進しようと願った人びとのあいだに、ヒストリシズム的思考法という破滅的な影響を与えた責任がある。

だが、マルクス主義はほんとうに生粋のヒストリシズムなのだろうか。マルクス主義には社会工学の要素はないのだろうか。ロシアが社会を作りなおしていくうえで大胆かつしばしば成功した実験をおこなったという事実から多くの人は、ロシアの実験の根底にある科学もしくは信条としてのマルクス主義はある種の社会工学にちがいない、あるいは少なくともそれに資するものにちがいないと結論づけた。だが、マルクス主義の歴史を少しでも知っている者は、こうした間違いを犯すことはできないだろう。マルクス主義は、純粋に歴史理論であり、経済の、また権力政治の発展、とりわけ革命の成り行きの予測を任務とする理論である。そのような理論として、マルクス主義はたしかに、ロシア共産党が権力を掌握したあとの政策の土台となりうるものではなかった。マルクスは「実際上すべての社会工学を禁止し、ユートピア的であると弾劾していた(6)」から、ロシアにおけるかれの弟子たちは、社会工学の分野での大きな課題に直面しても、最初はまったく準備ができていなかった。レーニンが素早く認識したように、マルクス主義は実際的な経済運営の問題に対し援助を提供しえなかったのである。レーニンは権力掌握後「これらの問題に対処した社会主義者を一人として知らない。ボリシェヴィキの教科書にもメンシェヴィキの教科書にさえ、このようなことはなにも書かれていなかった[7]+」と言っている。失敗した実験の期間、いわゆる「戦時共産主義」の期間のあとで、レーニンは、現実には私企業への一時的で限定された復帰を意味する措置を取った。このいわゆるＮＥＰ（新経済政策）とその後の実験――五カ年計画など――は、マルクスとエンゲルスが提唱した「科学的社会主義」の理論とはなんの関係もない。この事実を適切に評価しなければ、レーニンがＮＥＰ導入前に直面していた特殊な状況やかれの業績をただしく評価することはできないだろう。建設的な経済政策の問題、たとえば経済計画の問題などは、マルクスの広範な経済学研究のなかでは触れられてすらいなかった。レーニンが認めるように、マルクスの著作のなかには、「各人はその能力に応じて、各人はその必要に応じて[8]」のような役に立たないスローガンを除けば、社会主義の経済理論にかんすることばはほとんどなかった。その根本的な理由は、マルクスの経済学研究が歴史を予測することに完全に従属していたからである。しかし、付けくわえて、マルクスは、その純粋にヒストリシズム的な方法と、合理的な計画の観点からの経済分析との対比をあまりにも強調しすぎたとも言っておかねばならない。かれはその種の試みをユートピア的で不当なものであると非難した。結果として、「ブルジョア経済学者たち」がこの分野でものにしていた材料を、マルクス主義者たちは研究すらしていなかったのである。かれらは、その素養からして、建設的な仕事をするための準備が「ブルジョア経済学者たち」の多くとくらべてさえ、格段に劣っていた。

マルクスは、自分の特殊な使命は社会主義をその感傷的、道徳的、幻想的背景から解放することにあると見ていた。社会主義は、ユートピアから科学へと発展すべき(9)であり、原因と結果の分析という科学的方法、また科学的予測に立脚すべきであった。そしてマルクスは、社会領域における予測は歴史予言とおなじであると見ていたから、科学的社会主義は、歴史上の原因と歴史上の結果の研究に、つまるところそれが実現するという予言のうえに築かれなければならなかったのである。

マルクス主義者は、自分たちの理論が攻撃されると通常は、マルクス主義は学説であるよりは根本的には方法であるという立場に退く。方法にとどまるのだとしたら、たとえマルクスやその追随者の学説のうちのなにかしら特定部分が乗り越えられたときでさえ、攻撃されないであろう。わたくしは、マルクス主義は基本的に方法論であるというのはただしいと考える。しかし、方法であればどんな攻撃からも守られていると考えるのは間違いである。じっさいには、マルクス主義を判断しようとする者は、それを方法論として吟味し批判しなければならない、つまり、方法論的な規準で測らなければならない。マルクス主義が実りある方法なのか不毛な方法なのか、マルクス主義は科学の課題を進めるのに適しているのかどうかが問われなければならない。したがって、マルクス主義の方法を判断する規準は、実用的なものであらざるをえない。そしてわたくしは、マルクス主義を生粋のヒストリシズムと呼んだとき、マルクス主義の方法はじつに貧弱であると示唆しておいたわけである(10)。

マルクス主義の方法をこのように実践的観点から批判しても、間違いなくマルクスの承認をえられたであろう。というのも、かれはのちに〈プラグマティズム〉と呼ばれることになった思想を最初に展開した哲学者たちの一人であったからである。かれがこのような立場に至ったのは、実践的な政治家には――いうまでもなく社会主義の政治家にはということだが――科学的な背景が緊急に必要であるという信念があったからであろう。科学は実践的な結果をみちびくべきであるとかれは説いた。いつでも果実を、理論の実践上の帰結を見よ！　そうした果実は、理論の科学的構造についてもなにかを語っている。実践上の成果をもたらさない哲学や科学は、われわれが生きている世界を解釈しているにすぎない。だが、それらはもっと多くのことをなしうるし、なすべきである。それは世界を変革すべきである。マルクスは若い頃に「哲学者たちは、世界をさまざまに解釈してきたにすぎない。大事なのは世界を変革することである」(11)と書いた。こうしたプラグマティズム的な態度をもっていたから、かれは、科学の本質的な課題は、過ぎ去った事実の知識をえることではなく、未来の予測にあるというのちのプラグマティストたちの重要な方法論的な教説を先取りすることになったのであろう。

科学的予測の意義をこのように強調することは、それ自体としてみれば重要で高度な方法論的発見ではあるのだが、残念なことに、マルクスを誤謬に追い込んだ。というのも、かれは、科学が未来を予測できるのは、未来が前もって規定されているとき、つまり、未来がいわば過去のうちにある、言ってみれば、過去のうちに含まれているときのみであると仮定していた——もっともらしい仮定ではあるが——からである。この仮定がかれを厳密な科学的方法は厳密な決定論に基礎をおかなければならないという誤った信念へみちびいてしまったのである。マルクスの、自然の、そして歴史発展の〈仮借なき法則〉は、あきらかにラプラスやフランス唯物論者の雰囲気の影響を示している。しかし、〈科学〉と〈決定論〉という概念は、同義語ではないとしても、分かちがたく結合しているという見解は、いまでは、まだ完全に過ぎ去ったわけではないが、あきらかに過去の迷信のひとつである。[12] わたくしの主たる関心は方法論上の問題にあるので、決定論の方法論的側面を議論するさいに、決定論の形而上学的問題の議論に立ち入る必要のないことをうれしく思う。そのような形而上学的な論争(たとえば、量子論と〈自由意志〉との関係にかかわる問題へどう回答するかについての論争)がどのような結果になろうとも、つぎの一点だけはたしかであろう。もはや科学的方法の必要前提として、因果法則として表現されていようが、自然過程の定常性原則として表現されていようが、いかなる種類の決定論もとる必要がないということである。というのも、あらゆる科学のうちでもっとも進んだ物理学は、そのような前提なしでやっていけるのみならず、そうした前提とはある程度まで矛盾することも示したからである。決定論は、予測を立てる科学にとって必要不可欠の要素ではない。したがって、科学が厳密な決定論を偏愛するとは言えない。そのような前提なしでも、科学は厳密科学でありうる。もちろん、マルクスがこうした見解とはべつの見解をもっていたからといって、かれの責任を問うことはできない。なぜなら、かれの時代の最良の科学者たちでさえおなじことをしていたのだから。

断言しておかなければならない点がある。マルクスを誤った道にみちびいたのは、決定論の抽象的で理論的な教説ではなく、むしろ、この教説が科学の方法についてのかれの見解に、また社会科学の目的と可能性にかんする見解におよぼした実践上の影響であった。〈社会の発展〉を決定する〈原因〉という抽象的な考えは、ヒストリシズムをみちびかないかぎり、それ自体としてはほとんど無害である。じっさい、そうした抽象的な考えをとったからといって社会の諸制度をヒストリシズムの観点から見るようにそそのかされるわけはない――決定論者を含め、誰もが、力学的機械や電気機械なら、〔ヒストリシズムに陥ることなく〕純粋に技術的な観点から見ているではないか。あらゆる科学のなかでも社会科学のみが、隠れている未来を解き明かすという古来の夢を実現できると仮定する根拠など存在しない。こうした、科学にもとづけば未来を見ることができるという信念は、決定論にのみもとづいているわけではない。こう信じられている第二の根拠は、物理学や天文学などにおける科学的な予測(Voraussage)と、大筋において社会の未来の主要な発展方向を予知する自信たっぷりの歴史予言(Prophezeiung)とが混同されていることにある。これら二つのタイプの予知は(他の場所で示そうとしたように[13])非常に異なっており、前者の科学性が、後者の科学性を支持する議論となるわけではないのである。

もともとマルクスはプラグマティズムに立っていたので、科学の予測機能を強調したのであったが、社会科学の目標についてのマルクスのヒストリシズム的見解は、そのプラグマティズムを大きく揺さぶることになった。かれは、ヒストリシズム的見解によって、科学は世界を変えることができるし変えるべきだという以前の考えを修正せざるをえなくなった。つまり、社会科学、ひいては歴史予言が存在するのだとしたら、歴史の成り行きは大要において前もって決定されていなければならず、善意も理性もそれを変える力はもたないことになるからである。歴史の成り行きに唯一合理的なかたちで影響をおよぼせるとしたら、差し迫った発展過程について歴史予言をおこなうことで身を守り、路上の最悪な障害を取り除くことなのである。マルクスは『資本論』のなかでこう書いている。「たとえ社会が、自身の運動の自然法則をつかんだとしても、……社会は、自然法則にもとづく発展段階を跳び越すことも排除することもできない。しかし、陣痛を短縮したり緩和することはできる。(14)」マルクスは、このように考えていたから、社会制度を社会工学者の目で見、そこには人間の理性と意志によって近づくことができ、また合理的な計画を立てることのできる領域があると信じるすべての社会科学者に〈ユートピア主義者〉の烙印を押したのであった。かれの目には、〈ユートピア主義者〉は、か弱い人間の手で、社会という巨大な船を操り、歴史という自然の激流や暴風雨のなかを乗りきっていこうとしているように見えたのだ。しかしマルクスの考えでは、科学者には前途に予想される渦や突風を予測することしかできない。したがって、かれに提供できる実際的な貢献は、船をただしい(right)コースからそらしそうなつぎの嵐を警告したり(ただしい航路とはもちろん左の進路である!)、乗客に船のこちら側またはあちら側に集まるように指示することだけなのである。マルクスは、社会主義という千年王国の目前に迫った到来を告知することに科学的社会主義の真の課題があると見ていた。かれは、その告知によってのみ、科学的社会主義の教説は、社会主義世界の創造に貢献できると主張した。というのも、それは社会主義世界の到来を促進し、間近に迫った変化や歴史の舞台で与えられた役割を人びとに意識させることができるからである。したがって、科学的社会主義は社会工学ではないし、社会主義の諸制度を構築する方法と手段を教えるものでもない。社会主義の理論と実践との関係についてのマルクスの考えは、かれのヒストリシズム的見解の純粋さを示している。

マルクスの思考は多くの点で、かれの時代、すなわち歴史的大地震であるフランス革命がまだ記憶に新しいあの時代の産物であった。(この記憶は一八四八年の革命によってあらたに蘇った。)マルクスは、このような革命が人間の理性によって計画され、演出されることはありえないと感じていた。しかし、ヒストリシズムの社会科学なら、それを予見しえていたかもしれない。社会状況についての十分な洞察があったら、その原因を発見しえていたかもしれない。こうしたヒストリシズム的態度は当時においてはかなり典型的であった。それは、マルクスのヒストリシズムとジョン・スチュアート・ミルのそれとの密接な親縁性からもわかる。(この親縁性は、かれらの先行者、ヘーゲルとコントのヒストリシズム哲学が類似していることに対応している。) マルクスは「……J・S・ミル……のようなブルジョア経済学者[15]」を重視していなかった。かれはミルを「味気のない折衷主義」の典型的な代表者と見ていた。マルクスのうちには「博愛主義的なイギリスの経済学者」ミルの「現代的傾向」に対する一定の敬意が見られるとはいえ、かれがミル(というか、むしろコント)の社会科学にかんする方法論的諸原則から直接に影響を受けたと仮定するには、状況証拠の多くは反対を語っているように思われる。それだけに、マルクスとミルとのあいだの見解の一致には驚くべきものがある。たとえば、マルクスは『資本論』の序文でこう書いている。「本書の最終目的は、……現代社会の運動法則を露わにすることである[16]。」だからかれは、ミルのつぎのようなプログラムを実行しているとも言えるわけだ。「それゆえ、社会科学の根本問題は、社会のある状態に、べつの状態がつづき、とって代わっていく法則を見つけることである。」ミルは、比較的明快にみずからが「二種類の社会科学研究」と呼ぶものの可能性を区別した。ひとつはわたくしが社会工学と呼ぶものにかなり正確に対応し、他は歴史予言に対応する。かれは後者に肩入れして、それを「他の、より特殊な研究の結論を枠づけし、みちびくべき社会についての一般科学」と特徴づけている。ミルによれば、この一般的な社会科学は、科学の方法についてのかれの考えに合致するわけだが、因果律の原理に基礎をおくものである。社会についてのこうした因果分析をかれは〈歴史的方法〉と記している。ミルの言う「社会の状態」は、「社会状態の継起を規制する……統一性」を伴うのであって、正確にマルクス主義の「歴史の時代」に対応する。そして、進歩へのミルの楽観的な信念は、もちろん弁証法的なものよりもはるかにナイーブではあるが、マルクスのそれに類似している。（ミルによれば、「人類がおかれている諸関係は……天文学の法則」つまり〈円軌道〉か〈放物線軌道〉に「合致する」ものであらねばならない[17]。それに対して、マルクス主義の弁証法は歴史の発展法則の単純さを確信することがより少ないとはいえ、いわばミルにおける二つの運動の組合せ――一種の波動とか螺旋運動――を利用している。）

マルクスとミルのあいだには他にも類似点がある。たとえば、両者は自由放任の自由主義に不満をもっており、自由という根本的な理念を実践するためのよりよい基盤を作ろうとした。だが、社会学方法論の捉え方にかんしては重要な相違がある。ミルは、社会の研究は心理学に還元可能でなければならないし、歴史発展の法則は、人間本性の法則、〈意識の法則〉、とりわけ進歩に向かう人間固有の傾向にかかわる法則によって説明できなければならない、と信じていた。「人類の進歩に向かう本性は」とミルはこう言っている。「最近の、以前よりもはるかに優れた……社会科学研究が基礎づけられる基盤である。[18]」社会学は根本において社会心理学に還元されなければならないという理論を数多くの思想家が提唱してきたが、還元していくことは、多数の個人の相互作用から生じる複雑さのために非常に困難である。そしてこの理論は、事実問題として、しばしばふつうに受け入れられていたし、またテストされずにいた理論のひとつでもある。社会学についてのこうした考え方を(方法論的)心理学主義[19]と呼んでおくことにしよう。とすれば、ミルはこの心理学主義を信じたと言えるであろう。しかし、マルクスは拒否した。かれは「自分の研究は、国家の形態といった法的関係は……人間精神のいわゆる一般的な発展によっては[20]」説明できないという結果になったと書いている。おそらく、心理学主義を疑問にさらしたことが社会学者マルクスの最大の功績であろう。そのようにしてかれは、社会学の法則の支配する特殊な領域についての透徹した概念——それはまた少なくとも部分的には自律した社会学でもある——に至る道をきり開いたのである。

次章では、マルクスの方法のいくつかの要点を説明し、永続的な価値があると思われる見解をたえず強調するように努めたい。したがって、まずマルクスの心理学に対する攻撃、すなわち、心理学には還元できない自律した社会科学のためにマルクスがもちこんだ議論を取り上げることにしたい。そのあとで、かれのヒストリシズムのもつ容易ならぬ弱点と破壊的な帰結を示したいと思う。

第一四章　社会学の自律

社会生活のすべての法則は、最終的には「人間本性」についての心理学的法則に還元されねばならないというのが心理学主義であった。[1] マルクスはこのもっともらしい教説に反対した。それをするどくかつ的確に言い表しているのが、かれのつぎのような有名な警句である。「人間のありようを規定するのは、人間の意識ではなく、むしろ人間の社会的なありようが人間の意識を規定する。[2]」本章とつづく二章の目的は、主にこの警句を解明することにある。そして、躊躇なく言っておいてよいと思うが、わたくしがマルクスの反心理学主義と見なす教説は、わたくし自身が賛同する教説でもあるということである。

初歩的な例として、また研究の第一歩として、いわゆる族外婚規則の問題、つまり、あきらかに近親婚を防ぐために作られた婚姻規則が異なった文化間にこれほど広まっていることはどう理解できるのかという問題を取り上げてみたい。(のちになると、多くの精神分析家も参加したのだが)ミルと心理学志向的なかれの社会学派は、これらの規則を説明するにあたって、〈人間本性〉を、たとえば〈自然淘汰や〈抑圧〉によって発達したのかもしれない)近親相姦への本能的嫌悪のようなものを引き合いに出すことだろう。素朴な、あるいは通俗的説明にしても似たようなものであろう。しかし、マルクスの警句に表現されている立場を取ると、事態はまさにその逆なのではないか、つまり、見たところ本能と思われるものも教育の産物ではないのか、それは原因ではなく、族外婚を要求し、近親婚を禁止する社会的な規則や伝統がはたらいた結果ではないのか、という疑問が生じてこよう。(3) あきらかに、これら二つの立場は、正確に、社会の法則は「自然のもの」なのか「協定によるもの」なのかという(第五章で詳論した)非常に古い問題に対応している。ここで例解のために選んだ問題では、これら二つの理論のうちどちらがただしいのかを確定するのは非常にむずかしい。くりかえすと、伝統的な社会規則を本能によって説明するのと、見たところ本能と思われるものを伝統的な社会規則によって説明するのとでは、どちらがただしいのかを確定するのは非常にむずかしい。しかし、類似の事例で、すなわち、ヘビに対する見たところ本能的な嫌悪という事例で、このような問題は実験的に決定されてきた。そうした嫌悪は、きわめて強く、本能的なもの、あるいは「自然のもの」であるという印象を与えるであろう。というのも、それは人間においてばかりでなく、すべての類人猿や他の多くのサルにおいても出現するからである。しかし、実験は、この恐怖が協定によるものであることを示しているように思われる。あきらかに人類内だけでなく、たとえばチンパンジーにおいても教育の産物のように思われるのだ。というのも、ヘビの恐怖を教えられていない小さな子供や若いチンパンジーにあっては、そのいわゆる本能なるものが欠落しているからである。(4) この例は、警告となるはずである。ここでわれわれは、見たところ人類の範囲を超えてあまねく広まっている嫌悪を目撃している。ある行動が一般的ではないという事実は、その行動が本能にもとづくという議論を反駁するために使えるだろう。(このように反論することには危険がつきまとう。本能の抑制を強制する社会的慣習があるのだから。) しかし、その逆が成立するわけではない。ある一定の行動が一般的に見られるからといって、それが本能にもとづくとか、〈人間本性〉に根をはっているという仮定が支持されるわけではないということだ。

ここに述べた考察は、すべての社会法則は原則として〈人間本性〉の心理学から導出されねばならないという考えの素朴さを示している。しかし、この程度の分析ではまだかなり雑である。さらに一歩を進める必要がある。そのために、心理学主義の主要テーゼそのものを取り上げてみたい。それらはつぎのような説であった。社会は、意識をもった存在者の相互作用から産まれたものであるから、社会の法則は最終的には心理学の法則に還元されなければならない。また、社会生活の出来事は、協定もふくめて、個々の人間の意識から生じた動機の結果であらざるをえない。

このような心理学主義のテーゼに対して、自律的社会学の擁護者は制度主義的な見解を提起することができよう[5]。かれは、最初にいかなる行為も動機のみからは説明されえないのであり、説明のなかで動機(または、他の心理学的もしくは行動主義的な用語)が使用されるとしたら、それは、一般的な状況、とくに環境を引き合いに出して補足されなければならない、と指摘できよう。人間の行為について言えば、そうした環境はおおはばに社会的なものである。したがって、行為は、社会的環境、社会制度、またそれらがどう働いているかを考慮しなければ、説明できない。したがって、制度主義者は、社会学をわれわれの行為についての心理学的あるいは行動主義的分析へ還元することは不可能であると主張できる。それどころか、そうした分析は社会学を前提とするのだから、社会学は心理学的分析に全面的に依存することはできないのである。社会学、あるいは少なくとも社会学の肝要な部分は自律的でなければならない。

こうした見解に対して、心理学主義の信奉者は、自然の要因であれ社会の要因であれ、環境要因の重要性は十分に認めるが、社会環境の構造(あるいは、流行語である「パターン」が好まれるかもしれないが)は自然環境の構造とは異なって、人間が作り出したものであり、したがって、まさに心理学主義の教説が主張するように、人間本性にもとづいて説明されなければならないと反論するかもしれない。たとえば、経済学者が市場と呼び、その機能を研究することをもって主要な目的としている特有の制度は、つまるところ、「経済人」の心理学から、ミルの表現を使用するならば、「富の追求という……動機[6]」からみちびかれるというわけである。さらに、心理学主義の信奉者たちは、制度が社会において重要な役割を果たすのは、人間に特有な心理的構造があるためであり、また制度というものは、ひとたび導入されると、環境にとっての伝統となり、比較的強固な構成部分になる傾向をもつと強調する。最後に——そして、これがかれらの決定的な議論であるが——伝統の起源と発展も人間本性によって説明可能でなければならないというのである。伝統や制度の起源をたどってみれば、それらの導入は心理学的に説明可能であることに気づかざるをえない。なぜなら、それらは一定の動機に影響されてあるなんらかの目的のために人びとが導入したものであるからという。そして、その動機が時の経過のなかで忘れ去られてしまったとしても、この忘却、ならびに、目的がわからなくなった制度にも耐えるという意志は、またしても人間本性にもとづくというのである。したがって、「社会生活のあらゆる現象は、……人間本性の発現」[7]であり、ミルが述べたように、「社会現象の法則は、人間の行為と情熱の法則以外のなにものでもないし、またありえない」。それは、「個々の人間本性の法則にしたがう。人は、集合したからといって、別種の実体に……変わるわけではない」[8]。

ミルが付したこの最後の注釈は、心理学主義のもっとも称賛にあたいする側面のひとつ、すなわち、集団主義やホーリズムに対する健全な反対、ルソーやヘーゲルのロマン主義——一般意志や民族精神、おそらく集団精神——から影響されることへの明確な拒絶を示している。わたくしの考えでは、心理学主義のただしさは、〈方法論的集団主義〉に反対して、〈方法論的個人主義〉と呼べる原理を主張している点にあると思われる。国家や社会集団などのような集団の〈行動〉や〈行為〉も、各人の行動や行為に還元可能でなければならないと強調する点でかれはただしい。だが、そのような個人主義的な方法の選択が心理学的な方法の選択を伴うと考えた点で——たとえ、そのように想定することが、一見のかぎりでどれほど説得力があるように見えるとしたところで——かれは誤ったのだ。(この点は本章の後半で示すつもりである。)そして、それはミルの叙述の他のいくつかの箇所を見れば、心理学主義そのものは、個人主義的方法をとっている点で推奨にあたいするとはいえ、きわめて危険な基盤のうえを動いていることがあきらかになる。というのも、それらの箇所は心理学主義がヒストリシズム的方法を採用せざるをえなくなることを示しているからである。社会環境の諸事実を心理学的諸事実に還元しようと試みるならば、起源と発展について考えざるをえなくなる。プラトンの社会学を分析したさい、社会科学におけるそのようなアプローチのもつ怪しげな功績を評価する機会をもった(参照、第一巻第五章)。いまミルを批判しようとするにあたり、こうしたアプローチに決定的な一撃を与えたいと思う。

ミルがこのようなヒストリシズムの方法を採用せざるをえなくなったのは、疑いもなく、心理学主義をとっていたからである。またミルは、ヒストリシズムの不毛性と貧困に漠然とではあるが気づいてもいた。というのもかれは、そうした不毛性を説明しようとして、あまたの意識をもった諸個人間のとてつもなく多様な相互作用から生じる困難を指摘しているからである。かれはつぎのように言っているのだ。「人間本性のうちに十分な根拠のあることを示せないのであれば、社会科学に……一般化を導入することは絶対に許されない。だがその一方で、誰にせよ、人間本性の基本法則とわれわれという種族のおかれている一般的な境遇から出発して、人間の発展がたどらざるをえない順序をアプリオリに決定し、それによってこんにちに至るまでの歴史の一般的な事実を予測することができていただろうなどと主張することは困難であろう。(9)」その理由としてかれは、先行する世代が後続の世代におよぼす影響は「他のすべての影響にまさってますます優勢になっていく」ことを挙げている。（言い換えれば、社会環境が圧倒的な影響力をもつようになる。）「このような影響と反作用との長い系列は……あきらかに人間の把握能力をはるかに超えるだろう。」

このような議論、とりわけ系列の最初の数項についてのミルの注釈は、ヒストリシズムの心理学的なバージョンのもつ弱点をさらけ出している。社会生活のすべての規則性、社会環境やすべての制度などについての法則が、最終的には〈人間の行為と情熱〉によって説明され、それらに還元されるべきだとしたら、歴史的な因果連鎖による発展という考えだけでなく、そのような発展の最初の段階という考えを強いられることになろう。なぜなら、かれが社会的規則や制度の心理学的起源を強調するのは、それらがもっぱら心理的要因にのみ依存して導入された、より正確に言えば、すでに確立されていたすべての社会的制度とはかかわりをもたない心理的要因によってのみ導入されたと言いたいからなのである。そのようにして心理学主義は、好むと好まざるとにかかわらず、社会の始まりという考え、つまり、社会に先立って存在していた人間本性と人間についての心理学という考えなしではすまされなくなる。言い換えれば、〈社会的発展系列の最初の数項〉についてのミルの注釈は、偶然の間違いなどではなく、むしろかれに強制された絶望的な立場の的確な表現なのである。かれの立場が絶望的であるというのは、社会に先立つ人間本性によって社会の基礎を説明するというこの理論は、〈社会契約論〉の心理学主義版であり、歴史についての神話であるばかりでなく、ある程度まで方法論上の神話でもあるからである。そのうえそれは、ほとんど真剣に議論することのできない神話でもある。というのも、人間あるいはむしろその祖先は、人間である以前に社会的であったと信じるあらゆる理由があるのだから。(たとえば、言語が社会を前提していることを考えてみればよい。) しかし、そこからみちびかれてくるのは、社会制度やそれに伴う典型的な社会的規則性や社会学的法則[10]は、人間本性と呼ばれたりするものに先立って、また人間の心理学に先立って、存在していたにちがいないということである。還元が目的であるならば、心理学を社会学に還元する試みや、心理学を社会学的に解釈する試みの方が、その逆よりもおそらく成功の見込みが高いだろう。

これよりして、本章冒頭のマルクスの警句に連れ戻されることになる。人間——つまり、個々人の人間としての意識、欲求、希望、不安、期待、動機また努力や志望など——は、どちらかといえば、社会を作り出すものというよりは、社会のなかで生きることから作り出されたものであるということだ。われわれの社会環境の構造が、ある意味で人間によって作り出されたものであること、その制度や伝統は、神が作り出したものでも自然が作り出したものでもなく、人間の行為や決定の成果であること、そして、それらは人間の行為や決定によって変えられるものであること、こうした点は承認されなければならないであろう。だが、それは、そうしたもののすべてが意識的に計画されたとか、欲求や希望、動機にもとづいて説明可能であるということを意味しない。それどころか、意識的で意図的な人間の行為の結果として生じる制度や伝統でさえも、通常は、そうした行為の間接的な、意図されたものではない、そしてしばしば望んでいなかった副産物なのである。というのも、「社会的諸制度のうちのごくわずかなものが意識的に計画されたにすぎず、大多数は」、べつな箇所でくわしく触れておいたように、「人間行為の計画されなかった成果としてただ〈成長〉してきたにすぎない」[11+]からである。そして付けくわえておいてよいと思うが、意識的に成功裏に計画された若干の制度(たとえば、新しく設立された大学とか労働組合)でさえ、計画通りに進むことはほとんどない――意識的に作り出されたものから生み出される意図されなかった社会的反発によるため――ということである。なぜなら、そうしたものは作り出されると、他の多数の社会制度だけでなく、人間本性にも、つまり、まずは直接の関与者の希望、不安、野心に、そしてのちにはしばしば社会の全成員に影響を与えるからである。[11(1)]その結果として、社会の道徳的価値――すべての、あるいはほとんどすべての社会成員によって承認されているもろもろの要求や提案――は、社会の制度や伝統とかたく結びついており、社会の制度や伝統が破壊されると生き延びることができないことになる(この点は、第九章で徹底的革命による「画面のまっさら化」について論じたときに、詳論しておいた)。[11(2)]

こうしたことすべてがよりいっそう強くあてはまるのは、社会的発展のより古い時代、すなわち、社会制度の意識的計画が、もしなされたとしたら、もっとも例外的であるような閉じた社会についてである。だが、こんにちでは事態はかなり変わっているかもしれない。というのも、社会についての知識が徐々に増えてきたこともあるし、われわれの計画や行為が意図しない結果をひき起こすことについての研究もあるからである。そしていつの日にか、人間が開かれた社会の意識的な作り手となり、それによって自分たちの運命のより大きな部分の創造者となる日が来るかもしれない。(次章で示すように、マルクスはこのような希望を抱いていた。)しかし、こうしたことはすべて、一部には社会的連関についてのわれわれの洞察に依存するだろう。そして、行為の意図しなかった帰結の多くを予測できる――これはすべての社会工学の主要目標であるが――ようになるとはいえ、べつの予測されなかったその種の帰結がつねに存在するであろう。[11(3)]

心理学主義は社会の心理学的起源という考えなしではやっていけない――これは、心理学主義に対する決定的な反論となるだろう。しかし、それで議論のすべてが終わるわけではない。おそらく、心理学主義に対するもっとも重要な反論は、それが説明的社会科学の主要課題を理解し損ねているという点にある。その課題は、ヒストリシストが考えるように、歴史の未来の成り行きの予言にあるのではない。むしろそれは、社会的領域内部のあまり明白ではない依存関係を認識し、説明することにある。それは、社会的行為に立ちはだかってくる障害についての研究——つまり、社会的出来事の出現をぎごちないもの、望ましくないもの、もろいものにしてしまうものについての研究、そして、社会的出来事を作り出し、それでやっていこうとする試みに対して立ちはだかる抵抗がどのようなものなのかについての研究である。

　わたくし自身の考えを明確にしておきたい。そのために、広く受け入れられてはいるが、社会科学の本来の目標と見なせるものとは正反対の目標を受け入れている理論の特徴をてみじかに述べておこう。わたくしはそれを社会の陰謀論と呼んでいる[11][4]。この論の主張するところによれば、社会現象の説明は、個人や集団がその出来事の発生に関心をもち、それを出現させるために陰謀をめぐらしたという事実を発見することにある。(かれらの関心はしばしば隠されているから、最初にそれが暴露されねばならないというわけである。)

　社会科学の目標についてのこのような見解は、言うまでもなく、社会で起こることはなんであれ強力な権力者や集団の計画の結果であるという誤った理論に由来している。とりわけ、戦争、失業、貧困、物資欠乏、要するにわれわれが不快に感じる出来事は、この理論によれば、望まれ、計画されたものとして説明される。

そうした出来事のもう一例となっているのが、現代のヒストリシズムである。これは、その原始的な、つまり有神論的な形態が示しているように、陰謀論が変化したものである。現代の形態において見たとき、陰謀論は〔神が世界を支配し動かしているという〕宗教的迷信が世俗化したことの典型的な結果である。それは、一見したところ誰も意図していないように見える出来事であっても、それに興味をいだいた人間が意図的におこなった行為の結果であると主張する。トロイ戦争の物語はホメロスの神々の陰謀として説明された。だが、いまやそうした神々への信仰は消え失せ、神々は見捨てられた。代わって登場したのが、強力な人間とか団体、つまり、シオンの賢者、資本家、独占的企業家、帝国主義者など、われわれがこうむる悪事すべてが帰されるべき邪悪な権力集団なのである。

陰謀は決して生じないと言おうとしているのではない。それどころか、陰謀は典型的な社会現象である。たとえば、陰謀論を信じる者が権力を握ると、陰謀はいつでも重要なものとなる。そして、地上に天国を建設する方法を知っていると大まじめで信じている者たちは、間違いなく陰謀論を受け入れるだろう。そして、存在しない陰謀家に対して対抗陰謀を紡ぎ出すことだろう。というのも、地上に天国を作り出す試みが失敗したときに、かれらにとって唯一の説明となるのは、地獄に大昔から席を予約している悪魔のどす黒い計画のせいであるとすることだからである。

したがって、陰謀が生じることは承認しなければならない。しかし、陰謀が存在するにもかかわらず陰謀論を反駁するきわだった事実が存在する。それは、陰謀が最終的に成功するのはごくわずかにすぎないということだ。陰謀家が陰謀の果実を楽しめるのはきわめて稀である。

どうしてそうなのであろうか。なぜ、結果は意図から大きく隔たってしまうのか。そうしたことは社会生活においては、陰謀があろうとなかろうと、一般的なことだからである。社会生活とは、対立する集団間の力だめしであるばかりでなく、制度や伝統という多かれ少なかれ抵抗のある枠組みのなかでの行為でもある。そして、それは意識的な対抗的行為から目を転じれば、この枠組みのなかで一部には予見すらできない多くの不測の反作用をひき起こすのである。

さて、わたくしの信じるところ、社会科学の主要課題は、そうした反作用を分析し可能なかぎり予見することにある。人間の意図的な行為がひき起こす意図されなかった社会的反発を分析すること、つまり、すでに示唆しておいたように、陰謀論や心理学主義ではその重要性が無視されている反発を分析することが課題なのである。正確に計画通りに進行する行為は社会科学にとっての問題を提起しない。もっとも、そのような特殊な事例ではなぜ意図外の副作用が出現しなかったのかを説明するという科学的な欲求は生じるかもしれないが。行為の意図されなかった帰結という考えを明確にするために、例としてもっとも単純な経済的意思決定のひとつを取り上げてみよう。いま誰かが家を緊急に買いたがっているとしてみる。そのときかれは家の市場価格を上げたくないと思っていると考えていいだろう。だが、まさにかれが買い手として市場に現れることは、市場価格を上昇させる傾向をもつだろう。そして、おなじことは売り手についても言えるだろう。あるいは、まったく異なった領域から例を引くこともできる。生命保険をかけようと決心した人が、他人に保険会社の株式に投資するようにと勧める意図があったとはとうてい思えない。だがそれにもかかわらず、かれの行為はそうした結果をみちびくであろう。ここからしても行為のすべての帰結が意図された帰結でないことは明白であろう。そして、陰謀論のただしくないことがわかる。というのも、このような理論は、あらゆる結果、一見誰によっても意図されなかったように見える結果でさえも、すべては人間の行為の意図された結果であると主張しているからである。

以上の例は、陰謀論を反駁しているが、それとおなじくらい一義的に心理学主義を反駁しているわけではない。なぜなら、売り手が、買い手の市場への出現を知ったということ、またより高い価格をえたいというかれの望み、つまり心理的な諸要因がここで語られたような反作用を説明すると指摘できるからである。この指摘は決定的にただしい。だが、このような知ったということとか望みが、そうした反作用にとっての人間本性における最終的で決定的な基礎であるわけではないこと、つまり、それらの反作用は、社会的状況――市場の状況――をつうじて説明できることを忘れてはならないだろう。

そうした社会的状況は、まず動機とか〈人間本性〉の一般法則に還元されるものではないだろう。たしかに宣伝に乗せられやすいといった〈人間本性のある種の特性〉に影響されて、ここに述べたような経済行動からの逸脱もときにはあるだろう。さらに、ここで考察したのとは異なる社会的状況においては、消費者は購入行為によって間接的に、たとえば、大量生産をより利益の上がるものにすることによって、商品価格の引き下げに貢献するかもしれない。そして、こうした結果は、たまたま消費者としてのかれの関心にかなうものではあるが、その反対の結果とおなじように、まったく同一の心理的条件下で、そしておなじように意図されることなくしてひき起こされうるものであろう。社会的状況は、こうもさまざまな意図しなかった、あるいは望まなかった反作用をみちびくのであるから、社会科学によって研究されなければならないことは明白であるように思われる。その研究は、ミルが言ったような「人間本性のうちに十分な根拠のあることを示せないのであれば、社会科学に……一般化を導入することは絶対に許されない[12]」といった偏見から出発するものであってはならない。それらは自律的な社会科学によって研究されなければならない。

心理学主義への反論をさらにつづけよう。われわれの行動は、おおはばにそれが生じた際の状況から説明できるだろう。もちろん、状況だけで説明し尽くすことは決してできない。たとえば、なぜ道路を横断するときに、ある一定の仕方で車を避けたのかを説明するには、状況を超えて、その人の動機、自己防衛〈本能〉、苦痛を避けたいという欲求などを考慮しなければならないだろう。しかしながら、説明のこのような〈心理学的〉部分は、いわゆる状況の論理(Logik der Situation)によるかれの行動の詳細な規定にくらべれば、多くのばあいきわめて些末であるし、状況の記述に心理的要因のすべてを含めることは不可能である。状況の分析、状況の論理は、社会生活においても社会科学においても非常に重要な役割を果たす。それは、経済学的分析の方法そのものである。経済学以外からの例としては、「権力の論理[13]」が挙げられてよいだろう。それは、権力政治の動静のみならず、一定の政治的制度の作用を説明するためにも利用できるだろう。状況の論理を社会科学に適用するという方法は、人間本性の合理性〈またはその他の顕著な特性〉についてのいかなる心理学的な仮定にもとづくものでもない。逆なのだ。「合理的な行動」とか「非合理的な行動」といったことが語られるときには、状況の論理に合致している、もしくは合致していない行動が考えられているにすぎない。じっさい、行為がその〈合理的または非合理的な〉動機に心理学的に分析されていくときには――マックス・ウェーバーが示したように(14)――すでに当該の状況でなにが合理的と見なされるべきかについての判断規準が前提として展開されてしまっている。

心理学主義に対するわたくしの反論は誤解されてはならない。(15)言うまでもないことながら、それは心理学的な研究や発見が社会科学者にとってごくわずかの重要性さえもたないことを示そうとするものではない。それが言わんとしているのは、むしろ、心理学――個人についての心理学――は、社会科学すべての基礎ではないとはいえ、それ自体で社会科学であるということである。権力欲やそれに結びついたさまざまな神経症的現象といった心理学的事実が、政治科学にとって大きな重要性をもつことは誰も否定しないだろう。しかし、〈権力欲〉は間違いなく社会学的でもあれば心理学的な概念でもある。われわれは、この衝動の幼少期における最初の出現を、特定の社会制度、たとえば現代の家族制度の枠組みのなかで観察していることを忘れてはならない。（エスキモー〈原文通り。イヌイットのこと〕の家庭であったら、まったく異なった現象が起こるかもしれない。）社会学的に重要であり、政治的・制度的にむずかしい問題を生み出すもうひとつの心理学的事実は、部族や部族に似た〈共同体〉のふところのなかで生活することが、多くの人にとって（とりわけ、個体発生と系統発生のあいだの平行性に沿って部族的段階や〈インディアン〉的段階を経なければならない若者にとって）情緒的に必要であるという事実にもとづいている。心理学主義への攻撃が、心理学的考察すべてへの攻撃であると見なされてはならない。この点は、〈文明の重荷〉、つまり一部にはこのような充足されない情緒的欲求から生じた内的緊張（第一〇章）という概念についてのわたくしの使い方からも明らかであろう。この概念は、ある種の居心地の悪さを指しているのだから、心理学的な概念である。しかし同時に、そうした感情を不快で不安な感情として特徴づけるだけでなく、ある種の社会的状況や、開かれた社会と閉じた社会の対立をも指しているのだから、社会学的な概念でもある。（野心や愛といった心理学的概念も同様である。）見落とされてはならないのだが、心理学主義は、方法論的個人主義を推奨し、方法論的集団主義と闘うことで大きな貢献を果たした。それによって心理学主義は、すべての社会現象、とくにすべての社会制度の作用は、いつでも個人の決定、行為、態度からうまれたものとして理解されるべきであり、いわゆる集団（国家、民族、人種など）による説明に満足してはならないという重要な学説を支持するからである。しかし、心理学主義の誤りは、社会科学の領域における方法論的個人主義があらゆる社会的現象やあらゆる社会法則を心理学的現象や心理学的法則に還元すべきであるというプログラムを含む、と前提したところにある。このプログラムが孕む大きな危険は、すでに見たように、容易に〔起源を問う〕ヒストリシズム的方法の採用をみちびく点にある。この点は、行為が意図されなかった社会的な反作用をもつことについての科学的な理論の必要とか、さきに社会的状況の論理と呼んでおいたものが、人間の行為をどのように規定し、どう影響を与えるのかを説明する理論の必要において見てとることができるはずである。

わたくしは、社会の問題は〈人間本性〉の問題に還元されるものではないというマルクスの見解を擁護し発展させた。そのさいマルクス自身が用いた議論を超えて進んだ。マルクスは〈心理学主義〉という表現を使ってもいなかったし、心理学主義を体系的に批判したわけでもなかった。またマルクスが、本章の冒頭に引用した警句を書いたとき、見据えていたのはミルでもなかった。この警句が向けられていたのは、むしろヘーゲル的形態をとった〈観念論〉であった。だが、ひとつ言えることは、ミルの心理学主義は、社会の心理学的性質という問題にかんして言えば、マルクスが闘った観念論的理論と同一であるということができるだろう。だが、マルクスを本章で述べた見解へとみちびいた(16)

のは、しばしばそうであるように、まさにヘーゲル哲学のもうひとつの要素、すなわちヘーゲルのプラトン風の集団主義(国家と民族は、これらにすべてを負う個人よりもより「実在的」であるというかれの理論)からの影響であった。(これは、ばかばかしい哲学理論からもときには貴重な刺激がえられるという事実を例証するものである。)歴史的に見るならば、マルクスは、個人に対する社会の優先というヘーゲルのある種の考えを発展させ、ヘーゲルの他の思想に対する反論として利用した。だがわたくしには、ミルの方がヘーゲルよりも優れた相手と思われたので、マルクスの思想の歴史にはこだわらず、ミルへの反論というかたちでこの思想を展開したのである。

第一五章　経済的ヒストリシズム

〔前章では〕マルクスをあらゆる心理学的社会理論の敵として描いた。だが、このような描き方は、多くのマルクス主義者のみならずマルクス主義に対する多くの敵対者をも驚かせるであろう。というのも、多くの人にとって、事態はまったく異なっていると思われるからである。かれらの考えでは、マルクスは、経済的動機が人間生活のすみずみにまで影響をふるうことを教え、そして「人間の圧倒的な欲求は、生存手段を獲得したいという願望のうちにある」(1)と示すことで、その影響力の絶大さを説明したということになっているからである。かれらの信じるところでは、マルクスはそのようにして、利潤動機とか階級利益といったカテゴリーが、個人だけでなく社会集団も含めた人びとの行為にとって根本的な重要性をもつことを証明したのであり、またそうしたカテゴリーが歴史の成り行きを説明するためにどう利用できるかを示したのである。マルクス主義の真の核心は、経済的動機とりわけ階級的利害が歴史の原動力であるという教説にあり、マルクスとエンゲルスが自分たちの思想の核心を表示する名称とした唯物史観や史的唯物論が示唆しているのは、まさにこの教説であると考えられている。

こうした見解は広くもたれている。だがそれは、異論をはさまれることなく、マルクスを誤解している、と断言できるだろう。こうした見解を主張したとして、マルクスを称賛する人びとすべてを、(マルクスが何人かの論敵に与えた「俗流経済学者」という名称にならって)俗流マルクス主義者と呼んでおきたい。平均的な俗流マルクス主義者は、歴史という舞台の背後には、自分たちの卑劣な利潤欲を満たすために、狡猾に、意識的に、戦争、経済衰退、失業、豊かさのなかでの飢餓、そして他のあらゆる形の社会的惨めさをひき起こす諸力が潜んでいるのだが、そうした諸力を突き動かしている隠れた動機、強欲、利潤欲を暴露することでマルクス主義は社会生活の陰鬱な秘密を暴露した、と信じている。(俗流マルクス主義者は、マルクスの主張がフロイトやアドラーの主張とどのように結びつくのかという問題にしばしば大まじめで取り組む。そして、これら〔三名によって代表される〕三つの可能性のうちのいずれかひとつを選びとらないとしたら、ふつうかれらは、飢え、愛、権力欲は、現代人の哲学の三大創造者たるマルクス、フロイト、アドラーによって明るみに出された、人間本性の三つの隠れた根本動機であると結論するであろう……。）

ところで、こうした見解が、支持可能で魅力的であるにせよ、あるいはそうでないにせよ——いずれにしても、マルクスが〈史的唯物論〉と呼んだものとはほとんどなんのかかわりもない。マルクスがときとして、強欲、利潤欲といった心理現象を語っていることは認めねばならない。だが、かれはそれで歴史を説明しようとしているわけではない。かれはそうした心理現象をむしろ社会体制——歴史の成り行きのなかで発展してきた諸制度のシステム——のもたらす腐敗的影響のあらわれとして解釈している。言い換えれば、腐敗の原因ではなくその結果として、歴史の原動力としてではなく、その反作用として解釈している。かれにとっては、戦争、経済衰退、失業、豊かさのただなかでの飢餓といった現象は、〈大資本家〉や〈帝国主義的戦争屋〉の狡猾な陰謀の結果ではなく、社会体制の網の目に囚われた人びとがべつの目標に向けておこなった行為からの望まれなかった社会的帰結なのである。かれにとって、歴史という舞台で役を演じる人間は、〈偉大な者〉もふくめて、経済的諸力——みずからはもはや統御できない歴史的諸力——という紐に否応なく引っ張られた操り人形にすぎない。かれは、歴史の舞台は、われわれすべてを縛る社会体制、すなわち〈必然の王国〉のなかに埋め込まれていると説く。（しかし、いつの日にか操り人形はこのシステムを破壊し、〈自由の王国〉に踏み入るだろう、というのである。）

この知的にゆたかできわめて独創的なマルクスの教説は、かれの信奉者のほとんどによって、おそらくはプロパガンダ上の理由からか、またおそらくは理解できなかったために放棄され、俗流マルクス主義者の陰謀論によっておおはばに取り替えられてしまった。それは、悲しむべき知的堕落、『資本論』の水準から二〇世紀の神話の水準への堕落である。

これが、ふつうに〈史的唯物論〉と呼ばれているマルクス自身の歴史哲学であった。それは次章の主要テーマとしよう。本章では、それの〈唯物的〉または経済的意味の大要を説明し、そのあとで、階級闘争や階級利害の役割、および〈社会体制〉にかんするマルクス主義的な見方についてくわしく論じることにしよう。

第一節

マルクスの経済的ヒストリシズム(4)については、さきに述べたマルクスとミルとの比較に無理なくつづけて述べることができる。マルクスは、社会現象は歴史的に説明されなければならず、どんな歴史上の時代も過去の時代の発展の歴史的産物として理解されなければならないと考える点ではミルと一致している。マルクスがミルと袂を分かつ点は、すでに見たように、（ヘーゲルの観念論に対応するところの）ミルの心理学主義である。これは、マルクスの教説のなかでは、かれが唯物論と呼ぶものによっておき換えられている。

マルクスの唯物論については、賛同できないことが数多く語られてきた。マルクスは人間生活の〈下部の〉または〈物質的〉側面しか認めていないといった主張は、しばしば繰り返されているが、とりわけ笑うべき歪曲である。（この主張は、自由の擁護者に対する反動的な誹謗中傷のうちでももっとも古いもの、すなわち「かれらは野獣のごとくその胃袋を満たす」というヘラクレイトス的スローガンの蒸し返しである。[5]）たしかにマルクスは、一八世紀のフランス唯物論者の影響を色濃く受けていたし、自説の大部分とよく折り合いもつくのだがみずからを唯物論者と自称していた。だが、こうした意味でかれを唯物論者と呼ぶことはできない。というのも、唯物論的な解釈をほとんど許さない重要な箇所がいくつか存在するからである。真相は、マルクスは純粋に哲学的な問題には——たとえば、エンゲルスやレーニンほどには——関心を払わず、むしろ主として問題の社会学的・方法論的な側面にこだわっていたということであるように思われる。

『資本論』の有名な箇所で、マルクスは「……弁証法は……かれ（ヘーゲル）においては頭で立っている〔逆立ちしている〕。それをひっくり返さなければならない……」と言っている。(6) 趣旨は明白である。マルクスが示したかったのは、「頭」、つまり人間の思想は、人間生活の基盤ではなく、身体的基盤の上に立つ一種の上部構造であるということである。似たような趣旨はつぎの箇所にも表現されている。「わたくしにあっては……理念的なものは、人間の頭のなかにおき換えられ翻訳された物質的なもの以外のなにものでもない。」十分に認識されているとは思えないのだが、ここには、唯物論のラディカルな形態ではなく、むしろある意味で身体と精神の二元論に惹かれている姿があらわれている。そして、この二元論は、いわば実践的な二元論である。理論的には、マルクスにとって精神は物質のべつの形態(べつの側面、あるいはおそらくは随伴現象)にすぎないとはいえ、実践においては物質のべつの形態として、物質からは区別されるのである。引用箇所は、たしかにわれわれは物質の世界という堅い地面に足をおかなければならないが、頭――マルクスは人間の頭を高く評価していた――は、思考や理念にかかわることを示唆している。この二元論を考慮しなかったら、マルクス主義とその影響を理解することはできないであろう。

マルクスは自由を、(ヘーゲルの「現にある自由」ではなく)真の自由を愛した。そしてかれは、わたくしにわかるかぎりで言えば、ヘーゲルによる、かの有名な自由と精神の等置にしたがった。というのもマルクスは、われわれは精神的存在としてのみ自由でありうると考えていたからである。同時にかれは、実践的な二元論者として、われわれは精神であるとともに身体であることを承認したが、身体が根源的な要素であることを見抜くに足るほど十分に現実的であった。そこからかれは、ヘーゲルに反旗をひるがえし、ヘーゲルにおいてはものごとが逆立ちしていると言ったのである。しかしかれは、物質的な世界とその必然性が基盤であることを認識していたものの、「必然の王国」――物質的な欲求に全面的に依存している社会をかれはこう呼んだ――には愛を感じていなかった。かれは精神の世界、つまり「自由の王国」を、また「人間本性」の精神的側面をキリスト教の霊肉二元論者とおなじように高く評価していた。かれの著作のうちには物質的なものへの憎悪と嫌悪の痕跡さえ認められる。以下では、かれの見解についてのこのような解釈がかれ自身の著作によって支持されることを示すつもりである。

『資本論』第三巻のある箇所で、まことに適切なことにマルクスは、社会生活の物質的側面、とりわけ経済的側面、言い換えれば生産と消費の側面を、人間が物質を自然と交換する物質交換の延長線上にあるものとして描いている。かれは、誤認の余地などなく、われわれの自由はいつにせよこの〈物質交換〉の必然性によって制限されざるをえないと言っている。より大きな自由を達成できるとしたら、それは、つぎのことをつうじてのみであるとかれは言う。「この……自然との物質交換を……最小のエネルギー消費で、また人間本性にふさわしい適切な条件下で……合理的に調整することによってである。……だが、それはいつでも必然の王国であることに変わりはない。その彼方で、それ自体が目的と見なされる人間の諸力の発展、つまり、その基礎となる必然の王国のうえでしか開花しない真の自由の王国が始まる……。」この直前の箇所では「自由の王国は、困窮と外部の都合によって押しつけられた労働が終了するところではじめて始まるのであり、したがって当然のことながらそれは本来の物質的生産の領域の彼方に存在する」と言われている。そしてマルクスは、自分の唯一の目的は、すべての人びとに自由という非物質的な王国への道を開くことであるという実践的な結論を引き出し、この箇所全体を締めくくっている。「労働日の短縮が根本的条件である。」(7)

この箇所は、わたくしがマルクスの実践的な人生観における二元論と呼んでおいたものについて一点の疑問も残さないと思う。ヘーゲルとともに、マルクスは自由を歴史発展の目標と考える。ヘーゲルとともに、かれは自由の領域を人間の精神生活の領域と同一視する。だがかれは、われわれが物質交換の必然性から、またしたがって労働の苦しみから完全に解放されることはなく、われわれが純粋な精神的な存在ではありえないこと、つまり、完全に自由でもなければ、完全な自由を達成できるわけでもないことを見据えている。われわれにせいぜいできることは、疲労困憊させるのみで人間の品位にふさわしくない労働条件を改善し、より人道的なものにし、平等に負担し、誰もが自分の生活の一部を自由にできるようにすることである。これが、マルクスの世界観の中心的な教えであると思われる――中心的というのは、かれの教説のなかでもっとも影響力にとんだ部分と思われるかぎりにおいてであるが。

さて、この考えと、さきに（第一三章で）論じておいた方法論的決定論を結合しなければならない。方法論的決定論によれば、社会について科学的に論じ、そして科学的にその歴史を予測できるようになるのは、社会の秩序がその過去においてあらかじめ決定されているかぎりにおいてのみである。しかし、だとしたら、科学〔学問〕は必然の王国しか扱えないことになるだろう。人間が完全に自由になりえたら、それは、歴史予言の終焉、そしてまた社会科学の終焉を意味するであろう。〈自由な〉精神活動そのものは、かりに存在しえるのだとしたら、科学の手の届かないところに存在することになろう。というのも、科学はいつでも原因や決定因子を問わねばならないからである。したがって、科学が精神生活に関心をもつとしたら、思考や観念が、〈必然の王国〉によって、言い換えると、生活の物質的な、とりわけ経済的な条件、つまり〈物質交換〉によって、ひき起こされたり、決定されたり、必然的に条件づけられているかぎりにおいてのみということになる。思想や観念は、一方で、それらを生み出した物質的条件、つまりそうした条件を作り出した人びとの生活の経済的条件と、他方で、それらを同化する物質的条件、つまりそれらを受け入れた人びとの経済的条件を考慮してはじめて科学的に扱うことができるだろう。したがって、思考や観念は、科学的あるいは因果的関係の観点から、「経済的諸条件を基礎とするイデオロギー的上部構造」として扱われなければならない。マルクスは、ヘーゲルに反対して、歴史、しかも思想史への鍵は、人間とその自然環境、つまり物質的世界との関係の発展のなかに、すなわち人間の精神生活のなかにではなく、人間の経済生活のうちに見出されなければならないと主張する。こうした理由から、マルクス主義的なヒストリシズムは、ヘーゲルの観念論やミルの心理学主義とは対照的に、経済重視主義(Ökonomismus)と表現できるだろう。だが、マルクスの経済重視主義を、人びとの精神生活をほとんど評価しない唯物論と同一視するなら、マルクスを完全に誤解することになる。自由の王国のヴィジョン、すなわち、物質的自然の束縛からの人びとの部分的ではあっても正当な解放というマルクスのヴィジョンは、むしろ理想主義的(idealistisch)と呼べるだろう。

　このように見てくると、マルクス主義の世界観が整合的な思想体系であることはあきらかであろう。そして、人間の行為についての、部分的には決定論的であるとともにまた部分的には自由を許容する捉え方から生じてくると一般に信じられている見かけ上の矛盾や困難も消滅するであろう。

第二節

わたくしが、マルクスの二元論と呼んだものについて、ならびにかれの科学的決定論と歴史観とのかかわりについてどう評価しているかはもはやあきらかであろう。科学の歴史は、かれにとっては全体としての社会科学と同一であり、人間が物質や自然とのあいだで発展させた物質交換の法則の探究とならざるをえないのである。その中心課題は、生産条件の発展の説明であらねばならない。社会的諸関係は、生産過程と結びつく度合、言い換えると、生産過程に影響を与える、もしくは、与えられる度合に応じてのみ、歴史的かつ科学的な意義をもつのである。「未開人が、欲求を満たし、生命を維持し、繁殖するために自然と闘わなければならないのとおなじように、文明人もそうしなければならない。しかもどのような社会形態においても、また考えられうるどのような生産様式下においてもそうしなければならない。それらの発展にともなって、自然の必然性の王国も拡大する。つまり、欲求が拡大するからである。同時に、それらを満足させる生産力も拡大する。」(8) 簡単に言って、これが人間の歴史についてのマルクスの見解である。

似たような見解はエンゲルスにも見られる。エンゲルスによれば、近代における生産手段の拡大は「……社会のすべての成員に、物質的に十分ゆたかであるばかりでなく、……心身の能力の完全に自由な発展と練磨を保証する生存の確保を可能にした。その可能性がいまやはじめてここにあるのだ。」(9) それとともに、自由、つまり身体からの解放が可能になる。「それとともに人間は、……動物の国と最終的に別れを告げて、動物的な生存条件から離れて真に人間にふさわしい生存条件へ歩み入る。」人間は、経済に支配されているかぎりで、まさしく囚われの身である。「人間に対する支配と統制」が消えたとき、人間ははじめて、自然の意識的にして真の支配者となり、「はじめて……自分たちの社会化における主人になる、……その時になってはじめて、人間は意識的に自分の歴史を作っていくだろう。……それは人類の必然の王国から自由の王国への飛躍である。」

マルクスのヒストリシズムとミルのそれとをもう一度比較してみよう。すると、かれの経済重視主義は、すでに示しておいたように、ミルの心理学主義にとっての致命的な困難を容易に解決していることがわかるだろう。その困難とは、社会の始まりは心理学的な方法で説明できるというかなり怪物的な教説――社会契約説の心理学版と記しておいたもの――のことである。マルクス主義の理論には、そうした考えに類似するものは存在しない。心理学が最初に来るという考えを経済学が最初に来るという考えでおき換えたところで似たような困難が生じるわけではない。というのも、〈経済〉は人間の物質代謝、つまり人間と自然とのあいだの〈物質の交換〉にかかわるものであるからである。そして、この〈物質の交換〉が、人類の原始時代にも社会的に組織化されていたのか、それとも個人にだけ依存していた時代があったのか、という疑問は放置しておいても構わないわけである。仮定されるのは、社会についての科学は、社会の経済条件（マルクスはこれを通常〈生産条件〉と呼んでいた）の発展史と重なり合わねばならないということだけである。

欄外的な注になるが、たしかにマルクスは「生産」という概念を、流通や消費を含む経済過程全体を包含するより広い意味で使おうとしていた。ところが、マルクスやマルクス主義者は、流通と消費の概念にはほとんど注意を払ってこなかった。かれらの圧倒的な関心は、ことばの狭い意味での生産にあった。これは、科学は原因だけを問えばよいという信仰を示す素朴な歴史的－発生論的態度の一例であろう。結果として、かれらは人間が作り出したさまざまなものの領域でも、〈誰が作ったのか〉とか〈なにから作られているのか〉と問わねばならないと考えるのみで、〈誰がそれを利用すべきなのか〉とか〈なんのために作られたのか〉と問うことはしなかったのである。

第三節

さて、これまでのところ、マルクスの〈史的唯物論〉が展開した思想について述べてきた。これからはその批判と評価に移ることにしよう。すると二つの異なった視点を区別することができる。第一の視点は、ヒストリシズムである。すなわち社会科学の領域は歴史的あるいは進化論的方法の領域、とりわけ歴史予言の領域と合致するという主張である。わたくしは、この主張は否定されなければならないと考える。第二の視点は、経済重視主義〈または〈唯物論〉〉であり、社会の経済組織、つまりわれわれが物質を自然と交換するさいの組織が、すべての社会制度、とりわけその歴史的発展にとっての基盤であるという主張である。この主張は、〈基盤〉ということばを通常の漠然とした意味で理解し、それに重きをおきすぎないかぎり、きわめて啓発的なものだと思われる。ことばを換えれば、なんら疑問を挟むことなくこう言えるだろう。すなわち、制度的なものであれ歴史的なものであれ、実際上すべての社会科学は社会の〈経済的条件〉に目を向けてなされるかぎりでのみ有益でありうる、と。数学のような抽象科学の歴史でさえも例外ではない[10]。その意味で、マルクスの経済重視主義は、社会科学の方法論において最高度に価値のある進歩である。

しかし、いま触れたように、〈基盤〉という表現を文字通りに受け止めすぎてはいけない。疑いもなくマルクスはそうしてしまったのだが。ヘーゲル主義的な教育を受けた結果として、かれは〈ほんとうにあるもの（Wirklichkeit）〉と〈現象〉という古い区別、またそれに対応するものとしての〈本質的なもの〉と〈偶然的なもの〉という区別に影響されていた。かれは、〈ほんとうにあるもの〉を〈人間の物質交換をふくめての〉物質世界[11]と同一視し、〈現象〉を思想や観念の世界と同一視したことをもってヘーゲル（およびカント）に対するみずからの改善であると見た。そこからすると、すべての思想や観念は、その根底にある本質的な実在、つまり経済的諸条件に還元して説明されねばならないことになる。こうした哲学的立場は、他のなんらかの形態をとった本質主義とくらべてかくだんに優れているわけではない[12]。そして、そこから生じてくる方法の分野への影響は、経済重視主義の過度の強調をみちびかざるをえないだろう。なぜなら、マルクス主義的経済重視主義の一般的な重要性はいくら評価してもほとんど評価しきれるものではないとはいえ、おのおのの個別的事例においては経済的条件の意義を安易に評価しすぎてしまうからである。たとえば、経済的条件についてのなにほどかの知識は数学の問題の歴史を理解するうえでかなり役立つであろう。だが数学の問題そのものについての知識の方がそうした目的にとってはより重要であろうし、「経済的背景」に触れずとも数学の問題の歴史について優れた述作をものにすることもできるだろう。（わたくしの考えでは、科学の〈経済的条件〉や〈社会的条件〉といったテーマは、使いすぎてすぐ陳腐になってしまうものである。）

だが、これは経済重視主義を強調しすぎるときにさらされる危険にくらべると、さほど重要な例ではない。なぜなら、経済重視主義は、すべての社会発展は経済条件の発展、とくに物質的な生産手段の発展に依存するという教説として解釈され、またそう解釈するように要求されることが多いからである。しかし、そうした教説はあきらかに間違っている。経済的条件も考え〔思想、観念〕に依存しており、経済的条件が一方的に考えを条件づけるわけではなく、ある種の〈考え〉、すなわちわれわれの知識を構成する考えの方が、複雑な物質的生産手段よりも根源的であるとさえ言えるからである。この点は、つぎのような考察からもあきらかになるであろう。すべての機械とすべての社会組織を含む経済システムがある日破壊されたが、技術的・科学的知識は破壊を免れたと想像してみよう。このようなばあいでは、経済システムが〔多数の人が餓死したあとで小規模に〕復活するまであまり長い時間はかからないであろう。しかし、こうした事物についてのいっさいの知識は消失したが、機械や物質的な製品は残ったと想像してみよう。これは、野蛮で未開な部族が、高度に工業化されてはいるが見捨てられてしまった国を占拠したにひとしい。こうしたばあいでは、文明の物質的な形見もまた早急に消失してしまうであろう。

皮肉なことに、マルクス主義の歴史そのものが、この誇張された経済重視主義をきれいに反駁する例を提供している。「万国の労働者よ、団結せよ」というマルクスの思想は、ロシア革命前夜までもっとも重要なものであり、その影響力は経済的条件にまで及んでいた。しかし、革命によって状況はかなり悪化した。それは、レーニン自身が認めたように、ひきつづく建設的な思想が欠けていたという単純な理由からであった(参照、第一三章)。それで、レーニンはいくつかの新しい思想〔考え〕をもった。それはつぎのような簡潔なスローガンに要約されるものであった。「社会主義とは、プロレタリアートの独裁プラス全土の電化である。」この新しい思想が、世界の六分の一の経済的・物質的背景全体を変革した発展の基礎となった。この比較するものもないほどの闘争において、数え切れないほどの物質的困難が克服され、数え切れないほどの物質的犠牲が払われて、生産条件が変革された、というよりはむしろゼロから作り上げられたのであった。この発展の原動力は思想への熱狂であった。この例は、一定の状況下では思想が一国の経済的条件を革命的に変革しうるが、思想がそうした条件によって形成されるのではないことを示している。マルクスの用語で言えば、かれは自由の王国の力を、そしてまた必然の王国克服の展望も過小評価していたとも言えるだろう。

〔一方における〕ロシア革命の遂行と、〔他方における〕経済的現実やそのイデオロギー的現れについてのマルクスの形而上学的理論とのあいだには明白な対立がある。それはつぎの一節を見れば明らかである。マルクスはつぎのように言っているのだ。「このような変革を考察するにあたっては、経済的生産条件において科学に忠実に確定されるべき物質的なものの変革と、法律的、政治的、宗教的、芸術的、哲学的、つまりイデオロギー的な形態とをつねに区別しなければならない。(13)+」マルクスによれば、法的、政治的手段によって重要な変化を実現できると期待しても無駄なのである。政治革命では、一群の支配者をべつの一群の支配者におき換えること――つまり、支配者の役割を果たす人員のたんなる交換にしかつながらない。根底にある本質、経済的実在の発展のみが、本質的な、あるいは現実の変化、つまり社会革命をもたらすことができる。そのような社会革命が現実となってはじめて、政治革命はなにほどかの意味をもちうるのである。だが、そのばあいにおいてさえ、それはすでに生じた本質的な、あるいは現実の変化の外観を表現するものでしかない。この理論にしたがって、マルクスは、すべての社会革命はつぎのように展開すると主張した。物質的な生産条件は、社会的・法的諸関係と矛盾し始めるまで成長し成熟すると、まるで小さくなった衣服からはみ出すように、ついにはそれを引き裂いてしまう。「ついで社会革命の時代が到来する」とマルクスは書く。「経済的基盤の変化にともない、巨大な上部構造全体が、ゆっくりと、あるいは急速に変わっていく。……新しいより高度な生産関係が」（上部構造のなかで）「代わって出現することは、その物質的存在条件が古い社会そのものの母胎のなかで孵化する以前には決してない。[14]」こうした断定を見ると、ロシア革命をマルクスが予測した社会革命と同一視することは不可能である。じっさいロシア革命とは社会革命とはいささかの類似性ももっていない。

ここでは、マルクスの友人であった詩人ハインリヒ・ハイネは、これらの問題にかんしてまったく異なった見解をもっていたと注釈しておくべきだろう。「誇り高き行動派の君たちよ、このことを覚えておいてくれ」とかれは書く。「君たちは、しばしばへりくだりながら君たちの行為の一挙手一投足まで前もって示していた思想家の無意識の手先なのだ。マキシミリアン・ロベスピエールは、ジャン＝ジャック・ルソーの手以外のなにものでもなかった。[15]」（似たようなことは、おそらくレーニンとマルクスの関係についても言えるだろう。）ハイネはマルクス主義の用語で言えば観念論者であり、みずからの観念論的歴史解釈をフランス革命に適用した。ところが、マルクスはそのフランス革命をみずからの経済重視主義を支持し、自説にじつによくあてはまる最重要な事例のひとつとして論じたのだ――とりわけ、ロシア革命と比較してみるとそうである。しかし、ハイネは、異端であったにもかかわらず、マルクスの友人でありつづけた[16]。というのも、かの幸福な時代にあっては、異端のゆえをもってする破門は、開かれた社会の闘士たちのなかでは、まだ珍しい現象であり、依然として寛容が許容されていたからである。

マルクスの〈史的唯物論〉に対するわたくしの批判は、ヘーゲル的刻印を帯びた〈観念論〉への好みを表わしていると受け取られてはならない。だからこそ、わたくしは、この観念論と唯物論の対立において、マルクスの側に立つ者であることを明確にしておきたい。しかし、わたくしは、マルクスの〈唯物史観〉が、いかにすぐれた価値をもつとはいえ、あまりにもきまじめに受け取られるべきではないと、つまり、ものごとをその経済的背景との関連で見ようというきわめて有意義な示唆以上のものと見てはならないと示したかったのである。

第一六章　階　級

第一節

マルクスの史的唯物論にはさまざまな定式化がある。そのなかで重要な位置を占めるのは「これまでのあらゆる社会の歴史は、階級闘争の歴史である」[1]というマルクス（とエンゲルス）の主張である。この主張の言わんとしていることは明白である。（ヘーゲルや大多数の歴史家の見解とは対立して）歴史を前進させ、人間の運命を定めてきたのは、階級の闘争であって、諸民族の闘争ではないということである。民族間の戦争をふくめてだが、歴史の発展を因果的に説明するにあたっては、階級利害こそが、いわゆる民族の利害——現実には民族の支配階級の利害でしかない——に取って代わらなければならない。だが、それ以上に階級闘争や階級利害は、伝統的な歴史が一般に説明しようとさえしなかった現象を説明することもできる。マルクス主義理論にとって重要な意味をもつそうした現象の一例は、生産力の増大に向かう歴史の傾向である。伝統的な歴史はそのような傾向をおそらく記録はするであろうが、歴史の根本的なカテゴリーとしては軍事力を用いているので、そうした現象を説明することはまったくできない。それに対して、マルクスによれば、階級利害と階級闘争は十分な説明を提供する。『資本論』のかなりの部分は、マルクスが「資本主義」と呼ぶ時代に、そうした力が生産力の向上をもたらしたメカニズムの分析に費やされている。

階級闘争の教説は、かなり前に論じた社会学の自律という制度主義的学説とどのようにかかわるのだろうか(2)。一見すると、この二つの説は完全に矛盾し合うように見える。なぜなら、階級闘争の教説は階級利害を主眼としており、そしてこれは一種の動機であるように思われるからである。しかしわたくしは、マルクス主義理論のこの部分に重大な不整合があるとは思わない。むしろ、マルクス、とりわけ、かれの重要な業績である反心理学主義をただしく理解していない者は、それが階級闘争の理論とどのように結合されるかを理解しえないのだとさえ言いたい。俗流マルクス主義者に迎合して階級利害は心理学的に解釈されなければならないと仮定する必要はない。たしかにマルクス自身の著作のなかには、俗流マルクス主義の味がする箇所がいくつかあるかもしれない。しかし、マルクスが階級利害のような概念をまじめに使うとき、かれはそれを心理学的な範疇としてではなく、もっぱら自律的社会学の領域内での考察のために使用している。かれが言っているのは、もの、つまり状況なのであって、意識状態とか思考とか、あるいは、ものに対する利害関心のことではない。そして、階級にとって利益をもたらすのは、このようなものそのもの、あるいはそうした社会制度や状況そのものなのである。階級利益とは、文字どおり階級の力や福祉を促進する一切のものである。

マルクスの考えでは、人びとの意識に決定的な影響をおよぼすのは、この制度的な、あるいはこう言ってよければ、〈客観的〉な意味での階級利害である。ヘーゲルの隠語で言えば、階級の客観的な利害は、そのメンバーの主観的な意識のなかに出現し、意識されることで、階級の利害に関心をもたせ、階級を意識させ、またそれに応じて行動するように作用する。制度的あるいは客観的な社会的状況としての階級利害と、それの人びとの意識への影響については、第一四章冒頭で引用した警句のなかでマルクスによってつぎのように述べられている。「人間のありようを規定するのは、人間の意識ではなく、むしろ人間の社会的なありようが人間の意識を規定する。」この警句になにかつけ加えるものがあるとすれば、人間の意識は、マルクスによれば、より正確に言ってかれが社会のなかで占める位置、つまり階級の状況によって規定されるということだけであろう。

マルクスは、この規定のプロセスがどのように機能するかについて、若干の手がかりを与えてくれている。『資本論』の最終章でわかるのだが、マルクスによれば、われわれが自由になれるのは生産過程から解放される度合いに応じてのみである。だが、これまで存在したどんな社会においても、そうした程度に応じた自由さえなかったという。というのも、マルクスは、われわれが生産過程から解放されるのはどのようにしてかと問い、われわれのために他の人間に汚い仕事をさせることによってのみであると答えているからである。とすれば、われわれは他人を自分たちの目的のための手段として利用せざるをえないのであり、かれらを貶めざるをえない。大きな自由を手に入れようとするならば、他の人間を奴隷化すること、つまり人間を階級に分割することによってのみである。支配階級は、被支配階級である奴隷を犠牲にして自由をえる。だが、そこからして、支配階級の成員は、自由をえた対価として新種の依存をしなければならなくなる。かれらは、おのれの自由と地位を維持しようとすれば、被支配者を押さえつけ、戦わなければならない。そうせざるをえないのだ。なぜなら、そうしない者は、支配階級に所属することをやめているからである。かくして支配者もまた階級状況によって規定されている。かれらは、被支配者との社会的関係からおのれを解放することはできない。かれらは、被支配者に縛られている――社会的物質交換によって縛られているからである。

こうして支配者も被支配者もすべて、網に捕らわれており、相互に戦わざるをえない。マルクスによれば、こうした束縛、こうした被規定性があるから、かれらの闘争は、科学的方法と科学的歴史予言で扱えるのであり、したがって社会の歴史を階級闘争の歴史として科学的に扱うこともできるのである。階級を捕らえ、相互に闘争せざるをえなくさせるこの社会的な網の目は、マルクス主義では、社会の経済構造、あるいは社会体制と呼ばれている。

この理論によれば、社会制度や階級体制は生産条件に応じて変化する。というのも、支配者が被支配者を搾取し戦う仕方は、それらの条件に依存するからである。経済発展のどんな特定の時代にも特定の社会体制が対応しているのであり、したがって歴史上の時代はその社会的な階級体制によってもっともよく特徴づけられる。そこから〈封建主義〉とか〈資本主義〉などが語られる。マルクスは、「手回しの碾臼《ひきうす》は封建領主のいる社会を生み、蒸気製粉機は産業資本家のいる社会を生み出す」と書いている(3)。社会体制を特徴づける階級関係は、個々人の意志とは無関係である。このように、社会体制は、個人が捕らえられ、粉々にされていく巨大な機械に似ている。マルクスは、「生活の社会的生産において、人間は、自分の意志とは無関係な、一定の必然的な関係、つまり、かれらの物質的生産力の一定の発展段階に対応する生産関係に入る。こうした生産関係の総体が社会の経済構造」つまり社会体制を「形成する」(4)と書いている。

社会体制は一種のそれ自身の論理をもっている。だが、それは、合理的にではなく〔人びとには〕自覚されずに作用している。このメカニズムに捕らえられた人間は、一般的に言って状況が見えない——ほとんど見えないのである。かれらは自分たちの行動がもたらす重要な反作用のいくつかを予測することさえできない。ひとりの人間が、多数の人間に対し、自由に処分できる大量の商品の調達を防げるかもしれない。かれは、価格下落が生じるかもしれない臨界点でちょっとばかり買ってやることで、下落の動きを防げるかもしれないのだから。べつの者は、まったくの善意から富を分配するのだが、それによって階級闘争を緩和し、被抑圧者の解放を遅らせるかもしれない。自分たちの行動がのちのちひき起こす社会的な反作用を予見することもできないし、ひとたび網の目に捕らえられてしまったら、本気で網の目から離れることもできないだろう。外部から影響を与えることは、言うまでもなく、不可能である。このように見通せないために、内部から社会体制の改善計画を立てることなど不可能である。〔計画的に〕社会を作り上げていくことはできないのであり、したがって社会技術は無用の長物である。われわれの利害を社会体制に押しつけることはできないのであり、むしろ、自分たちにとっての利害だと思っているものはじつは体制が強いているものなのである。体制はわれわれの階級利害に対し求められた通りにふるまうように強いることでそうしているのである。〈資本家〉であっても〈ブルジョア〉であってもかまわないが、個人に社会的条件の不正や不道徳の責任をとらせようというのは無謀というものである。というのも、資本家をしてまさに資本家のごとく行動させているのは、言うまでもなく、このような諸条件からなる体制だからである。また、人間を良くすることで状態を改善できると信じるとしたら、それもはかない望みというものである。反対なのだ。人間は、みずからが生きている体制が良くなれば、良くなるのだ。マルクスは『資本論』のなかでつぎのように書いている。「資本家とは、資本が人のかたちをとったものであり、歴史的な価値をもっている……そのかぎりでかれを突き動かす力は、〔商品の〕使用価値やそこからえられる楽しみではなく、交換価値とその増大である」(5)（これが資本家の実際の歴史的役割である）。「価値の増大を目指す狂信者として、かれは情け容赦もなく生産のための生産に人類を駆り立てる……資本が人のかたちをとったものとしてのみ資本家は敬意にあたいする。そのようなものとして、かれは守銭奴と、絶対的な富裕化への衝動を共有している。しかし、守銭奴のばあいに個人の狂気として現れているものは、資本家のばあいには、かれがその駆動輪にすぎない社会体制である……資本主義的生産様式に固有の法則は……かれに資本を維持するために資本を継続的に拡大することを強制する。」

マルクスによれば、このような仕方で社会体制は、個人の行動を、つまり、支配者や被支配者の、資本家やブルジョアの、そしてまたプロレタリアの行動を規定する。これはさきに、〈社会状況の論理〉と呼んでおいていたものの一例である。資本家の行動は、マルクスがヘーゲル流に表現したごとく、かなりの程度まで「資本家のうちに意志と意識を付与された資本の作用[6]」なのである。だが、この意味は社会体制がかれの思考をも規定するということである。というのも、思想や観念は、一部には行動にとっての道具であり、一部には——つまり、それらがおおやけに表現されたときには——それ自体で社会的行動が働いていることを示す重要な作用形態でもあるからである。後者のばあいには、社会の他の成員の行動に影響を与えることがその直接の目的となる。社会体制、とりわけ階級の客観的利害はこのようにして人びとの思想を規定する。それをつうじて、客観的利害は(さきほどヘーゲル流の表現方法で述べておいたように[7])階級の成員の主観的意識のなかに入りこんでくる。階級闘争と同一階級内での成員間の競争は、このことを実現させるための手段なのである。

　マルクスにとっては、社会を作り上げていく社会工学といったものがありえないことは見た。つまり、因果的な相互依存の連鎖がわれわれを社会体制に縛りつけているからそうしたことはありえないのであって、その逆ではないということだ。しかし、われわれは、社会体制を自由に[8]変更できないとはいえ、資本家ならびに労働者は、それを変化させるように、そして最終的にはその束縛からわれわれを解放するように突き動かされている。資本主義は、「生産のための生産に人類を駆り立て」、かれらをして「社会的生産力を発展させ、それのみで各人の完全かつ自由な発展を基本原理とするより高い社会形態の真実の基礎となりうる物質的生産条件を創出せざるをえない。[9]」そのようなかたちで、資本家階級の成員であっても、歴史の舞台でその役割を果たし、社会主義の最終的な実現に貢献せざるをえないのである。

この論題をさらに論じるためには、ふつう「階級を意識した」とか「階級意識」ということばで表現されるマルクス主義の概念について、語義的注釈をまえもって述べておかねばならない。これらの概念が記述しているのは、第一に、すでに分析したように、客観的な階級状況（階級利害と階級闘争）が、階級の成員の意識のなかに出現する過程、あるいは、ヘーゲル流ではないことばでおなじことを言えば、階級の成員がみずからの階級状況を意識するようになる過程から産み出される事態である。かれらは、階級を意識するならば、みずからの社会的位置ばかりでなく、みずからの真実の階級的利害も知るようになるということである。だが、それ以上にこのもともとのドイツ語は、マルクスによって、他言語への翻訳では通常は失われてしまうような意味をもつものとしても使われている。このことばは、ヘーゲル的隠語の一部となったとはいえ、ふつうに使われるドイツ語に由来している。この語の通常の意味は、みずからの価値と能力を知っている、つまり、自分を誇りにしている、自分を完全に確信している、またおそらくはみずからに満足している、ということである。したがって、「階級を意識した」という表現は、たんにみずからの階級が社会状況のなかで果たす役割を知っているという意味ばかりでなく、それ以上にみずからの階級を誇りとし、確信し、連帯の必然性を意識することで階級に結びつけられているという意味をもっている。こうした理由から、マルクスやマルクス主義者は、この表現をほとんど労働者にのみ適用し、ブルジョアジーにはほとんど適用していない。階級を意識したプロレタリアとは、みずからの階級的状況を認識しているばかりでなく、みずからの階級を誇りに思い、みずからの階級の歴史的使命をしっかりと確信し、たゆまぬ闘争がよりよい世界をもたらすと信じている労働者のことである。

どうしてかれは、そうなるだろうと知っているのか。階級を意識したプロレタリアとしてかれはマルクス主義者にならざるをえないからである。マルクス主義の理論そのものが、また社会主義の到来についての科学的な予言が、歴史過程を形成する本質的な部分となっているからである。それをつうじて階級状況が〈意識のなかに移行〉し、労働者の脳裏にしっかりと刻まれていくからである。

第二節

マルクス主義の階級論がヒストリシズム的であるかぎりで、それに対するわたくしの批判は、前章で示した線に沿う。「すべての歴史は階級闘争の歴史である」という公式は、階級闘争が権力政治やその他の歴史発展において果たした重要な役割の指摘として見れば大きな価値をもっている。この指摘は、ギリシア都市国家の歴史において階級闘争が果たした役割についてのプラトンの見事な分析が、後世、ほとんど取り上げられることがなかっただけに、きわめて価値が高い。だがここでもまた、〈すべての〉ということばをあまりにもきまじめに受け止めてはならない。階級間の闘争の歴史でさえ、階級内の不統一が果たす重要な役割を考慮に入れたら、必ずしもマルクス主義的な意味での階級闘争の歴史であるとはかぎらない。じっさい、支配階級内における、また被支配階級内における利害の不一致は、しばしばたいへん広範であり、富裕層と貧困層のあいだの闘争はつねに根本的な重要性をもつと認めたところで、マルクスの階級論そのものは危険な単純化のやりすぎと見なされなければならない。中世史の大きなテーマのひとつである皇帝と法王との争いは、支配階級内の不和の一例である。この闘争を搾取者側と被搾取者側との闘争と解釈するのは完全な間違いであろう。（もちろん、マルクス主義の〈階級〉概念を拡張すれば、これとおなじか類似の事例にも適合させることもできるだろう。しかし、それは、〈歴史〉という概念を狭め、ついにはマルクスの教説があたりまえの意味で真――たんなるトートロジー――とすることであろう。だが、そのようなことをすれば、マルクスの教説は一切の意味を失う。）

マルクス主義の公式に見られる危険のひとつは、それがあまりにもきまじめに受け止められすぎると、マルクス主義者を誤らせて、どんな政治的対立でも搾取者と被搾取者のあいだの闘争として（あるいは、根底にある階級闘争としての〈核心的問題〉を隠蔽する試みとして）把握するようにさせてしまうという点にある。だから、とくにドイツにおいてのことだが、第一次世界大戦のような戦争を、革命的な枢軸国、言い換えると「もたざる国」と、より保守的な「もてる国」からなる連合国とのあいだの戦争と解釈するマルクス主義者がいたわけだ。――これは、どんな侵略でも許容する解釈である。これは、マルクスの野心的なヒストリシズム的一般化に内在する危険の一例にすぎない。

他方で、産業システムにおける諸制度の機能を説明するために、〈階級状況の論理〉とでも言うべきものを利用しようとするかれの試みは、称賛にあたいするように思われる。

この試みは、ある種の誇張とか、また状況の重要な側面の無視にもかかわらず、称賛にあたいする。少なくとも、マルクスが基本的に念頭においている産業システムの段階、つまり、百年前の(わたくしは、こう呼びたいと思っているだが)[10]「拘束なき資本主義」体制についての社会学的分析としては称賛にあたいする。

第一七章　法のシステムと社会体制

いまやマルクス主義についてのわれわれの分析ならびに批判においておそらくもっとも重要な点に取り組む準備ができた。それはマルクスの国家論であり、多くの人にはパラドキシカルにひびくかもしれないが、いっさいの政治は無力であるというマルクスの理論である。

第一節

マルクスの国家論は、前二章の成果を組み合わせるならば述べることができよう。マルクスによれば、法のシステム、あるいは法および政治のシステム――国家によって導入された法制度のシステム――は、経済システムという生産力の上に構築され、それを表現する上部構造として理解されなければならない。マルクスが「法的・政治的上部構造」[1]について語るのはこの文脈においてである。この上部構造は、もちろん、経済的、物質的な実在とそれに対応する階級間関係が、イデオロギーや思想の世界に現れるさいの唯一の形態ではない。そうした上部構造のもうひとつの例は、マルクス主義の見解によれば、支配的な道徳システムということになろう。これは、法のシステムのように国家権力によって強制されるものではなく、支配階級によって作られその統制下にあるイデオロギーによって神聖視されているものである。両者の違いは、おおよそのところ(プラトンなら言ったのではないかと思われるのだが[2])説得と暴力の違いに対応する。暴力を行使するのは国家であり、法の制度であり、政治の制度である。それは、フリードリヒ・エンゲルスが言うように、支配者が被支配者を制約下におくことを可能にする「特殊な抑圧力」[3]である。『共産党宣言』の語るところによれば、「政治権力とは、本来、ある階級がべつの階級を弾圧するために組織した暴力のことである」[4]。おなじような記述はレーニンにも見出せる。「マルクスによれば、国家は、階級支配の機関であり、ある階級がべつの階級を抑圧するための機関であって、この抑圧を強化し法に高める「秩序」の創出に奉仕する。」[5]国家とは、要するに、支配階級がその闘争のなかで利用する装置の一部にすぎないわけだ。

こうした国家観からどのようなことが帰結してくるかを述べる前に、これは一部には制度主義的な理論であり、一部には本質主義的な理論であると指摘しておきたい。制度主義的であるというのは、マルクスが社会生活のなかで法制度が実際上どのような機能を果たしているかを確定しようとしているかぎりにおいてである。他方で、本質主義的であるというのは、マルクスが、これらの制度が果たしうる多様な目的について検討せず、また、国家がみずから望ましいと考える目的を果たすためにはどのような制度改革が必要であるかを述べもしないというかぎりにおいてである。かれは、国家、法制度あるいは政府にどのような機能を求め、提案するかではなく、「国家とはなにか」という問いを立てる。つまりかれは、法制度の本質的な機能を見出そうとする。すでに示しておいたように[6]、このような典型的な本質主義的な問いには満足のいく答えは与えられない。だがそれは、思想と規範の領域を経済の実在の現象形態として解釈するというマルクスの本質主義的、形而上学的なアプローチには疑いもなく適合している。

このような国家論から生じてくる帰結はどのようなものであろうか。もっとも重要な帰結は、すべての政治、すべての法的ならびに政治的制度、すべての政治的闘争は、決して第一次的な重要性をもちえないということである。政治は無力なのである。それは、経済の現実を決定的に変えることはできない。啓発された政治活動の唯一ではないにせよもっとも重要な課題は、法的および政治的外套の変化が社会の真の現実における変化、すなわち生産手段や階級間関係の変化と歩調を合わせるようにすることであり、そのようにして、政治がそうした発展に遅れをとったときに発生せざるをえない困難を回避することなのである。ことばを換えてみよう。政治の展開は表層的で、社会体制というより深い実在によって条件づけられていないことがある。そのばあい、それは無意味なものとして非難されるべきものであるし、抑圧され、搾取されている人びとに対して真の助けとはなりえない。あるいは、それらは、経済的背景と階級状況の変化の表現であることもある。そのばあい、それらは、火山の噴火にも似た完全な革命という性質をもち、社会体制から生起してくるや、すぐに予見できるものである。しかし、その噴火にもひとしい力は、おそらく、政治的行動によってひき起こされたり抑制されたりするわけではないから、その嵐のような展開を緩和しようとしたら、それに敵対しないのがよいのである。

こうした帰結は、マルクスのヒストリシズム的思想体系の統一性をあらためて示すものである。ところが、マルクス主義ほど政治活動への関心を刺激した運動は少ない。この点を考えると、政治は根本からして無力であるというこの根源的無力論は、いささか逆説的に思える。(マルクス主義者はもちろん、こうしたコメントに対してはつぎの二つの議論のうちのいずれかで反論できるだろう。第一の議論は、政治的行動はいま述べたような理論のなかでも機能するというものである。なぜなら、労働者の党は、その行動によって搾取された大衆の生活を改善できないときでも、その闘争は階級意識を目覚めさせ、それによって革命を準備させるからというのである。これは過激派の議論であろう。第二の議論は、穏健派が用いるものだが、政治的行動は、ある一定の歴史的時期、つまり敵対する階級の力がおおよそ均衡する時期には直接的に役立つ可能性があるというものである。そのような時期に政治的な活動を開始し政治的エネルギーをそそぐことは、労働者にとって非常に重要な改善をもたらしうるから決定的に重要であるというわけである。この第二の議論は、あきらかに理論の基本的な立場のいくつかを放棄しているのだが、それに気づいておらず、したがって問題の本質に迫ってもいない。）

　ところで、明言しておいてよいと思うのだが、マルクス主義の理論によれば、労働者の党は、割り当てられた役割を果たし、労働者の要求を精力的に主張しつづけるかぎり、大きな政治的過ちを犯すことはほとんどありえないのである。なぜなら、政治的な過ちは、実際の階級状況に本質的な影響を与えることはできないし、他のすべてが根本から依存している経済実体に影響を与えることはますますもって少ないからである。

　この理論からのもうひとつの重要な帰結は、どんな、たとい民主主義的な政府であれ、原理的には、支配階級による被支配階級に対する独裁であるということである。『共産党宣言』には「現代の国家権力は全ブルジョア階級の事務を管理する委員会にすぎない[7]」と書かれている。したがってこの理論によれば、いわゆる民主主義なるものは、ある歴史的状況にもっとも適合的な形態をとった階級独裁以外のなにものでもないことになる。(この教説は、すでに指摘したが、穏健派が主張する階級均衡論には合致しない。) としたら、資本主義下で国家がブルジョアジーの独裁であるように、社会革命後には国家はさしあたりプロレタリアートの独裁となるであろう。しかし、そのプロレタリア国家は、旧ブルジョアジーの抵抗が壊滅したなら、その機能を喪失せざるをえない。なぜなら、プロレタリア革命は、ひとつの階級からのみなる社会、したがって、階級独裁が存在しえない無階級社会をみちびくからである。このようにして、国家はそのあらゆる機能を剥奪され、消滅せざるをえない。エンゲルスが言うように「国家は死滅する[8]」。

第二節

わたくしにはマルクスの国家論を擁護する気はまったくない。とりわけ、かれの「いっさいの政治は無力である」という理論や民主主義論は、たんなる誤りにとどまらず、致命的な誤りであると考える。だが、こうした陰鬱ではあるが才気に富んだ理論の背後には、陰鬱で苛酷な体験があったことは認めざるをえない。思うに、マルクスは、予見しようと思っていた未来を理解することには成功しなかったとはいえ、その誤った理論でさえ、自身の時代の諸条件についての鋭い社会学的洞察力、ならびに屈することのない人道主義と正義感を証明しているからである。

マルクスの国家論は、抽象的で哲学的な性格をもっているが、自身の時代についての洞察力に富んだ解釈を提供していることに疑いはない。マルクスにおいては、いわゆる〈産業革命〉は、最初は主に〈物質的生産手段〉、すなわち機械の革命として展開し、ついで社会の階級構造の変容をもたらし、それによって新しい社会体制をみちびいたのであり、政治革命やその他の法制度の変化は第三段階としてその直後につづいたと仮定されているが、この仮定はある程度までなら主張可能である。ちなみに〈資本主義の興隆〉にかんするこのマルクス主義的解釈は歴史家たちによって攻撃された。歴史家たちは、この発展の奥深くにあるイデオロギー的前提条件――マルクスの理論にとっては破壊的であったが、マルクスがまったく気づいていなかったと思われる前提条件(9)――のいくつかを暴露することに成功した。とはいえ、第一次接近として見れば、マルクス主義的解釈の価値には、そしてまた、マルクスがそれによってこの分野で後継者に示した貢献には、ほとんど疑う余地がない。また、かれが研究したいくつかの発展は、立法措置によって意図的に推進されたし、そしてじっさいには(マルクス自身が言うように)[10]立法によってのみ可能であったとはいえ、経済発展や経済的利害が立法におよぼす影響について、また、階級闘争における武器としての立法措置、とりわけ「過剰人口」やしたがって産業プロレタリアートを生み出す手段としての立法措置の役割について、最初に論じたのはかれであったのだ。

マルクスの著作の多くの箇所からあきらかになってくるのだが、これらの観察をつうじてかれは、法的・政治的制度は、社会体制、すなわち経済のシステムにかぶさるたんなる〈上部構造〉[11]にすぎないという信念を強めた。この理論は、それ以降の経験[12]によって反駁されたとはいえ、依然として興味をひくものであり、そこには真なるものが宿っている。

しかし、このようにみずからの歴史的経験によって影響されたのは、経済システムと政治システムとの関係についてのマルクスの一般的な見解だけではなかった。かれは当時の自由主義と民主主義をともにブルジョアジーの独裁体制を覆い隠すにすぎないものと見ていた。しかし、その見方からみちびかれた、時代の社会状況についての解釈は、悲しい経験によって確認されるものであるとともに、あまりにもよく適合するものでもあった。というのも、マルクスは、とりわけ青年のころに、恥知らずで残酷な搾取の時代を過ごしたからである。しかも、この恥知らずな搾取は、偽善者たちによってシニカルに擁護されてさえいたのだ。かれらは、人間の自由の原則、みずからの運命を決定する権利、そしてみずからの利益を促進すると考えられた契約を自由に結ぶ権利を引き合いに出して、搾取を擁護していたのである。

〈すべての人に平等で自由な競争を！〉というスローガンのもと、この時代の拘束なき資本主義は、一八三三年まであらゆる種類の労働法の制定を阻止し、その後何年にもわたってその実際の施行を阻止することに成功していた(13)。その結果は、われわれの時代ではほとんど考えられないような悲惨さと絶望に満ちた人生であった。とりわけ婦女子からの搾取は、信じられないほどの苦しみをもたらした。ここでは、『資本論』から二つの例を引いておこう。「ウィリアム・ウッド九歳は、〈働き始めたのは七歳一〇カ月のときであった。〉……かれは毎週毎日、朝の六時に来て、おおよそ夜の九時に終える……」(14)よって七歳の子供に一五時間の労働！と、一八六三年の児童労働委員会の公式報告書は叫んでいる。他の子供は、朝四時から仕事を始めさせられたり、徹夜で朝六時まで働かされたりしていた。ほんの六歳の幼児たちが毎日一五時間の労働を強いられることも珍しくなかったわけである。「メアリー・アン・ウォークリーは他の六〇人の女子と二六時間半も働きつづけた。そのうち三〇人は一室で……遅ればせながら呼ばれた医師のキーズ氏は検死陪審のまえで「メアリー・アン・ウォークリーは過密で狭隘な作業室での長時間労働と換気の悪い寝室で死亡した」と証言した。検視陪審員は、医師に礼儀作法を教えようとして、〈故人は脳卒中で死亡したが、混雑した作業場などでの過労が死を加速させたのではないかと疑うに足る理由がある〉と宣告した。」(15)+ マルクスが『資本論』を書いた一八六三年当時においても労働者階級の状況は、このようなものであった。当時は容認され、ときには擁護さえされていた――職業的な経済人だけでなく、教会の聖職者によっても擁護されていた――このような犯罪に対するマルクスの猛烈な抗議は、永遠に人類の解放者の地位をかれに保証するであろう。

こうした経験に照らせば、マルクスが自由主義をほとんど重視せず、議会制民主主義にブルジョアジーの隠された独裁以外のなにものも見なかったのも、なんら驚くにあたらない。またかれにとっては、これらの事実を、法のシステムと社会体制の関係についての自分の分析を裏づけるものとして解釈することは容易であった。法のシステムのなかでは、平等と自由は少なくともある程度確立されていた。しかし、それは現実にはなにを意味したか！　じっさい、経済的事実だけが〈現実〉であり、法のシステムは大きな上部構造、つまり、この現実を覆い隠す外套であり、階級支配の道具であるとマルクスがたえず繰り返すとき、かれを責めてはならないだろう。

法のシステムと社会体制の対立は、『資本論』のなかで明快に展開されている。(第二〇章でより詳細に論じるつもりだが)この著作の理論的な部分のひとつで、マルクスは、法的・政治的システムがあらゆる点で完全であるという単純化され理想化された仮定を立てることで、この資本主義経済システムを分析している。かれは、自由、法のもとの平等、正義が万人にとって保障されていると仮定する。法のもとに特権階級は存在しない。さらにかれは、経済的領域でもいかなる「強奪」も存在しないと仮定する。かれは、労働者が労働市場で資本家に売る労働力もふくめてすべての商品に「適正な価格」が支払われていると仮定する。これらすべての商品の価格は、それらを生産するために必要な労働の平均コストに比例して売買されるという意味で「適正」であるとされる(マルクスの用語では、真の「価値」に応じて売買される)。[16] マルクスは、もちろん、ここでものごとを根本から単純化したことを承知している。というのも、かれの見解では、労働者は公平に扱われるのはきわめてまれである、ことばを換えれば、通常はごまかされているからである。しかし、このような理想化された前提から出発して、かれは、この優れた法システムのもとにおいてさえ、経済システムは、労働者が自由を存分に享受することを妨げざるをえないことを示そうとする。あらゆる「正義」にもかかわらず、かれらは最後には奴隷にも劣った生活をする。(17)+かれらは貧窮したとき、労働市場で自分や妻子を売る、しかもまさしく自分の労働力を再生産するのに必要なだけの金額で売るしかないのである。つまり、かれらの全労働力に対して最低限の生活費以上のものは受け取れない。ここから出てくるのは、搾取はたんなる強盗ではないということである。搾取は法的手段だけでは排除できない。(そして、ピエール・J・プルードンの「財産は窃盗である(18)」という批判はあまりにも表面的すぎる。)

このような考察から、マルクスは、誰もが知っているように金持ちにも貧乏人にもおなじように公園のベンチで寝る自由を与えながら、〈目に見える手段をもたずに〉生きようとする者がおなじように処罰されるという法システムの改善に労働者は大きな期待をかけることはできないと考えた。そこからかれは(ヘーゲルのことばで言うところの(19))形式的な自由と実質的な自由との区別を導入するに至った。形式的な自由、換言すれば法的自由——マルクスはこれを決して軽視していなかった——は、かれが人類の歴史発展の目標と考えていた自由を保証するには、まったく不十分であることがあきらかになる。大事なのは、本当の、つまり、経済的または実質的な自由である。これは重労働からの平等な解放があってのみ実現できる。そして、その解放のためには「労働日の短縮が根本条件」である。

第三節

この分析に対してなにを言うべきであろうか。政策や法制度の枠組みは、根本においてこのような状況を改善できないのであり、したがって完全な社会革命、「社会体制」の完全な変革のみが救済をもたらしうると信じるべきなのだろうか。それとも、自由市場メカニズムの計り知れない利益を指摘し、真に自由な労働市場は当事者のすべてにとって最大の利益となるにちがいない（わたくしにはただしいと思えるのだが）と結論づける、拘束なき資本主義システムを信頼する者たちを信じればよいのだろうか。

わたくしは、マルクスが説明したような拘束なき「資本主義システム」の不正と非人間性を否定することはできないと考える。だが、こうした状況を解釈するにあたっては、以前の章ですでに述べたのだが、自由のパラドックスが助けになると思う[20]。そこで見たように、自由は、なんらの拘束も受けない時には、自分自身を廃棄してしまう。拘束なき自由とは、強者には弱者に対して暴虐をふるい、かれらの自由を強奪しうる自由があるということなのだ。だからこそ、国家がある程度まで自由を制限することで、最終的にはすべての人の自由が法によって守られるように要求すべきなのである。なんぴとも他人のお情けにすがって生きるべきではないのであり、万人が国家によって守られるべき権利をもつのだ。

このような考察は、本来ならばむき出しの暴力や身体への威圧といった領域にこそ適用されるべきものだが、経済の領域にも適用されなければならないだろう。（原則として拘束なき資本主義システムについても言えるのだが）むき出しの暴力の作用から市民を守る国家であっても市民を経済的暴力の乱用から守れないのであれば、われわれの意図は水泡に帰すであろう。そうした国家においては経済的強者が、経済的弱者に暴虐をふるい、かれらの自由を強奪する自由をもつ。そのような状況下では、拘束されることのない経済的自由は、制約されることのない物理的自由とおなじように、みずからを壊してしまう可能性があり、経済力は、物理的な力の行使とほぼおなじように危険なものになる。余分な食糧をもつ者は、力を使わずとも飢えている者を〈自発的に〉隷従させることができる。そして、国家がその活動を暴力の抑制（と財産の保護）に限定するなら、経済的に強い少数派が経済的に弱い多数派を搾取しうるのである。

この分析がただしければ(21)、どのような救済策が処方されなければならないのかも明らかである。それは政治的な救済策に似た救済策——つまり、物理的な暴力の使用に対して適用されるのとおなじ救済策であらねばならないだろう。われわれは、経済的弱者を経済的強者から守る社会制度を構築する必要があるし、国家権力はそうした制度を実効力のあるものにしなければならないだろう。国家は、いかなる者も飢餓や経済的破滅を恐れて不当な協定を結ばないように注意を払わなければならない。

この意味は、言うまでもなく、拘束なき経済システムへの不介入の原則は放棄されなければならないということである。自由を確保したいのであれば、拘束されることのない経済的自由という政策は、国家による経済への計画的な介入によっておき換えられねばならない。われわれは、拘束なき資本主義が経済介入主義に道を譲ることを要求しなければならない[22]。そして、これはまさに生じたことなのだ。マルクスが記述し、批判した経済システムはどこにも存在しなくなった。それは、さまざまな介入主義的なシステムに取って代わられたのであり、そこでは国家の諸機能は経済的領域において財産や〈自由な契約〉の保護をはるかに超えでている——しかし、それは、国家がその諸機能を喪失し始め、それゆえ「死滅の兆候を示している」システムではない。（この展開については次章で論じるつもりである。）

かくして、われわれの分析のもっとも重要なポイントに到達したように思える。いまやヒストリシズムと社会工学とのあいだにある奥深い対立の意義、そしてそれが開かれた社会とその友の政策におよぼす影響を十分に評価できるだろう。

第四節

マルクス主義は科学以上のものであろうとする。それは歴史予言以上のことを試みる。それは、みずからを政治的実践の基礎であると考える。それは、既存の社会を批判するとともに、よりよい世界への道を指し示すことができると主張する。しかし、マルクス自身の理論によれば、たとえば法の改正などによって経済的実体を恣意的に変えることはできない。政治にできることは「産みの苦しみを短縮し緩和する」(23)ことでしかない。思うに、これは、きわめて貧弱な政治綱領である。この貧弱さは、マルクス主義が政治権力に権力ヒエラルヒー上の第三位の地位しか与えていないという事実からの帰結である。というのも、マルクスによれば、真の力は機械の発展にあり、重要性においてそれにつづくのは、経済的階級関係のシステムであり、政治は影響力をおよぼすことが、もっとも少ないからである。

正確にこれとは反対のことが、ここでの分析で到達された立場から帰結する。その立場からすると、政治の力には根本的な重要性が帰属する。政治権力は経済力を統制できると見なされる。その意味は、政治的活動の領域がけた外れに拡大されたということである。われわれは、どのような目標を達成したいのか、それをどのようにして達成しようとするのかと問うことができる。たとえばわれわれは、経済的弱者を守るための合理的な政治プログラムを発展させることができよう。搾取に制限をかける法律を導入できるだろう。労働日を短縮することもできよう。さらに、それ以上にできることがたくさんあるだろう。法律をつうじて、労働者(さらに一歩を進めてすべての市民)に、疾病、失業、老齢に対する保障をおこなうことができるだろう。そのようにして、われわれは、飢え死にしないためにはどんなことにも屈従しなければならない労働者の経済的状況を利用してなされる類の搾取を阻止することができよう。そして、法律によって、働く意志のある人すべてに生活の維持を保障できるようにする法の制定によって——じっさい、これに成功するはずがないとする理由はない——市民は経済的な恐怖や脅迫から徐々にではあれ完全に解放されていくだろう。このように見てくれば、政治の力こそが経済的保護の鍵である。政治権力とその統制がすべてなのだ。経済力が、政治的な力を意のままにしてはならないのであり、必要とあれば、戦ってでも政治の力によって経済力を統制下におかなければならない。

まさにいま到達した立場からすれば、マルクスは、政治を見くびっていたために、経済的弱者の運命を改善する可能性についての理論展開を怠ったばかりでなく、人間の自由に対する最大の危険を無視していたと言えるだろう。国家権力は、階級なき社会ではその機能を失い、死滅するというかれの素朴な見解は、かれが自由のパラドックスを把握しておらず、また、国家権力が自由と人間性のために奉仕できる役割を理解していなかったことをはっきりと示している。(しかし、このような捉え方は、マルクスが集団主義的に階級意識に訴えたにもかかわらず、最終的には個人主義者であったという事実を証言するものである。)この点では、マルクス主義者の見解は、「機会の平等以外になにも必要ない」というリベラリストの信念と類似している。もちろん、機会の平等は必要である。しかし、それだけでは十分ではない。それは、才気に乏しい者、無慈悲ではない者、恵まれない者を、才気のある者、無慈悲な者、恵まれた者による搾取から保護しはしないのである。

さらに、ここで到達した立場からすれば、マルクス主義者が見下して「たんなる形式的自由」と呼んだものこそ、他のすべてのものの基礎となることがわかるだろう。この「たんなる形式的自由」、つまり、人びとが政府を判断し、投票によって解職する権利としての民主主義は、われわれが政治権力の乱用に対して身を守る唯一の知られた手段である。(24) それは被支配者による支配者の統制、統治される者による統治者の統制である。そして、政治の力で経済力を統制できるのだから、政治上の民主主義は被支配者が経済力を統制する唯一の手段でもあるということである。民主的な統制がなかったとしたら、政府が市民の自由の保護とはいささかの関係もない目的のために政治的・経済的な権力を行使することを禁じる根拠も考えられなくなるだろう。

第五節

マルクス主義者は「形式的自由」のもつ根本的な役割を見落とした。かれらは、形式的民主主義は不十分であると考え、形式的民主主義をかれらのことばを使えば「経済的民主主義」で補おうとする。だが、これはたんなる形式的な自由だけが民主的な経済政策を保証しうるという事実を覆い隠す曖昧できわめて表面的なことばである。

マルクスは経済力の重要性を発見した。そして理解できることとはいえ、かれはその重要性を誇張した。かれとマルクス主義者は、いたるところに経済力の作用を見る。かれらの主張はこうである。金をもつ者は力をもつ。なぜなら、必要とあれば武器やギャングさえも買えるからだ。とはいえ、これはまわりくどい議論である。この議論は、大砲をもつ者は力をもつことを承認している。だから、大砲をもつ者がこの事実を発見したら、かれが両方、つまり大砲と金をもつまでに長くはかからないだろう。とはいえ、拘束なき資本主義システムにおいては、マルクスの主張はある程度までならただしい。なぜなら、武器やギャングを統制する制度を発展させても、金の力を監視する制度をもたない政府は、金の影響力に屈服しやすいからである。そのような国家においては、富の力にもとづくギャングが大手をふるうであろう。しかし、マルクス自身は、これがすべての国家にあてはまるわけではないこと、つまり、歴史上には、たとえばすべての搾取が略奪であり、直接、鉄拳の力にもとづいていた時代があったことを真っ先に認めるであろう。そしてこんにち、〈歴史の進歩〉はこのようなより直接的なかたちの搾取をきれいさっぱり根絶したし、形式的自由が導入されたあとでは、そのような原始的なかたちでの搾取に戻ることはありえないと考えるほど素朴な信念をもつ人はまずいないであろう。

このような考察は、経済力が物理的力や国家の力よりもはるかに重要であるという独断的な教説を反駁するのに十分であろう。だが、べつな捉え方もある。(バートランド・ラッセルやウォルター・リップマンを含めて)[25]さまざまな著者が、富を潜在的な権力の源泉とするのは、つまり物理的制裁を裏づけとする法律によって財産を保護するという国家の積極的な介入があるからだと指摘しているが、それはただしいことであろう。なぜなら、そうした介入がなければ、金持ちはすぐに富を失ってしまうからである。したがって、経済力は政治力や物理力に完全に依存しているわけだ。ラッセルは、こうした依存や、時には富の無力さを示す歴史上の例を挙げている。「国家内の経済力は」とかれはこう書いている。「究極的には法律や世論からみちびき出されるとはいえ、容易にある種の独立性をえる。それは、腐敗させることで法律に、プロパガンダによって世論に、影響を与えることができる。それは、政治家に気ままにふるまわないように圧力をかけることができる。それは、金融危機をひき起こすと脅すことができる。だが、それがなしうることには明確な限界がある。カエサルは、金を返済してもらうには他の方法はないと見た債権者たちに助けられて権力へ向かって進んだ。しかし、かれは成功し十分な権力を握ってしまうや、かれらを愚弄した。カール五世は皇帝の地位を買うために必要な金をフッガー家から借りた。しかし、皇帝になってしまうと、フッガー家を笑い飛ばしたから、フッガー家は貸したものを失った。」[26]

経済力が諸悪の根源であるというドグマは捨てなければならない。それに代わって、どのようなかたちであれ統制されない力はきわめて危険であるという認識が現れなければならない。金そのものが、とりわけ危険であるのではない。金が危険になるのは、直接取引で、あるいは生き延びるために自分自身を売らなければならない経済的弱者の奴隷化をつうじて、権力を買うために使われるときのみである。

こうした問題については、いわばマルクス以上に唯物論的に考えなければならない。物理的力や物理的な搾取の統制が政治の中心問題であり、依然としてそうであることが認識されなければならない。この統制を導入するには、たんに形式的な自由を導入する必要がある。そして、ひとたび導入に成功し、それを政治権力の統制のために使用することを学んだならば、その瞬間からすべては自分自身にかかってくる。もはや他人のせいにしてはいけないし、舞台の背後に潜む暗黒の経済的悪魔を非難してはいけない。なぜなら、民主主義国家では悪魔を統制する鍵はわれわれのもとにあるからだ。われわれは悪魔を飼いならすことができる。重要なのは、こうした洞察を獲得し鍵を使うことである。経済力を民主的な方法で統制し、経済的搾取からわれわれを守る制度を工夫しなければならない。

マルクス主義者は、直接にか、あるいはプロパガンダによって票を買収する可能性をたびたび取り上げてきた。しかしよく観察してみると、ここにはいま分析したような権力政治状況の恰好の例がある。

形式的な自由が確立されれば、どのような形のものであれ票の買収を統制できるようになる。選挙運動の経費に制限を設ける法律がある。さらに厳格な法律を導入すべきか否かはわれわれ次第である。[(27)+] 法のシステムをしてそれ自身を守らせる強力な道具にすることができる。われわれは、世論に影響を与え、政治的な問題ではより厳格な道徳規範を主張することができる。われわれはこうしたことすべてをおこなうことができる。だが、最初に理解しなければならないのはつぎの点である。社会をそれにふさわしい社会工学によって変革することがわれわれの課題であるということ、その課題はわれわれの力の範囲内にあるのだから、経済的な大地震が新しい経済世界を奇跡のごとくに贈呈してくれるのであり、したがってわれわれはただ古い政治的外套を取り払うごとくそれを露わにすればよいのだと傍観していてはならないということである。

第六節

もちろん、マルクス主義者は実践において、政治の力は無力であるという教説に完全に身をゆだねていたわけではない。かれらは、行動や計画を立てる機会があるかぎり、通常、他の人たちすべてとおなじく、政治の力は経済力を統制できると想定していた。

しかし、かれらの計画と行動は、自分たちの当初の理論を明確に反駁したうえでのものではなかったし、また、あらゆる政治のもっとも基本的な問題、統制する者を統制する問題、言い換えれば、国家における権力の危険な蓄積にかかわる問題について熟慮された見解にもとづいていたわけでもなかった。そのような統制を可能にする唯一の手段は民主主義であること、そしてその点に民主主義の十分な意義があるのだということにかれらは思いいたらなかったのである。

その結果として、マルクス主義者は国家権力を増大させる政策に潜む危険に気づくことはなかった。かれらは、政治の無力を語る教説は多かれ少なかれ意識的に捨てたとはいえ、国家権力は深刻な問題ではなく、ただブルジョアジーの手にあるかぎりでのみ悪なのであるという見解にしがみついていた。かれらは、どんな種類の権力も危険であること——政治権力が少なくとも経済力とおなじくらい危険であること——を理解していなかった。だから、かれらはプロレタリアートの独裁という公式を守りつづけた。かれらは、あらゆる政治的行動はおおはばに制度的なものであるべきであって、属人的であってはならないという原則を理解していなかった(参照、第八章)。そこからしてかれらは(マルクスの国家観に反して)国家権力の拡大を要求したとき、悪人どもがある日その拡大された権力を掌中に収めるかもしれないとは思ってもみなかった。それもあってかれらは、国家による介入を考慮し始めると、経済領域において国家に実際上制限のない権力を与えようとした。かれらも、マルクスのように、まったく新しい「社会体制」のみが状況を改善しうるという全体論的でユートピア的な信念にしがみついていた。

わたくしは(第一巻)第九章で、社会工学に対するこうしたユートピア的でロマンチックな姿勢を批判しておいた。しかしここでは、どんな種類の経済介入も、たとえ本書で推奨しているピースミールな変革の方法であってさえ、国家権力を強める傾向があると付けくわえておきたい。そこからして、介入主義はきわめて危険である。とはいえ、これは介入主義に対する決定的反論ではない。なぜなら、国家権力は必要悪であらざるをえないとしても、危険であることに変わりはないからである。だが、それはわれわれへの警告となるはずである。もしわれわれの警戒心が薄れ、民主主義の制度を強化せずに、介入主義的な〈計画〉によって国家にますます権力を与えるなら、自由は容易に失われてしまうであろう。そして自由が失われるならば、〈計画〉もふくめてすべてが失われる。なぜなら、人びとに自分たちの安寧のための計画を実行する可能性がないばあい、どのようにしてその計画を実行すべきだというのか。自由のみが安全を安全にしうる。

だから、自由のパラドックスだけでなく、国家計画のパラドックスも存在することになる。計画を立てすぎると、つまり国家に権力を移譲しすぎると、自由は失われ、したがってまた計画をたてることそれ自体が終焉してしまう。

このように考えてくると、われわれは、社会諸制度のピースミールな変革という方法を支持し、社会工学のユートピア的で全体論的な方法には反対するという議論に立ち返ることになろう。そして、なんらかの理想的善の達成ではなく、具体的な諸悪と戦うための対策をたてるという要求にたち戻ることになる。国家の介入は、自由を守るために真に必要なことに限定されるべきである。

しかし、われわれの解決策は最低限であるべきであり、監視を怠るべきではなく、自由を守るために無条件で必要とされる以上の権力を国家に与えるべきではないと言うだけでは十分ではないということである。こう論評すればたしかに問題を提起することになるが、解決への道を示しているわけではない。そもそも解決策がないことも考えられるだろう。国家の力は、市民のそれとくらべるといつでも危険なほど大きく、新たな経済力を獲得することで隔絶したものになってしまう。これまでのところ、自由は保持できるのだということも、それがどうすれば保持できるのかも示してこなかった。

とすれば、政治権力の統制の問題や自由のパラドックスについて、第七章でおこなった考察を思い出すことがおそらく有用であろう。

第七節

そのさいに導入した重要な区別は、人と制度との区別であった。たしかに日々の政治的な問題は属人的な解決を要求するとはいえ、長期におよぶ政策——とくに民主主義の長期的な政策——は、どんなものであれ、属人的ではない制度にもとづいて構想されなければならないことを示しておいた。また、支配者を統制し、その権力をチェックする問題は、なによりも制度の問題であることも示しておいた。それは、悪しき支配者であっても、あまりにも大きすぎる害を与えることができないように働く制度を確立する問題でもある。

類似の考察は、国家の経済力を統制する問題にも適用できるだろう。警戒しなければならないのは、なによりも支配者の権力の増大である。われわれは、人物とその者の恣意から自分自身を守らなければならない。ある種の制度は、ある人物に制約なき裁量権を付与し、他の制度はそのような裁量権の付与を拒否するからである。

さて、こうした観点から労働法制といったものを見てみると、制度には二種類あることに気づくだろう。労働法制の多くは、国家の執行機関の権限を増大させるとしても、ごくわずかでしかない。たしかに、たとえば国家の官吏が児童労働禁止法を悪用して、無実の市民を委縮させ、抑圧するといったことは考えられる。しかしながら、その種の危険は、たとえば労働者を徴用する権限[28]のように、支配者に思いのままの権力行使を許す立法のもつ危険と比較したとき、ほとんど重要ではない。同様に、財の所有者による財の悪用を財の没収によって処罰する法律は、支配者や国家の役人が思いのままに市民の財産を没収することを許す法律とくらべたら、比較にならないほど危険性は低い。

したがって、国家が経済に介入するにあたって使用できる二つのまったく異なった方法を区別できるだろう。[29]第一の方法は、保護制度という法的枠組みを立案することである。（例を挙げるならば、家畜の所有者や土地所有者にできることを制限する法律といったもの。）第二の方法は、国家機関に——一定の範囲内で——支配者が設定した目標をある一定期間で達成するために必要と見なす行動をそのとおりにおこなう権限を委任する方法である。第一の手続きは、「制度的」または「間接的」な介入と呼べるであろうし、第二の手続きは、「属人的」または「直接」な介入と呼ぶことができよう。（もちろん中間段階もある。）

民主的な統制の観点からすると、どちらの方法が選好されるべきかは疑う余地がない。民主的な介入は、可能なかぎり第一の方法を使用し、第二の方法の使用は、第一の方法が適さないと証明されたばあいに限定されよう。（そのようなばあいも存在する。古典的な例は予算である。それは、財務大臣の自由裁量と、なにがただしく適切なのかについてのかれの理解のほどを表現するものである。そして、景気循環対策も、非常に望ましくないとはいえ、同様の性格をもたざるをえないと考えられる。）

ピースミール社会工学の観点からすると、これら二つの方法の違いには大きな重要性がある。討論と経験に照らしての改善を可能にするのは、制度的な方法としての第一の方法のみである。これのみが、われわれの政治行動に試行錯誤の方法の適用を可能にする。それは長期的な視野をもっている。予期せぬ望ましくない結果や、枠組みの他の部分の変更を考慮に入れるためには、恒久的な法的枠組みはゆっくりと修正されたほうがよい。それのみが、具体的な目標を念頭において介入したときにじっさいにはなにをしたことになったのかを経験や分析を通して教えてくれるからである。支配者や官吏の裁量にのみ依存した決定は、こうした合理的な方法の埒外にある。それらは短期的なもくろみにもとづくのであり、一時的に、日々に、せいぜい年ごとに企てられるにすぎない。（予算は大きな例外であるとはいえ）一般的に言って、それらは公の場で議論することさえできない。というのも、第一に、必要な情報が不足しているからであるし、第二に、決定にさいしての原則が不明確であるからである。そのような原則が存在するとしてさえ、それらは通常、制度化されてはおらず、行政部門内部の伝統の一部にすぎない。

だが、第一の方法が合理的であり、第二の方法が非合理的であると言えるのは、このような意味においてだけではない。制度を介した改革は、まったくべつの非常に重要な意味においても合理的である。個々の市民は法の枠組みを知り、理解できるからである。法の枠組みもまたそのように設定されるべきなのだ。そうであれば、法がどのように機能するかは予測可能となり、したがって社会生活に確実性と安定性の要素を導入するだろう。法が変更されたばあいには、法の恒久性を想定して計画を立てたことから個人が受けた損害は、移行期間中に補償されるであろう。

これとは反対に、属人的な介入の方法は、社会生活に予測不可能な要素をますます増大させざるをえないのであり、それに伴い、社会生活は非合理的で不確実であるという感情を増大させることになろう。枠をはめられない自由裁量権の行使は、ひとたびそれが承認された方法になると、通常は急速に増長する。なぜなら、新規に付加される事項が必然的に生じるし、短期的で恣意的な決定という性格をもつ追加的事項は制度的な手段のよくするところではないからである。こうした傾向は、舞台の背後に隠された力が働いているという印象を与え、体制の非合理的性格をおおはばに増大させるにちがいない。そこから人びとは、社会についての陰謀論を容易に受け入れるようになるだろうし、結果として異端狩り、迫害、民族間の敵対、階級間での敵視などに走るであろう。

にもかかわらず、可能なかぎり制度的な方法を選好するという明白な政策は、一般受けしない。それにはさまざまな理由がある。ひとつには、日々の問題から身を離さないかぎり、長期的な視野のもとでの〈法的枠組み〉の制定という新たな企てに乗り出すことはできないからである。政府はその日暮らしであるし、しかもそうした政治スタイルに無制約の自由裁量権は似合っているからである——支配者は一般に自分自身のためにそうした自由裁量権を擁護する傾向があることに目をつぶったとしても。だが、もっとも重要な理由は、疑いもなく、この二つの方法を区別する意義がほとんど理解されていないということである。プラトン、ヘーゲル、マルクスの後継者にとっては、それを理解する道は閉ざされている。というのも、かれらは、「誰が支配者となるべきか」という昔からの問題は「どうしたら支配者を手なずけることができるか」というより現実的な問題によって克服されなければならないことを決して理解しないであろうから。

第八節

さて、政治は無力であるというマルクスの理論、ならびに歴史上の諸力と権力との関係にかんする理論を振り返ってみると、それが堂々たる構築物であることは認めざるをえない。それは、かれの社会学的方法、つまり、経済システムや社会的物質交換の発展が人間の社会的・政治的発展を規定するという教説としてのかれの経済的ヒストリシズムからの直接の結果である。自分の時代についての経験、人道主義にもとづく憤慨、抑圧された人びとに慰めや予言をもたらそうとする欲求、かれらは勝利するという希望や確実性さえ、すべてがプラトンやヘーゲルの全体論的なシステムに匹敵するか、もしくはそれ以上に優れた単一の壮大な哲学的システムに統合されている。哲学史がマルクスにあまり注目せず、主に煽動家と見なしているのは、かれが反動派ではなかったという偶然の事実に帰せられるにすぎない。『資本論』の書評者は当時つぎのように書いた。「一見して、叙述の外見から判断するならば、マルクスはドイツ語の意味で、つまり悪い意味で、最大の観念論的哲学者である。しかしじっさいには、かれはどんな先人たちよりもかぎりなく現実主義者である。[30]+」この書評者は正鵠を射ていた。マルクスは偉大な全体論的体系構築者の最後の一人であった。われわれは、この体系がそのままであるように気をつけ、他の大きな体系でおき換えようとすべきではない。われわれに必要なのは、全体論ではなく、ピースミールな社会工学だからである。

　これをもって、社会科学の方法論についてのマルクスの哲学、かれの経済決定論、かれの予言的ヒストリシズムについてのわたくしの批判的分析を締めくくりたい。だが、方法の最終的な試金石は、それがもたらした実践的な結果にあると言わねばならない。それゆえいまからは、マルクスの方法の主要な結果、すなわち、階級なき社会の到来がさし迫っているという予言についてくわしく論究することにしたい。

マルクスの予言

第一八章　社会主義到来の予言

第一節

経済的ヒストリシズムとは、マルクスが目前にさし迫った社会変化を分析するために適用した方法である。マルクスによれば、どんな社会体制も、つぎの時代をもたらす諸力を作り出さざるをえないし、必然的に自分自身を破壊してゆかざるをえない。産業革命のわずか前にでも、封建制についての十分に根本的な分析がなされていたら、それは、封建主義を破壊しつつある諸力の発見を、またさし迫っている資本主義時代のもっとも重要な特徴の予測をみちびいていたことだろう。同様に、資本主義の発展についての分析は、資本主義の破壊に向けて作用する諸力を発見し、その先にある新しい時代の主要な特徴の予測をみちびくだろう。すべての社会体制のなかで、資本主義だけが永遠につづくと信じる理由はないからである。それどころか、資本主義の時代におけるほど、生産の物質的条件とそれにともなう人間の生活形態が急速に変化したことはない。そのように、資本主義はみずからの基盤を変えることによって、みずからを変革し、人類史における新時代を創造せざるをえないのである。

マルクスの方法——その諸原則についてはすでに論じた——によれば、[1]物質的生産手段の発展は、資本主義を崩壊させ変形させる根本的な、あるいは本質的な諸力にそくして探究されねばならない。そして、そうした基礎にある諸力が発見されれば、それらが階級間の社会的関係や法的・政治的制度に与える影響も追跡できる。

マルクスは、畢生の大作『資本論』のなかで、みずから〈資本主義〉と呼んだ時代の根本的な経済的諸力とその自殺的な歴史的傾向を分析した。かれが研究した時代と経済システムは、西ヨーロッパ、とくに一八世紀なかば頃から(『資本論』がはじめて出版された)一八六七年に至るイギリスである。マルクスは序文で、本書の「最終目的」は資本主義の運命を予言するために「現代社会の運動の経済法則をあきらかにすること」[2]であったと明言している。[3]+二次的な目標は、資本主義の擁護者、すなわち、資本主義的生産様式の法則をあたかも自然の峻厳な法則であるかのように提示し、エドマンド・バークとともに「商業の法則は自然法則であり、それゆえに神の法則である」と宣言する経済学者たちを反駁することであった。マルクスは、これらのいわゆる峻厳な法則に対して、みずからが社会の唯一峻厳なものと見た法則、つまり社会の発展法則を対置した。そしてマルクスは、経済学者によって永遠かつ不可避であると宣言された法則が、じつは一時的な規則性にすぎず、資本主義とともに崩壊する運命にあることを示そうとしたのである。

マルクスの歴史予言は厳格にみちびかれた論証といえる。しかし、『資本論』が展開しているのは、わたくしがこの論証の〈第一段階〉と呼ぶもの、すなわち、資本主義の根本的な経済力とそれが階級間関係に与える影響の分析だけである。社会革命は不可避であるという結論をみちびく〈第二段階〉と、階級なき社会、つまり社会主義社会の出現を予言する〈第三段階〉は暗示されているにすぎない。本章ではまず、わたくしがマルクス主義的論証の三段階としてなにを理解しているかを説明し、ついでこの第三段階について詳細に論じようと思う。つづく二つの章では、第二段階と第一段階を論じようと思う。このように段階を逆転させて扱うことは、詳細な批判的議論をおこなうためのもっとも適切な手段であることがあきらかになるであろう。こうする利点は、論証の各段階の前提条件は真であると予断をもたずに受け入れることを容易にし、その特定段階で到達された結論がほんとうに前提条件から帰結するのかどうかの問題に全力を集中できるということである。さて、三つの段階とはこうである。

マルクスはその論証の第一段階で、資本主義的生産の方法を論究している。かれは、技術の改良およびかれが生産手段の蓄積と呼ぶものとに結合した労働生産性の増大傾向を見出す。かれはそこから論証を進め、つぎのような結論に達する。この傾向は、階級間の社会関係の領域において、より少数者の手にますます多くの富を蓄積させるにちがいないし、富と貧困の増大に、言うまでもなく、支配階級であるブルジョア階級における富の増大と被支配階級である労働者における貧困の増大に至る、と。この第一段階は第二〇章〈資本主義とその運命〉で論じることにしよう。

論証の第二段階では、第一段階の結果は証明されたものとして前提される。そこから二つのことが引き出されている。第一に、支配する小さなブルジョア階級と搾取される大きな労働者階級をのぞいてすべての階級は消滅するか、あるいは取るに足らないものにならざるをえないということ、第二に、これら二つの階級間での緊張はますます高まり社会革命に至らざるをえないということである。この段階は第一九章〈社会革命〉で分析することにしよう。

論証の第三段階では、第二段階の結論は証明済みのものとして前提される。そして、ブルジョア階級に対する労働者の勝利のあとには、ひとつの階級のみからなり、したがって階級のない社会、つまり社会主義という搾取のない社会が存在するだろうという結果が示される。

第二節

では、社会主義の実現という最終予言を語っている第三段階を論じることにしよう。この段階の主要な前提は、次章で批判するつもりであるが、ここでは証明済みのものとして前提しておく。それらは以下のごとくである。資本主義の発展は、小さなブルジョア階級と巨大なプロレタリア階級という二つの階級をのぞいて、他のすべての階級を排除するに至ること、および貧困の増大のゆえに、プロレタリアは搾取者に対して革命を起こさざるをえなくなることである。ここでは、第一に、労働者は必然的に闘争に勝利すること、第二に、当然のことながら、ブルジョア階級を排除したあとに残るのはひとつの階級のみであるので階級なき社会が作り出されると前提されている。

さて、第一の結論はたしかに前提から(問題にするまでもない若干の重要性の低い前提と合わせて)帰結することは承認しよう。なぜなら、ブルジョア階級の成員は数が少ないだけでなく、物理的な生存、つまり物質交換をプロレタリアートに依存しているからである。

雄蜂としての搾取者は、被搾取者がいなければ飢えてしまう。いずれにしても、被搾取者を根絶してしまったら、雄蜂としての自分の経歴を閉じることになる。だから、搾取者は勝つことはできない。たかだか闘争を長引かせうるだけである。他方で、労働者は、その物質的生存を搾取者に依存してはいない。労働者が反旗をひるがえすやいなや、すなわち既存の秩序を攻撃すると決めるやいなや、その瞬間から搾取者はすべての本質的な社会的機能を失ってしまう。労働者は自分の存在を危険にさらすことなく、階級敵を壊滅させることができる。だから、闘争はただひとつの結果しかもたらさない。すなわち、ブルジョア階級の消滅。

しかしここから、第二の結論は帰結するだろうか。労働者の勝利は階級なき社会を必然的にもたらすという結論は真なのであろうか。わたくしは、そうは思わない。二つのうちひとつの階級しか残らないからといって、階級なき社会が帰結するわけではない。二つの戦い合う階級があるかぎり、階級はほとんど個人のようにふるまうと認めたところで、階級は個人ではない。マルクス自身の分析によれば、階級の統一または連帯は、階級意識の一部であり、(4)+それ自身、大部分が階級闘争の産物である。共通の階級敵に対する闘争の圧力がいったん消えてしまうと、プロレタリアートがその階級的統一を維持しなければならない理由はまったくなくなる。潜在していた利害の対立が、いまや、以前には団結していたプロレタリアートを間違いなく新しい階級に分裂させ、新しい階級闘争を発展させるだろう。（弁証法の原理は、新しい反テーゼ、つまり新しい階級対立がただちに展開するにちがいないと示唆することだろう。しかし、言うまでもなく、弁証法は、あらゆるものを説明するほど十分に漠然としており、順応能力があるから、階級なき社会といったものでも――おそらくは、アンチテーゼ的発展の弁証法的に必然な総合として、説明してしまうことだろう。(5)+）

おそらくもっとも可能性の高い展開は、当然のことながら、勝利の瞬間に権力を握った革命の指導者たちが、その追随者たちとともに、権力闘争とさまざまな粛清を生き抜き、新しい社会の新しい支配階級(6)――ある種の新しい貴族制や官僚制――を形成することであろう。そしてかれらは間違いなく、その事実を隠すであろう。これはきわめて容易に達成される――革命のイデオロギーを可能なかぎり保持し、ヴィルフレド・パレートの忠告にしたがって、そうした感情を破壊しようなどと無益な試みで疲弊するのではなく、それを利用することによって。そして、新しい支配者たちは、反革命が進展しつつあるという恐怖をたくみに利用すれば、革命のイデオロギーを十分に利用できるにちがいない。つまりかれらは、革命のイデオロギーを弁明の目的で、すなわち、その権力を用いることの正当化として、権力を強化する手段として、簡単に言えば、革命のイデオロギーをあらたな〈民衆のアヘン〉として利用するだろう。

こうした出来事は――マルクス自身の前提からして――おそらく起こりそうなことがらである。しかし、わたくしはここで歴史予言をしたいわけではないし、過去の多くの革命の歴史を解釈したいわけでもない。わたくしはたんに、マルクスの結論、「階級なき社会の到来」という予言が前提から帰結しないことを示したいだけである。マルクスの論証の第三段階は必然性がないと言わねばならない。

わたくしはこれ以上のことを主張するつもりはない。もっと正確に言えば、社会主義は到来しないであろうと予測できるとか、論証の前提は社会主義の導入をありそうもなくすると言えるとは思っていない。たとえば、継続する闘争と最後には勝利するという熱狂が連帯感を醸成し、その感情が十分強くなって、搾取と権力の乱用を防ぐための法律が導入されることも十分にありうることだろう。（搾取を排除するための唯一の保障は、支配者を民主的に統制するための制度を導入することである。）そうした社会が生まれるかどうかは、わたくしの見るところ、労働者が社会主義と自由の思想に身を捧げるのか、それとも自分たちの階級の当面の利益に屈服してしまうかにかかっている。そして、これは簡単に予見できることがらではない。確実に言えることがあるとしたら、階級闘争そのものは必ずしも被抑圧者のあいだに永続的な連帯を生み出すわけではないということである。なるほど、そうした連帯や共通の大義のために大きな犠牲が払われるという例もあるだろう。だが、他の労働者の利害や被抑圧者の連帯といった理想とはっきり矛盾するばあいであっても、自分たち自身の特殊な利益の追求に血眼になる労働者集団の例もあるのだ。搾取がブルジョア階級とともに消えるとはかぎらない。なぜなら、一定の労働者集団が特権を握り、結果として、より恵まれない集団を搾取する可能性があるからである。(7)

プロレタリア革命が勝利したとしても、つづく歴史の発展はじつにさまざまであろう。そうしたさまざまな可能性は、歴史予言の方法を適用するにはたしかに数が多すぎる。そして強調しておかねばならないが、気に入らないという理由だけでいくつかの可能性を見落とすのはきわめて非科学的であるということだ。たしかにかくあって欲しいという願望的な思考を避けることはむずかしい。しかし、かくあって欲しいという思考と科学的思考とを混同してはならない。また、科学の名による予言が、多くの人びとに一種の逃避のチャンスを提供していることにも気づかれるべきである。それは、目の前の責任から逃れて未来の楽園へ逃げていくことを可能にする。またそれは、現代の圧倒的で悪魔的でもある——かれらはこういうのだが——経済力にくらべたら、個人は途方もなく無力であると強調することで、その楽園を的確にも補強している。

第三節

さて、こうしたもろもろの力と現在の経済システムをくわしく観察してみると、われわれの理論的批判は経験によっても確証されることがわかるだろう。だが注意しなければならない点がある。この経験を、〈社会主義〉や〈共産主義〉が資本主義の唯一の選択肢、唯一可能な後継者であるというマルクス主義的な偏見をもとにして誤って解釈してはならないということである。マルクスにせよ他の誰にせよ、階級なき社会という意味での、つまり「各人の自由な発展がすべての人の自由な発展の条件となる連帯」(8)という意味での社会主義が、一世紀以上前(一八四五年)にマルクスが最初に記述し、〈資本主義〉(9)+と呼んだ経済システムのなかでの無慈悲な搾取に取って代わる唯一可能な代替肢であると証明した者はいまだかつていないということだ。もし誰かが社会主義こそマルクスの意味での拘束なき「資本主義」に取って代わる唯一可能な後継者であると証明したというならば、端的に歴史的事実を引き合いに出して反論すればいい。なぜなら、自由放任(Laissez-faire)は地球上から消えたが、マルクス主義的な意味での社会主義や共産主義体制に取って代わられたわけではないからである。地表の六分の一を占めるロシアにおいてのみ、マルクスの予言に合致してすべての生産手段が国家に帰属した経済システムが存在する(だが、その政治権力は、かれの予言に反して、なんら死滅の兆候さえ示していない)。それどころか、地球上の全表面で政治権力は組織化され、広範囲な経済的機能を行使し始めている。拘束なき資本主義は、新たな時代、つまり国家による経済介入というわれわれの時代、政治的介入主義の時代に道を譲った。介入主義はさまざまなかたちを取って存在している。ロシア型もあれば、全体主義のファシスト型もある。また、イギリス、アメリカの民主主義的介入主義もあれば、これまでのところ民主主義的介入の技術が最高レベルに達したスウェーデンを先頭とする〈小規模な民主主義諸国〉における民主主義的介入主義がある。[10] これらの介入につながった発展は、マルクス自身の時代にイギリスの工場法制から始まった。週四八時間労働制の導入と、その後の失業保険やその他の社会保障の導入によって、最初の決定的な前進がなし遂げられた。現代民主主義国家の経済システムをマルクスが〈資本主義〉と呼んだシステムと同一視することがいかに愚かであるかは、マルクスの共産主義革命のための一〇カ条の綱領と比較してみるならば一目瞭然である。この綱領の重要でない点(「すべての国外亡命者と反逆者の財産の没収」など)を無視すれば、民主主義国家では、これらの条項の大部分が完全に、あるいはかなりの程度まで実行に移されていると言える。また、マルクスが考えもしなかったような社会保障に向けた重要な措置が数多く講じられた。わたくしは、かれの綱領のつぎの点にのみ言及しておきたい。二、急峻な、または累進的な所得税。(実施済み。)三、あらゆる相続権の廃止。(高額な相続税でおおはばに実現済み。それ以上が望ましいかどうかは、少なくとも疑問である。)六、通信および輸送手段の国家による集中管理。(軍事的な理由から、第一次世界大戦前に中央ヨーロッパでおこなわれたが、さして有益な結果はえられなかった。この点は、ほとんどの民主主義的小国家で実現されている。)七、国家の所有する工場や生産手段の数的および量的増加……(民主主義的小国家で実現されている。この条項の実施がいつでも非常に有利であるかどうかは、少なくとも疑わしい)。一〇、公立(つまり国立)学校における全児童の教育無償化。現在の形態における児童の工場労働の廃止……(最初の要求は、民主主義的小国家では実現されている。第二の要求は文句なく実現されている)。

マルクスの綱領のうちのいくつかの条項(たとえば「一、土地の収用」)は、民主主義国家では実現されていない。この点を根拠としてマルクス主義者たちが、これらの国家はまだ〈社会主義〉を確立していないと主張するのはただしい。しかし、ここからかれらが、これらの国家はマルクス的な意味で依然として〈資本主義的〉であると結論するとしたら、社会主義以外にべつの代替案は存在しないという前提の独断的な性格を示しているにすぎない。それは、まえもって考えられたシステムの輝きによって、いかに目がくらんでしまうかの証明でもある。マルクス主義は、未来への悪しき案内人であるばかりでなく、信奉者が、目の前で、自分自身の歴史時代に、そのうえしばしば自分たちの援助のもとで生じていることを見えなくさせている。

第四節

ここに述べた批判は、いずれにしても、包括的な歴史予言という方法そのものへの反論なのかと問われることだろう。原則的に言って、結論が反論を受けることなく妥当するように予言論証の諸前提を強化することはできないものだろうか。たしかにそれはできるであろう。十分強力な前提をたてるならば、どんな望みの結論でも証明できるであろう。しかしながら、そうするには、大規模なほとんどすべての歴史予言に対して、マルクスが〈イデオロギー的〉と呼んだ、そしてわれわれがどれほど頑張っても経済的要因に還元できない、道徳的要因やその他の要因にかかわる仮定を必要とするだろう。そしてマルクスなら、そのような手続きが非科学的であることを真っ先に認めることだろう。

というのも予測というかれの方法全体が依拠していた諸前提を捉え直してみると、イデオロギーからの影響を独立の予測不可能な要素として扱う必要はないのであり、それらは、観察可能な経済諸条件に還元されるのだから、またそれらに依存しているのだから予測可能であるというものであったからである。

くわえて非正統的なマルクス主義者もしばしば、社会主義の到来はたんに歴史発展の問題ではないことを認めている。社会主義の到来時における〈生みの苦しみ〉は短縮し、軽減できるというマルクスの主張は、曖昧すぎるので、ただしい政策なら社会主義が到来するまでの時間を最小限に短縮できるのに対し、間違った政策は社会主義の到来を何世紀にもわたって遅延させるという意味で解釈できるだろう。そのような解釈にもとづけば、マルクス主義者であっても、革命の結果は、それが社会主義社会であるかどうかにかかわらず、大部分はわれわれ自身にかかっていると認めることができるだろう。言い換えると、革命の結果は、われわれの目標、献身、誠実さ、知性、つまり道徳的または〈イデオロギー的な〉要因にかかっていると認めることができよう。マルクスの予言は——かれらはこうつづけるかもしれない——道徳的勇気を与えてくれる大きな源であり、それゆえに社会主義の発展を促進することができるだろう。マルクスがほんとうに示そうとしたことは、恐ろしい世界が永遠につづくか、いずれよりよい世界が出現するかという二つの可能性しかないということなのだ。そして、第一の代替肢はほとんど真剣に考えるにあたいしないから、マルクスの予言は完全に正当化されるというのである。なぜなら、人びとが第二の代替肢を実現できると明確に認識すればするほど、資本主義から社会主義への決定的な飛躍を果たすことが確実になる。とはいえ、より正確な予測は不可能である。

この議論は、〔経済的諸条件に〕還元不可能な道徳的・イデオロギー的要因が歴史の成り行きに影響をおよぼすことを認めている。したがって、マルクスの方法が適用できないことを承認する議論でもある。だがこれは、マルクス主義を擁護しようとしている議論なのだから、つぎのことは繰りかえし述べておかねばならないだろう。誰にせよ、いまだかつてこれらの二つの可能性、すなわち〈資本主義〉と〈社会主義〉しかないと示したわけではない、ということだ。およそ満足できない世界の永続に思いを寄せて時間を浪費してはならないというのは、まったくその通りであろう。だが、予言されたよりよい世界の到来に思いをはせるとか、プロパガンダやその他の非合理的な手段で、さらには暴力をもちいてでも、その誕生を促進しようとするのが、唯一可能な選択肢であるわけではない。なぜなら、たとえば、世界の直接的な改善を目標とする技術、つまり、民主主義的介入の方法としての社会のピースミールな構築と変革の方法を発展させることができるからである。[12] もちろんマルクス主義者は、そのような介入は不可能であると言って反論するだろう。歴史は、世界の改善に向けた合理的な計画にしたがって作られるわけではないからだ。しかし、こうした理論には奇妙きわまりない帰結がある。もし、理性の助けを借りてもものごとが改善できないのであれば、歴史の非合理な力がそれ自身のうちからよりよくより合理的な世界を生み出すというのは、じっさいのところ、歴史上、政治上の奇跡であろう。[13]

とすると、道徳や他のイデオロギー的な要因といった科学的予測の領域に属さない要因が歴史の成り行きに大きな影響を与えるという立場に投げ返されることになる。経済的領域での社会技術や政治的介入の影響は、そのような予測不可能な要因であろう。社会技術者やピースミール工学の技術者は、新しい制度の構築や古い制度の変革を計画することができる。かれらは、そうした変革につながる手段や道筋を計画することさえできる。だが、だからといって〈歴史〉がよりよく予測可能になるわけではない。というのも、かれらは社会全体のために計画を立てるわけではないし、自分たちの計画がそもそも実現するかどうかさえ知らないからである。じっさい、計画が大幅な修正なしに実現することはほとんどないであろう。というのも、一部には社会を作り上げていく過程で経験が増えることもあれば、妥協が必要とされることもあるからである。[14] したがって、マルクスが〈歴史〉は机上で計画されるものではないと強調したとき、かれはまったくただしかった。とはいえ、もろもろの制度は計画されうるし、ひきつづき計画されていくだろう。ピースミールなかたちで、自由、とりわけ搾取されずにすむ自由を守るための制度を計画[15]することによってのみ、われわれはよりよい世界を実現する希望をもつことができるだろう。

第五節

わたくしは、かれのヒストリシズム的理論の政治実践上の意義を示したいと思っている。そこでマルクスの予言論証の三段階をここ三章に分けて扱い、かれの歴史予言が最近のヨーロッパ史に与えた影響の解明に資するいくつかの注釈をくわえることで、それぞれの章を補完しておきたい。というのも、そうした影響は、中・東欧におけるマルクス主義の二大政党、つまり共産党と社会民主党の影響力のゆえに広範囲に及んでいるからである。

二つの政党とも、社会変革の仕事にはまったく準備ができていなかった。最初に権力を握ったロシア共産党は、前途の困難な問題と莫大な犠牲や苦しみを察知することなくひたすら前進した。中央ヨーロッパの社会民主党は、権力を握る機会を少しあとにえたのだが、共産党が進んで受け入れた責任を何年も避けていた。おそらくこの党は、まったくただしいことながら、ロシア人のようにツァーリズムのもとで残酷な抑圧を経験していない民族にとって、そもそも革命、内戦、そしてしばしば失敗のつづく長い実験期間からくる苦しみと犠牲を耐えられるのだろうかと疑念をもったのだろう。さらに、一九一八年から一九二六年にかけてのロシアの実験の結果は、かれらにとってはきわめてふたしかなものと思われた。じっさい、その見通しを判断することもできなかった。中欧における共産党と社会民主党との分裂は、ロシアの実験は最終的には成功するとある種の根拠のない信念をもつマルクス主義者と、より合理的な懐疑論を唱えるマルクス主義者とのあいだの分裂であったと言える。ところで〈根拠のない〉とか〈合理的な〉と言うとき、わたくしはかれら自身の尺度、つまりマルクス主義にのっとって判断している。なぜなら、マルクス主義によれば、プロレタリア革命は、工業化の最終結果であって、その逆ではなかったからである(16)。そしてそれは、まず高度に工業化された国で最初に生じ、ロシアではずっと遅れて生じるはずであった(17)+。

このような論評は、社会主義の到来は必然であるというマルクス主義の予言やまた暗黙の信念によって、その政策を完全に規定されていた社会民主党の指導者たち(18)の政策を擁護してのものではない。しかし、指導者たちのあいだでは、このような信念は、しばしば自分たちの当面の役割や任務、また直面する未来への絶望的な懐疑と結びついていた。[19] かれらはマルクス主義から、労働者を組織し、人類の解放という課題に向けてかれらを真に熱狂させ鼓吹するという任務を学んでいた。[20] とはいえ、かれらは約束の実現に向けての準備ができていなかった。かれらは教科書をよく読み、〈科学的社会主義〉についてはすべてを知っていたし、未来のための処方箋を作ることが非科学的なユートピア主義であることも知っていた。マルクス自身は、『実証主義評論』誌でかれのことを実践のための綱領を軽視しているとして批判したコント信奉者を嘲笑したのではなかったか。マルクスは「パリの『実証主義評論』は一方ではわたくしが経済学を形而上学的に扱い、他方では――こともあろうに――未来を料理する料理屋のために(コント風の?)レシピを書く代わりに、現実を批判的に分析しているだけだと非難する！」[21]+ と嘲笑していた。マルクス主義の指導者は、技術のようなものに時間を浪費するほど愚かではないというわけだ。「万国の労働者よ、団結せよ！」――このスローガンに、かれらの実践的な綱領はすべて汲みつくされていた。指導者たちの国々の労働者が団結したとき、政府の責任を引き継ぎ、よりよい世界の基礎を築く機会が提供されたとき、最後の鐘が鳴ったとき、かれらは労働者をおき去りにした。指導者たちはなにをすべきかがわからなかった。かれらは資本主義の約束された自殺を待っていた。資本主義の必然的崩壊のあと、すべてがうまくいかなくなったあと、すべてが壊滅し、自分たちが信用されず恥をかくリスクがかなり減ったときに、かれらは人類の救世主になろうと望んだのだ。(ロシアにおける共産党の成功は、事実として、一部には、かれらの権力掌握以前に生じていた恐ろしい事態によって可能になったことを忘れてはならないだろう。)しかしかれらは、最初は約束された崩壊として歓迎していた世界大恐慌が進展するにつれて、労働者たちがあてがわれた歴史解釈にだんだんとうんざりしてきたことに気づき始めた。[22]かれらは、マルクスの無謬の科学的社会主義によれば、ファシズムとはまごうかたなく、資本主義がその避けがたい崩壊をまえにしての最後の防衛線なのだと語るだけでは不十分であることに気づき始めた。苦しんでいる大衆はそれ以上のことを必要としていた。指導者たちは、ゆっくりと、大きな政治的奇跡を待機し待ち望むという政策の恐るべき結果を悟り始めた。しかし、手遅れだった。チャンスは過ぎ去った。

ここに述べた論評は素描的なものである。しかしそれは、マルクスが語った社会主義到来の告知からじっさいに生じた帰結のいくつかを示すものではある。

第一九章　社会革命

マルクスの予言論証の第二段階におけるもっとも重要な前提は、資本主義は、富の増大と同時に、貧困の増大をみちびかざるをえない、すなわち、富は数的に減少するブルジョア階級に、貧困は数的に増加する労働者階級において増大するという仮定である。この仮定については、次章で批判することにして、ここでは証明済みのものとして前提しておくことにしよう。そこからみちびかれる結論は、二つの部分に分けることができる。第一の部分は、資本主義における階級状況の展開にかんする予言である。それは、ブルジョア階級とプロレタリア階級をのぞくすべての階級、とりわけいわゆる中産階級は消滅せざるをえないのであり、結果としてプロレタリア階級とブルジョア階級とのあいだで緊張が高まるために、プロレタリア階級はますます階級意識に目覚め団結していくと主張する。第二の部分は、この緊張を取り除く方法はなく、それゆえにプロレタリア社会革命が到来せざるをえないという予言である。

わたくしは、どちらの結論も前提から帰結しないと考える。わたくしの批判は、おおすじにおいて前章で提示した批判とおなじである、つまり、マルクスはその論証においてありうる多様な展開を無視していることを示そうとするものである。

第一節

ただちに第一の結論、すなわち、ブルジョア階級、および階級意識と連帯感が高まっていくプロレタリア階級をのぞいて、すべての階級は消滅するか取るに足らないものにならざるをえないという予言を考察してみよう。前提、すなわち、富と貧困の増大についてのマルクスの理論から、たしかにある種の中産階級、すなわち弱小資本家とプチ・ブル階級の消滅は帰結するであろう。マルクスは「じつに一人の資本家が多くの資本家を滅ぼす(1)」と言っている。そして、滅ぼされた資本家連中は、現実には賃金労働者の水準、つまりマルクスにとってはプロレタリアの水準にまで零落するだろう。この展開は、富の増大、つまりより多くの資本がますます少数者の手に蓄積し集中することの一部である。マルクスの言によれば、おなじような運命は「それまでの小さな中流階級」も襲う。「小規模工場経営者、商人や金利生活者、手職人や農民、これらすべての階級は、プロレタリア階級に転落する。というのも、一部には、かれらの小資本では大規模な産業を営むには不十分なため、大資本家との競争に負けるからであり、また一部には、かれらの熟練は新しい生産様式によって価値を奪われるからである。このようにして、プロレタリア階級は、人口のすべての階級から補充される。(2)」この記述はたしかにある程度までならただしい。とくに手工業にかんするかぎりただしい。多くのプロレタリアが農民の出であることは真実である。

しかし、マルクスの観察は見事なものであるとはいえ、この描写には欠陥がある。かれが研究した運動は産業運動であり、かれの言う〈資本家〉とは産業資本家であり、かれの言う〈プロレタリア〉とは産業労働者である。そして、産業労働者の多くは農民出身者であるとはいえ、たとえば、農民とか農場主がみな、しだいに産業労働者の水準に零落していくと結論してはならないだろう。農業労働者であっても、連帯感や階級意識という共通の感情で無条件に産業労働者と団結するわけではない。「農業労働者がより広い地域に分散しているという事情は、一方で都市労働者が集積しているときに、かれらの抵抗力を挫く(3)+」とマルクスは認めている。この一文は、階級意識をもった全体への統合を示唆するものではないだろう。むしろ、それは、少なくとも分裂の可能性があることを示しており、農業労働者は主人である農民とか農場主にふかく依存しているために、産業プロレタリア階級と共通の大義をもちえないことを示している。しかし、マルクス自身も言及してはいた[4]のだが、農民とか農場主が、労働者ではなく、安易にもブルジョア階級の支援を決めてしまうこともあるのだ。そして、『共産党宣言』のごとく第一条に「土地の収用[5]」を掲げている労働者向けの綱領は、こうした傾向を減少させるのに適した手段ではない。

　だから少なくとも、農村の中産階級が消滅せず、農村のプロレタリア階級が産業プロレタリア階級と融合しないこともありうる。だが、これですべてではない。マルクス自身の分析によれば、ブルジョア階級にとっては賃金労働者のあいだに不和を生み出すことが生死にかかわる重大事なのである。マルクス自身が観察したように、これは少なくとも二つの異なった方法でなされる。新しい中産階級、つまり賃金労働者のうちに、肉体労働者に対しては優越感を感じる[6]が、同時に支配階級のお情けにすがる特権的集団を作り出すことによってか、あるいは、マルクスが〈ルンペン・プロレタリアート〉と命名した社会の最下層を利用することによってかである。この層は、マルクスが強調したように、階級敵に身売りするような犯罪者の供給源である。貧困の増大は、かれが承認しているように、この階級の成員数を増加させるにちがいない。そしてこれは、すべての被抑圧者の連帯にはほとんど貢献しそうもない発展である。

しかし、産業労働者階級の連帯さえも、貧困の増大からの必然的な帰結ではない。多くの人が認めるであろうが、貧困の増大は抵抗を生み、暴動をひき起こすかもしれない。しかし、論証の前提は、社会革命が勝利のうちに終結するまでは、貧困は緩和されえないということである。それゆえ、抵抗する労働者は、自分たちの運命を改善しようとする試みのなかでむなしく敗北につぐ敗北を重ねることになる。こうした展開は、労働者にマルクス主義的な意味、すなわち、みずからの階級に誇りをもち使命を確信するという意味での階級意識を無条件で形成させるとはかぎらない。むしろ、こうした展開は、まったく違う意味での階級意識を作り出すであろう、すなわち、敗北した軍隊に所属している事実を意識するようになるであろう。そして、労働者が数と潜在的な経済力においてつねに増大しているという認識から力を汲みとらないばあいには、そうなるにちがいない。マルクスの予言どおりに、自分たち自身の階級と資本家階級をのぞいて、すべての階級が消滅の傾向を示すときでもそうなるかもしれない。だが、そのような予言がそもそも的中するとはかぎらないのだ。したがって、産業労働者の連帯さえも敗北主義によって掘り崩されてしまうかもしれない。

したがって、二つの階級へきれいに分割されるというマルクスの予言とはうらはらに、かれ自身の仮定にもとづいてつぎのような階級状況が発展しうるかもしれない。(1)ブルジョア階級、(2)大土地所有者、(3)その他の土地所有者、(4)農村労働者、(5)新しい中産階級、(6)産業労働者、(7)ルンペン・プロレタリアート。(もちろん、これら諸階級のどんな組み合わせでも展開しうるであろう。) さらに、このような発展は産業労働者の結束を掘り崩すかもしれないことがわかるだろう。

したがって、マルクスの論証の第二段階における第一の結論は、前提からは帰結しないと言えるだろう。しかし、強調しておかねばならないが、わたくしは、第三段階についてのわたくしの批判についてとおなじように、マルクスの予言をべつの予言でおき換えるつもりはない。わたくしは予言が真ではありえないと主張するつもりはないし、ここで述べた代替的な展開がほんとうに起こるだろうと主張しようとしているのでもない。ただ、それらは生じうると主張しているにすぎない。(そして、マルクス主義の過激派のメンバーもこうした可能性を否定することはほとんどできない。かれらは、自分たちの予言されたロードマップと矛盾する展開を説明しようとして、好んで、裏切り、贈収賄、不十分な階級的連帯を非難材料にする。) そして、こうしたことが生じうることは、最終的にはファシズムに至った展開を追跡してきた人なら誰にでも明らかなはずである。なぜなら、そうした展開においては、わたくしの挙げたすべての可能性が、役割を演じたからである。マルクスの論証の第二段階における第一の結論を破壊するには、たんなる可能性だけで十分である。

これはもちろん第二の結論、社会革命の到来という予言にも影響を与える。しかし、この予言がみちびきだされた仕方を批判する前に、この予言が論証全体のなかで果たす役割、また、マルクスが「社会革命」という表現をどのように使っているのかをくわしく論じておく必要がある。

第二節

マルクスが社会革命を語るとき、一見のかぎりではなにを意味していたのかは十分明らかなように思われる。かれの言う〈プロレタリア階級の社会革命〉は歴史にかかわる概念である。この概念が指しているのは、資本主義の時代から社会主義の時代への多かれ少なかれ急速に移行していく時期である。それは、二つの主要階級間の階級闘争が労働者の勝利に終わるまでの過渡期の名称でもある。〈社会革命〉ということばには、二つの階級間の暴力的な内戦が含まれているのかと問われたとき、マルクスは、必ずしもそうではないと答えた(8)ものの、残念ながら内戦を回避する見込みが最高度にあるわけではないと付けくわえていた。さらにかれは、この問題は歴史予言の観点からすると重要ではないが、いずれにしても二次的な重要性しかもたないとつけ加えることもできていただろう。社会生活は暴力的であり、階級闘争は日々その犠牲を要求するとマルクス主義は主張する。(9) 真に決定的なことは、その成果、つまり社会主義でしかない。そして、「社会革命」を本質的に特徴づけるのは、それがこの成果をもたらすということである。

「社会革命」という表現についてのこのような説明が満足のいくものとなるのは、社会主義が資本主義につづくことが証明済みであるか、あるいは直感的に確実であると見なされるときのみである。しかし、社会革命の教説は、社会主義の到来を証明すべき学問的論証のなかで使用されているのだから、じっさいこの説明はとうてい満足のいくものではない。こうした論証で、社会革命を社会主義への移行期としたのでは、つぎのような医師の議論とおなじく循環論法となるだろう。その医師は、患者の死を予言したことの正当性を問われ、患者の苦しみの症状もその他についてもなにも知らなかったが――ただ、それが「死に至る病」に変わるだろうとのみ告げたのである。(患者が死亡しなかったのであれば、その患者はまだ「死に至る病」を患ってはいなかったというわけだ。革命が社会主義に至らないのであれば、それはまだ社会革命ではないわけだ。)また、こうした批判は、予言論証の三段階のいずれにおいても、のちの段階ではじめて導出されることを前提に導入してはならないという、より単純な形式で述べることもできよう。

以上の考察は、マルクスの論証を的確に再構成しようとしたら、社会主義には言及しないけれども、なおかつ社会革命が論証のなかで可能なかぎり役割を果たすように社会革命を特徴づけなければならないことを示している。そうした条件を満たした特徴づけは、つぎのようになろう。すなわち、社会革命とは、広汎に団結したプロレタリア階級による絶対的な政治的権力奪取の試みである。これは、目標達成のために暴力が必要とあればその行使も辞さないし、敵が政治的影響力を取り戻そうとするならば、どんなばあいにもそれを阻止するという固い決意でなされる試みである。このような特徴づけは、先に述べたような困難とは無縁である。それは、この段階が有効であるかぎりで論証の第三段階にも適合するし、それがもつあのもっともらしさも与えている。そして、これから示すつもりだが、それはまた、マルクス主義、とくに、歴史のこの段階で暴力が行使されるかどうかは未定にしておこうとするヒストリシズム的傾向とも一致する。(10)

しかし、提案された特徴づけは、歴史予言と見なされるかぎりでは、暴力の行使については なにもはっきりしたことを語っていないとはいえ、道徳的・法的な観点から見るなら、決してはっきりしていないわけではない。そうした観点からするならば、ここで提案されたように特徴づけられるかぎりでの社会革命は、間違いなく暴力的蜂起となるだろう。というのも、われわれは、暴力がじっさいに使用されるかどうかの問題は、〔暴力使用の〕意図とくらべるとさほど重要ではないと、じじつ、運動の目標を達成するために暴力の使用が必要だとしたら、暴力の行使も手控えはしないという確固たる決定はなされていたと仮定したからである。暴力の行使を手控えはしないという決定は、社会革命を暴力的蜂起とするだろう。このように言うことは、道徳の観点や法の観点と一致するだけでなく、通常の、日常の見解とも一致する。自分の目的を達成するために暴力を使おうと決心している者は、ある特定のばあいにおいて暴力を使うかどうかは措いて、根本において暴力的な態度をとっていると言えるだろう。たしかに、この者の将来の行動を予測しようとしても、マルクス主義のように曖昧にならざるをえないし、じっさいに暴力を使うのかどうかはわからないと認めざるをえない。（この点では、われわれの特徴づけはマルクス主義の考え方と一致する。）とはいえ、こうしたわからなさは、歴史を予言しようとするのではなく、通常の流儀でかれの態度を特徴づけるならば、あとかたもなく消えてしまう。

ところで強調しておきたいのだが、わたくしは、実際の政治の立場からすると、マルクス主義においてもっとも有害な要素は暴力革命があるかもしれないというこの予言である、と見ている。だから、そう見なす理由をまず述べ、それから分析をつづけた方がよいだろう。

わたくしは、いかなるばあいにもまたいかなる状況下でも暴力革命に反対するわけではない。わたくしは、僭主殺害は許されると説いた中世やルネサンスのキリスト教思想家とおなじように、専制のもとでは現実にこれ以外の可能性は存在しないし、暴力革命も正当化されると信じる。またわたくしは、そうした革命すべてにとっての唯﹅一﹅の目的は民主主義の確立にあるべきだと信じる。民主主義とは、「人民の支配」とか「多数派の支配」といった漠然としたものではなく、一連の制度（とりわけ、普通選挙、つまり政府を解任する権利）によって、支配者を公的に統制し、被支配者がかれらを解職することを可能にするものである。またそれは、被支配者が、暴力を行使せずに、支配者の意向に反しても改革を実行できるようにするものである。言い換えれば、暴力の行使が正当化されるのは、暴力を行使しなければ改革ができない専制国家においてのみであり、その目的はただひとつ、非暴力的な改革がふたたび可能になる状態の樹立であるべきである。

わたくしは、暴力行使によってこれ以上のことを達成しようとすべきでないと信じる。なぜなら、そのような試みにはどんなものであっても合理的な改革の見通しを失わせるリスクがついてまわるからだ。暴力が継続的に使用されるならば、最終的には自由の喪失につながるだろう。なぜなら、それは理性の冷静な支配ではなく、強い人間の支配を促進するだろうからである。専制の破壊以上のものを求める暴力革命は、その真の目的を達成することはできないだろうし、そこからは新しい専制がまちがいなく出現することだろう。

このほかに、わたくしが政治的闘争において暴力の行使が正当化されると考えるばあいはただひとつである。それは――民主主義が確立されたあとに――民主的な憲法と民主的な方法の適用に対して(内部からであれ外部からであれ)なされる攻撃への抵抗である。この種のどんな攻撃に対しても、とくに権力を握っている政府からの、あるいは政府が容認している攻撃に対しては、すべての高貴な市民は暴力を行使してでも抵抗しなければならない。なぜなら、「民主主義」の概念は、政府は民主主義の諸法律にきつく束縛されることではじめて成立するからである。権力を濫用し専制を樹立しようとする政府、あるいはだれかある者による専制の樹立を許す政府は、法の外にいるのであり、市民は、そのような政府の行為を犯罪と見なし、その構成員を危険な犯罪者集団と見なす権利のみならず義務ももつ。しかしわたくしは、民主主義を排除しようとする試みに対するこのような暴力をもちいた抵抗は明確に防御的でなければならない、と強く主張したい。抵抗の唯一の目的が民主主義の救済であることにいささかの疑いもあってはならない。対抗して専制を打ち立てるぞといって脅迫することは、もともとの専制を打ち立てようとする試みとおなじように犯罪であろう。それゆえ、そうした脅迫は、敵を威嚇して民主主義を救おうという無邪気な意図でなされたとしても、民主主義を守るためにはきわめてまずい方法である。なぜなら、それは、じっさいには民主主義の擁護者をその危難のときに混乱させるだけで、まちがいなく敵を利することになるからである。

このような論評をくわえることで言いたいのは、民主主義擁護の政策がうまくいくには、擁護者には一定の規則の遵守が要求されるということである。そうした規則のいくつかは、本章の後半〔第五節〕でとり上げることにしよう。目下のところは、なぜわたくしが、暴力行使の問題についてのマルクス主義者の態度を、マルクスについてのどんな分析において扱われるべき最重要な論点と見なすのか、その理由を説明しておきたい。

第三節

さて、社会革命についてマルクス主義者のあいだに見られるさまざまな解釈を見ると、マルクス主義者を二つの主要なグループに区分けすることができよう。過激派と穏健派である。（この区別は、正確ではないが、共産党と社会民主党の区別に対応する。）[11]

マルクス主義者は、暴力革命が「正当化」されるかどうかの問題についての議論をしばしば拒否する。かれらは、自分たちは科学者であって道徳家ではないのであり、あるべきことについての思弁ではなく、現在と未来の事実にかかわっているのだと言う。ことばを換えると、かれらはなにが生じるだろうかという問題にのみかかわる歴史の予言者なのである。しかしながら、当面、社会革命の正当化の議論に加わるように説得できたとしてみよう。そのときにはすべてのマルクス主義者が、暴力革命が正当化されるのはそれが専制に向けられるときのみであるという古くからの見解に、原則として同意するのはあきらかだろうと思う。しかし、ここからさきにおいて二つの党派は見解を異にする。

過激派は、マルクスにしたがって、あらゆる階級支配は必然的に独裁、独裁政であると主張する。[12] したがって、真の民主主義は、階級なき社会を樹立することによってのみ、すなわち、必要とあれば暴力をもってしても資本主義的独裁を排除することによってのみ達成されることになる。穏健派は、この見解には賛同せず、資本主義下でも民主主義はある程度まで実現可能であり、漸進的な改革をつうじて平和的に社会革命を起こすことができると主張する。だが、この穏健派でさえも、そのような平和的発展は不確実であると考える。そして、そうしたばあい、ブルジョア階級は、民主主義の戦場で敗北の危機にさらされるとまちがいなく暴力的手段をとるだろうと指摘する。そしてこの派は、こうしたばあい、労働者が同等の報復をし暴力を用いてみずからの支配を打ち立てても正当であると考える[13]。両派は、マルクスの真のマルクス主義を代表していると主張するわけであるが、ある意味では両派ともただしい。なぜなら、すでに言及したように、こうしたことがらにかんするマルクスの見解は、そのヒストリシズム的なアプローチのゆえに曖昧であったからである。くわえて、かれは生涯のあいだに見解を変えたようにも見える。つまり、最初は過激派として出発し、のちには穏健派の立場をとったのである[14+]。

最初に、過激派の立場を考察してみよう。わたくしには、これが、『資本論』および予言論証での思考の歩み全体に合致する唯一の立場であるように思われる。なぜなら、『資本論』の主要教説は、資本家と労働者との敵対関係は必然的に増大せざるをえず、いかなる妥協も不可能であるから、資本主義は改善されえず、ただ破壊されるのみであるというものであるからである。ここでは、マルクスが「資本主義的蓄積の歴史的傾向」を要約している『資本論』の根本的な箇所を引用しておくのが最良だろう。かれはこう書いている。「この変化の過程から生じるすべての利益を簒奪し独占する大資本家の数がたえず減少していくのに合わせて、大量の、貧困、抑圧、隷従、退廃、搾取が増大し、そして、急速に膨らんでいくのだが、資本主義の生産過程そのもののメカニズムによって訓練され、団結し、組織化された労働者階級の暴動も増大していく。資本の独占は、それとともに、またそのもとで栄えてきた生産様式にとっての桎梏となる。生産手段の集中と労働の社会化は、資本主義という外皮と相容れなくなる。それはばらばらに吹っ飛ぶ。資本主義的私有財産制の最後の時鐘が鳴る。搾取者が搾取される。」(15)

この根本的な箇所に照らすと、『資本論』におけるマルクスの教説の核心が、資本主義改革の不可能性と、その暴力的な転覆の予言にあったことは疑いえない。これは過激派の教説に対応しているわけである。そしてこの教説は、予言論証にも申し分なく適合する。第二段階の前提のみならず、第一の帰結も受け入れるならば、社会革命という予言はじっさいに帰結するからである。(そして、前章で示したように、労働者の勝利も帰結するであろう。) 完全に団結し階級意識の高い労働者階級が、その困窮を他の手段で排除できないとき、断固たる決意で社会秩序の転覆を試みないと想像することはじっさい困難であろう。とはいえ、これは、言うまでもなく第二の帰結を救うものではない。なぜなら、第一の結論が妥当しないことをすでに論じたところであるし、その前提からだけで、つまり富と貧困の増大という理論から、社会革命の不可避性がみちびかれるわけではないからである。第一の結論の分析で示したように、せいぜい言えることは、暴動は不可避かもしれないということだけであろう。また、階級的統一が達成されるかどうかは断言できないし、また労働者の階級意識が完全に展開するとも言えないとしたら、この種の暴動を社会革命と同一視することもできないであろう。(暴動が勝利するとはかぎらないのだから、それを社会革命と見なすことは、第三段階には適合しないだろう。)

　過激派の立場は少なくとも予言論証に申し分なく適合しているが、これとは反対に穏健派の立場はこの論証を完膚なきまでに破壊する。しかし、すでに示しておいたように、この立場もまたマルクスの権威を下支えとしている。マルクスは十分長生きしたので、自分の理論からすれば不可能な改革がおこなわれたのを目にした。しかし、かれは、こうした労働者の運命の改善が同時に自分の理論を反駁するものであることに思いいたらなかった。かれは、社会革命について曖昧なヒストリシズム的見解をもっていたために、これらの改革を社会革命の前奏曲として、あるいはその始まりとしてさえ解釈した[16]。エンゲルスが語っているように、マルクスはつぎのような結論に達していた。いずれにせよイギリスでは「不可避の社会革命は、まったくのところ平和的かつ合法的な手段によって達成されるかもしれない。とはいえかれは、イギリスの支配層が「奴隷制擁護の反乱」もしないで、この平和的で合法的な革命に屈服するとは期待していないと付けくわえることを決して忘れはしなかった。[17]」この報告は、マルクスが死のわずか三年前に書いた手紙と一致する。「あなたが、わたくしの党の見解を……支持しないというのであれば、この党はイギリスの革命を必然とは考えていないが——歴史上の先例にしたがえば——可能であるとお答えするのみである。[18]」（少なくともこうした主張の第一のものには）「穏健派」の理論、すなわち支配階級が屈しないばあいには暴力の行使は避けがたいと明言されていることに注目すべきであろう。

　ところでわたくしには、こうした穏健な理論は、予言論証の全体[19]を破壊すると思われる。ここには、妥協の可能性、資本主義の漸進的改革の可能性、そしてまた階級対立の減衰の可能性が含まれている。しかし、予言論証の唯一の根拠は、階級間の敵対関係が高まるという仮定なのだ。漸進的で妥協を厭わない改革がなぜ資本主義システムの完全な破壊をみちびくとされるのか、純論理的には理解できないことである。漸進的な改革によって運命を改善できることを経験から学んだ労働者が、「完全な勝利」、すなわち支配者階級の屈服をみちびかないにしても、なぜこの方法の維持を好まないのか。かれらが、暴力的衝突につながりかねない要求をすることでいままでに得ていたすべての利益を危険にさらすかわりに、なぜに、ブルジョア階級と妥協し、そして生産手段を所有してはならないというのか。「プロレタリアは、……鎖以外に失うべきなにものもたない[20]」と仮定されたばあいにのみ、つまり、貧困化の法則が妥当するか、少なくとも改善は不可能になると仮定されるばあいにのみ、そしてそのようなときにのみ、労働者はシステム全体の転覆を試みざるをえなくなると予測できよう。社会革命をゆるやかな展開とする解釈は、それゆえ、マルクス主義の論証全体を、第一段階から最後の段階に至るまで破壊する。マルクス主義に残るのは、ヒストリシズム的アプローチだけである。にもかかわらず、歴史予言の試みを放棄しないのであれば、まったく新しい論証にもとづいて予言をしなければならないであろう。

さて、後期のマルクスのみならず穏健派の見解とも一致し、また可能なかぎり、もとの理論を維持する修正された論証を構成しようとするなら、労働者階級が市民の大多数を包括する、あるいはいつの日にか包括するであろうという主張に全面的に依拠した論証をえるだろう。その議論はつぎのようになると思われる。資本主義は、〈社会革命〉によって変革されるが、そこにあるのは、資本家と労働者との階級闘争の続行以外のなにものでもない。その革命は、漸進的で民主的に進行するか、あるいは暴力的に進行するか、あるいは漸進的な進行と暴力的な進行とが交互に交代するものであろう。すべてはブルジョア階級の抵抗にかかっている。しかし、いずれにしても、そしてとりわけ発展が平和的なものであれば、『共産党宣言』が述べているように、「プロレタリア階級の支配階級への昇格[21]」をもって、したがって「民主主義の獲得をもって」終息するにちがいない。なぜなら、「プロレタリア運動は、巨大な大多数者が、巨大な大多数者の利益のためおこなう独立した運動である」からである。

このような穏健で控えめなかたちであっても予測そのものは支持しえない。このことを認識しておくことが肝要である。その理由はこうである。漸進的な改革の可能性が承認されるならば、貧困の増大を語る理論は放棄されなければならない。だが、それとともに、産業労働者はいつの日にか〈巨大な大多数者〉になるにちがいないという主張を正当化する最後の見かけも消失してしまう。わたくしは、このような主張が貧困の増大を語るマルクス主義の理論から帰結するだろうと言おうとしているのではない。というのも、この理論は農民とか農場主に十分な意義を与えてこなかったからである。しかし、中産階級をプロレタリア階級の水準にまで零落させるはずの貧困増大の法則が妥当しないとすれば、膨大な中産階級が生き残る(あるいは新しい中産階級が出現する)ことになろう。そして、この中産階級は、他の非プロレタリア階級と協働して、労働者による権力掌握のどんな試みも挫折させるかもしれない。だから、そのような戦いの帰趨は誰にも断言できない。統計を見ると、産業労働者の成員数の、他の階級の成員数に対する比率は、もはや増加傾向にはない。むしろ、生産手段の蓄積がたえず増加しつづけているにもかかわらず、逆の傾向がある。この事実だけでも、修正された予言論証を反駁するに十分であろう。残るのは、(歴史予言のもったいぶった規準[22]にかなうものではないのだが)つぎのような重要な観察である。社会改革は、なによりも、被抑圧者のくわえる圧力のもとで、あるいは(この用語を好むばあいには)階級闘争の圧力のもとで遂行され[23]る、すなわち、被抑圧者の解放は、主に抑圧者自身によって達成されなければならないという観察である。

第四節

予言論証は、たとえそれを修正して、過激派的に解釈しても穏健派的に解釈しても、支持できるものではない。しかし、この事情を完全に理解するためには、修正された予言を反駁するだけでは十分でない。マルクス主義政党の過激派と穏健派の双方に見られるのであるが、暴力行使の問題に対する曖昧な態度を考察する必要がある。この曖昧な態度は、「民主主義のための戦い」で勝利するかどうかの問題にかなりの影響を与えている。なぜなら、穏健派が総選挙で完全に、あるいはほとんど完全に勝利したすべてのばあいを見てみると、その理由のひとつは、あきらかに中産階級の大部分を引き寄せたことにあるからである。勝利は、かれらの人道的精神、自由への献身、抑圧との闘いに帰せられる。しかし、暴力行使の問題に対するかれらの態度の体系的な曖昧さは、この吸引力を相殺する傾向をもつだけでなく、反民主主義者、人道主義の敵、ファシストの利益を直接的に促進している。

マルクス主義の教説には、密接に関連した二つの曖昧さがあり、どちらもこの文脈では重要である。ひとつは、ヒストリシズムの根本態度にもとづくのだが、暴力行使の問題に対する曖昧な態度である。他は、『共産党宣言』に見られるのだが、マルクス主義者が「プロレタリア階級による政治的権力の奪取」(24)を語るさいの曖昧な語り口である。どういう意味か。労働者の党は、他の民主主義政党とおなじように、過半数を獲得して政府を樹立するという無害で明白な目的をもっているという意味でもあるし、また時にはそう解釈されてきた。しかし、それはまた——そしてマルクス主義者はしばしば、これがこの箇所の真の意味であると示唆するのだが——党は、ひとたび政権を握ったら、その立場を盾にとって、つまり、党は多数決を利用して、他の党が通常の民主主義的な手段で政権を奪還することを極度に困難にするということも意味する。この二つの解釈の違いには最高度の重要性がある。ある時点で少数派である政党が、他の党を暴力で、あるいは多数決で弾圧する意図を示すならば、それは現時点での多数派にもおなじことをする権利を与えることになろう。その党は、抑圧を告発する一切の道徳的権利を失うのであり、目下のところ支配的な党のなかで暴力によって野党を弾圧しようとしている集団を外側から手助けすることになるのだ。

　これら二つの曖昧さを、てみじかに、暴力についての曖昧さと、権力掌握の曖昧さと呼ぶことにしよう。どちらもそのルーツを、ヒストリシズム的態度のもつ不明瞭性と、マルクス主義の国家論にもっている。国家とはその本質からして階級独裁であるとしたら、一方では暴力の行使が許容されることになるだろうし、他方ではブルジョア階級の独裁をプロレタリア階級の独裁でおき換えることしかできなくなるだろう。そして、形式的民主主義について頭を悩ますのは、たんに歴史感覚の欠如を示すにすぎないというわけだ。なぜなら、レーニンが言うように、つまるところ「民主主義は……まったくもって封建主義から資本主義へ至る道のりの一段階にすぎない[25]」からである。

　二つの曖昧さは、過激派と穏健派双方の戦術上の教説でその役割を果たしている。これは理解できることである。というのも、曖昧さを体系的に利用することで、見込みのある追随者の補充が必要な領域を拡大できるからである。これは戦術上の利点であるとはいえ、もっとも重要な瞬間には不利をもたらすかもしれない。というのも、もっとも過激なメンバーが暴力的な行動をとる時が来たと考えるときに、いつでも分裂が生じかねないからである。過激派は暴力についての曖昧さを体系的に利用しているのであって、それは、パークスが最近おこなったマルクス主義についての批判的な解明から一節を抜粋することで説明できる。「アメリカ共産党は、現在、革命を支持していないだけでなく、革命を支持したことがないと宣言しているので、(一九二八年に起草された)共産主義インターナショナル〔コミンテルン〕の綱領からいくつか文章を引用しておくのがよいだろう。[26]」そしてパークスは、この綱領からなかんずく以下の文章を引用している。「プロレタリア階級による権力掌握は、議会で多数を占めることで既成のブルジョア国家を平和的に「継承すること」ではない。……権力掌握とは、ブルジョア階級の権力を暴力的に転覆することであり、資本主義国家装置の破壊である。……党は……大衆をブルジョア国家への直接攻撃にみちびく任務をもつ。これは……プロパガンダ……ならびに集団行動……によってなされる。……この集団行動は……最終的には武装蜂起に結びついたゼネストを含む。……この最後の形態は、……最良のものであるわけだが……戦争の規範にしたがってなされねばならない……。」このように、綱領のこの部分は完全に一義的である。だが、これは、党が暴力についての曖昧さを組織的に利用し、戦術的状況が必要とすれば[27]、「社会革命」という表現の非暴力的な解釈に後退することを妨げるものではない――しかも、つぎのように述べている『共産党宣言』の最終パラグラフ(一九二八年の綱領では保持されている）にもかかわらずそうなのである。「共産主義者はみずからの見解や意図を隠そうとはしない。共産主義者の目的は、それまでのあらゆる社会秩序を暴力的に転覆することによってのみ達成されうると公然と宣言する……。」[28]

穏健派が、暴力についての曖昧さと権力掌握の曖昧さを組織的に利用したやり方はさらに重要である。それはとりわけ、（さきに引用した）マルクスのより穏健な見解にもとづいてエンゲルスが発展させたものであり、のちの発展に大きな影響を与えた戦術上の教説となった。この教説は、つぎのようなかたちで提示できるだろう。[29] われわれマルクス主義者は、可能であれば、社会主義に向けた平和的で民主的な発展を断固として望んでいる。しかし、政治のリアリストとして、われわれは、多数が射程に入ったとき、ブルジョア階級が黙視していることはありえないことを知っている。かれらは、むしろ民主主義を破壊しようとするだろう。そうしたばあい、われわれは怯んではならないのであり、逆襲して政治権力をもぎとらねばならない。また、実際の展開はこのような過程をたどる公算が高いので、それに応じて労働者に準備をさせなければならない。そうでなければ、大義を裏切ることになるだろう。こうした問題についてエンゲルスが語っている箇所があるので、それを挙げておこう。「目下のところ……合法的にふるまうことが……われわれに有利に働くのだから、それがつづくかぎり合法性を投げ捨てるのは狂気の沙汰である。……最初に合法性を捨て、われわれを暴力で弾圧するのは、ブルジョア階級ではないかと監視しつづける必要がある。先に撃て、ブルジョアジーの紳士諸君！　間違いなくかれらが先に発砲するだろう。ある晴れた日……ブルジョア階級は社会主義が急速に力をつけていくのを見ているのに疲れ果て、不法行為と暴力に手を伸ばすだろう。[30]」——ついでなにが生じるのか、それは体系的に規定されないままになっている。そして、この規定されていないということが脅迫として働くのである。というのも、あとにつづく箇所でエンゲルスは「ブルジョアジーの紳士諸君」に向けてつぎのように申し送っているからである。「諸君が、帝国憲法を破れば、社会民主党も自由に、諸君に対して思いのままに、ふるまうであろう。しかし、その時、なにをするか——それをこんにち、諸君に漏らすわけにはいかない。」

この教説が、マルクス主義のもともとの見解とどれほど異なるかを見るのは興味深い。というのも、もともとの見解においては、革命は労働者に対する資本主義の圧力が増大した結果であって、資本家に対する首尾よい労働運動がもたらす圧力が増大した結果ではないと予測されていたからである。この顕著きわまりない戦線変更[31]に示されているのは、結果的に貧困の軽減につながった実際の社会発展の影響である。しかしエンゲルスの新しい教説は、革命の主導権を、あるいはむしろ反革命の主導権を支配階級に委ねるものであり、戦術的に見て馬鹿げており、失敗を宣告されている。本来のマルクス主義の理論は、労働者の革命は、恐慌のもっとも深刻な点、すなわち経済体制の崩壊によって政治体制が弱体化した瞬間に勃発しなければならないのであり、そしてこの状況が労働者の勝利に大きく寄与すると説いていた。しかし、「ブルジョア階級の紳士諸君」が最初の一発目を撃つように乞われたとき、かれらは注意深く発砲の瞬間を選ぶのではないだろうか。かれらは、自分たちがおこなおうとしている戦争を適切に準備しないだろうか。そして、理論によれば、かれらは権力を手にしているのであるから、そのような準備は、労働者が一縷の勝利の望みももちえないような戦力の総動員を意味しはしないだろうか。こうした批判に対して、理論を改良し、たとえば、労働者は相手側が打ちかかってくるまで待つべきではなく、機先を制すべきであると言っても、対処したことにはならない。なぜなら、かれら自身の仮定からして、権力を掌中に収めている者は、適切な準備をするのも容易であろうから。労働者が棍棒を用意するならライフル、労働者がライフルを用意するなら大砲、労働者が大砲を用意するなら急降下爆撃機を用意するだろう、などなど。

第五節

ところで、この批判は有効であるばかりでなく、また経験によって確証されてもいるのだが、なお表面的なものでしかない。この教説の主要な誤りは、もっと深いところにある。これから、わたくしが展開したいと思っている批判はつぎの点を示そうとするものである。すなわち、教説の前提とその戦術上の帰結は、理論が予測するとともに（曖昧に）忌避すると称しているあのブルジョア階級の反民主的な反動、つまり、ブルジョア階級における反民主主義的要素の強大化と、その結果としての内戦とをまさに誘発する可能性がきわめて高いということである。そしてそれは、周知のように、敗北とファシズムをみちびきかねないのだ。

ここでわたくしが考えている批判は、てみじかに言えば、エンゲルスの戦術上の教説、また、より一般的に言って、暴力および権力掌握にかんする曖昧さは、それが主要な政党によって採用されるや、民主主義の機能を挫折させるだろうという主張である。こうした批判の基礎にあるのは、民主主義が機能しうるのは、もっとも重きをなす政党が民主主義の機能についておそらくつぎの諸規則にまとめられる見解をしっかりとわがものにしているときにのみであるという主張である。(参照、第七章第二節。)

(1)普通選挙制度は、民主主義において、きわめて重要な役割を果たすとはいえ、民主主義は多数派の支配としてのみ特徴づけられるものではない。多数派が専制的に支配することもありうるからである。(身長一・八メートル以下の人のほうが多数派なわけだが、この人たちは、身長一・八メートル以上の少数派の人びとがすべての税金を払わなければならないと専制的に決めてしまうこともできるのだ。)民主主義においては、支配者の権力は制限されなければならない。そして民主主義であるかどうかの規準は、民主主義下では、支配者――すなわち政府――は、暴力的行為や流血の惨事にいたることなく、被支配者によって投票をつうじて解任できるということである。したがって、国家における目下の権力保持者が、少数派による平和的な〔政権〕交代に向けての活動を許す制度を守ろうとしないならば、かれらの支配は専制である。

(2)二つの統治形態、つまり、いま述べたような制度を有する形態と、それ以外のすべての形態を区別する、すなわち、民主主義と専制とを区別する必要がある。

(3)整合的な民主主義体制は、法システムの変更のうち、ただ一種類の変更、すなわち民主主義の性格を損なう変更は排除すべきである。

(4)民主主義国家においては、少数者に対する完全な保護が、法を破壊する者、とくに民主主義の暴力的廃絶に向けて他者を煽動する者にまで拡大されるべきではない[32]。

(5)民主主義を確保するための諸制度を作っていく政策は、いつにせよ、支配者においても被支配者においても反民主主義的傾向が潜んでいるという仮定から出発しなければならない。

(6)民主主義が破壊されると、いっさいの権利が破壊される。また、被支配者が一定の経済的利益を保持しつづけることができるときでさえ、その利益は黙認されたものとしてしか存続しない[33]。

(7)民主主義は、暴力のない改革を許容するから、すべての合理的な改革にとってかけがえのない戦場となる。しかし、もし民主主義を維持することが、この戦場での個々の戦いにもまさって第一に守られるべき規則とされないならば、いつでも潜在する反民主主義的傾向は、第一〇章[第一巻]で述べておいたように、文明の圧迫のもとでの絶え間のない内的緊張のもとで苦しんでいる人びとへアピールする力をもっているのだから、民主主義の崩壊をもたらすかもしれない。こうした原則についての理解が進んでいないのであれば、その進展のために闘う必要がある。これと反対の政策は致命的であることがあきらかになるだろう。それはもっとも重要な闘争、すなわち民主主義のための闘争そのものを敗北させるであろう。

これに対して、マルクス主義政党の政治は、労働者に民主主義への不信を植えつける政治として特徴づけることができよう。フリードリヒ・エンゲルスは、「現実には、国家とは、ある階級がべつの階級を弾圧するための装置にすぎず、それは、民主的な共和制にあっても、君主制に劣らずそうなのである[34]」と述べている。しかし、こうした見解は、つぎのような政策を生み出さざるをえないであろう。

(a)民主主義が阻止できなかったすべての悪を民主主義になすりつける政策。そこでは通常は多数派に劣らず野党もふくめて民主主義者が叱責されねばならないことが理解されていない。(どの野党も多数派となりうるかもしれないのである。)

(b)国家を自分たちのものではなく、支配者のものと見なすように市民を教育する政策。

(c)ものごとを改善する方法はひとつしかない、つまり、それは完全な権力掌握だと説く政策。しかし、こうした政策は、民主主義にかんして唯一ほんとうに重要なこと、すなわち、権力を統制し、バランスをとるという事実を見落としている。

このような政策は、開かれた社会の敵を手助けするにひとしく、無意識の第五列(内応部隊)を提供するものである。そして、「労働者革命の第一歩は、プロレタリア階級が支配階級になること、すなわち、民主主義を闘いとることである[35]+」と曖昧に述べている

『共産党宣言』とは反対に、わたくしは、プロレタリア階級が支配階級になることが第一歩として受け入れられた時点で、民主主義をめぐる闘争は敗北すると主張しておきたい。

以上が、エンゲルスの戦術上の教説からの、および社会革命の理論にもとづく曖昧さから引き出される一般的な帰結である。これは根本的に言って、プラトンが「誰が国家を統治すべきか」という問いのかたちで政治学の問題を提起した事実からの最終的帰結にすぎない(参照、第七章)。いまや、「誰が国家の権力をもつべきか」という問いは、「権力はどのように行使されるべきか」や「権力はどの程度の規模で行使されるべきか」という問題にくらべたら、ほとんど重要ではないことに気づくべき絶好の時ではないだろうか。すべての政治的問題は、長期的に見たばあい、人の問題ではなく、制度の問題であり、法的枠組みの問題であることを、そしてまた、より大きな平等へ向けての進展は権力の制度的統制によってのみ確保できることを学ばなければならない。

第六節

前章でもそうであったように、この予言が最近の歴史の展開にどのような影響を与えたかを示すことで、第二段階を解明しておきたい。どの政党も、対立する政党の不人気な方策にある種の〈自明で自然な関心〉をもっている。どの政党も対立する政党の不人気な方策で生きているわけで、それらに拘泥し、強調し、それどころかあからさまにそれらを期待している。政党は、相手の政治的過ちに責任を取らなくてもいいとなれば、できるかぎり相手の政治的過ちを助勢しさえする。こうしたことやエンゲルスの理論によって、一部のマルクス主義政党は、対立する政党の民主主義に反する政治的な動きをひたすら待ち望むようになった。かれらは、そのような動きと血戦を交えるのではなく、支持者たちに好んでつぎのように伝えたのだ。「この人たちがやっていることを見よ！　かれらはそれを民主主義と呼ぶのだ！　かれらはそれを自由と平等と名づける。清算日にそれを思い出すがいい。」（清算日という語は、投票日も指せば革命の日も指す曖昧な言い回しである。）敵の正体を露見させようとするこの政策は、反民主主義の行動に適用されるや、即座に自滅せざるをえない。それは、民主主義の制度への脅威が現実に増大しているのを見ながら、大言壮語はするがなにも実行しない政策なのだ。〔階級〕戦争を説きながら、平和的に行動する政策なのだ。そしてこの政策はファシストに、平和を説いて戦争をするという貴重この上ない術策を教えた。

　さきに述べた曖昧さが、民主主義を破壊しようとしているファシスト集団の手でどう利用されたかは容易に理解できよう。というのも、そのような集団は存在するのであり、そしていわゆるブルジョア階級の内部におけるかれらの影響力は労働者政党の政策に大きく左右される可能性が考慮に入れられなければならないからである。

　たとえば、革命や(賃金争議ではなく)政治的ストライキによる脅迫が、政治闘争のなかでどのように利用されたのかをもう少しくわしく見てみよう。すでに説明しておいたが、ここでの重要問題は、そのような手段が攻撃の武器として使われるのか、それとも民主主義を防衛するためにのみ使用されるのかということである。民主主義のもとでは、それらが完全に正当化されるのは純粋に防御の武器として用いられるかぎりにおいてのみである。それらは、断固として、そして明確に防御を求めるものとして使用されるなら、しばしば成功する(たとえば、カップ一揆〔一九二〇年三月、ドイツの軍部や帝政派がヴァイマール共和国政府に対して企てたクーデタ事件。労働者のゼネストで失敗した〕の急速な崩壊を考えてみよ)。しかし、攻撃の武器として使用されるならば、それらは敵陣営における反民主主義的傾向の強化をもたらすにちがいない。なぜなら、攻撃的な使用は、明々白々なことながら、民主主義の機能を無力にするからである。犬の行儀がよい時にも鞭を使うなら、鞭は犬のふるまいをただす手段として機能しなくなってしまうであろう。民主主義を擁護するには、反民主主義的な実験を企てるどんな者にとっても、あまりにも高くつくようにすることである。いずれにせよ、民主主義的な妥協よりもはるかに高くつくようにする必要がある。……労働者が非民主的な圧力手段を使用するなら、ほとんどのばあい、同様の、おそらく反民主的でさえある圧力を招くにちがいない。つまり、民主主義に歯向かう術策をみちびくだろう。そして、支配者側からの反民主主義的な措置は、いうまでもなく、被支配者側からの類似の動きよりもはるかに危険である。労働者の任務は、そのような危険な動きとは毅然として戦い、その発端において黙らせることだろう。ところが、かれらはいまや、民主主義の名の下に戦うことができるだろうか。かれら自身の反民主主義的な行動が、かれらの敵、民主主義の敵にチャンスを与えてしまうのだ。

ここに述べてきた歴史展開は、言うまでもなくべつなふうに解釈することもできるだろう。つまり、こうした事実は民主主義には〈なんの価値もない〉という結論をみちびくかもしれないのである。そして、これが実際のところ、多くのマルクス主義者が引き出した結論であった。かれらは民主主義のための闘争と考えていた戦いで打ちのめされたあと（また、かれらは、戦術上の教説を定式化したまさにその瞬間に、敗北したのであるが）、こう宣言した。「われわれはあまりにも優しすぎて、あまりにも人道的だった——次はほんとうに血なまぐさい革命を起こすだろう。」しかし、これは、試合に負けたボクサーが、ボクシングはなんの価値もない、棍棒を使うべきだったと結論するのに似ている。……事実は、マルクス主義者は、階級闘争の理論を労働者に教えたが、実践はブルジョア階級の極端な反動主義者に教えたということなのだ。マルクスは戦争を説いた。かれの敵対者たちは熱心に耳を傾け、そして平和を説き、労働者たちを戦争挑発者だと非難し始めた。マルクス主義者はこの告発を否定できなかった。というのも、階級闘争はかれらのスローガンであったからである。そしてファシストが行動した。

この分析は、とりわけ、エンゲルスの曖昧な戦術上の教説に全面的に依拠した政策をとっていた、ある種の〈過激な〉いくつかの社会民主主義的政党にこそあてはまる。これらの戦術の破滅的な効果は、前章で論じた実践上の綱領が欠如していたためにさらに悪化した。共産党もまた、ある一定の国や時期においては、とりわけ社会民主党やイギリス労働党といった他の労働者党が民主主義のルールにしたがっていたところでは、ここで批判した戦術を採用していた。

とはいえ、共産党は綱領をもっていたから、まったく違う状況にいた。それは「ロシアの真似をしろ！」ということであった。この綱領は、かれらの革命論をより具体的なものにし、また、民主主義はブルジョア階級の独裁以外の何物でもないというかれらの主張に輪郭のはっきりした意味を与えた(36)。この主張によれば、隠されていた独裁政があらわにされ、誰の目にも見えるようになったときでも、多くのものが失われるのではなくして、多くのものがえられるというのだ。なぜなら、こうした展開は革命を近づけるにすぎないからである[37]。かれらは、中欧の全体主義的な独裁政が事態の展開を加速させるだろうとさえ期待していた。いずれにしても革命は到来せざるをえないのだから、ファシズムはそれをもたらす手段のひとつにすぎないのである。そしてこれは、革命はあきらかにまだ到来していないだけに、いっそうたしかなことであった。ロシアでは、経済状況が中央ヨーロッパよりもはるかにたち遅れていたにもかかわらず、革命はすでに生じていた。経済的に発展した諸国では、革命は民主主義が目覚めさせた虚しい希望によって阻まれているにすぎない[38]+。したがって、ファシストによる民主主義の破壊は、労働者から民主主義の方法にもとづく改善という最後の幻想を奪いとるから、革命を促進するのみなのである。それゆえ、マルクス主義の過激派[39]は、ファシズムの「本質」と「真の歴史的役割」を発見したと信じていた。ファシズムは、その本質からして、ブルジョア階級の最後の防衛線であった。したがって、ファシストが権力を握ったときに共産党は戦わなかった(誰も社会民主党が闘うとは期待していなかった。) 共産党は、プロレタリア革命は間近に迫っており、それを加速させるために必要なファシストの間奏曲は、数カ月以上はつづかないと心の底から確信していた[40]。したがって、共産党の側からの行動は必要ではなかった。かれらは無邪気だった。ファシストの権力掌握にとって「共産党の脅威」は決して存在しなかった。アルベルト・アインシュタインがかつて強調したように、社会のなかのすべての組織的集団のなかで、現実に本気で抵抗したのは教会(あるいはむしろ、その一部)だけであった。

注

注一般について

本書の本文はそれ自体で完結しているから、ここでの注なしに読むことができるであろう。とはいえ、ここには本書の読者すべての興味をひくであろう一般的資料にくわえて、おそらくきわめて特殊な関心にかなう論争的諸問題についての指摘もある。こうした資料のゆえに、注を参照しようとする読者は、最初に章の本文を中断なく読み、そののちにはじめて注に向かうのがおそらく目的にかなうであろう。

本書第一版の原稿を草している時に近づけなかった資料を利用している注、そしてまた一九四三年以降に付加したことを示したいと思った注は、〈　〉でくくられている。しかし、すべての新しい注が、こうした仕方で表示されているわけではない。翻訳者パウル・K・ファイヤーアーベントの注は【　】で表示しておいた。編者の注と補足は「　」によって表示した。

〔聖書からの箇所については、わたくしはカトリックと福音派の統一訳 *Die Bibel. Altes und Neues Testament*, Stuttgart 2001〔本訳書においては新旧約ともに日本聖書協会の共同訳〕から引用している。プラトン、アリストテレス、カント、ショーペンハウアー、ニーチェなどの著作のうち利用した版については「編者の注記」〔本訳書第一巻(上)〕五〇七ページ以下でよりくわしく解説しておいた。〕

第一一章　ヘーゲル主義のアリストテレス的根源

(1)　哲学史に精通している人の多くは、アリストテレスがプラトンを頻繁にそして重要な点で十分な根拠なしに批判したことを認めている。ここはアリストテレス賛美者でさえ弁護に困難を覚える少数の箇所のひとつである。なぜなら、ふつうかれらは同時にプラトンの賛美者でもあるからである。一例のみを挙げるが、エドゥアルト・ツェラーはアリストテレスの最善国家における土地分配についてつぎのような注釈を加えた(Eduard Zeller, *Die Philosophie der Griechen in ihrer geschichtlichen Entwicklung dargestellt*, 2. Teil, 2. Abteilung: *Aristoteles und die alten Peripatetiker*, Leipzig 1879/1990, S. 730, Anm. 2)。「すでにプラトンが『法律』745c ff. で提案していたのであった。だが、アリストテレスの『政治学』第二巻第六章 1265b 24 では、そうした案はわずかばかりの些細な相違から非難すべきものと見なされている。」ジョージ・グロートもおなじように論評している（George Grote, *Aristotle* [1880/1999], Kap. XIV, S. 539 f.）。アリストテレスがプラトンに加えた数多くの批判的な論評を見ると、プラトンの独創性に対する妬み以外のなにものも表現していないのであり、わたくしには、真理を優先させるという聖なる義務がプラトンに対するこころからの敬愛を犠牲にさせたというかれの非常に称賛された儀式ばった断言（*Nikomachische Ethik*,『ニコマコス倫理学』第一巻第六章 1）もいささか偽善的なものと思われる。

（2）Theodor Gomperz, *Griechische Denker* (III. Bd. [1909/1996], S. 321). とくに、アリストテレス『政治学』第五巻第一〇章 1313a.

ガイ・C・フィールドは、「このこと（つまり、マケドニアによる征服）の可能性、アリストテレスのばあいには、その現実性を目の当たりにしながら、こうした新しい展開についてなにも報告しなかった……という非難」から、プラトンとアリストテレスを弁護している（Guy C. Field, *Plato and His Contemporaries* [1930/1974], S. 114）。だが、（おそらくゴンペルツに対して向けられた）フィールドの弁護は、こうした非難を向ける著作者たちへの強烈な論評にもかかわらず、成功していない。フィールドは、「こうした批判は……類まれな理解力の欠如を示している」と言う。もちろん「マケドニアがふるったような覇権は、……決して新しいものではなかった」というフィールドの主張はただしい。だが、マケドニア人はプラトンの目には少なくともなかば野蛮人であり、それゆえ本性上の敵であったのだ。フィールドはまた「マケドニア人がおこなった独立の破壊は決して完膚なきものではなかった」[S. 115]と言っている点でもただしい。しかし、プラトンやアリストテレスは完膚なきものになるはずはないと予見できていたのだろうか。フィールドによる弁護はいかなるばあいにも成功しないだろう。というのも単純な理由からだ。それはあまりにも多くのことを、つまり、マケドニアの脅威は同時代のいかなる観察者にも明白ではありえなかったと証明しなければならないはずだが、それはデモステネスの例によって反駁されているからである。問題はこうである。イソクラテス同様、汎ギリシア的民族主義に一定の関心を示し(参照、第一巻第八章注(48)〜(50)、『国家』470およびフィールドが「たしかに真正」と見なした『第八書簡』353e)、そしてまた「フェニキア人やオスキ人」によるシラクサへの脅威を見ていたプラトンが、なぜにマケドニア人によるアテネへの脅威を無視したのか。アリストテレスにこれに当たる問いをたてたとき、答えはおそらく、マケドニア支持派に属していたから、ということになるであろう。プラトンのばあいにおける答えは、アリストテレスにはマケドニア人を支持する権利があるというツェラーのつぎのような弁護(*op.cit.*, S. 45)のうちに示されている。「プラトンはすでにときの政治情勢を維持できないと確信していたので、徹底的な変革を要請した。」(「師のこうした確信を」とツェラーはアリストテレスを指しながらこうつづける、「弟子は人間とものごとについてより鋭いそして幻惑されない観察力をもっていただけに、いっそう免れることはできなかった。」）ことばを換えれば、プラトンは汎ギリシア的民族主義よりも、アテネの民主政に対する嫌悪がはなはだ強かったので、イソクラテス同様、マケドニアによる征服を望んだということであろう。

（3）これら四つの引用はアリストテレスの『政治学』第二巻 1254b-1255a, 1254a, 1255a, 1260a からである。——参照、1252a f.（第一巻第二章 2-5), 1253b ff.（第一巻第四章 386 までとりわけ第一巻第五章）1313b（第五巻第一一章 11）も。参照、『形而上学』第一二巻第一〇章 1075a も。そこでは自由人と奴隷とが〈本性上〉からして相互に対立するものとされている。しかし、つぎのような箇所もある。「奴隷のなかではある者は自由人の魂をもち、他の者は身体をもつ」（『政治学』第一巻 1254b）。（参照、本書第一巻の）第八章注(52)(2)に引用したプラトンの『ティマイオス』51e.——プラトンの『法律』に加えたささやかな緩和と典型的に「均衡のとれた判断」は、『政治学』第一巻 1260b にも見られる。「奴隷と語ることを禁じ、ただ命令のことばのみを用いるべきだと言うかの人たち」（この表現はアリストテレスが一般的にプラトンについて語る典型的なやり方である）「は、間違っている。なぜなら、奴隷は子供よりいっそう多く訓戒されねばならないからだ」（プラトンは『法律』777e では、奴隷への訓戒など必要ないと言っていたのだが）。ツェラーは、アリストテレスの人格的な徳についての長い一覧表(*op.cit.*, S. 47)のなかでかれの「汚れのない原則」と「奴隷への慈愛」に言及している。ここでわたくしは、たしかにあまり気品はないのかもしれないが、はるかに慈愛に富んだ原則、アルキダマスとリュコフロンがはるかに早くから立てていた原則——すなわち、そもそも奴隷は存在すべきでないという原則を思わずにはいられない。ロス(W. D. Ross, *Aristotle*, 1923/1996, S. 249 ff.)はつぎのような注釈をくわえて奴隷に対するアリストテレスの態度を弁護している。「かれはわれわれには反動的に見えるかもしれないが、かれらには」つまりかれの同時代者には「革命的と見えたかもしれない」[S. 250]。この見解を支えるためにロスは、ギリシア人はギリシア人を奴隷にすべきではないというアリストテレスの説に触れている。この説はまずもって革命的などではない。というのも、プラトンがこの説をおそらくアリストテレスに半世紀先だって(『国家』において)語っていたからである。じっさいにアリストテレスが反動的な見解を主張したことは、いかなる人間も本性上からして奴隷であることはないと主張する説に対して、自説をくりかえし擁護する必要があると見ていたという事実からもっともよく見て取ることができる。くわえてじつにかれ自身が、アテネの民主化運動は奴隷制に向けられたものであったと証言しているのだ。

アリストテレス『政治学』についての卓越した記述はグロートの著『アリストテレス』(G. Grote, *Aristotle*)の第一四章冒頭部[たとえば、S. 539の注1]に見出される。そこから引用しておこう。「アリストテレスが『政治学』の最後の二巻で提案し、そして完全なるものについての自身の見解に類似したものを表わしている統治形態は、あきらかにプラトンの『国家』にもとづいており、重要な点でそこから区別されるものといえば、財の共有も婦女子の共有も認めていないという点である。二人の哲学者とも、住民のうちにある特別の階級が存在することを承認している。それは個人的な労働からもお金を稼ぐことからも解放されており、排他的に共同体の市民を形成する階級である。この小さな階級が本来の意味での国家‐共同体なのである。その他の住民は、共同体の一部を形成するのではなく、ただ付属物、たしかになくてはならない付属物であるが、正確に言えば奴隷とか家畜とおなじような付属物でしかないのである。」グロートは、アリストテレスの最善国家は、アリストテレスが『国家』から逸脱するところでは、大体においてプラトンの『法律』を模倣していると認識している。アリストテレスがプラトンに依存していることは、かれが民主主義の勝利をしぶしぶ受け入れていることが明白な箇所できわだっている。参照、とりわけ『政治学』第三巻第一五章 11-13, 1286b(同趣旨の箇所は第四巻第一三章 10, 1297b)。この箇所の末尾でかれは民主主義についてつぎのように言っている。「将来にわたって他のいかなる統治形態も可能であるとは思えない。」しかし、このような成果は、『国家』第八、九巻における共同体の没落と堕落についてのプラトンの物語を綿密に追いかける議論をつうじて達成されたのである。しかも、かれがプラトンの叙述をするどく批判しているという事実にもかかわらず達成されたのである（たとえば、第五巻第一二章1316a f.）。

（4）アリストテレスが〈職業的〉や〈金を稼ぐ〉という意味で〈職工的（banausisch）〉という語を使っていることは、『政治学』第八巻第六章3 ff.（1340b）、とくに15 f.（1341b）にはっきりと示されている。たとえば笛吹きといった、職業的に活動をおこなうすべての者、つまり、当然のことながらすべての手職人や労働者は〈職工的〉であり、奴隷そのものではないとしても、自由人でも市民でもない。〈職工（Banausen）〉の状態は、〈部分的または限定的な奴隷〉の状態である（『政治学』第一巻第一四章13, 1260a/b）。〉banausos〈ということばは、前ギリシア期の〈火で仕事をする人〉に由来していると思われる。属性を表わす語として使われたときには、その人の出自やカーストが「戦場における武勇を無効にする」という意味になる。（参照、ジェームズ・アダムが、その校訂版『国家』（James Adam, *The Republic of Plato*, Bd. II, 1980, S. 29）の495e 30への注で引用したA. H. J. Greenidge（*A Handbook of Greek Constitutional History*, 1896/1920, S. 22）。）それは、〈身分の低い〉〈屈従的〉〈低級〉と訳されたり、文脈によっては〈成りあがりの〉と訳されたりする。プラトンはこの語をアリストテレスとおなじ意味で用いていた。『法律』（741eと743d）では、土地の相続以外で金銭をえた者の堕落した状態を表現するために、〉**banausia**〈ということばが使われている。（参照、『国家』495aおよび590cも。）しかし、ソクラテスが石工であったという伝承、およびクセノポン（『ソクラテスの思い出』第二巻第七章［ドイツ語訳

Erinnerungen an Sokrates, 1987, S. 139 ff.])の記述、アンティステネスがきびしい仕事をたたえていたことを思い出すなら、またキニク派の態度を考慮に入れるならば、ソクラテス自身が、お金を稼いだら名誉が失われるといった貴族的偏見をもっていたとは思えない。(*Oxford English Dictionary*(『オクスフォード英語辞典』)は、〉banausisch〈の訳語として〈たんに手順通りの、職工に特有な〉を提案し、G. Grote, *Eth. Fragm.* VI, 227 = *Aristotle*, 1880/1999, S. 545 を引用している。しかし、この翻訳はあまりにも狭く、グロートの一節はこの解釈を正当化するものではなく、もともとはプルタルコスの誤訳にもとづいているのかもしれない。興味深いことに、ウィリアム・シェイクスピアの『真夏の夜の夢』では、〈純粋に手順通りの〉という表現がまさに〉banausisch〈の意味で使われており、この用法は、おそらく『マルケルスの生涯(*Lebens des Marcellus*)』のトマス・ノース(Thomas North)訳のなかのアルキメデスにかんする一節に関連していると思われる[1930, S. 125 f.]。)[*Brockhaus Enzyklopädie*(『ブロックハウス百科事典』)Bd. 2, 1996, S. 557 には、〈手職人〉というギリシア語表現への言及があるが、それ以外はたんに「俗人、芸術の理解のない人」とされているだけである。]

雑誌『マインド』第四七巻[1938]には、A・E・テイラーとF・M・コーンフォード間での興味深い議論があり、そのなかで、前者(S. 197 ff.)は、プラトンが『ティマイオス』の一節で神について語ったとき、肉体労働によって〈奉仕する〉〈農民〉を考えていたかもしれないという見解を擁護している。この見解はF・M・コーンフォードがもっとも説得力のあるかたちで批判している(S. 329 f.)。〔テイラーの論文〈The 'Polytheism' of Plato. An Apologia〉, S. 180–199 およびコーンフォードの論文〈The 'Polytheism' of Plato: An Apology〉, S. 321–330.〕プラトンの〈職工的な(banausisch)〉、とりわけ手作業による労働に対する態度は、この問題に関係している。また、A・E・テイラー(S. 198, Anm. 1)が、プラトンはその神々を羊の群れの世話をする〈羊飼いや牧羊犬〉にたとえている(『法律』901e, 907a)と論じるとき、かれは一貫して遊牧民や狩猟民の活動を崇高なもの、あるいは神的なものと、そして土地にへばりついた〈農民〉は工人的で堕落していると考えていたと指摘することができよう。参照、第一巻第四章注(32)および本文。

(5) これら二箇所は、『政治学』第八巻第二章1337b, 4, 5からである。

(6) *The Pocket Oxford Dictionary of Current English*(『現代英語ポケットオクスフォード辞典』の一九三九年版では、つぎのように記載されている。「リベラルな(教育)とは、……専門技術的なものではなく文学的な、紳士(*gentleman*)に適したもの」第三版、四五一ページ、**liberal**の項)。これは、十分明確に、アリストテレスの思想の永続的な影響を示すものである。

職業教育には、心の狭さという重大な問題があることはわたくしも認める。しかし、〈文系〉教育が解決策になるとは思えない。なぜなら、そこにはそれ固有の心の狭さ、それ固有の俗物根性につながる可能性があるからである。そしてこんにちでは、科学になんら興味を示さない人を教養があると見なすべきではない。ふつう、電気や層位学(Stratigraphie)に関心をもつことは、人間的なことがらへの関心よりもいっそう啓発されているとは言えないといって、〈文系〉教育が弁護されているが、これは人間的なことがらについての完全な誤解を露呈するものでしかない。なぜなら科学は、電気にかんする事実などのたんなる寄せ集めではなく、現代におけるもっとも重要な精神的運動のひとつだからである。この運動を理解しようとしない者は、人間的なことがらにかんする歴史のなかでももっとも興味深い発展のひとつから身を切り離してしまうことになる。それゆえ、イギリスにおけるいわゆる〈学芸学部(Arts Faculties)〉は、文学と歴史教育によって人間は精神生活にみちびかれるという理論にもとづいているが、現在の形態では時代遅れである。人間の知的格闘とその達成物を排除した人間の歴史などありえないし、科学におけるアイデアの発展史を排除した思想史もありえない。しかし、文芸教育にはさらに深刻な面がある。それは、教師になることの多い学生を、自分自身の時代の最大の精神的な運動を理解させるための教育にとりこむことに失敗しているだけでなく、知的正直さを教育することにも一再ならず失敗しているのだ。学生は、いかに簡単に誤りを犯してしまうか、知識の分野ではわずかばかりの前進でさえいかにむずかしいかを学んではじめて、知的誠実さという徳への感性、真理への敬意、権威や尊大さへの軽蔑をえることができる。こんにちでは、これらのつつましい知的美徳の普及ほど必要なものはない。トマス・H・ハクスリーは、〈教養教育(A Liberal Education)〉[1868]のなかで、つぎのように書いている。「あなた方の日常生活のなかでもっとも重要になるであろう精神の力とは、権威にとらわれずにものごとをありのままに見る能力である……しかし、学校や大学では、権威以外に真理の源を学ぶことはない」[*Science and Education*, 1893, S. 96]。残念ながら、これは多くの科学の講義にもあてはまるのであり、科学は多くの教師によって、古い言い回しで言えば、〈知識の集積体(body of knowledge)〉のように扱われている。しかし、こうした考え方がいつの日にか消失することを願わずにはいられない。なぜなら、科学は人類史のなかの魅力的な部分として、つまり、実験によって制御され、批判によってみちびかれる大胆な仮説の急速な成長として教えることができるからである。科学が、そのようにして、自然哲学、および問題とアイデアの歴史の一部として教えられるならば、それは新しいリベラルな大学教育、つまり、専門家を送り出すことができないとしても、少なくともいかさま師と専門家とを見分けることのできる人間を養成する教育の基礎となろう。この控えめでリベラルな目標は、イギリスの〈学芸学部〉がこんにち提示したすべての成果をはるかに超えている。

(7)『政治学』第八巻第三章2(1337b)。「すべての行動の第一原理は閑暇であることをなんどでも繰り返さなければならない。」これに少しばかり先立つところ、第七巻第一五章1

f.(1334a)では、「個人と国家はおなじ最終目的をもっているので……両者は閑暇の徳をもつべきであり……格言には「奴隷に閑暇はない」とある」と語られている。参照、本節注(9)の注釈と『形而上学』第一二巻第七章(1072b 23)。

アリストテレスが〈有閑階級〉に抱いていた〈称賛と崇拝〉にかんしては、参照、たとえば、『政治学』第四(七)巻第八章 4-5(1293b/1294a)からのつぎの一節。「生まれと教育には、通常、富がついてまわる……。金持ちは、富という有利なものをすでに所有している。それをもっていないと犯罪へとそそのかされるのであるが。したがって、かれらは、貴族や領主と呼ばれる。最良の市民が統治するのであれば、国家の運営が拙劣になることはありえないだろう……。」しかし、アリストテレスは富める者を称賛するばかりではなく、プラトンと同様に、人種論の信奉者でもある(参照、*op.cit.* 第三巻第一三章 2-3(1283a))。「高貴に生まれた者は、低い身分に生まれた者よりも、ことばの本当の意味で市民である……優れた先祖からの子孫は、まちがいなく、よりよい人間になるだろう。なぜなら、高貴であるとは、人種の卓越性であるから。」

(8) Theodor Gomperz, *Griechische Denker*, III. Bd. [1909/1996], S. 283.

(9) 『ニコマコス倫理学』第一〇巻第七章 6.〈善き生活〉というアリストテレスの表現は、現代の多数の崇拝者の想像力を刺激したようである。崇拝者たちは、それに、キリスト教的な意味での〈善き生活〉のようなもの――〈より高い価値〉を助け、それに奉仕し、それに尽力する生活——を結びつけた。しかし、こうした解釈はアリストテレスの意図を誤って理想化したものである。かれにとって大事であったのはもっぱら封建的領主の善き生活であったのだから。かれはこの〈善き生活〉を積善的生活としてではなく、洗練された閑暇の生活、つまり、おなじように裕福な友人たちと楽しく過ごす生活だと考えていたのである。

(10) アリストテレスにとって、〈職業的〉という語は〈通俗的〉とおなじような意味であったことを考えるならば、さらに、かれはたしかにプラトン哲学をひとつの職業に、新しい生業に変えたことを視野に入れるならば、〈体系化〉ではなく、〈通俗化〉という表現でさえも、強すぎるわけではないだろう。さらに、かれは、E・ツェラーでさえその賛辞のなかで認めているところであるが(たとえば、注1, S. 49)、その繊細な刃先を鈍らせている。「かれは、この者」(プラトン)「とおなじほどに、われわれを鼓舞する方法を知っているわけではないし、われわれの内奥をつかむわけでも、学問における努力と道徳における努力をひとつに溶かすわけでもない。かれの学問は、プラトンとくらべると、より無味乾燥であり、より学校風であり、より排他的である……。」

(11) プラトンは『ティマイオス』(42a f., 90e f., とくに91d f. 参照、第一巻第三章注(6)(7)のなかで、神々と最初の人間から始まるのだが、退化にもとづく、一般的な種の起源論を導入している。まず、男は女に退化し、ついで高次の動物へ、そして低次の動物、そして植物へと退化する。これは、テオドール・ゴンペルツが述べているように(*Grie-*

chische Denker, II. Bd. [1902/1996], S. 471)「厳密な意味での下降理論の……核である。それに対して現代の由来〔起源〕論は、生物がどんどん高い段階へ昇っていくことを前提しているので、むしろ上昇理論と呼べるだろう」。退化による下降というみずからの理論について、プラトンは神話的でたぶんに皮肉な叙述をしているが、そこでは魂の転生についてのオルフェウス教的なピタゴラス的理論が利用されている。こうした点は、(少なくともエンペドクレスの時代にはすでに低次の形態が高次の形態に先行するという発展論がたいへん好まれていたという重要な事実とあわせて)想起されねばならない。というのも、アリストテレスを読むと、スペウシッポスと一部のピタゴラス派の人びとは、序列第一位の最良にしてもっとも神聖なものは、年代的発展においては最後に来るという発展論を信じていたと書かれているからである。アリストテレスは、「ピタゴラスやスペウシッポスと一緒に、最高度の美と卓越性は端緒にあったのではないと見なしている人たち」について語っている(『形而上学』第七巻第七章 1072b 30)。この一節から、おそらくピタゴラス派の何人かは「上昇理論」の代わりに(たぶんにクセノファネスの影響下に)魂の転生神話を使用したと推測できるだろう。この想定はアリストテレスによっても支持される。かれはつぎのように述べているのだから(『形而上学』第一四巻第四章 1091a 34)。「神話学者は、現代の思想家のある者たちに同意しているように見える……」(これはスペウシッポスを暗示しているように思われる)「……かれらは、自然においては善なるものも美なるものも、

自然が進歩を遂げたあとでのみ現れると言っているからだ。」どうやらスペウシッポスは、世界は発展していくなかでパルメニデス的な一者――組織され完全に調和した全体になると教えたのだと思われる。（参照、『形而上学』第一四巻第五章1092a 14. そこでは、「一者そのものはまだ存在していない」という主張は完全なものはつねに不完全なもののあとから来ると主張する思想家に帰せられる、と述べられている。参照、『形而上学』第一四巻第四章1091a 11も。）アリストテレスはこれらの箇所で、こうした上昇説に対してたえず反対の立場を表明している。かれは、人間を生み出すのは完全な人間であり、不完全な種子が人間に先だつことはないと主張している。こうした態度を考慮すると、ツェラーは、実質的にスペウシッポスのものである理論をアリストテレスに帰属させているが、それはまずただしいとは言えないであろう。（参照、E. Zeller, *op.cit.*, S. 530 および S. 565. 同様の解釈は、Henry F. Osborn, *From the Greeks to Darwin*, 1894/1924, S. 48-56 によっても与えられている。）おそらくわれわれはT・ゴンペルツの解釈を受け入れないといけないのであろう。かれの見解によると、アリストテレスは人間という種の、また少なくとも高等動物の種の永遠性と不変性を教えたことになる。したがって、これらの形態学的順序は、年代的にも系図的にも解釈されてはならないのである。（参照、*Griechische Denker*, *op.cit.*, S. 103, とくにS. 126 ff. と、これらの箇所への注釈。）しかし、アリストテレスがここでも他の多くの箇所におけると同様に一貫性がなく、またスペウシッポスに対するかれの議論は、自分の独自性を主張したいという願望に起因している可能性はある。(参照、本書第一巻第三章注(6)(7)ならびに第四章注(2)および注(4))。

(12) アリストテレスの第一動者、つまり神は、永遠であるので、時間に先立ち、善という述語をもつ。

形相因と目的因の同一性にかんする本節で述べた証拠については、参照、本章注(15)。

(13) プラトンの生物学的な目的論については、参照、『ティマイオス』73a-76e. ゴンペルツは、ただしくも「動物は退化した人間であるから、その体格もまた、本来なら人間のみが目標とする意図をあらわにしている」という点を思い出すときにのみ、プラトンの目的論は理解できると指摘している(*Griechische Denker*, II. Bd., *op.cit.*, S. 484)。

(14) 自然な場所についてのプラトン版の理論については、参照、『ティマイオス』60b-63aとくに63b f. アリストテレスは、わずかな変更を加えただけでこの理論を受け入れ、プラトンと同様に、物体の〈軽さ〉と〈重さ〉を、自然な場所に向かっての自然な動きの〈上向き〉と〈下向き〉の傾向によって説明する。参照、たとえば、『自然学』第一巻第一章192b13および『形而上学』第一一巻第九章1065b 10.

(15) この問題への注釈において、アリストテレスは必ずしも完全に明確で首尾一貫しているわけではない。したがって、かれは『形而上学』第八巻第四章(1044a 35)においてつぎのように書いている。「(人間の)形相因、その本質とはなにか。目的因、その目的とはなにか。しかし、この二つは同一かもしれない。」同書のべつの箇所では、かれは変化や運動の形相と目的のあいだの同一性を確信しているように見える。そこにはこう書かれている(第一二巻第二～三章 1069b/1070a)。「変化するものはすべて、なにかからなにかへと変化していく。それを変化させるものは直接的な運動者であり、それが変化させられていくさきは……形相である。」さらにあとの箇所(第一二巻第三章 1070a 9/10)では、「実体には三種類ある。第一に、質料……第二に、それが向かっていく自然、そして第三に、これら二つから合成された特殊な実体」と言われている。なぜなら、ここで〈自然〉と呼ばれているものは、アリストテレスでは一般に〈形相〉と呼ばれており、また、それはここでは運動の目標や目的として記述されているのだから、形相＝目標(目的)が成立する。

(16) 運動は潜在的な可能性の実現または現実化であるという教説については、参照、たとえば、『形而上学』第九巻、つまり第九章(1065b 17)。そこでは、〈建築可能〉という用語が将来の家の可能性を正確に定義するために使われている。「〈建築可能〉なものが……ほんとうに存在するならば、それは建築されるのであり、それが建築の過程である。」参照、アリストテレスの『自然学』第三巻第一章(201b 4 f.)も。

(17) 『形而上学』第九巻第八章(1049b 5)。参照、第五巻第四章、ならびにとりわけ 1015a 12 f. また、第七巻第四章、とくに 1029b 15.

(18) 魂を第一のエンテレキーとして定義することについては、E・ツェラー(E. Zeller,

op.cit., S. 480, Anm. 4)による指摘を参照されたい。形相因としてのエンテレキーの意味については、参照、*op.cit.*, S. 368 f., Anm. 1. アリストテレスがこの表現を使う仕方は、正確さからは程遠い。(参照、『形而上学』第七巻第一〇章 1035b 15. も。) 参照、(本書第一巻)第五章注(19)とそこでの本文も。

(19) ここ、およびつぎの箇所での引用については、参照、E. Zeller, *op.cit.*, S. 49.

(20) 参照、『政治学』第二巻第八章 21 (1269a)。そこでは、地から生まれた者についてのプラトンのさまざまな神話が引照されている(『国家』414c,『政治家』271a,『ティマイオス』22c,『法律』677a)。

(21) ヘーゲル『歴史哲学講義』(Georg W. F. Hegel, *Vorlesungen über die Philosophie der Geschichte* [*Werke*, Bd. 12], S. 36)——序論全体、なかんずく、こことつぎのページは、ヘーゲルがアリストテレスに依存していることを明確に示している。ヘーゲルがこの点を承知していたことは、S. 78 でのアリストテレスへの言及の仕方からわかる。

(22) G. W. F. Hegel, *op.cit.*, S. 36.

(23) Edward Caird, *Hegel* (1883/1999), S. 26 f.

(24) この引用は G. W. F. Hegel, *op.cit.*, S. 36 からである。

(25) 以下のコメントについては、参照、G. W. F. Hegel, *Philosophische Propädeutik* [*Werke*, Bd. 4]。わたくしのコメントは、以下の興味深い箇所を示唆するものである。二三節「自己意識の衝動は、みずからの概念」(=その真なる本性)「を実現することにある。それゆえ、それは、対象の他者性を揚棄し、それをみずからにひとしくする活動である」[S. 117]。二四節「自己意識は、その形成と運動において三段階をもつ……(2)他の自分にひとしくない自己意識に向けられるかぎりでの、支配と隷従の関係という段階」[S. 117, この箇所は強調されている]。ヘーゲルは、これ以外の「他の自己意識に対する関係」については言及していない。――さらにこうも書かれている。三二節「自己を自由な者として通用させ、そう承認させるためには、自己意識は他者に対して……自己を提示しなければならない」[S. 119]。三三節「……相互が承認を求めようとするところに……支配と隷従の関係が生まれる」[S. 120]。三四節「……それぞれの自己を……証明し、主張するべく努めなければならないことにより、自由よりも生命を選び、したがって、……自分の独立を維持できない」(アリストテレスやプラトンなら、「本性」をもっていないと言ったであろう)「ことを示す者は隷従の関係に陥る……」[S. 120]。三五節「下僕は自己を失っているのであり、自分の自己に代えて他者の自己をもっている……それに対して、主人は、下僕のうちに揚棄されたものとしてのもうひとつの自分を、また、自分の個別的な意志が維持されているのを見る……」[S. 121]。三六節「下僕自身の個別的な意志は、そうじて主人への恐れのうちに溶解している……」[S. 121]。人間関係をこのように見、それを支配と隷従に還元してしまう理論の根底にあるヒステリーを見過ごすことはまずできない。

わたくしは、自分の思想をことばの山のような堆積の下に埋めてしまうヘーゲルのやり方を最初に取り除いておかなければ、かれがなにを言いたいのか(わたくしによる引用と原文を比較されたい)さえ理解できないと思うし、また、こうしたやり方はかれのヒステリー症状のひとつであると信じてほとんど疑わない。それは、太陽の光を回避し逃れることである。それらは、ほとんど疑いもなく、支配と服従についてのかれの歯止めのきかない夢とおなじように、精神分析の対象になるのにふさわしいだろう。(ヘーゲルの弁証法(参照、次章)は、ここでの引用元である三六節の末尾で、主人–奴隷の関係を超えて、かれを実定的自由へと運んでいっていることに言及しておかなければならない。第一二章(とくに第二節と第四節)で見るように、こうした表現は、全体主義国家のユーフェミズム(婉曲表現)に他ならない。このようにして、支配と隷従は、まったく適切なことに全体主義の〈構成要素〉に〈還元〉されていく。)

ここに引用した、奴隷とは自由よりも生命を選ぶ者であるというヘーゲルの評語(参照、三五節)については、参照、自由な者とは死よりも隷従をより恐れる者であるというプラトンの注釈(『国家』387a)。ある意味では、これは十分に真実である。自由のために戦う意思のない者は自由を失うであろう。しかし、プラトンやヘーゲル、さらには後世の著作家たちにも非常に人気のあるこの理論は、優越する暴力に屈服する人間は、死よりもむしろ武装したギャングに屈服する者であり、生まれついての「奴隷」であって、よりよい運命にあたいしないということを含んでいる。わたくしは、この理論は文明に対する最悪の敵によってしか主張されえないと言っておきたい。

(26) 科学は事実を探求するのに対し、哲学の営みは意味の解明にあるというルートヴィヒ・ウィトゲンシュタインの見解に対する批判としては、参照、本章の注(46)、とくに(51)(52)(参照、Heinrich Gomperz, 〉The Meanings of 'Meaning'〈 in *Philosophy of Science*, Bd. 8, 1941, とくに S. 183 も)。

(本章注(54)に至るまでの)この脱線が捧げられている問題全体、すなわち、方法論的本質主義と方法論的唯名論との対立の問題については、参照、第一巻第三章の注(27)〜(30)と本文。また参照、とくに前章の注(38)。

(27) プラトンの(あるいはむしろパルメニデスによる)知識と思い込みの区別(ロックやホッブズのような近代の著作家にも人気のある区別)については、第三章注(22)と(26)および本文、第五章の注(19)と第八章の注(25)〜(27)を参照のこと(これらは、すべて第一巻に収録されている)。アリストテレスにおける類似の区別については、たとえば、『形而上学』第七巻第一五章(1039b 31)と『分析論後書』[*Anal. Post.*]第一巻第三三章(88b 30 ff.)、第二巻第一九章(100b 5)を参照のこと。

アリストテレスの証明的知識と直感的知識との区別については、参照、『分析論後書』の最終章(第二巻第一九章とくに 100b 5–17. また 72b 18–24, 75b 31, 84a 31, 90a 6–91a 11

も)。証明的知識と、「本質的な本性とは異なる」ものごとの「原因」とを結合するためには、したがって中辞(Terminus medius)が必要である。この点については、参照、*op.cit.* 第二巻第八章(とくに93a 5, 93b 26)。知的直感と、それが把握する「分割不可能な形相」――つまり、分割不可能な本質と、その原因と同一である分割不可能な本性――とをおなじように結びつけるものについては、*op.cit.*, 72b 24, 77a 4, 85a 1, 88b 35 を見よ。参照、*op.cit.*, 90a 31, つまり「あるものの性質を知るとは、それがなぜそうあるのかの理由を知ることである」(すなわち、その原因を知ることである)、また、93b 21「直接の、すなわち、根本的な前提である本質的な本性が存在する」も。

証明は後退していくのでどこかで停止するか、ある種の原則を証明なしで受け入れなければならないというアリストテレスの洞察については、参照、たとえば、『形而上学』第四巻第四章(1006a 7)、つまり「すべてを証明することは不可能である。なぜなら、それは無限後退をみちびくであろうから……」。参照、『分析論後書』第二巻第三章(90b 18-27)も。

アリストテレスの定義論にかんするわたくしの分析は、ロスによる分析とは部分的に矛盾するが、グロートの分析とはほぼ一致すると言っておきたい。これら二人の著者の解釈間のかなりの違いは、両者が『分析論後書』第二巻の分析に捧げた章からとったものであるが、二つの引用によって示唆されるであろう。「第二巻では、アリストテレスは証明を、定義を達成するための道具と見なすようになった」(W. D. Ross, *Aristotle* [1923/1996], S. 48)。これに対して、「定義は、対象の本質を示すだけなので、決して証明されえない……他方で、証明は、本質が知られていることを前提する……」。(G. Grote, *Aristotle* [1880/1999], S. 241 また S. 240 f. も見よ。参照、以下の注(29)の末尾。)

(28) 参照、アリストテレス『形而上学』第七巻第六章(1031b 7)と(1031b 20)。また、第三巻第二章(996b 20)、つまり「ものごとについては、その本質が知られてはじめて、その知識がえられる」。

(29) 「定義はものごとの本質を記述する文である」(アリストテレス『トピカ』第一巻第五章 101b 36, 第七巻第二章 153a, 第三章 153a 15 など。『形而上学』1042a 17 も見よ)。――「定義は……本質的な本性をあきらかにする」(『分析論後書』第二巻第三章 91a 1)。――「定義は……ものごとの本性を確定する」(93b 28)。――「そのようなものだけが本質をもち、その定式化が定義である」(『形而上学』第七巻第一〇章 1030a 5 f.)。――「その定式が定義である本質はものごとの実体とも呼ばれる」(『形而上学』第七巻第五章 1031a 13)。

原理、すなわち、証拠の出発点や根本前提にかんしては、二つのものを区別しなければならない。(1)論理的原理(参照、『形而上学』第三巻第二章 996b 25 ff.)と(2)無限後退を避けるべきだとしたら、証明が導出されるもとになるが、それ自体は証明されない前提。(参照、本章注(27)。)後者は定義である。つまり「証拠の根本前提は定義である」(『分析論後書』第二巻第三章 90b 23 および参照、89a 17, 90a 35, 90b 23)。また、W. D. Ross, *Aristotle*(たとえば、Anm. 27), S. 43 f.『分析論後書』第一巻第四章 20-74a 4 も見よ。そこでW・D・ロス(S. 44)は、「科学の前提は、それ自体としては(per se)、意味(a)または意味(b)のいずれかであるだろう」と書いている。先立つページでは、前提は、定義にもとづくなら、意味(a)または意味(b)においてそれ自体であるもの(per se)(あるいは本質的に必然的であるもの)と言われていた。

(30)「それが名前をもつならば、その意味のための定式があるだろう」とアリストテレスは言う(『形而上学』第七巻第四章 1030a 14 および第五章 1030b 24 も見よ)。そして、名前の意味についてのすべての定式が定義であるわけではない、と明言している。しかし、そうした名前が属の種の名前であるならば、その定式は定義である。

ここで重要なのは、定義という語——わたくしはこの語の現代的な用法〔被定義項と定義項の双方を含む定義文全体を指している〕にしたがっている——は、わたくしのばあいにおけるように、いつでも定義文全体を指しているのに対し、アリストテレス(およびそれにしたがう他の人びと、たとえばホッブズ)は、〈定義子(definiens)〉の同義語としてこの語を使うことがあるということである。

定義は(アリストテレスによれば)個別的なものにはかかわらず、普遍的なもの(参照、『形而上学』第七巻第一一章 1036a 28)と、本質、すなわち属の種(すなわち最終的な種差、参照、『形而上学』第七巻第一二章1038a 19)であるもの、および分割不可能な形相にのみかかわる。『分析論後書』第二巻第一三章(97b 6 f.)も見よ。

(31) アリストテレスの説明は明瞭なわけではない。この点は、本章の注(27)の末尾と、これら二つの解釈をさらに比較することから理解してもらえると思う。もっとも明確さに欠けるのは、帰納の過程を経て、原理である定義に至るまで昇っていく方法の叙述である。(参照、とくに『分析論後書』第二巻第一九章100a f.)

(32) プラトンの教説については、参照、(本書第一巻)第八章の注(25)～(27)と本文。G・グロートはつぎのように書いている(*Aristotle, op.cit.*, S. 260)。「アリストテレスは、すべての誤りを排除する無謬のヌース(すなわち知的直感)の教説をプラトンから受け継いだ。」かれはまた、アリストテレスが、プラトンとは対照的に、観察や経験によって得た知識を軽んじるのではなく、むしろかれのヌースに「帰納の過程にとっての項や相関者としての位置を帰属させていること」(*loc. cit.*, 参照、*op.cit.*, S. 577も)を強調している。これはただしい。しかし、観察によって得られた経験には、あきらかにわれわれの知的直感をその任務に向けて、すなわち、普遍的な本質の直感的な把握に向けて準備させ、その目的のためにそれをただしく発展させる機能しかない。事実として、すべての誤りを排除した定義が帰納によってどうすれば実現できるのかを説明した者などいない。

(33) アリストテレスにもプラトンにも、最終的にはどちらも議論の可能性がないというかぎりで、アリストテレスの見解はプラトンのそれとおなじものとなる。なすべく残っているのは、ただ、ある定義について、それは本質についての真なる記述であると独断的に主張することだけとなる。そして、他のものではなく、なぜこの記述が真なのかという問いが生じたなら、〈誤ることのない本質直感〉を指摘することしか残っていない。アリストテレスにとって〈帰納〉という語は、少なくとも二重の意味をもち、あるときはむしろ経験的な意味で(参照、『分析論後書』第二巻第二三、二四章 68b 15-37, 69a 16 および『分析論後書』78a 35, 91b 35, 92a 35)、他のときにはむしろ、われわれの知的直感の準備に役立つという発見法的な意味で(参照、27b 25-33, 81a 38-b9, 100b 4 f.)用いられているように見える。

おそらくは説明されるであろうが、見たところ矛盾しているように見えるものが、77a 4にある。そこでは定義は普遍的でも個別的でもないと読みとれる。わたくしは解決策として、(G・R・G・ミュアがオクスフォード訳[1928]でおこなったように)定義は「厳密に言えばそもそも判断ではない」としてではなく、定義は単純に普遍的なわけではなく、〈それに対応して〉、すなわち、普遍的で必然的であると提案したい(参照、73b 26, 96b 4, 97b 25)。

本文で触れた〈論証〉は『分析論後書』からである、参照、100b 6 ff.『霊魂論』における知識と知られたものとの神秘的な統一については、参照、とりわけ 425b 30 f. 430a 20,

431a 1. われわれの目的にとって決定的な一節は、第三巻第六章(430b 27 f.)である。つまり、「定義の、本質の……直感的把握は、決して誤らない。……それは、個々の可視的な対象を見ることが決して誤らないのと……おなじである。」神学的な箇所については、参照、『形而上学』第一二巻、とりわけ第七章(1072b 20)(〈接触〉)と第九章(1075a 2)。また参照、(本書第一巻)第一〇章注(59)(2)、第一一章注(36)、第二四章注(3)(4)(6)(29)〜(32)(58)。

次節で言及される〈事実の全領域〉については、参照、『分析論後書』の末尾(100b 15 f.)。注目にあたいするのだが、(唯名論者ではあったが方法論的唯名論者ではなかった)ホッブズの見解とアリストテレスの方法論的本質主義とはよく類似している。ホッブズはまた、(思い込みではない)あらゆる知識の根本前提は定義であると信じていた。

(34) 科学の方法についてのこうした見解は、わたくしの『探求の論理』(第一〇版一九九四年)で詳細に展開しておいた(参照、たとえば、第八一節以降。第二版以降ではS. 208 ff.)。これはいまでは拙著『探求の論理』〔邦訳『科学的発見の論理』〕の新付録、第二版以降S. 256 ff. とりわけS. 258に収録されている。また、*Erkenntnis*, 5 (1935), S. 170 ff. におけるてみじかな叙述も参照されたい。「科学は〈知識の体系〉ではなく、仮説の体系、すなわち、根本的に根拠のない予想の体系という考えに慣れる必要があるだろう。つまり、それは験証されているかぎりで利用されているにすぎず、「真」だとも、あるいは「多かれ少なかれ確実」だとか、あるいは「たしからしい」と語ってはならないものである。」

(35) 引用は、*Erkenntnis*, 3 (1933), S. 427 からである。これはいまでは拙著『探求の論理』新付録Ⅰ第一節、第二版以降 S. 256 に収録されている。これは、アルベルト・アインシュタインが幾何学にかんする講義『幾何学と経験』で語った主張を変更し一般化したものである。［一九二一年。参照、『わが世界像』(*Mein Weltbild*, 2001, S. 133)も。その箇所では「数学の命題は現実にかかわるかぎり、確実ではなく、確実であるかぎりで、それは現実にかかわっていない」と言われている。］

(36) もちろん、科学にとってより重要なのは、理論なのか、論証なのか、合理的考察なのか、それとも、観察と実験なのかを判断することはできない。なぜなら、科学はいつでも観察と実験によってテストされた理論だからである。

しかし、科学とはわれわれの経験の全体であるとか、科学においては観察が理論よりも大きな役割を果たすことを示そうとする〈実証主義者〉は間違っている。科学における理論と論証の役割は、いくら評価しても過大評価しすぎることはまずないであろう。――証明と論理的議論の関係一般については、参照、本章の注(47)。

(37) 参照、たとえば、『形而上学』第七巻第四章(1030a 6, 14)。本章の注(30)も見よ。

(38) ここでは、唯名論と本質主義との対立を純粋に方法論的に理解していることを強調しておきたい。普遍的なものが実在するかどうかという形而上学的問題、すなわち唯名論と本質主義(わたくしの考えでは、この用語が、伝統的な用語である「実念論」に代えて使用されるべきだと思う)の対立という形而上学的問題については、わたくしはそもそも立場をとっていない。そしてわたくしは、方法論としての唯名論に肩入れするとはいえ、形而上学としての唯名論を支持しているわけではない。(参照、本書第一巻第三章注(27)と(30)も。)

本文中でおこなった唯名論的な定義と本質主義的な定義の区別は、従来の「ことばによる定義」と「実質的な定義」の区別を再構築しようとする試みである。しかし強調しておきたいのは、定義を右〔下〕から左〔上〕に読むのか、左〔上〕から右〔下〕に読むのか、言い換えれば、長い表現を短い表現におき換えるのか、短い表現を長い表現におき換えるのか、という問題である。

(39) 現代科学においては唯名論的な定義しか出現しないというわたくしの主張(ここでの話題は明示的定義のことであって、黙示的定義とか再帰的定義のことではない)を擁護しておく必要ある。とはいえ、たしかに、科学において用語が多少とも〈直感的に〉使われることがないわけではない。この点は、どんな定義の連鎖でも、その意味は例示されるとしても、定義はされることのないある種の無定義表現から始まらなければならないという点だけでも考えてみさえすれば明白である。さらに、科学、とくに数学では、用語が最初はしばしば直感的に(たとえば〈次元〉とか〈真理〉)使用され、のちになってはじめて定義されることも明らかである。しかし、これは状況をかなり大雑把にしか描写していない。もう少し正確に説明すれば、つぎのようになろう。直感的に使用されている無定義の用語のいくつかは、しばしば、無定義の用語が使用されたさいの意図を満たす定義された用語で置換可能なものもあるということ、つまり、無定義の用語が発生した(そして、たとえば、分析的に解釈された)おのおのの文には、それに対応する文があり、そこでは新たに定義された用語が出現する(そして、定義から帰結する)ということである。

たしかに、カール・メンガーは〈次元〉を再帰的に定義したとか、アルフレッド・タルスキは〈真理〉という用語を定義したとは言ってもよいだろうが、こうした言い方は誤解を招きかねない。じっさいに生じたことは、メンガーは点集合のあるクラスについて(かれが〈n次元〉と呼んだ)純粋に唯名論的な定義を与えたということである。そしてかれは、直感的な数学用語である〈n次元〉を、すべての重要な文脈において新しい用語で置換できたため、まさにこの用語を使用したということである。おなじことは、タルスキの〈真理〉概念についても言える。タルスキは唯名論的な定義(あるいはむしろ、唯名論的な定義を生み出す方法)を与え、それを〈真理〉と呼んだのである。というのも、それによって、多くの論理学者や哲学者によって、真理というしばしば用いられていた概念(たとえば、第三者排除の命題など)に結びつけられていた、もろもろの言明に対応する一連の言明をみちびき出すことができたからである。

(40) われわれの言語は、定義をしりぞけて、定義される用語の代わりにいつでも定義する用語を使うように手間をかけたなら、たしかに正確さを増すであろう。なぜなら、通常の定義の方法には不正確さの源が潜んでいるからである。ルドルフ・カルナップは、定義を使用する言語内における矛盾を回避する方法を発展させた最初の人物(一九三四年)であったと思われる。(参照、Rudolf Carnap, *Logische Syntax der Sprache*, 1934/1968, 二二節 S. 58 ff. David Hilbert および Paul Bernays, *Grundlagen der Mathematik*, 第二巻 1939/1970, S. 308, Anm. 1.) カルナップは、定義を許容する言語は、たとえ定義が定義形成のための一般的な形式的ルールを充足していたとしても、ほとんどのばあいで矛盾を含むことを示した。

(41) 新しい用語を導入するのは、その必要があきらかになったあとでよいというこの方法の例のいくつかは、本書に認められるであろう。哲学上の諸立場を扱うとなると、簡潔さのために、それらの立場に対する名称を導入することは避けられない。それもあって、わたくしはかくも多くの〈……主義〉を用いざるをえなかった。しかし、多くのばあい、それらの名称は、当該の立場を記述してから導入されている。

(42) 本質主義の方法を体系的に批判するにあたっては、それが解決することも回避することもできない三つの問題を区別しなければならないだろう。(1)たんに字句的な協定と、本質を〈忠実に〉述べる本質主義的な定義とをどうしたら明確に区別できるかという問題。

(2)〈真なる〉本質主義的な定義と〈偽なる〉それとをどのようにして区別するかという問題。(3)定義の無限後退をいかにして回避するかという問題。ここでは、これらの問題のうち、(2)と(3)のみを扱うつもりである。(3)は、本章の本文で、(2)は、本章注(54)で扱われている。

(43) ある文が真であるという事実は、しばしば、なぜそれがわれわれにとって自明と思われるのかを説明する助けとなる。それは〈2＋2＝4〉についても、〈太陽は光と熱を放射している〉という文についても言えることである。しかし、その逆が成立しないのはたしかである。ある文が一部の、それどころかすべての人にとって〈自明〉に見えるということ、すなわち、一部の、あるいはすべての人が、その文の真なることを固く信じ、その偽に気づくこともないという状況は、その文が真であるという理由にはならない。(文の偽なることが考えられないように思われるとしたら、それはしばしば、想像力が欠如しているか未発達であるからにすぎない。) ある哲学が、ある文の真なることを支持する議論としてその文の自明性を用いるとしたら、それはもっとも重大な誤りのひとつである。ところが、これはほとんどすべての観念論的な哲学者がしていることなのだ。ここにしばしば示されているのは、観念論的な哲学は、いくつかの信仰上のドグマに対する擁護の体系であるということである。

文を受け入れるにあたって、しばしば自明性以上のよい理由がないと言い訳されるが、こうしたことを弁解として受け入れることはできない。ふつう、論理学や科学的方法の諸原則（とくに〈帰納の原理〉とか〈自然の斉一性の法則〉）は、受け入れざるをえないものであり、自明性の指摘をもってする以外に正当化できない文として提示される。かりにそうだとしたところで、正当化はできないと認め、そのままにしておく方が正直というものであろう。しかし、じっさいには〈帰納の原理〉を採用する必要はない（参照、拙著『探求の論理』〔1934/1994〕）。また、論理学の諸原理について言えば、近年の数多くの研究は、自明性論が時代遅れであることを示している。（参照、とりわけR・カルナップの『言語の論理的構文論』（R. Carnap, *Logische Syntax der Sprache,* 〔1934/1968〕およびかれの『意味論入門』（*Introduction to Semantics,* 〔1942/1968〕〔邦訳、遠藤弘訳『意味論序説』紀伊國屋書店、一九七五年〕）。参照、注(44)(2)も。

(44) (1)こうした考察を本質の知的直感に適用するなら、本質主義はつぎの問題を解決できないことが示されるだろう。ある提案された、形式的にはただしい定義が真であるかどうかはどのようにしてわかるのだろうか。とりわけ、互いに矛盾する二つの定義のあいだでどうやって〔真なる定義を〕決定するのか。方法論的唯名論者にとっては、このような問いに対する答えはあきらかに些末である。たとえば、ある人が〈犬とは鉱山で石炭運搬に使用される台車である〉と主張し、そしてこの定義を〈犬とはある特性をもつ哺乳類である〉と考えているべつの人に主張したとしよう。唯名論者は、十分な忍耐力があったとして、こうしたばあいには、特定の単語の選択は恣意に委ねられるから、ラベルについての論争には興味がもてないと指摘するだろう。そして、二義性の危険があるばあいには、二つの異なった概念、「犬1」と「犬2」をなんの困難もなしに導入できると言うであろう。そして、第三者が犬は監視に使われる家畜であることに気づいたばあい、唯名論者は辛抱強く第三の記号である「犬3」の導入を提案するだろう。しかし、誰かが自分の犬だけが正当な犬だと主張するとか、少なくとも、自分の犬だけが〈犬〉のレッテルを貼られるべきだと要求するとかして、論争がつづくとしたら、非常に辛抱強い唯名論者でさえも諦めて肩をすくめるだけであろう。（誤解を避けるために注釈を入れておくが、方法論的唯名論は、普遍的概念の存在の問題とはなんの関係もない。したがって、ホッブズは方法論的唯名論者ではなく、存在論的唯名論者と言えるだろう。）

だが、このおなじ些末な問題は、本質主義的方法に克服できない困難を突きつける。われわれはすでに、本質主義者は、たとえば〈犬とは鉱山で石炭運搬に使用される台車である〉という表現は、〈犬であること〉の本質のただしい定義ではないと想定しておいた。かれは、どうやってこの見解を擁護するのだろうか。本質についての自分の知的直感に訴えることによってのみなのである。だがこの事実は、現実には、本質主義者は誰かから自分の定義を攻撃されたときまったく無力であるということである。というのも、かれには二つの可能性しかないからである。かれは、自分の知的直感が唯一ただしいものであるとかたくなに繰り返すことができる——もちろん、相手もまったくおなじように答えることができよう。したがって、アリストテレスが約束してくれた絶対的で最終的な疑う余地のない知識の代わりに、最終的にはなにもできない点に到達するだけとなる。あるいはかれは、相手の直感は自分の直感よりも少しも悪いものではなく、残念ながらおなじ名前で表わしているべつの本質を指していると承認するかもしれない。これは、二つの異なった本質に「犬1」と「犬2」という二つの異なる名前をつけるべきだという提案につながるだろう。しかし、こうした手続きがとられると、本質主義的な立場は放棄されることになる。それは、定義する側の式から出発し、それになんらかのラベルを割り当てている、つまり、右から左へと動いているのだ。さらに、そうしたラベルはまったく恣意的に貼られるものとならざるをえないだろう。なぜなら、「犬1」はある一定の哺乳類以外のなにものでもなく、「犬2」は台車以外のなにものでもないと示す試みは、あきらかに本質主義者を現在のジレンマに追いやったのとまったくおなじ困難をみちびくからである。したがって、すべての形式的にただしい定義はひとしく許容されると見なされざるをえない。これは、アリストテレスの用語で言えば、ある根本前提は（それとは反対の）べつの根本前提とおなじように真であるということ、「誤った主張をすることは不可能である」ということを意味する（アンティステネスはこの点を指摘していたと思われる。参照、本章注（54））。このようにして、アリストテレスの主張、つまり、知的直感は（思い込みとは対照的に）誤りのない、疑う余地のない真の知識の情報源であり、したがって、それがあらゆる科学的演繹の確実で必要な根本前提である定義を提供してくれるという主張は、その一点一点において支持しえないことがあきらかになる。そしてここからは、定義というのは、定義された用語が、定義する文である定義項とおなじ意味であること、つまり、定義子は被定義項におき換わりうるし、その逆も成立することを教えてくれる文以外の何物でもないことがわかる。定義は、唯名論的に使用されるなら、長い話を簡潔に述べることを可能にしてくれるわけであるから、一定の実用上の意義をもっている。しかし、定義は、本質主義的に使用されるなら、短い話を、おなじことを言っているにすぎないはるかに長いべつの話におき換えることができるにすぎない。このようなかたちで定義をもちいるなら、冗長さしかみちびかれないであろう。

(2) エドムント・フッサールの本質直感に対する批判は、Julius Kraft, *Von Husserl zu Heidegger* (1932/1977), S. 14 ff. に見られる。似たような見解をもつすべての著作家のなかでは、おそらくマックス・ウェーバーが社会学的問題の取り扱いにもっとも大きな影響を与えたと思われる。かれは社会科学者に対し〈直感的理解の方法〉を推奨する。かれの〈理念型〉は主にアリストテレスおよびフッサールの〈本質〉に対応している。言及しておくにあたいすると思うのだが、このような傾向にもかかわらず、M・ウェーバーは、自明性に訴えることは許されないことを認識していた。「ある解釈が、とりわけ高度にそのような明証性をもっているという事実は、それ自体でその解釈が経験的にも妥当することを証明するものではない」(*Gesammelte Aufsätze zur Wissenschaftslehre*, 1922/1988, S. 428 所収の論文〈……のカテゴリーについて〉(“Über einige Kategorien...”, 1913.〔邦訳、林道義訳『理解社会学のカテゴリー』岩波文庫〕)。またかれは、直感的理解は「いつでも……通常の方法によって……統制され」ねばならないと言っているが、これは完全にただしい。(*loc. cit.*, 強調はわたくしのもの。) しかし、とするならば、自明性は、かれが信じたように、〈人間行動〉の科学の特徴をなす方法であるわけではないことになる。おなじことは、数学、物理学などについても言えるからだ。そして、直感的理解を〈人間行動〉の科学に特有の方法であると考える思想家は、主として、数学者や物理学者でさえ、みずからが扱っていることがらに対して、社会学者が人間行動に対して感情をもつのとおなじように感情をもつのだとは想像できないゆえに、そう信じたということなのだ。

《問題はつぎのようにてみじかに要約できるだろう。直感——〈自明〉とは呼ぶべきではない——なしでは、自然科学においても人間科学においても、やっていけないとはいえ、それはしばしば誤りをみちびく。したがって、われわれはいつでも直感を批判的にテストする心がまえをもたなければならない。(そして、これは容易に学びえないものなのだ。)》

(45) 「学問はそのすべての用語の定義を仮定する……」(注(27)でも触れておいたが、W. D. Ross, *Aristotle*, S. 42, 参照、『分析論後書』I, 2)。本章注(30)も見よ。

（46） 引用は、Richard H. S. Crossman, *Plato Today* (1937/1971), S. 46から。

M・R・コーエン（M. R. Cohen）とE・ナーゲル（E. Nagel）は、かれらの著書、*An Introduction to Logic and Scientific Method* (1934/1978), S. 232で、非常に似た説を主張した。すなわち、「たしかに、財産、宗教、法律の真の本性についてはは多くの論争があるが……それらのことばについて正確に定義された等価物が使われるならば……そうした論争は消滅するだろう」（参照、本章注（48）および（49））。

ウィトゲンシュタインがその著『論理哲学論考』（Ludwig Wittgenstein, *Tractatus Logico-Philosophicus*, 1921［ドイツ語訳 *Logisch-philosophische Abhandlung*, 2001］）のなかで述べ、また追随者たちがくり返したこの問題にかんする見解は、クロスマン、コーエン、ナーゲルの見解ほど明確ではない。ウィトゲンシュタインは反形而上学者である。かれは序文でこう書いている。「本著は、わたくしの信じるところ、哲学的な諸問題を扱い、こうした問いの設定が言語の論理の誤解にもとづくことを示す」［S. 7］。かれは形而上学がまったくのナンセンスであることを示し、われわれの言語に有意味と無意味〔ナンセンス〕との境界を引こうとする。「……言語において境界を引くことはできる。そして境界の向こう側にあるものは、端的に無意味である。」L・ウィトゲンシュタインの本によると、文には意味がある。文は真か偽である。哲学的な文というものは存在せず、それは文のように見えるだけで、じっさいは無意味である。意味と無意味の境界は、自然科学と哲学の境界と一致する。「真なる文の全体は、全体としての自然科学(あるいは、自然科学の全体)である。――哲学は自然科学に属するものではない」[命題四・一一と四・一一一 S. 41]。したがって、哲学の真の課題は、文の定式化ではなく、文の明確化にある。「哲学の成果は、〈哲学の文〉ではなく、文の明確化である」[命題四・一一二 S. 41]。この点を見ぬけず、哲学的な文を語る者は、形而上学的な無意味を語っている。

(この文脈では、おそらくつぎの点に言及しておくことが役立つだろう。一定の意味(Bedeutung)をもつ有意味な文と、文のように見えても無意味な言語表現との峻別は、バートランド・ラッセルがみずから発見したパラドックスによって生じた問題を解決しようとしてはじめてもちこんだということである。ラッセルは、文のように見える表現のすべてを、真なる文、偽なる文、無意味なまたは意味のない疑似文の三つのグループに分けた。〈意味のない〉とか〈無意味〉という表現のこのような用い方が、日常のことば遣いと部分的に一致することに気づくことが大事である。しかし、この分類はシャープすぎる。実際の文は通常、たとえば〈意味がとれない(absurd)〉(つまり、自己矛盾している)とか、あきらかに間違っているばあいに〈無意味〉と呼ばれることが多いからである。たとえば、ある一定の物体が同時に二つの異なった場所にあると主張する文は、無意味な文ではなく、偽なる文であり、古典物理学における〈物体〉という語の使い方に矛盾する文である。そして同様に、一定の電子に正確な位置と速度を与える文は、多くの物理学者が主張し、多くの哲学者がくり返しているように、意味がないのではなく、端的に現代物理学に矛盾するということである。)

これまで述べてきたことはつぎのようにまとめられるだろう。L・ウィトゲンシュタインは、意味と無意味とのあいだの境界線を求め、見つけた。というのは、この境界線は、科学と形而上学の区別、すなわち、科学の文と哲学的疑似文とのあいだの区別と一致するからである。(かれは自然科学の分野を真なる命題の分野と誤って同一視しているが、それはここでは気にする必要はない。とはいえ、本章注(51)を見よ。)かれの目的についてのこのような解釈は、つぎの発言によって確証される。「哲学は……自然科学の領域を限界づける」[命題四・一一三 S. 42]。

では、つまるところ境界線はどのように引かれるのか。〈科学〉は〈形而上学〉から、したがって、〈意味〉は〈無意味〉からどのようにして区別されるのか。ウィトゲンシュタインやクロスマンやその他の思想家における理論間の類似性を説明するのは、この問いに対する答えである。L・ウィトゲンシュタインの述べたところからすると、科学者が使用する〈記号〉には一定の意味があるが、形而上学者はその文中のある記号にはなんの意味も与えていないということになる。かれはこう書いている。「哲学のただしい方法は、ほんらい、語られうること、すなわち、自然科学のもろもろの文——したがって、哲学とはなんの関係もないわけだが——以外はなにも言わないこと、そして誰か他の人が形而上学的なことを言おうとしたら、いつでも、語られているもろもろの文中のある一定の記号に意味は与えられていないと指摘することであろう」[命題六・五三 S. 115]。実際の場面でこれが意味するのは、形而上学を語る人に「あなたは、そのことばでなにを意味しているのですか。そのことばの意味はなんですか」と尋ねるということだろう。つまり、ことばを換えれば、われわれはかれに定義を要求し、それが与えられなければ、そのことばは無意味であると見なすということである。

本文で示したように、この理論はつぎの点を見落としている。(a)機知に富み、ためらいをもせずに形而上学を語る者は、「そのことばの意味はなんですか」と聞かれても、すぐに定義を用意してしまい、やりとりの全体が忍耐くらべになってしまうこと、(b)科学者は形而上学を語る者よりも論理的に優れた立場にいるわけではないし、それどころか、不謹慎でためらいもせずに形而上学を語る者よりもさらに悪い立場にいるということ。

モーリッツ・シュリックが、*Erkenntnis*, Bd. 1[1930/31], S. 8で、ウィトゲンシュタインの説に触れ、無限後退という困難に言及していることは気づかれてよい。だが、かれが提案した解決策(これは、帰納的定義、もしくは構成、あるいはおそらく操作主義の方向にあると思われる。参照、本章注(50))は、明確でもないし、境界設定の問題を解決できるわけでもない。[その箇所はつぎのように述べている。「哲学の仕事は、文を立てることではないし、したがって、言明に意味を与えることをふたたび言明によっておこなうことでもない。こうした点は容易にわかる。というのも、わたくしがたとえば自分が用いた語の意味を解説的な文や定義によって、つまり、新しい語の助けを借りて与えたばあい、このべつな語の意味を問い、さらにおなじことをつづけなければならなくなるからである。このプロセスは無限につづけることはできない。それはつねに、事実の指摘、意味されたものの提示、実際の行為において終了する。それらはさらに説明されうるものでもないし、その必要もない。したがって、最終的に意味を与えるものは、それゆえ、いつでも行為であり、それが哲学の活動を作る。」」ウィトゲンシュタインやシュリックのある種の意図と、かれらが意味の哲学に要請したことは、タルスキが「意味論」と呼んだ論理学の理論によって満たされているように思われる。しかし、そうした意図と意味論の意図とのあいだには、あまり密接なつながりはないだろう。というのも、意味論は文を論じるのであり、明瞭化にのみかかわるのではないからである。【L・ウィトゲンシュタイン自身はのちにタルスキの真理論を否定した。参照、かれの著『哲学的探求』[1953/2001]】ウィトゲンシュタインに対するこうしたコメントは、本章の注(51)~(52)につづく。(第二四章の注(8)(2)と(32)、第二五章の注(10)と(25)も見よ。)

(47) 論理的導出(Ableitung)一般と、特定の証明(Beweis または Demonstration)とを区別することが重要である。(【参照、たとえば、K. R. Popper, 〉New Foundations for Logic〈, in *Mind*, Bd. 56, 1947, S. 193 ff. と、】それに対する Bd. 57, S. 69 f. での修正。) 証明とは、

導出された命題が最終的かつ決定的に真なることを立証する演繹的論証のことである。アリストテレスもこうした意味でこの語を用いているし、結論が必然的に真なることが立証されるべきであると要求している(たとえば、『分析論後書』第一巻第四章 73a ff.) R・カルナップもまたこの語をそのように使用しており(参照、とくに *Logische Syntax*, 第一〇節 S. 26 および第四七節 S. 123 ff.)、そして、この意味で〈証明可能〉な結論も〈分析的に〉真であることを示している。(ここでは、〈分析的〉と〈総合的〉という語に関連する問題には立ち入るつもりはない。)

アリストテレス以来、すべての論理的演繹(Deduktion)が証明でないことは明らかであったが、証明ではない論理的演繹も存在する。たとえば、あきらかに偽なる前提から結論をみちびき出すことができるが、そのような真または偽なる前提からの演繹は証明とは呼ばない。R・カルナップは、非証明的な推論を〈導出〉(*loc. cit.*)と呼んでいる。これまでそれに対して名称が存在しなかったのは興味深いことである。ということは、それまでは圧倒的に証明に関心が向けられていたということである。これは、〈学問〉や〈知識〉はそのあらゆる文を正当化しなければならない、つまり、文は自明の前提として受け入れられるか、証明されなければならないというアリストテレスの偏見に起因している。しかし、純粋論理学と純粋数学以外では、なにも証明できないというのが真実のところである。それ以外の学問で役割を果たしている論証はすべて証明ではなく、たんなる導出にすぎない。

一方における導出の問題と他方における定義の問題、また文の真理性の問題と表現の意味の問題とのあいだには、遠大な平行関係があることに注目すべきである。

導出は前提から始まって、結論をみちびき、定義は(右〔下〕から左〔上〕に読むと)定義する語から始まり、被定義項をみちびく。導出は、前提の真なることが知られているならば、結論の真なることを教えてくれる。定義は、定義する語の意味が分かっていれば、被定義項の意味を教えてくれる。このように、導出は、真理の問題を解くことができないまま、前提に戻してしまう。そして、定義は、意味の問題を解くことができないまま、この問題を定義する語に戻してしまう。

(48)　定義する語が被定義項にくらべてたぶんに明確さや正確さに欠ける理由は、一般的にそれが抽象的で一般的であるという点に求められるべきであろう。だが必ずしもそうとは言えないばあいもある。とりわけ、ある種の現代的な定義方法が用いられているばあいにはそうである(〈抽象化による定義〉——記号論理学の方法)。しかし、クロスマンが考えたような定義のすべて、とくに(属と種差による)アリストテレスの定義のすべてについてはたしかにその通りである。

ロックやヒュームの影響を受けて、実証主義者のなかには、科学や政治で使われるような抽象的な表現を、特定の具体的な観察にもとづいて、あるいは感覚にもとづいて定義することも可能であると主張した者もいた(次注の本文を見よ)。このような〈帰納的〉定義の方法は、カルナップによって〈構成〉と名づけられた。しかし、普遍的なものを特殊的なものによって〈構成〉することは不可能であると言えよう。(参照、この点については拙著『探求の論理』〔第一〇版、一九九四年〕、とくに第一四節 S. 35 ff., 第二五節 S. 60. ならびに R. Carnap, 〉Testability and Meaning〈, in *Philosophy of Science*, Bd. 3, 1936, S. 419–471 および Bd. 4 [1937], S. 1–40.)

(49) 例は、M・R・コーエン(M. R. Cohen)とE・R・ナーゲル(E. R. Nagel)が(注(46)におけるように)S. 232 f. で定義として推奨しているものとおなじである。

ここでは、本質主義的定義が無用であることについていくつかの一般的な指摘を追記しておきたい。(参照、本章注(44)(1)の末尾。)

(1)事実問題を定義にもとづいて解決しようとする試みは、通常は、純粋にことばの問題におき換えることを意味する。(この方法の顕著な例は、アリストテレス『自然学』第二巻第六章末尾近くにみられる。) それはつぎのような例で示すことができよう。(a)事実問題が存在する。われわれは部族の檻に戻れるかどうか。戻れるとしたら、どのようにして。(b)道徳的な問題が存在する。われわれはそこに戻るべきか。

意味の哲学者は、(a)と(b)に直面してつぎのように言うだろう。すべては、あなたの曖昧な表現でなにを言わんとしているのかにかかっている。〈戻る〉とか、〈檻〉とか、〈部族〉をどう定義しているのかを言ってください——そうしたら、それらの定義の助けを借りてあなたの問題を解決できるかもしれません。これとは反対に、わたくしはつぎのように主張したい。もし問題が定義によって解決できるのであれば、その解決は定義からみちびかれたものであり、そのようにして解決されたという問題は純粋にことばの問題である。なぜなら、それは、事実や道徳上の決定とは無関係に解決されたのであるから、と。

(2)同時に本質主義者もかねている意味の哲学者は、とりわけ問題(b)に結びつけて、状況をさらに悪化させるかもしれない。かれは、たとえば、われわれが戻るべきか否かは、われわれの文明の〈本質〉とか〈本質的な性格〉とか〈運命〉に依存していると説明するかもしれない。（参照、本章注(61)(2)も。）

(3)本質主義と定義論は、倫理学に驚くべき発展をもたらした——抽象性の増大と、あらゆる倫理学にとっての基礎であるべきものとの接触の喪失、すなわち、いまここで決定されねばならない実践的な道徳的問題との接触の喪失をもたらした。発展の次第はこうである。まず一般的な問い〈なにがよいのか〉とか〈よいものとはなにか〉が生じ、つぎに〈よいとはなにを意味するのか〉という問いに至り、最後に〈「なにがよいのか」という問いに答えることはできるのか〉とか〈よいは定義されうるのか〉につながるのである。ジョージ・E・ムーア（George E. Moore）は、かれの著作『プリンキピア・エティカ』（*Principia Ethica* [1903/1993, ドイツ語訳 *Principia Ethica*, 1984, S. 35 ff.] 泉谷周三郎他訳『倫理学原理』三和書籍、二〇一〇年）のなかでこの最後の問いを提起し、道徳的な意味での〈よい〉は、〈自然主義的な〉表現では定義できないと主張した点では、たしかにただしかった。というのも、じっさい、――自然主義的な表現で定義できるのだとしたら、〈よい〉ということばは〈苦い〉〈緑色の〉〈赤色の〉といったことばといくぶんか似たような意味をもち、道徳的な観点から見るときわめて意義のないものになってしまうだろうからである。苦いものとか甘いものなどについて考察する必要がないのとおなじように、自然主義的な善にはなんら道徳上の関心を払う必要はない。しかしムーアは、主要な関心事であったと評しても外れてはいないであろう問いにはただしく答えたとはいえ、善とか他のなんらかの概念や本質についてのかれの分析は、あらゆる倫理にとって唯一重要な基盤である、いまここでただちに解決されるべき道徳上の問題をあつかう倫理学的理論に、まったく貢献しえていないという事実は残る。このような分析は、道徳上の問題を純粋にことばの問題におき換えてしまうことにしかつながらない。(参照、第一巻第五章注(18)(1)、とりわけ道徳的判断の無意義性についても。)

(50) わたくしの念頭にあるのは、〈構成〉(本章注(48)を見よ)とか、〈暗黙的定義〉とか、〈帰属化定義(Zuordnungsdefinition)〉や〈操作主義的定義〉の方法である。しかし、〈操作主義者〉の議論は、その主要な点において、完全にただしいと思われるが、操作的な定義や記述には、無定義語として受け入れなければならない一般的な表現が必要であること、そしてそれらの表現はそれ自体ふたたび問題を招くという事実を克服していない。

ここでは、〈われわれの表現が用いられる〉仕方について若干のヒントを追加しておかなければならない。簡潔に述べたいので、それらのヒントは、説明抜きで、いくつかの技術的な細部に触れることになろう。そのため、このような述べ方では一般に理解されないかもしれない。

R・カルナップは(*Symposion*, Bd. I, 1927, Heft 4, S. 355 ff.[〈本来的概念と非本来的概念〉]で、また参照、かれの *Abriß der Logistik* [1929])、とりわけ数学で使用される暗黙的定義が、〈定義する〉ということばの通常の意味での定義ではないことを示した。暗黙的定義の体系は、「モデル」の定義として理解することはできない。——むしろそれは「モデル」の全集合を定義する。したがって、暗黙的定義の体系で定義された記号は定項ではなく、(一定の範囲をもち、体系によって一定の仕方で相互に連結される)変項として理解されなければならない。このような状況と、科学において〈われわれの表現が使用される〉仕方とには、つぎのように述べることができる一定程度の類似があるだろう。暗黙的に定義された記号で研究がなされる数学の分野では、それらの記号が〈一定の意味〉をもたないという事実は、操作がなされる仕方にも理論の正確さにも影響を与えない。どうしてか。記号に過重な荷をかけすぎないようにするからである。われわれは、意味の本影(中心)的部分の外側には意味を背負わせないようにする。そのような部分は暗黙的定義によって正当化される。(そして、それに直感的な意味を付与するときには、それを理論そのものと矛盾してはならない私的な補助的道具として使うように注意する。）このようにして、われわれはいわば〈曖昧さの半影領域〉あるいは両義性の内に留まろうとし、この半影領域の正確な限界や正確な範囲の問題を回避しようとする。それによって、こうした記号の意味を議論することなく、多くのことを達成しうることが判明したのである。なぜなら、なにものも意味には依存しないからである。同様に、その意味を〈操作的に〉覚えられた表現もわれわれによって操作されうるだろう。われわれはそれらの表現をいわば、意味にはまったく、あるいは可能なかぎり少ししか依存しないように使用する。われわれの〈操作的定義〉には、問題を語にはまったく、あるいは少ししか依存しない領域に移すという利点がある。明瞭に話すとは、語がどうでもいいように話すことである。

(51) ルートヴィヒ・ウィトゲンシュタインは『論理哲学論考』のなかで（参照、本章注(46)。そこで、さらに指摘事項を述べておいた）、哲学は言明を立てることはできないのであり、すべての哲学の言明はじっさいには意味のない言明まがいのものであると説いている。それと固く結びついているのが、哲学の真の課題は言明を立てることではなく、それを明瞭化することであるというかれの教説である。「哲学の目的は、思想の論理的明瞭化である。――哲学は学説ではなく、活動である。哲学の書物は本質的に解明からなる」(*op.cit.*, 命題四・一一二 S. 41)。

ここで問題が生じてくるだろう。こうした見解は、ウィトゲンシュタインの根本的な目的、つまり、形而上学は無意味であると指摘し、それを破壊するという目的に合致するのだろうか、と。拙著『探求の論理』において(これよりも先に、*Erkenntnis*, Bd. 3, 1933, S. 423で、いまは注(48)で示しておいたように『探求の論理』、S. 254 ff. で)、わたくしは、ウィトゲンシュタインの方法が、まったくのところ、ことば面だけの解決にしかならないこと、それは、見かけは過激であるが、形而上学の破壊や排除にも、あるいは形而上学を明確に区分けすることにもつながらず、形而上学が科学の領域にはいりこみ科学との混合を招かざるをえないことを示そうとした。その理由はきわめて単純である。

(1)L・ウィトゲンシュタインの命題のひとつ、たとえば「哲学は学説ではなく、活動である」を取り上げてみよう。これはたしかに、自然科学の全体(あるいはあらゆる自然諸科学の全体)に属する文ではない。したがってそれは、ウィトゲンシュタインによれば、「真なる文の全体」に属することはできない。他方でこの文は偽でもありえない(なぜなら、偽としてしまうと、その否定は真でなければならないわけで、自然科学に属することになるからである。)したがってそれは「意味のない」、あるいは「無意味な」、または「無意味」であらざるをえないことになる。そしてこれはウィトゲンシュタインのほとんどの文についても言えることなのである。L・ウィトゲンシュタイン自身は自分の学説からのこうした帰結を認識していた。というのも、かれはつぎのように書いているからである[命題六・五四 S. 115]。「わたくしの文は、わたくしを理解する者が、それによって――それらの上に——登ったならば、最終的にはそれらを無意味なものと認識するという事実によってその意味があきらかになる。梯子は、登ったあとには、いわば捨てられなければならない。」結果は重要である。ウィトゲンシュタイン自身の哲学は無意味であり、その点が承認されているのだ。L・ウィトゲンシュタインは序文のなかでつぎのように述べている。「一方で、ここで伝えられた思想が真なることは、わたくしには抗し難く決定的であると思われる。したがって、わたくしは問題を本質的な点で決定的に解決したと考えている」[S. 8]。ここに示されているのは、あきらかに無意味である文の助けによって〈抗し難く決定的に〉真なる思想を伝達できるということ、そして無意味を書くことで、問題を〈最終的に〉解決できるということである。(参照、第二四章の注(8)(2)(b)も。)

これがなにを意味するかを考えてみよう。それは、ベーコン、ヒューム、カント、ラッセルが何世紀にもわたって戦ってきた形而上学的無意味が、いまや気楽に樹立され、公然と無意味と呼ばれるということだ。(ハイデガーはそうしている。参照、第一二章注(87)。)というのも、いまや新しい種類の無意味、すなわち、抗し難く決定的に真なる思想を伝える無意味が存在するからである。言い換えれば、深い意義(Bedeutung)をもった無意味があるということだ。

わたくしは、ウィトゲンシュタインの思想が抗し難く決定的なものであることを否定しない。なぜなら、どのようにして抗するというのか。あきらかに、それらに対して言えることは、すべて哲学的であり、したがって無意味ということになるからである。そして、それは無意味として無視されるのである。これは、わたくしがヘーゲルに関連して他の箇所で言及しておいた立場（参照、第一二章への注（33））、先鋭化された独断主義である。わたくしは拙著『探求の論理』（第二版 S. 24）のなかでつぎのように書いた、「必要とされるのはただひとつ、〈意味〉の概念を、そのなかに〈意味〉を見出すことができない程に狭く捉え、すべての不愉快な問いを説明し去ってしまうことだ。そして、経験科学の問題のみを〈意味のある〉ものとして承認するなら、意味の概念についてのどんな議論も意味のないものとなろう。このような意味の教説はいったん王座につくと永遠にどんな攻撃からも逃れられる〈抗し難く決定的〉なものとなる。」

(2) しかし、ウィトゲンシュタインの理論は、あらゆる種類の形而上学的無意味を、それ自体が深い意義をもっているかのように見せかけることを奨励するだけでなく、わたくし（『探求の論理』S. 8）が境界設定問題（Abgrenzungsproblem）と呼んできたものを消滅させてしまう。というのは、かれは素朴にも、一方において〈本質的に〉あるいは〈本性からして〉科学的である問題、思想、アイデアなどが存在し、他方でおなじように〈本質的に〉形而上学的であるものも存在するので、われわれの課題は両者のあいだの〈自然な〔本性からしての〕境界線〉を発見することだと考えているからである。拙著から再度引用させていただきたい（*op.cit.*, S. 10）。「実証主義は、境界設定問題を〈自然主義的に〉理解する。つまり、目的に合わせた設定の問題としてではなく、経験科学と形而上学とのあいだに存在するいわば〈自然な〉相違の問題として理解する。」だが明白なことながら、哲学あるいは方法論の課題はただ、両者のあいだに有用な境界を提案し、確立することにある。ところが、それはほとんどなされてこなかった。形而上学を〈意味がない〉とか〈無意味〉と呼んでしまったからである。というのは第一に、そう呼んだ方が、境界線の専門技術的な特徴づけをするよりも、形而上学者や形而上学的体系に対する憤りをうまく表現できたからである。第二に、問題は先送りされただけだったからである。なぜなら、今度は、意味があるとかないとかとはどういうことなのかと問われねばならないからである。もし〈意味がある〉は〈科学的である〉の同義語にすぎず、〈意味がない〉は〈非科学的である〉の同義語にすぎないのであれば、あきらかになんらの進歩もしていないわけだ。こうした理由から、わたくしは、〈意味がある〉とか〈意味がない〉などの〔形而上学に対する憎悪の〕感情を背負わされた表現を方法論の議論から全面的に取り除くことを提案した(*op.cit.*, S. 10 ff., S. 23 ff., S. 254 ff.)。(わたくしは、科学体系の経験的性格の規準として、反証可能性やテスト可能性、あるいはテスト可能性の度合いを用いることで、境界設定問題を解決することを提案したのであり、〈意味がない〉という語を〈テスト可能〉の感情的な等価物として用いてもなんのメリットもないことを言い添えたということである。)

《わたくしは、「反証可能性」や「テスト可能性」を〈意味の規準〉とすることを明確に拒否したのだが、にもかかわらず、哲学者たちはしばしば、わたくしは、それらを意味の規準とか有意性の規準として受容するように提案したのだとしている。〔参照、たとえば、マーヴィン・ファーバー編『フランスとアメリカの哲学思想』(*Philosophic Thought in France and the United States*, hrsg. von Marvin Farber, 1950/1968, S. 570〔Felix Kaufmann〕)。〕

しかし、ウィトゲンシュタインの理論から〈意義〉とか〈意味〉への言及をいっさい取り除いたところで、科学と形而上学の境界設定問題に対するかれの解決策は、きわめて不幸なものであることに変わりはない。というのもかれは、〈真なる文の全体〉を自然科学の全体と同一視しているので、真ではないすべての仮説を〈自然科学の領域〉から除外することになるからである。そして、仮説についてはその真偽は決して知りえないので、それが自然科学の領域に属するかどうかも決して知りえないことになる。おなじように不幸な結果、すなわち、すべての仮説を自然科学の領域から除外し、形而上学の領域に割り振ってしまうという区分けは、ウィトゲンシュタインの有名な〈検証原理〉を用いるときにも生じる(わたくしはこの点を、*Erkenntnis*, Bd. 3, 1933, S. 427 で示しておいた。これはいまでは、拙著『探求の論理』の新補遺、S. 254 ff. に収められている。)なぜなら、仮説は厳密に言えば、検証不可能なものであり、それほど厳密なことを言わなければ、古代原子論者のような形而上学的体系でさえも検証されていると言えるからである。この結論は後年、ウィトゲンシュタイン自身によってもみちびき出された。モーリッツ・シュリック（参照、『探求の論理』四節注7, S. 11）によると、かれは一九三一年に科学の理論は〈本当の命題ではない〉、つまり意味がないと主張した。理論や仮説、すなわち、科学のあらゆる言表のなかでも最重要なものが、かくして自然科学の神殿から（もちろん、意図的ではないが）取り除かれ、形而上学と同列におかれるのだ。

『論考』におけるウィトゲンシュタインのもともとの見解を説明するには、かれが仮説はいつでも事実の単純枚挙をはるかに超えているという科学の仮説に伴う困難を見落としていたと仮定するだけでよい。ウィトゲンシュタインは、普遍性や一般性の問題を見落としていた。この点でかれは初期の実証主義者、とくにオーギュスト・コントにしたがっている。コントはつぎのように書いていた（参照、ヘンリ・D・ハットン訳、*Early Essays on Social Philosophy*, 1911, S. 223〔*System of Positive Polity*, 1973, S. 592〕または *The Crisis of Industrial Civilization*, 1974, S. 184 にも見られる〕, Friedrich A. von Hayek〔〕The Counter-Revolution of Science〈〕, in *Economica*, N. S. Vol. VIII, 1941, S. 300 を見よ）。「事実の観察は、人間の知識の唯一の確固たる基盤である……特定の〔特称的な〕、あるいは一般的な事実の単純な記述に還元されない文は、実際の、または理解される意味をもちえない。」コントは〈一般的な事実〉という単純なことばの裏に隠された問題の重要性には気づいていないが、〈特定の〔特称的な〕、あるいは一般的な〉ということばを使って少なくともそれに言及している。それらのことばを落とすと、この箇所は、ウィトゲンシュタインが『論考』のなかで確立した意味の規準の非常に明確かつ正確な定式となる。(つまり、すべての命題は原子命題の真理関数であり、したがってそれらに還元可能であって、原子命題は原子的事態の像である、という定式となる。) そしてシュリックは一九三一年にこれをさらにくわしく述べた――コントの意味の規準は、ジョン・スチュアート・ミルによっても引き継がれた。

要約しておきたい。ウィトゲンシュタインの『論考』における反形而上学的な意味の理論は、形而上学的なドグマティズムや神託まがいの哲学との戦いで役に立つというにはほど遠いのであり、それは敵、すなわち深遠な意味のある形而上学的無意味に対して門扉を開くと同時に、友である科学の仮説をその開いた扉から追い出す尖鋭化された独断主義なのである。

《以下のウィトゲンシュタインの後期著作についての非常に興味深い記事は、(本書のもとの訳者である Paul K. Feyerabend)によって挿入されたものである。それは、四〇八ページの注(51)の末端までつづく。》

【『論理哲学論考』や『マインド』誌(*Mind*, Bd. XLII, 1933, S. 415 f.)の編集者宛の手紙が公刊されて以来、比較的閉鎖的なサークルで教えていたウィトゲンシュタインについてはただ多くの噂だけが流布されてきた。近年かれは完全にみずからの哲学を作り直したと言われている。この印象は、かれの遺著である第二作『哲学的探求』(オクスフォード大学出版、一九五三年)をざっと通読してみるとさらに強められる。序文「一九四五年一月」のなかで、ウィトゲンシュタインは『論理哲学論考』(S. X)で「書き記した」ものに「重大な誤りを認識せざるをえない」[2001, S. 567]と書いている。ところが、この第一印象は立ち入った検討に耐えられるものではない。立ち入った検討をしてみると、『論理哲学論考』と同様に、ここでも自然科学と形而上学、いわゆる〈言語ゲーム〉と哲学のあいだで区別がなされていることがあきらかになる。『論理哲学論考』の〈自然科学〉には、〈要素命題〉、つまり具体的な事態を映し出す命題か、またはそのような要素命題から比較的簡単な方法で組み立てられる命題のみが許容されるのに対し、言語ゲームには、一定の状況下で、命令、問い、描写、感嘆、伝達などとして「用いられる」あらゆる表現、文、文の構成要素などが含まれる。いまやひとつの言語ではなく、さまざまな言語ゲームが存在し、個々の表現は、それが現れる言語ゲームに応じて異なった意味をもちうるとされるのであり、言語ゲームにおける諸表現の意味は、それらが他の表現と結びつけられる具体的な場面での用いられ方からあきらかになるのだという。われわれは言語ゲームの演じ手として、そうした用い方をマスターし、その意味を熟知しているので、(われわれが演じる)言語ゲームはわれわれに「開かれてそこに」ある(S. 50)[2001, S. 815]——あるいは少なくとも開かれてそこにあるはずだとされる。というのも、それらは通常、あまりにも広範囲にわたっているので——われわれはそれらをマスターしているにもかかわらず——それらの構成要素の用法を見通すことができないからである(S. 49)。おそらくこうした点から、見通せないものを見通せるようにする哲学的理論の構築へと走るのであろう。そうした哲学的理論は、言語ゲームが作られる次第をあきらかにすべきものであるが、かえって言語ゲームを撹乱する。というのも、それらは、その意味があきらかにされるべき表現を、新たな通常でない仕方で用いるからである。(たとえば、〈真理(Wahrheit)〉とはなにか。この表現は、日常では〈君がこの夏イタリアにいたというのは本当(wahr)か〉というような文脈で出てくる。——それに対して、哲学では、〈真理とは文と事態との一致である〉といった文脈で出てくる。) かれらは、明瞭にしようとしている言語ゲームにもとづいて「空中楼閣」(S. 48)[2001, S. 812]を建てる。ところが、ウィトゲンシュタインの意味での哲学とは、「われわれの言語を手段として、われわれの理解力を魔術にかけるものとの戦い」なのである(S. 47)[2001, S. 809]。それは空中楼閣を排除しなければならないのであり、「いかなる仕方でも実際の言語使用」(ここでふたたび言語について語られていることに注意せよ!)「を傷つけてはならないのであり……すべてをあるがままにしておくものである」(S. 49)[2001, S. 814]。だから、哲学的な空中楼閣が排除されれば、「完全な明瞭性」が生じてくる(S. 51)——しかし、「これは哲学的な問題は完全に消滅すべきであるということにすぎない」[2001, S. 816]。——したがってふたたび、言語ゲームの領域と(いまや形而上学や自然科学に取って代わって出現した）哲学の領域とのあいだにはシャープな境界線があると前提されているわけだ。――そうでなかったら、哲学的な空中楼閣を排除しても、〈完全な明瞭性〉には至らないだろう。第二に、分離はある程度自明であるとも、つまり、哲学的考察と言語ゲーム内での動きとのあいだには、自然で明確な相違があるとも前提されている。ウィトゲンシュタインは、ある種の語は言語のうちに「みずからの家郷をもつ」とも語る（参照、S. 48）[2001, S. 812]。第三に、この本を読むなら、哲学的な問題に、とくにこの本で扱われた問題に悩まされることなく、われわれの言語ゲームを演じつづけることができるといわれている。したがってこの本が書いていることは、（哲学的な）理論の一部としてではなく、「種々の治療」の実践と見なされる（S. 51）[2001, S. 817]。この点は、この本のなかで、ほんものの哲学的問題、たとえば、〈読む〉という語の本当の意味はなにか（読む対象はなにか）という問題（S. 61 ff.）[2001, S. 832 ff.]を扱っていると思われる議論に目を通すととりわけあきらかになる。この箇所では、心理学主義、すなわち、読むのは心理的内容であり、読むことの必要十分な規準はこの内容が目の前に現れ出ることであると主張する理論が明確に批判されている。（おなじく批判されているのは、読むことの本質は、抽象的な対象――一種のプラトン的なイデア――であり、われわれの知力で把握される、という説である。）ここに触れたような説に対してウィトゲンシュタインが述べたことは、他の哲学者においても多かれ少なかれより明瞭な論証のかたちで見出される。(たとえば、Heinrich Gomperz, *Weltanschauungslehre*, II. Bd. [1. Hälfte, 1908], S. 140 ff. においてより明瞭に。) だが、はっきり述べておかねばならないが、ウィトゲンシュタインが当該の箇所でほんとうに議論していたと仮定すると、矛盾に巻き込まれるということだ。かれ自身はじつに、語の意味は、それが現れる言語ゲーム内での用法によってあきらかになると説いている。とすると、〈心理的内容〉の意味は心理学理論という言語ゲームの内部での用法からあきらかになるのであり、したがってウィトゲンシュタインの叙述は、批判というよりも、〈心理的内容〉という表現の用いられ方についての解明と見なされると推論せざるをえない。ところが、こうした叙述はあきらかに論争を呼ぶ。この矛盾はどう説明されるのか。解決策はこうである。ウィトゲンシュタインの叙述は、テーゼ〔読むとは心理的内容の把握である〕の偽なることを証明する意図をもっておらず、テーゼを除去しようとするものであり、治療の試みである。(もちろん、理論のただしさという問題に類比的な、治療の合目的性の問題もある。そして、ウィトゲンシュタインの治療は、治療を受けた人がその議論をきまじめに受け止め、忍耐強い医師が困難な治療過程で口にした語としてのみ受け止めるのではないときにこそ、目的に適って効果を発揮するものになるだろう。しかし、ウィトゲンシュタインの追随者が議論をまじめに受け止める——めったにないことではあるが——ばあいには、新しい実践、文が存在する新しい生活形式がつくり出されはしないだろうか。)

こうした叙述を概観すると、『哲学的探求』が『論理哲学論考』から異なるのは、(1)「自然科学」の代わりに言語ゲームを受け入れている点、(2)用語が異なる点、であると結論してよいだろう。第一の修正は、〈形而上学〉の領域が『論理哲学論考』にくらべて狭くなるという結果をもたらしている。しかし、第二の修正は、それから目を転じると、依然として『論理哲学論考』の説が主張されているという事実を隠蔽するものである。だから、まさに『哲学的探求』の重要な文を、『論理哲学論考』の意味の理論を無条件に信頼する読者でさえ承認せざるをえないようなかたちに、翻訳できる辞書を編むことができよう。(その辞書は、つぎのような対応関係を含むだろう。〈開かれてそこにある〉―〈おのずから示される〉、〈言語ゲーム〉―〈自然科学〉、〈空回り〉―〈意味がない〉、などなど。)『哲学的探求』は、ゆるいことばに翻訳された『論理哲学論考』である。この点についてのさらなる論評は、Paul Feyerabend, 〉Wittgenstein's *Philosophical Investigations*〈, in *The Philosophical Review*, Bd. 64 (1955), S. 449–483を見よ。】《パウル・K・ファイヤーアーベントによる詳論了》

(52) 相関連したそして議論可能な論証を提示せず、〈飲み込む〉か、そのままにしておくかにせざるをえないアフォリズムや独断的主張を語る教義とか信仰というかたちでの非合理主義は、一般的に言って、秘儀を授けられた者からなる秘教的集団の特性となりがちであろう。そして、この予後診断は、じっさい、ウィトゲンシュタイン学派のいくつかの出版物によって確証されるように思われる。(だが、一般化はしたくはない。たとえば、わたくしが読んだフリッツ・ワイスマンの著作はすべて、合理的できわめて明瞭な議論の連鎖のかたちで提示されており、「受け入れるか、捨てておけ」という姿勢からは完全に解放されている。)

これら秘教的出版物のなかには、まじめな問題を扱っているようには見えないものもある。それらは、重箱の隅をつつくために重箱の隅をつついているように見える。これらの出版物が、実りのない、重箱の隅つつきでえせ問題を解こうとしているとして哲学を非難し始めた学派に由来するというのも、意義がないわけではないように思われる。

この批判を閉じるにあたってつぎの点を簡潔に述べておきたい。形而上学一般に対する戦いは、たいして有意義だとは思えないし、また、そのような戦いが費やされた努力にあたいするだけの注目すべき結果をもたらすとも信じられないということだ。必要なのは、科学と形而上学の境界設定の問題を解決することである。むしろ、多くの形而上学的体系が重要な科学的成果をもたらしたことこそが認識されるべきである。デモクリトスの体系や、フロイトの体系に非常によく似たショーペンハウアーの体系を挙げておくだけでよいだろう。そして、こうした体系のいくつか、たとえば、プラトンやマルブランシュやショーペンハウアーの体系は美しい思想的構築物である。同時に、われわれをうっとりさせるが、混乱させる傾向のある形而上学的体系とは戦うべきである。しかし、おなじことは、そうした危険な傾向を示す非形而上学的体系や反形而上学的体系についても言える。また、戦いは一気にはできないと思う。むしろ、体系に立ち入って分析する労を払わねばならないし、著者が言わんとすることをわれわれは理解していること、そしてかれらが言わんとしていることは理解するにあたいしないことを示さなければならない。これらすべてのドグマティックな体系、とりわけ秘教的な体系の特徴をなすのは、崇拝者たちが、批判者は理解不足であると非難することである。だが、かれらは理解が同意につながるのはつまらない内容の文に限られることを忘れている。そうでないすべてのばあいで、理解はできても、にもかかわらず意見を異にすることがありうるのだ。

(53) A. Schopenhauer, *Die beiden Grundprobleme der Ethik*(『倫理学の二大根本問題』)[『五巻選集』第三巻]S. 503 f. ショーペンハウアーがここで語っているのは、「〈知的に直感する〉理性のことであり、いまやどんな夢想家でも、〈絶対の〉、すなわち、鼎から発せられた〈神託として与えられた〉ことばや啓示には、自分の白昼夢を託すことができたということである』。かれはこうつづけている。「この新しい特権は率直に利用されている。ここに、カントの教え直後から現れたあの哲学的方法の起源がある。それは、神秘主義、なりすまし、瞞着、目くらましを操り、ほらを吹くことからなる方法である。いつの日にか哲学史は、この時代を〈不正直の時代〉という標題のもとで触れることになろう[S. 503]。(これに、本文で引用した箇所がつづく。)「受け入れるか、捨てておけ」という非合理主義的な態度については、参照、第二四章注(39)〜(40)の本文。

(54) アリストテレスがさらに発展させ体系化したプラトンの定義論(参照、第三章の注(27)と第五章の注(23))は、なかんずく(1)アンティステネス、(2)イソクラテス学派、とりわけテオポンポスからの抵抗にあった。

(1)シンプリキオスは、これらの非常に疑わしい問題にかんする最高の資料のひとつであり、アンティステネス([*Simplicii in Aristotelis categorias commentarium*, 1907], 66b, 67b)を、プラトンの形相やイデア説の反対者、また、本質主義と知的直感一般の教説の反対者としている。伝えられるところによれば、アンティステネスは「プラトンよ、わたしには馬は見える。だが、その馬性なるものは見えない」と言っていたという。(よく似た議論は、信頼性の劣る典拠 Diogenes Laertius[ドイツ語訳 *Leben und Meinungen berühmter Philosophen*, 1921/1998, S. 321] VI, 253では、キニク派のディオゲネスに帰せられているし、ディオゲネスがその典拠を利用しなかったはずだとする理由はない。)わたくしは、(テオフラストスにも知られていたと思われる)シンプリキオスを信頼できると思う。というのも、アリストテレス自身の発言(『形而上学』第八巻第三章とくに1043b 24)が、このアンティステネスの反本質主義とよく一致するからである。

『形而上学』のなかで、アリストテレスは本質主義的な定義論への反論に言及しているが、その二箇所はともにたいへん興味深い。第一の箇所(『形而上学』第五巻第二九章

1024b 32)ではアンティステネスが本章の注(44)(1)で論じた状況をもち出したと言われている。すなわち、かれは、(たとえば、犬についての)真なる定義と偽なる定義を区別する可能性はなくなり、したがって、見たところ矛盾する二つの定義は、「犬」と「犬ちゃん」という二つの異なる存在を指すだけで矛盾はないのであり、だから、偽なる文を語ることはほとんどできなくなるだろう、と言っている。この批判についてアリストテレスはつぎのように書いている。「アンティステネスは、なにごとも、それに固有の定式――つまり、あらゆるものにひとつの定式がある――以外では記述できないのであり、したがって矛盾は生じず、偽なる文を語ることはほとんど不可能であると主張することによって、自分の無知を示した。」(この箇所は通常、アンティステネスの積極的な理論を含んでいて、定義論に対するかれの批判は含んでいないものと解釈されてきた。しかし、この解釈は、アリストテレスにおいてそれが登場した文脈を無視している。この箇所の全体は、誤った定義の可能性、すなわち、知的直感の理論の不適切性という意味で、まさに注(44)(1)で述べておいた困難を招く問題を扱っているのだ。そして本文からもあきらかなように、アリストテレスはこれらの困難にも、またそれらに対するアンティステネスの態度によっても悩まされていたのである。) 第二の箇所(『形而上学』第八巻第三章 1043b 24)もまた、本章で展開しておいた本質主義的定義への批判と合致する。その箇所からは、アンティステネスが、本質主義的定義は短い記述のかわりに長い記述を導入するだけなので無益であると攻撃したこと、さらに、アンティステネスは、事物の定義は無意味であるという自身の見解にもかかわらず、すでに知られている対象との類似性を参照して、あるいは、構成物であるばあいには、その部分を説明することによって、そうしたものを記述したり説明したりする可能性を認めたことがあきらかになる。アリストテレスはつぎのように書いている。「じっさい、アンティステネスの信奉者や他のおなじように無教養な人びとが主張したこの困難にはなにかがある。かれらは、ものが「何」であるか(または、もののものたるところ)を定義することはできない、なぜなら、いわゆる定義とは、長い定式以外のなにものでもないから、と。しかし、かれらは、対象がどのようなものであるかを説明することは可能であると承認している――たとえば、銀の例で言うと――それは錫に似ていると言うことができるから。」しかし、この説からはつぎのようなことが帰結してくるであろう、とアリストテレスは付けくわえている。「感覚的に知覚対象物であろうと、精神的直感の対象であろうと、複合的なものとか実体についての定義や定式を与えることは可能であるが、それらの第一次的な部分についてはそうではない……。」(つづく箇所では、アリストテレスは逸脱して、このような議論を自説に結びつけようとしている。それによると、定義を語る式は二つの部分、つまり、質料と形相のようにお互いに関連しており、統一されている〈類〉と〈種差〉とからなる。)

ここでこうしたことがらを扱ったのは、アンティステネスの反対者、たとえばアリストテレス(参照、『トピカ』第一巻第一一章104b 21)が、ここでは本質主義に対するアンティステネスの批判ではなく、むしろかれ自身の積極的な理論があるといった印象をひき起こすような仕方で、かれのことばを引用したように見えるからである。こうした印象が可能になったのは、アンティステネスの批判が、おそらくかれによって主張されていたであろうもうひとつの説、すなわち、われわれは明確に話し、どんな表現でもひとつの意味においてのみ使うべきであり、そうすることで、定義論が解決をこころみたが失敗させられるに至った困難のすべてを回避できるという説と混同されたからである。

こうした類のことはすべて、先に言及しておいたように、資料が乏しいためにきわめてふたしかである。しかし、ジョージ・グロートが、「このアンティステネスとプラトンのあいだの論争」を、「極端な実念論」(あるいはわれわれの用語では極端な本質主義)「の教説に対する唯名論の最初の抗議」と呼んだとき、かれはただしかったのかもしれない。このようにして、アンティステネスを唯名論者と呼ぶのは「完全に間違っている」と主張したガイ・C・フィールド(Guy C. Field, *Plato and His Contemporaries* [1930/1974], S. 167)に対してグロートを擁護することができよう。

わたくしのアンティステネス解釈を補強するために、スコラ的定義論に対して酷似した議論を使用したルネ・デカルト(『自然の光による真理の探究』[1966, S. 136 ff.])や、あまり明確ではないが、ジョン・ロック(『人間悟性論』[1997]、第三巻第三章第一一節から第四章第六節、また第一〇章第四～一一節、とりわけ第四章第五節[ドイツ語訳 *Über den menschlichen Verstand*, 1976]を見よ)に言及しておきたい。しかし、二人、デカルトもロックも、とりわけ後者は、本質主義者でありつづけた。本質主義そのものは、トマス・ホッブズ(参照、上述の注(33))や、存在論的唯名論者とまでは言わないまでも、最初の方法論的唯名論者の一人と呼べるバークリーによって攻撃された。(この文脈でデカルトとバークリーが果たした役割については、参照、第二五章注(7)(2)。)

(2)プラトン－アリストテレス的定義論に対する他の批判者については、テオポンポスのみを挙げておきたい(かれはエピクテトス(Epiktet 第二巻第一七章 4-10)で引用されている。George Grote, *Plato, and Other Companions of Socrates* [1875/1998], Bd. I, S. 324を見よ。)ソクラテスは、一般に主張されている見解とは反対に、まず定義論を歓迎しなかっただろうと思う。かれが戦ったのは、倫理的な問題のことばだけの解決であった。そして、倫理にかかわる表現についてのかれのいわゆる定義がいつも否定的な結果をもたらしていたことを考慮に入れるならば、それらはむしろ語によってひき起こされた偏見を破壊しようとする試みとして捉えなければならないだろう。

(3)ここでわたくしは、アリストテレスを批判しているにもかかわらず、かれの貢献を承認する者であることを付言しておきたい。かれは論理学の創始者であり、『プリンキピア・マテマティカ』(*Principia Mathematica* [Alfred N. Whitehead and Bertrand Russell

著、全三巻、1913/1992〕)まで、論理学はアリストテレスが与えた発端の深化と拡張として理解されていた。(論理学の新しい時代がじっさいに始まったのは、「非アリストテレス的」あるいは「多値的」体系によってではなく、むしろ〈対象言語〉と〈メタ言語〉とが明確に区別されてからである。) ほかにも、アリストテレスは大きな貢献を成し遂げた。個々のものだけが実在する(そして、その〈形相〉や〈質料〉はその側面や抽象にすぎない)と何度も主張することで、観念論をかれの常識(〈コモンセンス〉)で飼い慣らそうとした。《だが、そうした努力がほんものであったからこそ、アリストテレスはプラトンの普遍性の問題を解決する、つまり、あるものは類似し合っているように見えるのに、他のものはそうではないのはなぜなのかを説明しようともしなかったのである。というのも、事物があるのとおなじくらい、事物のなかにアリストテレス的な本質があってはならないというのか、ということになるからである。》

(55) プラトン主義の――とりわけ、ヨハンネスによる福音への――影響は明白である。この影響は初期の福音書ではあまり目立たないが、わたくしは、皆無であったと主張するつもりはない。それにもかかわらず、福音書はあきらかに反主知主義的な、反哲学的な傾向を示している。かれらは哲学的な思索に訴えることを避けているだけでなく、きわめて明確に学識や弁証――たとえば、〈律法学者〉の弁証――にも反対している。そして、学識とはこの時代にあっては、律法を弁証法〔ここでは神が正義であり善であることを論証するという意味〕的に、哲学的に、おそらくはたとえば新プラトン主義の意味で解釈することを意味していた。

（56）民族主義の問題と、ユダヤ人の偏狭な部族的エートスをローマの国際主義によって克服することは、キリスト教の初期の歴史においてきわめて重要な役割を果たしている。これらの闘争の反響は『使徒言行録』に見られる（とくに第一〇章15以下、第一一章1–18. 参照、『マタイオスによる福音』第三章9と『使徒の宣教』第一〇章10–15の部族的な食べ物タブーに対する論争も）。興味深いことには、これらの問題は富と貧困という社会問題、ならびに奴隷制の問題と一緒に現れている（参照、『ガラティアの信徒への手紙』第三章28, とくに『使徒の宣教』第五章1–11. そこでは、私有財産の保持は重大な罪として記述されている）。

たとえば、レオポルト・インフェルトの自伝『探求』〔*Quest — The Evolution of a Scientist*, 1941/1980〕（市井三郎訳『真実の探求――一科学者の生長』日本評論社、一九五〇年）に見られるような、一九一四年までの東欧のゲットー生活の描写を読むことは、行き詰まって石のごとくなったユダヤ人の部族主義をいかにして存続させるかという問題を見るときたいへんに興味深いものがある。（ここには、おそらく、できるだけ部族生活にしがみつこうとするスコットランドの部族の試みとの平行関係があるだろう。）

（57）この引用はアーノルド・J・トインビー『歴史の研究』（Arnold J. Toynbee, *A Study*

of History [1939/1979], Vol. VI, p. 202)からである。この箇所は、宗教にかんしては寛容であったローマの支配者が、なぜキリスト教徒を迫害したのかという問題を扱っている。A・J・トインビーはこう書いている。「帝国の統治にとって耐え難かったものは、キリスト教徒が、帝国の主張する統治の正当性を承認せず、また帝国が臣民に自己の良心に反する行動の強要に対して拒否の意志を示したことであった……殉教は、キリスト教の拡大を制限するどころか、改宗のもっとも効果的な手段であることがあきらかになった……。」

(58) ユリアヌス帝の新プラトン主義的な反教会とそのプラトン的な位階制について、またかれからすれば〈無神論者たち〉、すなわち、キリスト教との戦いについては、参照、A. J. Toynbee, *op.cit.*, Vol. V, p. 565, p. 584. Johannes Geffcken [*Der Ausgang des griechisch-römischen Heidentums*, 1920/1972, S. 113 および S. 131]からの一節を引用しておいてもよいだろう。イアンブリコス(異教の哲学者、数神秘主義者、新プラトン学派のシリア学派の創始者、年代的には紀元後三〇〇年ころ)においては、「……個人的な宗教体験はその神聖化すべてとともに排除されている。それに代わって、聖別、苦痛にみちた儀式、魔術的行為と見まがうほどの儀式、僧職階級が現れる。……ユリアヌス帝はキリスト教の諸制度をそのまま模倣することで異教を助けたいと思っていたので、苦々しい嘲笑、刺すような叱責に出会った。……僧侶たちを引き立てることについて皇帝の遣わした伝道師たちの見解は、見ての通り、徹頭徹尾イアンブリコスの見解を代表している。つまり、司祭への、細部に至るまでの儀式への、統一された正統派の教義へのイアンブリコスの熱望は、異教の教会の建設を準備した。こうした思想がユリアヌス帝によってさらに発展させられたのであった。」シリアのプラトン主義者やユリアヌス帝が提唱したこうした原則のうちに認められるのは、プラトン主義に特有の傾向(これは、おそらく後期ユダヤ教の傾向でもあろう。参照、本章注(56))、つまり、どんな変化も押しとどめ、硬直した教義――哲学になじんだ司祭身分によって、また、個人の良心にもとづく革命的な宗教には抵抗する硬直したタブーによって保たれる教義――を導入することで維持される傾向である。(参照、本書第一巻の、第七章注(14)および(18)～(23)の本文、第八章とくに注(34)の本文。)五二九年にユスティニアヌス帝が非キリスト教徒や異端者を迫害し、哲学を弾圧したことで、ページはめくられた。いまやキリスト教が全体主義的な方法を採用し、力ずくで良心を支配する。暗黒時代が始まる。

(59) キリスト教の台頭を、ヴィルフレド・パレートの忠告(参照、第一〇章注(65)および第一三章注(1))の意味で解釈せよというA・J・トインビーの警告(参照、A. J. Toynbee, *op.cit.*, Vol. V, p. 709)を見よ。教会はプラトンとアリストテレスの全体主義の足跡をたどった。

(60) 宗教は「民衆に対するアヘン」にひとしいと言うクリティアス、プラトン、アリストテレスのシニカルな教説については、参照、第八章注(5)～(18)(とくに(15)と(18))。

（参照、アリストテレス『トピカ』第一巻第二章101a 30 ff.も。）後段の例（ポリビオスやストラボン）については、参照、たとえば、A. J. Toynbee, *op.cit.*, Vol. V, p. 646 f. および p. 561. トインビーはポリビオス（*Historiae*, VI, 56）からつぎの箇所を引用している。「しかし、ローマ共同体の最大の利点は、神々に対する見方にあるように思われる。……そこで宗教は公私の生活において、ほとんど想像されないような役割を果たしている」等々［ドイツ語版 *Geschichte*, I. Bd. 1987, S. 581］。そしてかれはストラボンからつぎの箇所を引用している。「賤民どもを……哲学的理性の呼び声に耳を傾けるようにさせることはできない。……こうした者どもの扱いには迷信がないとやっていけない」等々。宗教は「民衆に対するアヘン」以上のなにものでもないと教えるプラトン的な哲学者の長い系列を考えると、コンスタンティヌス帝のばあいにも類似の動機を想定することがどうして時代錯誤と見なされるかわたくしにはわからない。

トインビーが、ほんとうの敵、すなわちアクトン卿に対して歴史的感覚を否認していることにも言及しておくべきだろう。なぜなら、アクトン卿はコンスタンティヌス帝とキリスト教徒との関係についてつぎのように書いているからである（参照、John Emerich Edward Dalberg-Acton, *The History of Freedom and Other Essays*, 1907/1967, S. 30 f. 強調はわたくしによる）。「かれらの信仰を受け入れたことで、コンスタンティヌス帝は、それまでの皇帝の政治的な計画を覆そうとは思わなかったし、また、ほしいままに権威を振るう魅力を破棄したいとも思わなかった。かれはただ、頑強さで世界を驚かせた宗教を支持し、王位を強化したかったのだ……。」

(61) わたくしは中世の大聖堂を讃嘆するし、中世の職人技の偉大さと独自性を心の底から認める。しかしわたくしは、人道的な態度に対しては決して美意識にもとづく議論をしてはならないと考える。

中世賛美の流行は、ドイツにおけるロマン派運動から始まったように思われる。そして、われわれがいま目撃証人となっているこのロマン派運動の再生とともにふたたび流行している。もちろんこれは反合理主義的な運動であり、第二四章でべつの観点から論じるつもりでいる。

中世に対する二つの態度、合理主義と反合理主義とは、二つの歴史解釈に対応している(参照、第二五章)。

(1)合理主義的な歴史解釈は、人びとが人間にかかわることがらを合理的に考察しようとした時代に希望のふくらみを見る。それは、偉大な世代、とくにソクラテス、初期キリスト教(コンスタンティヌス帝まで)、ルネサンス、啓蒙主義の期間、そして現代科学のうちに、自分自身を解放し、閉じた社会の牢獄を破り、開かれた社会を形成しようとした人びとの努力としての、だがしばしば中断された運動の一部を見る。この合理主義的解釈は、この運動が「進歩の法則」(あるいはそれに類するもの)ではなく、もっぱらわれわれ自身に依存するものであり、その敵対者に対しても、また怠惰や無関心に対しても防衛しなければ、消滅せざるをえないという事実を十分に意識している。そしてこの解釈は、あいだに挟まれた時代に、プラトン化した権力者、司祭の位階制、部族に結ばれた騎士道的秩序などを伴った暗黒時代を見るものである。

このような歴史解釈の古典的な定式化はアクトン卿(*op.cit.*, S. 1 f. 強調はわたくしのもの)に負うものである。かれはつぎのように書いている。「自由は、二五六〇年前にアテネで種が蒔かれて以来、宗教についで、善行の動機であるとともに犯罪のありふれた口実であった。……いずれの時代にあっても、自由の進歩は、その天敵、無知と迷信、征服欲と安逸への愛着、強い権力欲と貧者の食料要求によって脅かされてきた。長いあいだ、自由は完全にかせをはめられていた……真の自由の本質にかかわる不安定性と混乱ほど、持続的で、取り除くのが困難な障害はなかった。敵対する利害は大きな損害をもたらしたが、間違った考えがもたらした損害はさらに大きい。」

暗黒時代に、〔いまは〕暗黒時代であるという感情がいきわたっていたのは不思議なほどである。そうした時代の学問や哲学は、かつて真理は知られていたのだが、失われてしまったという感情にとらわれていた。これは、古代の賢者の石という秘密は失われてしまったという信念、占星術のもつ古い知恵への信念、またおなじように、新しい考えにはなんの価値もなく、あらゆる考えには古代の権威(アリストテレスと聖書)による支持が必要であるという信念に表われている。しかし、知恵への秘密の鍵は失われてしまったと感じた人たちはただしかった。というのも、そうした鍵は、理性と自由への信念だからである。この鍵は、思考の自由な競争であり、思想の自由なしには存在できないものである。

(2)第二の解釈は、ギリシアの合理主義と近代合理主義(ルネサンス以降)の両方に信仰の道からの逸脱を見るトインビーと一致する。トインビーはつぎのように書いているのだ。「このように書いてきた筆者の目からすれば、ヘレニズムと西洋文明においてたぶんに見出されるであろう合理主義という共通の要素は、これらの二つの社会秩序を他のすべての代表的様式から引き離すほどきわだったものではない。……西洋文明におけるキリスト教的要素をその本質と考えるならば、ヘレニズムへの還帰は、西洋のキリスト教的特性のもつ諸可能性の実現としてではなく、西洋の発展のただしい道からの逸脱として見ることができよう――事実、取り戻せるのであれそうでないのであれ、退行という誤った一歩と見なすことができよう」(*A Study of History*, Vol. V, p. 6 f. の注。強調はわたくしのもの)。

トインビーとは反対にわたくしは、その歩みを逆行させ、中世の牢獄、抑圧、迷信、疫病に戻ることとの可能性を一瞬たりとも疑うことはない。しかしわたくしは、そうしたことはしない方がはるかによいと信じる。また、われわれがなすべきことは、ヒストリシズム的本質主義にではなく、もっぱらわれわれ自身の決定にかかっていると、したがって、A・J・トインビーが主張するように(参照、本章注(49)(2)も)、「西洋文明の本質的特徴はなんであろうかという問いにかかっている」のではないと主張したい。

(ここで引用したトインビーからの一節は、E・ベヴァンの手紙に対する返信の一部である。ベヴァンの手紙、つまりトインビーが引用した二通の手紙のうちの最初のものは、わたくしが合理主義的と呼ぶ解釈を非常に明確に表現しているように思われる。)

(62) 引用は、Hans Zinsser, *Rats, Lice, and History* (1935/2000), p. 80 および p. 83〔橋本雅一訳『ネズミ・シラミ・文明――伝染病の歴史的伝記』、みすず書房、新装版二〇二〇年〕〔ドイツ語訳 *Ratten, Läuse und die Weltgeschichte*, 1949, S. 84 および S. 87〕(強調はわたくしによる)から。

(本章末尾の)本文で、デモクリトスの学問と道徳がいまでもわれわれのあいだに生きているとコメントしておいた。デモクリトスとエピクロスとは直接歴史的につながっているのであり、それは、ルクレティウスをこえてガッサンディばかりでなく、間違いなくロックにも及んでいることを付言しておきたい。〈原子と空虚〉という表現は特徴的な言い回しであり、それがあるところつねにこの伝統の影響があることをあきらかにしている。そして、〈原子と空虚〉の自然哲学は、原則として、博愛的な快楽主義や功利主義の道徳哲学とならんで現れる。しかし、快楽主義者や功利主義者が使用している「快を可能なかぎり増やせ!」(〈快を最大化せよ!〉)という原則は、むしろデモクリトスとエピクロスのもともとの見解に対応するだろうべつの原則によって、すなわち、より控えめであるが、はるか急を要する原則、「可能なかぎり苦患を少なくせよ！」〈苦患を最小限にせよ！〉という原則によっておき換える必要があると思う。わたくしは(参照、本書第九章、第二四章、第二五章)、人間の欲望や幸福を極限まで高めようとする試みは、不可能であるばかりでなく、全体主義をみちびかざるをえないから非常に危険であると信じている。しかし、(依然として原子、幾何学および快楽主義に関心を払っているバートランド・ラッセルに至るまで)デモクリトスの後継者のほとんどは、快の原則をこのように再定式化することに対して反対しないであろう。それにはほとんど疑いの余地はない。もっとも、倫理的な規準としてではなく現実のための規準として言われているのだと前提しての話であるが。

第一二章　ヘーゲルと新たな部族神話

〔ゲオルク・ヴィルヘルム・フリードリヒ・ヘーゲル(G. W. F. Hegel)からの引用は、エーファ・モルデンハウアー(Eva Moldenhauer)とカール・M・ミヒェル(Karl M. Michel)によって編集され、ズーアカンプ社(Suhrkamp Verlag)より一九六九年から一九七一年にかけて出版された Theorie-Werkausgabe シリーズの『著作集全二〇巻』(*Werke in zwanzig Bänden*, Frankfurt am Main)からである〔本訳書ではこれを『著作集』と表記する〕。アルトゥール・ショーペンハウアー(Arthur Schopenhauer)からの引用は、一九八八年に出版された全五巻版(fünfbändigen Ausgabe im Haffmans Verlag, Zürich)にしたがう〔本訳書ではこれを『五巻選集』と表記する〕。詳細は「編者の注記」、第一分冊五一一ページを参照されたい。〕

(1) 彼の学位論文「惑星の軌道について」(*De orbitis Planetarum*)(一八〇一年)において[参照、『著作集』第五巻 der Meiner-Ausgabe, 1998, S. 223 ff.]。(小惑星セレスは一八〇一年一月一日に発見されていた。)

(2) デモクリトス、『断片集』Bd. II, B 118, 参照、第一〇章注(29)の本文。[Diels, S. 166 を文字通りに訳すと「デモクリトスは、ペルシア帝国が自分のものになるよりも、一個でも因果的説明を見つけたいと言った」。]

(3) A. Schopenhauer, *Die beiden Grundprobleme der Ethik*(『倫理学の二大根本問題』)[『五巻選集』第三巻]S. 503. 参照、第一章注(53)。

(4) G・W・F・ヘーゲルの『自然哲学』は、このような定義で満ち満ちている。たとえば、つぎのような箇所もある(『エンチクロペディー』[『著作集』第九巻三〇三節 S. 185])。「熱とは、物質の無形性、流動性における自己回復であり、特定の決定要因に対する抽象的な同質性の勝利であり、抽象的な、それ自体で存在する否定の否定としての連続性はここでは活動として定立されている。」似たようなものは、たとえば、電気についてのヘーゲルの定義である。[三一三節 S. 211「さらに、プロセスとしての電気と化学は、より現実的で、物理的にさらに規定された対立の活動である。しかし、さらに、これらのプロセスは、なかんずく物質空間性の諸関係におけるすべての変化を含んでいる。」]

(5) *Briefe von und an Hegel*, hrsg. von J. Hoffmeister (1969), Bd. II, S. 31 (Brief an Paulus vom 30. Juli 1814).

(6) わたくしの念頭にあるのは、H・ベルグソン、S・アレクサンダー、スマッツ元帥やA・N・ホワイトヘッドの哲学のような自然の予測不可能なものについての哲学、たとえば、〈発展の〉〈進歩の〉または〈創発の〉哲学である。

(7) この箇所はのちに(注(43)(2)で)引用、分析するつもりである。

(8) このパラグラフにおける八つの引用は、以下の著作からである。最初と最後は、*Philosophie der Geschichte*(『歴史哲学』)[『著作集』第一二巻]S. 57 および S. 56. 残りは、*Philosophie des Rechts*(『法の哲学』)[『著作集』第七巻]S. 435, 403, 415, 429(二七二節補遺、二五八節補遺、二六九節補遺、二七〇節補遺)からである。

G・W・F・ヘーゲルのホーリズムと国家有機体説については、参照、とりわけヘーゲルによるメネニウス・アグリッパ(*Livius*, II, 32[ドイツ語訳 *Römische Geschichte*, 1987, S. 232 f.])への言及。これについては本書第一巻第一〇章で批判しておいた。さらに、『法の哲学』二六九節補遺、ならびに組織化された集合体の威力と「散乱した原子の……堆積」の無力さとの対立についてのかれの古典的な定式(二九〇節補遺の末尾 S. 460. 参照、本章注(70)も)。

G・W・F・ヘーゲルがプラトンの政治的教説を引き継いでいる他の二つの非常に重要な点は以下のところにある。(1)一者、少数者、多数者の理論。参照、*op.cit.*, 二七三節 S. 436.「君主は一者であり、統治権力とともに少数者が、そして法を立てる権力が成立するとともに、多数者というものが登場する。」三〇一節 S. 469 でも「多数者」が言及されている。(2)G・W・F・ヘーゲルが、世論を〈多数者の思い込み〉、あるいは〈多数者の恣意〉として特徴づけるために利用した、知識と思い込みとは対立するという理論(参照、下記の注(37)と(38)の本文での思想の自由にかんする *op.cit.*, 二七〇節での議論)。(参照、*op.cit.*, 三一六節以下ならびに本章の注(76)。)

ヘーゲルのプラトンに対する興味深い批判と、自身の批判でのさらに興味深い言い回しについては、参照、本章注(43)(2)。

(9) これらのコメントについては、参照、とくに第二五章。

(10) ヘーゲル『選集(*Selections*)』S. XII(*The Modern Student's Library of Philosophy*, 1929)の序におけるジェイコブ・ローウェンベルク。

(11) わたくしの念頭にあるのは、かれの直接の哲学上の先行者(フィヒテ、シュレーゲル、シェリング、とくにシュライエルマッハー)や、古代での典拠(ヘラクレイトス、プラトン、アリストテレス)だけではなく、とくにルソー、スピノザ、モンテスキュー、ヘルダー、バーク(参照、本章第四節)、詩人シラーである。ヘーゲルが、ルソー、モンテスキュー(『法の精神』[2001]第一九巻、第四章と第五章」)、ヘルダー(『民族精神』[1935])に依存していることは明白である。スピノザとの関係は別種である。かれは、決定論者スピノザの二つの重要な考えを採用——より適切に言って、転用——している。第一の考えは、自由というものは、すべての事象は必然的であるという理性にもとづく認識としてしか、そしてこの認識の助けを借りて情熱を統制する理性の力としてしか、存在しないというものである。ヘーゲルは、理性や精神を自由と等置し、自由は必然性の真理であると主張することによって、この考えをさらに発展させている(『エンチクロペディー』[『著作集』第八巻一五八節S. 303])。ヘーゲルが引き継いだ第二の考えは、スピノザの奇妙な道徳的実定主義であり、権力は、法にひとしく、法によって課せられた限界を超えて行使されてはならないという考えである。スピノザはこの考えを、かれが理解していた専制との戦いのなかで——つまり、専制の側がみずから設定した限界を超えようとする試みに対する戦いのなかで、果敢にも使用した。思想の自由はスピノザにとって最大の関心事だった。かれは、支配者が人びとの思想を強制することはできず(思想は自由だから)、不可能なことを押しつけるのは専制であると教えた。こうした説にもとづいて、かれは世俗国家による教会への権力行使を支持した(かれは思想の自由が制限されることはないだろうと、甘い期待を抱いていた)。G・W・F・ヘーゲルもまた、教会に対抗する国家を支持し、大きな政治的意義をもつと見た思想の自由を擁護した。しかし、同時に、かれはこの考えを歪めた。すなわち、国家は、なにが真でなにが偽であるかを決定しなければならず、偽と考えるものを抑圧してもよいというのだ(参照、本章注(37)と(38)のあいだの本文における『法の哲学』二七〇節の議論)。シラーから、ヘーゲルは(引用であることの指摘も、ごくわずかの暗示もなしに)つぎの有名な格言を採用した。「世界史は世界法廷である。」しかし、この引用(『法の哲学』[『著作集』第七巻S. 503]の三四〇節の最後。参照、注(26)の本文)からは、かれのヒストリシズム的政治哲学のかなりの部分が、つまり、成功の崇拝、したがって権力の崇拝だけでなく、独特な道徳的実定主義、ならびに歴史に理性が顕現するという教説も帰結する。

ヘーゲルがジャンバッティスタ・ヴィーコの影響を受けたかどうかの問題は、依然として未解決であるように思われる。(*Scienza Nuova*[上村忠男訳『新しい学』]のヴィルヘルム・E・ウェーバーによるドイツ語訳は一八二二年に出版された。)

(12) A・ショーペンハウアーは、プラトンだけでなくヘラクレイトスの熱烈な崇拝者でもあった。かれは、群衆は野獣のごとくその胃袋を満たすと信じていた。ビアスの箴言——「すべての人間は邪悪である」——はかれのモットーであった。そしてかれは、プラトン的な貴族政が最良の統治形態であると信じていた。同時にかれはナショナリズム、とりわけドイツ・ナショナリズムを忌み嫌っていた。かれはコスモポリタンだった。かれは、一八四八年の革命家を恐れ嫌悪していたのであって、それをかなり癇に障ったかたちで吐露していた。この態度は、一部には「賤民どもの支配」のもとで独立性を失うかもしれないという恐怖、また一部には運動の民族主義的イデオロギーへの嫌悪によって説明できるだろう。

（13）A・ショーペンハウアーが、この標語（William Shakespeare, *Cymbeline* [1610/1998, ドイツ語訳 *Cymbelin*, 1993]〔シェイクスピア『シンベリン』〕第五幕第四景、ドイツ語訳は筆者による）を提案したのは、『自然における意志について』（*Über den Willen in der Natur*［『五巻選集』第一巻］S. 101. を見よ）においてである。つぎの二つの引用のうちの最初のものもそこからであり、第二のものは『意志と表象としての世界』（*Die Welt als Wille und Vorstellung*［『五巻選集』第一巻 S. 15 f.］）の第二版序文からである（強調はわたくしによる）。ショーペンハウアーを研究したことのある人なら誰もが、かれのまじめさと真理愛に感銘を受けるにちがいない——しかもかれが悪口を言っているところにおいてさえ。参照、ヘーゲルに対するキルケゴールの判断が引用されている第二五章の注（19）と（20）の本文も。

（14）A・シュヴェーグラーの最初の出版物は、ヘーゲルを追憶した小論であった。引用はかれの『哲学史概説』（*Geschichte der Philosophie im Umriß* (1927), Ausgabe von Jakob Stern, S. 443）からである。［Hermann Glockner 版, Stuttgart 1950, S. 261 では、引用の第

二の箇所は若干変更されている。」

(15)「ヘーゲルは、ハッチソン・スターリング博士がその諸原則を力強く叙述したことによってはじめて英国の読者の閲覧に供された」とE・ケアードは書いているが(E. Caird, *Hegel*, 1883/1999, 序言 S. VI)、これは、スターリングがかなり真剣に受け止められたことを示している。つづく引用はJ・シュヴェーグラーに対する、スターリングのコメント[*Handbook of the History of Philosophy*, 1867/1908, S. 429]からである。本章の標語は同書のS. 441からである。[参照、James Hutchison Stirling, *The Secret of Hegel: Being the Hegelian System in Origin, Principle, Form and Matter*, 2 Bde., 1865/1990.]

(16) J・H・スターリングはつぎのように書いている(*op.cit.*, S. 441)。「ヘーゲルにとって大事なことは、つまるところ、善き市民たることであった。すでにそうである者にとっては、ヘーゲルの考えでは、哲学は必要なかった。だからかれは、この体系の難しさを訴えたデュボック氏とかいう人に、一家の善き世帯主、父として揺るがぬ信仰を付与されているのだから、それでもう十分であり、それ以上の一切のこと、たとえば哲学などはたんなる……知的贅沢と見ればよいと書きおくっていた。」したがってスターリングによれば、ヘーゲルは、自分の体系の難点を説明することには関心がなく、ただ悪しき市民を善き市民に変えようとしていただけなのである。

(17) 引用はJ. H. Stirling, *op.cit.*, S. 444 f. からである。スターリングは、本文で引用した最後の一文のあとに、つぎのようにつづけている。「わたくしはヘーゲルから多くのことを学んできたし、それを認めることをいつでも感謝をもって承認するであろう。しかし、かれに対するわたくしの立ち位置は、つねに不可解なものを理解可能なものにすることで公衆に奉仕する者のそれである。」そして、かれはパラグラフの最後をつぎのように結んでいる。「わたくしの一般的な目標は……ヘーゲル、……つまり、キリスト教の哲学者のそれとおなじである……」[S. 445]。

(18) 参照、たとえば、*A Textbook of Marxist Philosophy* [1937/1977].

(19) この一節は、ユージン・アンダーソンの非常に興味深い研究『プロイセンにおけるナショナリズムと文化の危機、一八〇六—一八一五年』(Eugene N. Anderson, *Nationalism and the Cultural Crisis in Prussia, 1806-1815* (1939/1966), S. 270)から引いている。アンダーソンの分析はナショナリズムに対して批判的に向き合うものである。かれはそこに神経症的な要素とヒステリックな要素が含まれていることを見抜いている(参照、たとえばS. 6 f.)。にもかかわらず、わたくしはかれの態度を全面的に承認することはできない。かれは、どうやら客観的でありたいという歴史家の願望に誘惑されたようで、わたくしには、ナショナリズムの運動を知的にまじめに受け止め過ぎたように思われる。——とりわけ、プロイセンのフリードリヒ・ヴィルヘルム王にナショナリズム運動に対する理解が欠けていたと非難しているが、わたくしには同意できない。アンダーソンはS. 271でつぎのように書いている。「フリードリヒ・ヴィルヘルムは、理念においても行動においても、偉大さをただしく評価する能力を欠いていた。台頭期におけるドイツ文学と哲学が他の人びとに対してあれほどみごとにきり開いたナショナリズムへの道も、かれには閉ざされたままだった。」しかし、圧倒的に優れたドイツの文学や哲学は反ナショナリズム的であった。カントもショーペンハウアーもナショナリズムの反対者であり、ゲーテでさえナショナリズムから遠ざかっていた。王のような素朴で誠実で保守的な人間に、フィヒテの駄法螺に熱くなれと要求するのは正当化できるものではない。多くの人は、「エキセントリックで大衆的でろくでもない書き物」(*loc. cit.*)と口にした王の判断に同意するだろう。わたくしは王の保守性をきわめて不幸に思うが、王の素朴さと、ナショナリズム的ヒステリーの波への抵抗には最大の敬意を表わす。

(20) ローウェンベルク、G・W・F・ヘーゲル『選集』の序論 S. XI.

(21) 参照、第五章注(19)、第一一章注(18)およびそこでの本文。

(22) これらの引用については、参照、G・W・F・ヘーゲル『哲学的諸学のエンチクロペディー』。第一部、『論理学』*Die Wissenschaft der Logik*[『著作集』第八巻二一三節 S. 368](最初の引用)。以下の二つの引用は、*op.cit.*, 一一二節補遺 S. 232 からである。

(23) G・W・F・ヘーゲル『ニュルンベルクおよびハイデルベルクでの草稿』[『著作集』第四巻 S. 165]。

（24）*Op.cit.*, S. 202.

（25）わたくしがほのめかしているのはベルグソン、とりわけかれの『創造的進化』（*L'évolution creatrice*［一九〇七年、ドイツ語訳 *Schöpferische Entwicklung*, 1921］）である。この作品のヘーゲル的性格は十分に認識されていないようである。じっさい、ベルグソンの叙述は明快で合理的なので、かれの哲学がどれほどヘーゲルに依存しているかを理解するのが困難になるほどである。しかし、たとえば、ベルグソンによって、本質は変化のうちにあるとされていることを考慮に入れ、またG・W・F・ヘーゲルの *op.cit.*, S. 168, 171（下記を見よ）のような箇所を読むと、疑いはほとんど残らない。

H・ベルグソンはつぎのように書いている。「本質からはまた、反省への上昇も生まれてくる。われわれの分析がただしければ、生命の根源は意識、というよりも超意識である。……意識は、生命体がもつ選択能力に正確に対応しており、それは現実の行動を包含する可能的な行動の辺縁と共存する。意識は、発明や自由と同義である」［*op.cit.* S. 265 および S. 267］（強調はわたくしのもの）。意識（あるいは精神）と自由との同一視は、スピノザの哲学のヘーゲル版である。だから、G・W・F・ヘーゲルのうちに、「疑う余地もなくベルグソン的」と呼びたい理論、つまり、「精神は本質的に行動する、それはそれ自身のなかにあるものとなる、それは行為となる、それは作品となる。したがって、それは客体となる……」が見出されるほどである（『歴史哲学』［『著作集』第一一巻 S. 99］）。

(26) 参照、第一一章注(21)〜(24)、およびそれに対応する本文。他の特徴的な箇所ではつぎのように言われている(参照、『歴史哲学』S. 75)。「発展の原理の根底にはさらなることがら、つまり、内的使命、実在するための前提条件が含まれている。」――このパラグラフの後半に出てくる引用文は、『法の哲学』三四〇節にも見出される。参照、上記注(11)。

(27) しかし、他方で、ヘーゲル主義でさえ二番手であった、つまり、三番手か四番手のフィヒテ主義かアリストテレス主義であったのだが、しばしば独創的な成果としてかしましく受け止められたことを考慮に入れるならば(参照、ただし、注(11))、ヘーゲルに独創性がなかったと言うのは、いささか不公平であるかもしれない。

(28) 参照、カント『純粋理性批判』(Immanuel Kant, *Kritik der reinen Vernunft* [1998], S. 77 ff.)。第一巻序章のモットーは、一七六六年四月八日のモーゼス・メンデルスゾーン宛のカントの手紙からの引用である。参照、『往復書簡』[*Briefwechsel*, オットー・シェーンデルファーによる選択と注釈、ハンブルク、一九八六年]S. 52.

(29) 参照、第一一章注(53)ならびに本文。

(30) 一般に「言語の精神」と呼ばれているものがある。それは、ほとんどのばあい、偉大な作家たちがみずからの特定言語に導入した明晰性にかかわる伝統的な尺度であると考えるのがおそらく適切というものであろう。明晰性から目を転じると、言語の伝統的な尺度としては、たとえば、単純さ、修飾、簡潔さといった尺度もある。しかし、なかでも明断性の尺度はおそらく最重要なもの――慎重に守られるべき文化遺産である。言語は社会生活で最重要な制度のひとつであり、明晰性は言語が合理的なコミュニケーションの手段として機能するための条件である。それに対して、言語を感情伝達の手段として使用することはそれほど重要ではない。というのも、なにも言わずとも感情の大部分を伝えることはできるからである。

《言っておく価値があると思うのだが、伝統が歴史的に成長することの重要性についてエドマンド・バークから学んだヘーゲルは、情熱のうちにあきらかにされるという「理性の狡猾さ」の教説（参照、注（82）（84）および本文）とその論証方法をつうじて、カントが築いた知的伝統を大きく破壊した。しかも、かれはそれ以上のことをした。かれは、真理は相対的なものであり、時代精神に依存するという歴史的相対主義の理論によって、真理を探究し、尊重するという伝統の破壊を進めた。本章第四、五節、および拙稿『伝統の合理的理論に向けて』（一九四九年）（これはいまでは拙著『推測と反駁』（*Vermutungen und Widerlegungen* [2000]）の第四章 S. 175 ff. に収められている）も見られたい。》

（31）カントの弁証法（アンチノミー説）を反駁しようとした哲学者はほとんどいないように思われる。カントの論証を明確にしよりよく定式化しようとしたまじめで批判的な注釈が見出されるのは、A. Schopenhauer, *Die Welt als Wille und Vorstellung*［『五巻選集』

第一巻および第二巻〕および Jakob F. Fries, *Neue oder anthropologische Kritik der Vernunft* (zweite Auflage, 1. Bd., 1828/1967, S. XXIV ff.)である。わたくしは、純粋な思弁は、経験が誤った理論の排除を助けるのでなければ、なにごとも正当化できない、というようにカントの主張を解釈しようとした。カントはこの点をただしく見て取っていたと思う。(参照、*Mind*〔『マインド』〕49, 1940, S. 416, また拙著『推測と反駁』(*Vermutungen und Widerlegungen*, S. 472 f.)。*Mind* のおなじ巻、S. 204 ff. には、ミルトン・フリードによるカントの論証についての慎重で興味深い批評「カントの第一アンチノミー、論理的分析」がある[Milton Fried, 〉Kant's First Antinomy: A Logical Analysis〈]。わたくしは、理性についてのヘーゲルの弁証法的理論とその集団主義的解釈(かれの〈客観的精神〉)から意味を汲み取る努力はするつもりである。(参照、第二三章における科学の方法の社会的または間主観的側面の分析および第二四章におけるそれに対応した〈理性〉解釈――つづくヘーゲルからの引用は、注(22)で示したように、『論理学』八一節補遺一 S. 174 からである。)

(32) こうした主張の詳細な正当化は、拙稿「弁証法とはなにか」(*Mind*, Bd. 49, 1940, S. 403 ff. これはいまでは拙著『推測と反駁』第一五章(*Vermutungen und Widerlegungen*, S. 451 ff. 所収)、とりわけ *op.cit.*, S. 464 f. の最終パラグラフを見よ)に見られる。参照、さらに「矛盾は包摂的か('Are Contradictions Embracing?')」というタイトルのもとでの論述。〈この論述は、*Mind*, Bd. 52, 1943, S. 47 ff. に発表された。執筆後に、わたくしは R. Car-

nap, *Introduction to Semantics* (1942/1968)を受け取った。そこでカルナップは、〈包括的(comprehensive)〉という語を導入している。この語の方が、〈包摂的〉よりも優れているように思える。とくにカルナップの本の三〇節[S. 178 ff.]を見よ。》

「弁証法とはなにか」という論文は、本書ではただ触れたにすぎないいくつかの問題、とくにカントからヘーゲルへの移行、ヘーゲルの弁証法およびかれの同一哲学を扱っている。ここではこの論文のいくつかの主張をくり返したわけだが、問題についてのこれら二つの論考は主要な点で補完的である。参照、次注(36)まで。

(33) (注(22)で言及した)『論理学』一三〇節 S. 260. このパラグラフで触れた尖鋭化された独断主義という考えについては、参照、『推測と反駁』所収の「弁証法とはなにか」(*Vermutungen und Widerlegungen*, S. 474 f.)。また、第一一章注(51)も見よ。

(34) 参照、「弁証法とはなにか」とりわけ *op.cit.*, S. 468 f. そこでは〈われわれの精神はいかにして世界を把握するのか〉(*op.cit.*, S. 478まで)という問題が立てられている。

(35) 「現実的なもの一切は……理念である」とG・W・F・ヘーゲルは言う(『論理学』*op.cit.*, 二一三節 S. 368)。理念の完全態からは道徳的実定主義が帰結する。『歴史哲学』[『著作集』第一二巻]S. 56 すなわち、注(8)の本文で引用しておいた最後の箇所、および『エンチクロペディー』六節と序言、また『法の哲学』二七〇節補遺も見よ。前のパラグラフでの〈独裁者〉がチャーリー・チャップリンの映画を指していることは言うまでもない。

(36) G・W・F・ヘーゲル『ニュルンベルク草稿およびハイデルベルク草稿』[『著作集』第四巻S. 165]。

ヘーゲルの同一哲学には、言うまでもないことながら、アリストテレスの神秘的認識論――認識する主体と認識される対象の統合という説――からの影響がある。(参照、第一一章注(33)、第一〇章注(59)~(70)、第二四章注(4)(6)(29)~(32)(58))。

ヘーゲルの同一哲学にかんする本文でのコメントには、ヘーゲル――そしてかれの時代のほとんどの哲学者――が、論理学を考えることについての教説であると見なしていたということが付け加えられるべきである。(拙著『推測と反駁』における「弁証法とはなにか」を見よ(*Vermutungen und Widerlegungen*, S. 474 f.) こうした理解の仕方や同一哲学からすると、論理学は思考、理性、観念や概念の理論として理解され、さらには現実についての教説としても理解されることになった。さらに、思考は弁証法的に発展するというさらなる前提から、ヘーゲルは、理性、観念または概念、および現実も弁証法的発展に投げ込まれていると導出できたのであり、くわえて、論理=弁証法や論理=現実の理論という帰結をえたのである。この最後の教説は、ヘーゲルの汎論理主義(Panlogismus)として知られている。

他方でヘーゲルはこうした前提から、概念は弁証法的に発展する、つまり、概念はいわば無から自分自身を創造し発展しうるという結論を引き出した。(ヘーゲルは、この展開を有〔Sein 存在するということ〕の観念から始める。有は、みずからに対立する無を前提しているのであり、無から有への移行、すなわち生成を生み出す。）無から概念を展開しようとするこの試みには、二つの動機がある。第一の動機は、哲学はいっさいの前提なしに始まらなければならないという誤った仮定である。（この考えは、エドムント・フッサールによって最近ふたたび強調された。これについては第二四章で議論するつもりである。参照、その章の注（8）と本文。）これは、ヘーゲルが「無」から始めた理由である。第二の動機は、このようにしてカントのカテゴリー表を体系的に提示し、正当化できるだろうという期待である。カントは、それぞれのグループの最初の二つのカテゴリーは相互に対立し、第三のカテゴリーは最初の二つのいわば総合であると指摘していた。こうした注釈から（またフィヒテに影響されて）、ヘーゲルは、すべてのカテゴリーを「弁証法的に」――無から――みちびき出し、そのようにしてその「必然性」を正当化できると考えるようになった。

（37）『論理学』〔『著作集』第八巻〕八一節補遺一 S. 174.

（38）参照、注（19）で触れた E. N. Anderson, *Nationalism*, S. 294.――国王は一八一五年五月二二日に憲法を約束した――〈憲法〉と宮廷医師の話は、当時のほとんどの領主（たとえば、皇帝フランツ一世とその後継者であるオーストリアのフェルディナント一世）について語られていたようである。

（39）『エンチクロペディー』〔『著作集』第一〇巻五三九節 S. 331 f., 333 f.〕。強調はわたくしのもの。

（40）参照、第一一章注（25）。

（41）自由のパラドックスについては、参照、本章注（43）（1）、第六章注（42）の直前の本文における四つのパラグラフ、第七章注（4）と（6）、第二四章注（7）とそこでの本文。（参照、第一七章注（20）も。）ジャン＝ジャック・ルソーによるこのパラドックスの再構成については、参照、『社会契約論』（*Du contrat social* [1762/1998]）第一巻第八章第二節〔ドイツ語訳 *Vom Gesellschaftsvertrag*, 2000〕。カントによる解決については、参照、第六章注（4）。G・W・F・ヘーゲルは、しばしば、このカントによる解決をほのめかしている（参照、カント『道徳形而上学の基礎』（I. Kant, *Grundlegung der Metaphysik der Sitten*）法の理論への序説、第C節）。たとえば、ヘーゲルは『法の哲学』（*Philosophie des Rechts*, 二七〇節 S. 424）で、アリストテレスとバーク（参照、第六章注（43）と本文）によって、リュコフロンやカントにさかのぼる理論に反論している。「かれらによると、それ（すなわち、国家）は各人の生命、財産、恣意の保護と保障のみをおこなう規定になっている」とヘーゲルは嘲笑しながら書いている。

このパラグラフ冒頭の二つの引用は、（注（39）で触れた）『エンチクロペディー』（S. 333）である。

(42) 引用は『エンチクロペディー』(S. 333 f. と S. 335)からである。

(43) (1)前の引用は、『エンチクロペディー』(S. 336(五四〇節)、S. 336 f.(五四一節)、S. 338 f.(五四二節の冒頭、強調は部分的にわたくしのもの))。ここまでは、『エンチクロペディー』からの箇所。『法の哲学』からの「同趣旨の箇所」は二七三節(最後のパラグラフ)から二八一節まで。二つの引用は二七五節と二七九節[『著作集』第七巻 S. 441 と S. 444]である(強調はわたくしのもの)。自由のパラドックスは、おなじように『歴史哲学』のなかで疑わしい仕方で用いられている[『著作集』第一二巻 S. 61]。「個人の意志が、国家の自由を唯一規定する原則として根本にあるならば、……じっさいには憲法はまったく存在しない。」参照、*op.cit.*, S. 66 f. および『法の哲学』*op.cit.*, 二七四節も。

ヘーゲル自身は、自身による歪曲をつぎのように要約している(『歴史哲学』(*Philosophie der Geschichte*, S. 68)。「われわれは、二つの契機をたてた。その第一。絶対的最終目的として自由の理念……そして国家を倫理的全体ならびに自由の実在として……認識した。」だから、自由に始まり、全体主義国家で終わるわけだ。歪曲をこれ以上シニカルに表現するのはむずかしい。

(2)弁証法を用いたもうひとつの歪曲例、つまり、理性を情熱や暴力に歪曲することについては、下記の第五節(e)と(f)で論じるつもりである。この文脈では、ヘーゲルのプラトン批判がとりわけ興味をひく。(参照、本章注(7)と(8)、およびそこでの本文も。)

G・W・F・ヘーゲルは、ここでは、すべての近代的で〈キリスト教的〉な価値、つまり、自由や、個人の〈主観的自由〉にさえ、ただのリップサービスをしているだけであるし、プラトンのホーリズムや集団主義を批判してもいる(『法の哲学』(*Philosophie des Rechts, op.cit.*, S. 342, 一八五節)。「個人は独立したそれ自身で無限の人格をもつという原理、言い換えれば、主観的自由の原理は、内面的にはキリスト教のなかで、外面的には……ローマ的世界で開花したのであり、かの現実の精神の実体的形態で個人の権利となるわけではない。」この批判は優れており、ヘーゲルは、プラトンが何について話していたのかを知っていたことを示している。じっさい、ヘーゲルはプラトンをわたくしとおなじように解釈しているのだ。この箇所はヘーゲルに集団主義者の烙印を押すことがいかに不公平であるかの証明である、と素人の読者は受け取るかもしれない。だが、この書の七〇節S. 152に目を向けるだけでよい。そうすれば、プラトンのきわめて集団主義的な要求、すなわち、「君は全体のためにそこにいるのであって、全体が君のためにそこにいるのではない」という要求が、G・W・F・ヘーゲルによって心底からの同意をもって署名されているのを見て取るだろう。かれはつぎのように書いている。「もちろん、個人は、道徳的全体(すなわち、国家)に身を捧げなければならない従属する存在である。」これがヘーゲルの「個人主義」なのだ。

では、なぜかれはプラトンを批判するのか。なぜかれは〈主観的自由の重要性〉を強調するのか。『法の哲学』第三一六節と第三一七節には、この問いへの答えがある。ヘーゲルは、民衆が、一種の安全弁として、ごくわずかな自由を、ただし自分の感情表現という無意味な機会以上にはならないように与えられたばあいにのみ革命は回避されうると確信している。そこでかれはこう書く(第三一六節と第三一七節補遺[S. 483とS. 485]――強調はわたくしのもの)。「……主観的自由の原理が……重要性と意義をもつのはとりわけ現代においてである……しかし、それ以上に誰もが、ともに語り、ともに行動したいと思っている。しかしひとたび自分の言いたいことを言ってしまえば、かれの主観性は満足され、おおくのことを我慢するだろう。フランスでは、言論の自由はいつでも沈黙よりは危険ははるかに少ないとずっと思われていた。なぜなら、沈黙されていると反対の気持ちを腹に蓄えているのではないかと心配になるが、屁理屈を語らせておくなら、そんな気持ちをものごとが容易に進行する側に押し出し、そして満足させられるからである。」こうした議論に現れているシニシズムを凌駕するのは困難であるにちがいない。ここでヘーゲルは、主観的自由、あるいはかれのしばしば気ままな呼び方によれば、〈現代世界の原理〉についての自分の感情を思いのままに吐露しているのだ。

要約しておこう。ヘーゲルは、プラトンにことごとく同意しているのだ。ただし唯一例外がある。かれはプラトンを批判する。それは、プラトンが被支配者に〈主観的自由〉の幻想を許していないからなのだ。

(44) こうした恥ずべき奉仕が成功し、まじめな人びとでさえヘーゲルの弁証法にだまされた。驚くべきことである。言及されてしかるべきだと思うのだが、たとえば、チャールズ・E・ヴォーンのような自由と理性のための批判的で啓蒙された闘士でさえ、ヘーゲルの偽善の犠牲になった。かれはヘーゲルの「自由と進歩への信念」を共有していた。ヘーゲルの信念とは「ヘーゲルがみずから述べるところによれば……かれの信仰の本質的部分であるというのである。」(参照、C. E. Vaughan, *Studies in the History of Political Philosophy Before and After Rousseau* [1925/1972], Bd. II, S. 296. 強調はわたくしのもの。)たしかに、ヴォーンはヘーゲルの「既存の秩序への見苦しい傾倒」は批判した(S. 178)。その点は認めよう。かれはヘーゲルについて、「世間に向かって、もっとも後進的な制度を……紛うかたなく合理的なものとして受け入れねばならないとすすんで断言しえた人物は他にはいないだろう」とさえ言っていた(S. 295)。にもかかわらず、かれは「ヘーゲル自身のことば」を信頼するあまり、この種の特徴をたんなる「行き過ぎ」(S. 295)、「容易に許せる短所」(S. 182)と見なしたのである。さらに述べておきたい点がある。ヴォーンは、ヘーゲルは「政治的知恵の結論、つまり、プロイセン憲法に歴史の最高の鑑を発見した」(S. 182)と述べた。これは、ヘーゲルに対する最強にしてもっともあたりまえの批判である。ところが、これは、ヘーゲルに対する読者の信頼を回復させるべきものとしての解毒剤なしには出版されない運命にあったのだ。というのは、ヴォーンの死後に出版された『研究(*Studies*)』の編集者［A・G・リトル］は、その批判的なコメントのもつ打撃力を破壊したからである。この編集者は、ヴォーンがほのめかしていたと思われる箇所にかんして、脚注でつぎのように述べているのだ。「しかし、この箇所は〔ヴォーンの〕コメントをほとんど正当化するものではない……」。編集者はその箇所を挙げない。それらは本書では、注(47)(48)(49)の本文で引用しておいた。［A・ショーペンハウアーからの引用は、『意志と表象としての世界』『五巻選集』第一巻 S. 16 からである。］

【他の哲学者たちは、この箇所をより明確に見てとった。ベルリン大学で哲学と政治的(つまり、国民社会主義的)教育学の教授を務めたアルフレート・ボイムラー(Alfred Bäumler)は、ベルリンでの就任講義(一九三三年五月一〇日)のなかでつぎのように述べていたのだ。「こんにち、精神の自由をわれわれ(すなわち、国民社会主義)から守らなければならないと信じている人たちは、好んで、かの精神の哲学であったドイツ観念論哲学に言及する。ところが、フィヒテやヘーゲルが自由を要求したとき、かれらが要求したのは、どんな意見でも自由に述べられるようにせよという要求でも、十分な根拠のある意見なら自由に述べられるようにせよという要求でもなかった。自分たちが要求したのは、かれらの哲学にとっての自由、つまり、かれらにとっては絶対的な思想であったかれらの思想にとっての自由であった。」(参照、A. Bäumler, *Männerbund und Wissenschaft*, Berlin 1943［第一版は一九三四年］S. 125. 強調は原本のもの。)】［参照、くわしくは H. Kiesewetter, *Von Hegel zu Hitler*, 2. Aufl., 1995, S. 231 ff.]

(45) 本章注(36)を見よ。このような弁証法的理論は、すでにアリストテレスの『自然学』に見出される(第一巻第五章)。

(46) エルンスト・H・ゴンブリッチには深く感謝している。かれは、ヘーゲルについてのわたくしの論述を卓越した仕方で批判してくれ、そこからこのパラグラフの主要なアイデアを採ることを許してくれたからである。(かれはこの批判を手紙で伝えてきてくれた。)[参照、Popper Archives, Hoover Institution, Stanford University, Fasz. 300, 1-4.]

「即自かつ対自的に存在している精神は……世界史において……みずからを顕現する」というG・W・F・ヘーゲルの見解については、参照、『法の哲学』(*Philosophie des Rechts*, *op.cit.*, S. 406, 二五九節補遺。絶対精神と世界精神の同一視については、参照、*op. cit.*, S. 503, 三三九節補遺。神意の目標は完全態であるという見解については、また、神意の計画は見きわめられないという(カントの)見解に対するヘーゲルの攻撃については、*op.cit.*, S. 504, 三四三節を見よ。(M・B・フォスターの興味深い反撃については、参照、第二五章注(19)。) ヘーゲルの(弁証法的な)三段論法の使用については、参照、とくに『エンチクロペディー』[『著作集』第八巻 S. 331]一八一節(「結論は理にかなったものであり、すべては理にかなったものである。」)、一九八節では、国家が三段論法のもつトリアーデ〔三肢構造〕として記述され、五七五節から五七七節[『著作集』第一〇巻 S. 393 f.]では、ヘーゲルの全体系がこのような三段論法のもつトリアーデとして提示されている。この最後の箇所にしたがえば、「歴史」は「第二の三段論法」の領域であると結論づけられる(五七六節)。――本文における以下の引用の第一のものは『歴史哲学』S. 20 f. に、第二のものは『エンチクロペディー』S. 347 f. 五四九節にある。

(47)『歴史哲学』S. 105.

三段階については、参照、『歴史哲学』(S. 32, 63)。また *op.cit.*, S. 134 も見よ。「オリエントは……一者が自由であることのみを知っていた。ギリシアとローマの世界は、何人かが自由であることを、ゲルマンの世界は、すべての者が自由であることを知っていた。したがって、世界史に見られる第一の形態は専制、第二の形態は民主政と貴族政であり、第三の形態が君主政である。」

(三段階についてはさらに論じられている。参照、*op.cit.*, S. 134, 340.)

(48) 前後の引用は、『歴史哲学』(S. 491 および S. 29 f.)からである。

本文ではやや簡略化されている。というのも、ヘーゲルはまず(*op.cit.*, S. 415 f.)ゲルマン世界を三つの時期に分け、それを「父の国、息子の国、精霊の国」と記述しているからである(*op.cit.*, S. 417)。そして、精霊の国はふたたび本文で言及しておいた三つの時期に分割される。

(49) 三つの箇所は『歴史哲学』(S. 413 および S. 539 f.)からである。

(50)　とりわけ、前章注(75)の本文を見よ。

(51)　参照、とりわけ第八章注(48)～(50)。

(52)　参照、G・W・F・ヘーゲルの『歴史哲学』(*Philosophie der Geschichte*[『著作集』第一二巻]S. 480)。英訳者ジョン・シブリー(John Sibree (1857/1991, S. 400))は「ゲルマン化された奴隷」と書いた。

(53)　トマーシュ・マサリクはしばしば「王としてふるまう哲学者」と記されてきた。しかし、かれがプラトンなら好んだであろうタイプの支配者でなかったことはたしかである。――なぜなら、かれは民主主義者であったからである。かれは、プラトンに非常な興味をもっており、理想化し民主主義的に解釈していた。かれのナショナリズムは、民族抑圧に対する反動であり、いつでもナショナリズムの行き過ぎとは戦っていた。かれの最初のチェコ語で印刷された論述はプラトンの愛国主義にかんする小論文(参照、カレル・チャペックによる伝記[Karel Čapek, *Gespräche mit Masaryk*, 1936/2001, S. 106 ff.][『マサリクとの対話』]、マサリクの大学時代にかんする章)であった。マサリクのチェコスロバキアはおそらくかつて存在した最良の民主主義国家のひとつであっただろう。にもかかわらず、この国家はこの世界では適用不可能な民族国家の原則にもとづいていた。ドナウ川盆地における諸民族間の連合ということが多くの妨げとなったことだろう。

(54)　(第一巻)第七章を見よ。後半でパラグラフに追加されたJ＝J・ルソーからの引用については、参照、『社会契約論』(*Du contrat social, op.cit.,* 第一巻第七章(第二パラグラフ末尾[ドイツ語訳 *Vom Gesellschaftsvertrag,* 2000, S. 29]。国民主権説にかんするG・W・F・ヘーゲルの見解については、参照、本章注(61)の本文で『法の哲学』二七九節から引用された箇所。

(55) ヨーハン・G・ヘルダー[『人類史の哲学に寄せる諸理念』(*Ideen zur Philosophie der Geschichte der Menschheit*), 1785/1995, S. 243 f.]。英訳では、Alfred Zimmern (Hg.), *Modern Political Doctrines* (1939), S. 165 f. (本文中に引用された箇所は、カントによって批判されたヘルダーの空疎な語り口を特徴づけるものではない。)

(56) 参照、(本書第一巻)第九章注(7)。

I・カントからの二つの引用は、E・カッシーラー編『著作集』(*Werke* (hrsg. von E. Cassirer), Bd. IV [1922], S. 179 および S. 195)からである。

(57) フィヒテ『往復書簡』(*Briefwechsel* (hrsg. von Hans Schulz), 2. Bd. (1925), S. 444)。この書簡は、部分的に(注(19)で触れた)E. N. Anderson, *Nationalism*, S. 34 によって引用されている。(参照、Werner Hegemann, *Entlarvte Geschichte*, 1933/1979, S. 118.)――つぎの引用は、E. N. Anderson, *op.cit.*, S. 34 f. からである。――つぎのパラグラフにおける引用については、参照、*op.cit.*, S. 37 f. 強調はわたくしのもの。

ドイツ・ナショナリズムの創始者の多くには、もともと反ドイツ的な態度が共通であった。これは注記されてよい。ここからも、ナショナリズムがいかに劣等感にもとづくものであるかがわかるというものである。（参照、本章注(61)と(70)）。たとえば、E. N. Anderson (*op.cit.*, S. 79)は、のちに著名な民族主義者となったエルンスト・M・アルントについてつぎのように述べている。「アルントが一七九八から九九年にかけてヨーロッパを旅したとき、かれは自分をスウェーデン人と名乗った。なぜなら、かれが語っていたように、ドイツ人という名前は〈世界中で悪臭を放っている〉からである。だが、かれは特徴的なことに、民族一般の咎ではない、と付けくわえている。」W・ヘーゲマンは、当時のドイツの精神的指導者たちはとりわけプロイセンの蛮行には反対していたとただしくも指摘（*op.cit.*, S. 118）し、「わたくしはプロイセン人であるよりは、むしろトルコの宦官であったら」と述べたJ・J・ヴィンケルマンを引用しているし、またG・E・レッシングも引用している。レッシングは「プロイセンは……ヨーロッパでもっとも奴隷的な国だ」と述べ、ナポレオンからの解放を熱烈に願っていたゲーテに言及していた。W・ヘーゲマンは、反ナポレオン論（参照、『ナポレオン、あるいは「英雄の膝下への屈服」』〔W. Hegemann, *Napoleon oder „Kniefall vor dem Heros“*, 1927〕）の著者でもあったが、つぎのように追記している。「たしかにナポレオンは専制君主だった……ナポレオンにはどれほど異議を唱えなければならないにせよ、イエナ会戦での勝利により、かれはついにフリードリヒの後進国でながらく遅延していた改革を強いたのだ。」

一八〇〇年前後のドイツについての興味深い評価は、イマヌエル・カントの『実用的見地における人間学』(*Anthropologie in pragmatischer Hinsicht*, 1798)に見ることができる。そこでカントは、きまじめにというわけではないが、民族的特性にかかわっている。カントはドイツ人についてこう書いている([Meiner-Ausgabe, 2000, S. 253 f. および S. 252]強調はわたくしのもの)。「ドイツ人の不利な面は、模倣癖であり、自分の独自性についての自己評価が低いことである……とりわけ、他の市民を、おたがいに平等に近づいているかという原則にしたがってではなく、功績の程度やランクづけの原則で痛々しいまでに分類するという流儀にどっぷり浸かっていることであり、このランクづけの枠組みに……ここまかく衒学的なまでに隷従していることである……あらゆる文明人のなかで、ドイツ人は、自分の政府にもっとも簡単に、そして永続的に服従し、ほとんどのばあい、新奇なことから距離を取るし、既成秩序へ抵抗することもない。その性格は知的無関心。」

(58)『I・カント著作集』[E・カッシーラー編、一九二三年]第八巻 S. 516. カントは、当時無名で困窮していた著述家フィヒテが頼ってきたとき、すぐにも助けようとした。だが、カントは、フィヒテの処女作が匿名で出版された七年後には、各方面から、とりわけカントの約束を満たす者というポーズをとっていたフィヒテ自身からも、コメントするように促されたものの、躊躇していた。とうとうカントは、フィヒテの学問論との関連で公の宣言を発表した[一七九九年八月七日]。書評者が「公衆の名のもとに」見解の表明を求めた

「厳粛な要請」に応えてカントはこう書いている。「わたくしはここにフィヒテの学問論をまったくもって受け入れられない体系であると宣言する。」かれは、「実りのない抜け目なさ」[S. 515]からなる哲学とは何の関係ももちたくなかったのだ。そして、(本文で引用しておいたように)、友から守りたまえと神に願ったあとで、つぎのようにつづけている。「つまり、……ときに、欺瞞に満ち、狡猾に、われわれの破滅を企みながら、善意のことばを使う……いわゆる友人なる者がいる。かれらがしかける罠を警戒しても警戒しすぎることはありえない」[S. 516]。きわめて釣り合いが取れ善意に満ちた良心的な人間であったカントが、こうしたことを言わざるをえなかったのであるから、かれの判断を真摯に受け止めるべきあらゆる理由がある。だがわたくしはこんにちに至るまで、フィヒテがカントの目には破廉恥な詐欺師と写ったことを明確に述べた哲学史は読んだことがない。とはいえ、ショーペンハウアーの告発を、嫉妬からだとほのめかして、説明し去ったことにしてしまう哲学史家なら数多くいるのだが。

しかし、カントやショーペンハウアーの告発は決して孤立しているわけではない。A・フォン・フォイエルバッハ(一七九九年一月三〇日付の手紙)には、ショーペンハウアーとおなじくらい強い表現が見られる。〔参照、かれの息子ルートヴィヒ・フォイエルバッハが出版した *Paul Johann Anselm Ritter von Feuerbachs Leben und Wirken*, 1852/1976. そのS. 63 f. ではつぎのように言われている。「そのうえわたくしは、不道徳漢フィヒテの、また、理性に障害をもたらし、目もくらむばかりの空想からくる思いつきを哲学の言明として（Philosopheme）売りつける、迷信の産物たるかれの哲学の宿敵である。」〕シラーもおなじような見解をもったし、ゲーテにしてもそうだ。ニコロヴィウスはフィヒテを「偽善者、詐欺師」と呼んだ。〔参照、*Aus F. H. Jakobi's Nachlass*, II. Bd., 1869, S. 198.〕（参照、W. Hegemann, *op.cit*, S. 119 ff.）

フィヒテのような人物が、カントの抗議にもかかわらず、しかもカントの存命中に、騒々しい陰謀によって自分の「師」の教えの歪曲に成功したというのは驚くべきことである。これはわずか一〇〇年前に起こったことであり、カントやフィヒテの手紙を読む労を払うならば、誰にでも難なく確かめることができることなのだ。そしてここからあきらかになるのは、プラトンはソクラテスの教えをその反対のものへ歪曲した者であるというわたくしのプラトン論は、決してプラトン主義者にとって思われるほど幻想的なものではないということである。ソクラテスは当時すでに亡くなっていたし、手紙を残すこともなかったのだから。（このように比較したからと云って、フィヒテとヘーゲルに栄誉を与えすぎるわけではないだろう。としたら、プラトンなくしてアリストテレスなく、フィヒテなくしてヘーゲルもなかっただろうと言いたくもなる。）

(59) 参照、（注(19)で触れておいた）E. N. Anderson, *Nationalism*, S. 13.

(60) G・W・F・ヘーゲル『歴史哲学』（*Philosophie der Geschichte*〔『著作集』第一一巻〕

S. 527 f.) 参照、『法の哲学』二五八節も。パレートの忠告については、参照、第一三章注(1)。

(61) 参照、『法の哲学』(*Philosophie des Rechts*)二七九節[『著作集』第七巻 S. 446 f.]。つぎの引用は、『エンチクロペディー』[『著作集』第一〇巻五四四節]S. 341 からである。英国に対する攻撃は、さらに下記の S. 342 につづく。ドイツ帝国へのヘーゲルの言及は、『歴史哲学』(S. 539)からである(参照、本章注(77)も)。——とくに英国に対する劣等感や、そのような感情の巧妙な暗示は、ナショナリズムの台頭の歴史のなかでかなりの役割を演じた。参照、本章注(57)および(70)も。英国にかんする他の箇所については、本章の次注と注(70)ならびに本文。(「芸術と学問」ということばはわたくしによる強調である。)

(62) たんに〈形式的〉な権利、たんに〈形式的〉な自由、たんに〈形式的〉な憲法などへのヘーゲルの軽蔑的な言及は興味深い。というのも、これらの箇所は、現代のマルクス主義者がたんに「形式的」な自由を提供するにすぎない、たんに〈形式的〉な民主主義を批判するときのあやふやな情報源だからである。参照、第一七章注(19)と本文。

ここでは、G・W・F・ヘーゲルがたんなる〈形式的〉な自由などと烙印を押しているいくつかの特徴的な箇所に触れておいてもよいであろう。いずれも『歴史哲学』からの引用となる。——「……自由主義は、これらすべて」(すなわち、プロイセンの〈ホーリスティック〉な復古)「に、原子の、すなわち、個別的意志の原理を対置する。つまり、すべては、かれらの明示的な力と明示的な同意によって生じるべきであるという。自由のこうした諸形式によって、こうした抽象化によって、かれらは組織にどんな確固としたものをも生じさせない」(S. 534)。——「英国の憲法は明白に個別の権利と特殊な特権とから構成されている。……(たんに形式的な自由とは反対の)真の自由の制度が、まさに英国よりも少ないところは他にはない。私法や財産の自由の点で、かれらは信じ難いほど後れを取っている。世襲制のことだけでも考えてみるがよい。年若い息子に将校とか聖職者の地位が購入され、与えられているではないか」(S. 537)。また、S. 524 ff. でのフランスの人権宣言やカントの諸原則についての議論を見よ。そこでは「ただ……形式的な意志」と形式的にすぎない「自由の原則」が触れられているだけだとされている。したがって、たとえば、S. 413 での、ドイツの精神は〈真の〉そして〈絶対的な自由〉であることを示すという注釈、すなわち、「ゲルマン精神は新しい世界の精神であり、その目的は、自由、つまり、絶対的な形式そのものを内容とする自由のかぎりなき自己決定である絶対的真理の実現である」を参照せよ。もしわたくしが〈形式的な自由〉ということばを軽蔑的な意味で使うとしたら、『法の哲学』三一七節補遺での〈主観的自由〉についてのヘーゲルの記述に適用するだろう。(この箇所は注(43)の末尾に引用しておいた。)

(63) 参照、(注(19)で触れた)E・N・アンダーソン『ナショナリズム』(E. N. Anderson, *Nationalism*, S. 279)。G・W・F・ヘーゲルの英国への言及(このパラグラフ末尾での括弧内)については、参照、『エンチクロペディー』(*Encyclopädie* 五四九節S. 348)。参照、本章注(70)も。

(64)『法の哲学』(*Philosophie des Rechts*)三三一節[『著作集』第七巻S. 498]。以下の二つの引用は、『歴史哲学』(*Philosophie der Geschichte*)[『著作集』第一二巻]S. 69および『エンチクロペディー』(*Encyclopädie*)[『著作集』第一〇巻五五〇節]S. 352 f. からである。さらに下記につづく(法実定主義の説明として役立つ)引用については、参照、『法の哲学』二七四節[『著作集』第七巻S. 440]。世界支配の理論については、参照、第一一章注(25)で素描した、支配と服従ならびに奴隷制の理論も。民族精神や民族意志、民族の天才は、世界史の舞台すなわち戦史のなかでみずからを主張するという見解については、参照、注(69)と(77)の本文。

国民の歴史理論との関連では、参照、エルネスト・ルナンのつぎのようなコメント(Ernest Renan, *Was ist eine Nation?*, 1882/1996, S. 14 f.)。「わたくしは、ほとんど歴史上の誤りを、と言いたいのだが、誤りを忘れることが国民を作る上で重要な役割を果たすのであり、したがって、歴史認識の進展は国民にとって危険であり……しかし、すべての個人がお互いに共通点を多くもつこと、また、かれらのすべてが多くのことを忘れることが国民の本質である。」ルナンをナショナリストとは見なしにくいのだが、かれは民主的なナショナリストではあるとはいえ、ナショナリストであり、かれのナショナリズムは典型的にヘーゲル主義的である。というのも、「国民は魂、精神の原理である」[S. 34]と書いているのだから。

参照、以下については、第一九章末尾でくわしく述べた説明。

（65） エルンスト・ヘッケルを哲学者とか科学者として受け止めることはほとんどできない。かれは自由思想家と称したが、その思想が十分に独立していたわけではなかったから、一九一四年に「つぎのような戦果」を要求したほどであった。かれは「一、英国の専制からの解放、二、そのために必要な措置として、ドイツ陸海軍による海賊国家英国への侵攻、ロンドン占領、三、ベルギーの分割」などをかなり長期間にわたって要求していた。（[〉Englands Blutschuld am Weltkrieges〈, Jg. 3, 1, 1914/15, S. 538 ff. は、この引用文を含んでいない]） *Das monistische Jahrhundert*, 1914, Nr. 31/32, S. 65 f. において。[この雑誌にこの引用文は見出せない。]

ヴィルヘルム・シャルマイヤー（Wilhelm Schallmayer）当選論文のタイトルは、「民族の生命過程における遺伝と選択」[Jena 1903]であった。

（66） ベルグソンのヘーゲル主義についてのコメントを本章注（25）で述べておいた。バーナード・ショーの創造的発展の宗教を特徴づけるものは、『メトセラへ帰れ』（邦訳『思想の達し得る限り』、Bernhard Shaw, *Zurück zu Methusalem*（Siegfried Trebitsch によるドイツ語訳 Berlin 1922[Zürich 1947, S. 111]））の序文の最後のパラグラフ（「この問題へのわたくし自身の貢献」)に見出せる。「創造的進化の概念が展開するにつれて、わたくしは気づいたのであるが、人類を征服してきたすべての宗教の第一条件が満たしている信念は、最初から、そして根本からメタ生物学である。」

(67) 参照、A・ツィンメルン編集の書『現代の政治学説』(A. Zimmern, *Modern Political Doctrines*[1939], S.XVIII.)での優れた序文。——プラトンの全体主義については、参照、本章注(8)の本文。主人と奴隷の理論、支配と服従の理論については、参照、第一一章注(25)および本章注(74)。

(68) A・ショーペンハウアー『倫理学の二大根本問題』(A. Schopenhauer, *Die beiden Grundprobleme der Ethik*[『五巻選集』第三巻]S. 339)。

(69) このパラグラフにおける八つの引用は、『エンチクロペディー』(*Encyclopädie*, 五四九節S. 350)、『歴史哲学』(S. 99)、『エンチクロペディー』(*Encyclopädie*, 五五〇節S. 352 f.)からである。

(70) 『歴史哲学』(S. 99)。劣等感の問題については、参照、本章注(57)と(61)、およびそこでの本文。英国についての第二の箇所については、参照、本章注(61)〜(63)と本文。ホーリズムの古典的な定式化を含む非常に興味深い一節(『法の哲学』(二九〇節補遺))は、ヘーゲルがホーリズムにそくして、集団主義的に、また権力政治的に考えていたばかりでなく、プロレタリアートの組織へもこれらの原則を適用する可能性を見ていたことを示している。

G・W・F・ヘーゲルは「下層階級、つまり、全体の大衆的部分は、……多かれ少なかれ組織されずに放置されている」と書いている。「だが、もっとも大事なことは、それが組織されることである。というのは、そうしてのみそれは力となり、強力となるからである。さもなければ、それはただの集積、散らばった原子の集まりにすぎない。」この箇所でヘーゲルはマルクスにかなり接近している。

(71) この箇所はH・フライヤー『パラス・アテナ女神』(H. Freyer, *Pallas Athene*[*Ethik des politischen Volkes*](1935), S. 83)からである。その箇所は、オーレル・コルナイ『西欧との戦争』(Aurel Kolnai, *The War Against the West* (1938), S. 417)に引用されている。わたくしはコルナイの本に非常に多くを負っている。本章の残りの部分で、多くの著者を引用したが、コルナイの本がなかったら、わたくしはそれらの著者に近づけなかっただろう。

フライヤーを現代ドイツの指導的社会学者の一人と特徴づけることについては、参照、F・A・フォン・ハイエク『自由と経済システム』(F. A. von Hayek, *Freedom and the Economic System*, Public Policy Pamphlet Nr. 29 (1939/1980), S. 30)。

このパラグラフにおける四つの引用箇所は、G・W・F・ヘーゲルの『法の哲学』(三三一節、三四〇節、三二四節補遺[『著作集』第七巻S. 498, 503, 493 f., 503])からである。『エンチクロペディー』からの箇所は、五四五節S. 345 f. からである。(最後の引用文は、五四六節 S. 346 の最初の文である。)

ハインリヒ・フォン・トライチュケについては、参照、かれの論文「ドイツにおける立憲的王国」〉Das konstitutionelle Königtum in Deutschland〈, *Aufsätze, Reden und Briefe,* hrsg. von Karl M. Schiller, IV. Bd. (1929), S. 43. にしたがっての引用。

(72)『法の哲学』(二五七節 S. 398)。つぎの三つの引用は、ふたたび *op.cit.,* 三三四節と三三九節補遺 S. 500 と S. 503 からである。このパラグラフにおける最後の引用は、*op.cit.,* 三三〇節補遺と三三三節 S. 498 と S. 500 からである。

(73)『歴史哲学』(*Philosophie der Geschichte,* S. 35)、強調の一部はわたくしのもの。つぎの引用は、『法の哲学』(*Philosophie des Rechts, op.cit.,* 三四〇節 S. 503) からである。

(74)(注(71)でも触れたが) H・フライヤー『パラス・アテナ女神』(H. Freyer, *Pallas Athene*, S. 11)。——ヘラクレイトスについては、参照、(第一巻の)第一章。——ハイザーは、A・コルナイ (*op.cit.,* S. 418) によって論じられている。[フランツ・ハイザー (Franz Haiser) は、ニーチェの弟子と称した (*Die Sklaverei,* 1923, S. 12)。かれの態度は、つぎの啓発的な箇所 (*op.cit.,* S. 14) からあきらかになる。「どうしても誰でもが読めなければならないというなら、少なくとも知者は秘密の言語や死語を用いるべきである。」しかし、知者は主人である。精神の力を損なわれずに維持できるようにするためには、奴隷が必要である。アリストテレスがF・ハイザーにとって称賛にあたいする人物であるのも不思議ではない(*op.cit.*, S. 17)。このような態度のもとでは「強盗」は「ときとして高尚」でありうる(*op.cit.*, S. 27)ということは、こうした作品や類似の作品の悪漢道徳をふたたび明確に示しているにすぎない。参照、本章注(90)。」参照、G・W・F・ヘーゲルの奴隷論(第一一章注(25))も。このパラグラフの最末尾での引用は、『法の哲学』(*Philosophie des Rechts*, 三三四節 S. 500)からである。「侵略戦争」に変化する「防衛戦争」については、*op.cit.*, 三二六節 S. 494 f. を見よ。

(75) このパラグラフにおけるすべての引用箇所は、『歴史哲学』([『著作集』第一二巻]S. 90 f.)からである(強調はわたくしのもの)。世界史は必然的に人倫を蹂躙するという主張が見出されるもうひとつの場所は、『法の哲学』(三四五節 S. 505)である。エドゥアルト・マイヤーについては、参照、(第一巻の)第一〇章注(15)(2)末尾。

(76) 『法の哲学』(三一七節以下 S. 485 f.)を見よ。類似の箇所は三一六節 S. 483 に見られる。「このようなかたちで」(世論が)「存在することは、したがって、世論自身に矛盾があるということである。」三〇一節と三一八節補遺も見よ。(世論についてのヘーゲルの他の見解は、本章注(84)の本文でも触れておいた。)――F・ハイザーについては、*Die Sklaverei*, *op.cit.*, S. 43.

(77) 参照、『法の哲学』三二四節と三二四節補遺[S. 492 f. と S. 494. 「道徳上の健康が、……おき換えられる」という一文は、ヘーゲルが自身の論文「自然法の学問的論述方法について」〈〉Über die wissenschaftlichen Behandlungsarten des Naturrechts〈, 『著作集』第二巻 S. 482) から意味に即して引き継がれたものである」。つぎの引用は、『歴史哲学』S. 99–101 からである。（最後に引用された箇所は、特徴的なことにはつぎのようにつづけられている。「……たとえばドイツ帝国都市、ドイツ帝国憲法のように、自然死を遂げてしまったなら」[S. 101]。参照、これとともに本章注(61)およびそこでの本文。）

(78) 参照、『法の哲学』(三二七節補遺と三二八節 S. 495 と S. 496)(強調はわたくしのもの)。火薬にかんするコメントについては、参照、G・W・F・ヘーゲルの『歴史哲学』(*Philosophie der Geschichte*, S. 481)。

(79) このパラグラフにおける引用は以下の著作からである。エーリヒ・カウフマン『民族の権利の本質と事情変更の原則』(Erich Kaufmann, *Das Wesen des Völkerrechts und die clausula rebus sic stantibus* (1911/1964), S. 146)、エヴァルト・バンゼ『防衛学。新しい民族科学序論』(Ewald Banse, *Wehrwissenschaft. Einführung in eine neue nationale Wissenschaft* (1933), S. 1) 第一節は「理念としての戦争」と題されている。――ルーデンドルフ将軍『総力戦』(*Der totale Krieg* (1935), S. 12)――マックス・シェーラー『戦争の天才とドイツの戦争』(Max Scheler, *Der Genius des Krieges und der Deutsche Krieg* (1915), S. 42)――H・フライヤー『パラス・アテナ女神』(H. Freyer, *Pallas Athene*, S. 82)――フリッツ・レンツ『価値原則としての人種』(Fritz Lenz, *Die Rasse als Wert-*

prinzip (1933), S. 13.) ——エドガー・J・ユング『価値少なき者の支配』(Edgar J. Jung, *Die Herrschaft der Minderwertigen* (1929/1991), S. 98) ——ヨーハン・G・フィヒテ『ドイツ国民に告ぐ』(Johann G. Fichte, *Reden an die deutsche Nation* (1808/1955), S. 69) からの引用については、参照、A・ツィンメルン(編)『現代の政治学説』(A. Zimmern (eds.), *Modern Political Doctrines* [1918/1998], S. 170 f.)も。——シュペングラーによる蒸し返しは、『西洋の没落』(Spengler, *Untergang des Abendlandes* [1979], S. 28)にある。——アルフレッド・ローゼンベルクによる蒸し返しは、かれの『二〇世紀の神話』(Alfred Rosenberg, *Der Mythus des 20. Jahrhunderts* (1930/1935), S. 143)にある。［他の箇所では、つぎのように書かれている。「人間性が説かれ、人間は平等との教説が語られたおかげで、すべてのユダヤ人、黒人、混血者は、ヨーロッパ諸国家で完全な市民権をえることができた。個々人への人道的配慮のおかげで、ヨーロッパ諸国には末期病人や精神異常者のための豪華な施設があふれている。」S. 202 f.］参照、(第一巻の)第八章注(50)ならびにメルヴィン・レーダー『妥協せず』(Melvin Rader, *No Compromise* (1939), S. 116)。

(80)　(注(71)で触れた)A. Kolnai, S. 412.

(81)　参照、E・ケアード『ヘーゲル』(E. Caird, *Hegel* (1883/1999), S. 26)。

(82)　A. Kolnai, *op.cit.* S. 438.——ヘーゲルの箇所は『歴史哲学』(S. 36)である。強調は部分的にわたくしのもの。——二つの引用はエルンスト・クリーク『国民の政治教育』(Ernst

Krieck, *Nationalpolitische Erziehung* (1932), S. 56とS. 1)である。——ヘーゲルは情熱を強調しているが、それについてのコメントは本章注(84)の本文で述べておいた。

(83)『エンチクロペディー』(*Encyclopädie*, 五五一節 S. 353)。W・シュターペルからの引用は『キリスト教の政治家。ナショナリズムの神学』(W. Stapel, *Der christliche Staatsmann. Eine Theologie des Nationalismus* (1932), S. 240とS. 241.)からである。

(84)ローゼンベルク——引用はトーマス・ムルナー(ツィリル・フィッシャーの偽名)『ナチの鏡』(Thomas Murner, *Der Nazispiegel* (1932), S. 46)からである。これは『民族の観察者』(*Völkischer Beobachter*)におけるA・ローゼンベルクの記事に由来する(参照、A. Kolnai, *op.cit.*, S. 295)。【この箇所全体はこうである。「ボリシェヴィキでもあったポーランド人が殺害されたので、古参の前線戦闘員を含む五人のドイツ人が銃殺されるという。このような裁判は、国家の基本的な自己保存本能に反する。ここでも国民社会主義が世界観として入ってくる。国民社会主義にとっては、魂は魂にひとしくなく……」】G・W・F・ヘーゲルが世論をどう見ていたかについては、本章注(76)の本文でコメントしておいた。このパラグラフで引用した箇所は、『法の哲学』三一八節補遺S. 486(強調はわたくしのもの)ならびに『歴史哲学』(*Philosophie der Geschichte*)(〔『著作集』第一一巻〕S. 46, 38, 49, 38, 34, 56, 49(強調は部分的にわたくしのもの)からである。ヘーゲルが情熱と利己心を賛美していることについては、本章注(82)でコメントを付しておいた。

(85) エルンスト・ユンガーによって編集された『戦争と戦士』におけるヴェルナー・ベスト「戦争と法」(Werner Best, 〉Der Krieg und das Recht〈, in *Krieg und Krieger*, hrsg. von Ernst Jünger (1930), S. 152)。G・W・F・ヘーゲルからの引用は、『法の哲学』(*Philosophie des Rechts* 三二四節補遺 S. 493 f.) および『歴史哲学』(*Philosophie der Geschichte*, S. 100 および S. 42) からである。アリストテレスへのコメントについては、参照、『政治学』第七巻第一五章 3(1334a)。

(86) (注(83)で触れた) W. Stapel, S. 19, 145, 24, 145, 152.

(87) 参照、G・W・F・ヘーゲル『大論理学』(*Wissenschaft der Logik*[『著作集』第五巻] S. 68, 82 f. および S. 96)。ここでは、「それ以上の規定をなんら伴わない……純粋な存在」、あるいは、「いっさいの関係を伴わない」「ものそれ自体」は「純粋な無」と呼ばれる。マルティン・ハイデガーの『形而上学とはなにか』(Martin Heidegger, *Was ist Metaphysik?* [1929/1998, S. 28]) については、参照、R・カルナップ『言語の論理的分析による形而上学の克服』(R. Carnap 〉Überwindung der Metaphysik durch logische Analyse der Sprache〈, in *Erkenntnis*, Bd. 2 [1931], S. 229)。ハイデガーのフッサールやシェーラーとの関係については、ユリウス・クラフト『フッサールからハイデガー』(Julius Kraft, *Von Husserl zu Heidegger* (1932/1977), S. 83 ff.) に述べられている。ハイデガーは、ウィトゲンシュタインと同様に、自分の文章の無意味さに気づいていたとコメントしておくなら、おそらく興味をひくことであろう。「無についての問いと答えは、それ自体がおなじように不条理である」(*op.cit.*, S. 231)。ウィトゲンシュタインの『論理哲学論考』の観点からして、無意味——しかし深く意味のあるナンセンス——を語っていることを自認しているこの種の哲学に対して、どんな異議申し立てができるというのか。(参照、第一一章注(51)(1)。グィド・シュネーベルガーによる『ハイデガー遺稿集』(Guido Schneeberger, *Nachlese zu Heidegger* (1962))は、ハイデガーの政治活動にかんするすべての資料を収集している。

(88)【ハイデガーの引用は、『存在と時間』(*Sein und Zeit* [1929/2001]、S. 251とS. 266)および『ドイツ大学の自己主張』(*Die Selbstbehauptung der deutschen Universität* フライブルク大学学長職受諾という栄えある折になされた講演(一九三三年五月二七日)[1933/1990], S. 10)からである。一九ページにはつぎのような一節がある。「われらは、われらの民族がその歴史的使命を果たすことを欲する。われらはわれら自身を求める。すでにわれらを追い越した若くかつ若さきわまる力が、そう決定しているからである。」これにつづいて、「栄光」と「覚醒の偉大さ」が語られている。[後見人へのA・ショーペンハウアーの忠告は、『五巻選集』第一巻S. 30, Anm. に見られる。]】

(89)【このパラグラフでの主張については、参照、A. Kolnai, *op.cit.*, S. 270 f. およびカール・ヤスパース『世界観の心理学』(Karl Jaspers, *Psychologie der Weltanschauungen*

(1925/1994))からのつぎの箇所。「そもそも自己意識を戦いとるためには、人間は敢行してしまっていなければならない。かれは、無となる危険を引き受けるときにのみ存在する」(S. 120)。「有限の存在は命がけの行為を求める」(S. 418)。「人間が命を懸けること、それがかれにとっての……「自分自身」であるし、あるだろうことの……唯一生きた証明である」(S. 414)。「自己認識は死によってはじめて証明される」(S. 414)。「実現されうる一切のものはわれわれを脅かすばかりでなく、われわれの目には避けがたく没落するものと映る」(S. 260)。】A・コルナイ(*op.cit.*, S. 282)は、ヤスパースを「ハイデガーのつまらない弟」と呼んでいる。わたくしはそれには同意できない。ハイデガーとは異なり、ヤスパースは、疑いもなく、興味深いことを多く含んだ本を、それどころか、『一般精神病理学』[1913/1973]のような経験に立脚したことを多く含む本を書いたからである。だがここでは、かれの初期の作品(一九一九年に第一版が刊行された『世界観の心理学』(*Psychologie der Weltanschaungen*, 3. Aufl. 1925))から、K・ヤスパースの思想は、ハイデガーが著述活動を始める以前から、すでにかなりのところまで展開していたことを示すいくつかの箇所を引用しておきたい。「人間の生を見るには、その者が瞬間をどう生きているかを見なければならない。瞬間だけが唯一の現実であり、精神生活における唯一の現実そのものである。生きた瞬間とは、最後のもの、血のように温かいもの、直接的なもの、生きているもの、身体的な現在、現実の総体、唯一具体的なものである。」人間は「……つまるところ瞬間において実存と絶対的なものを」(S. 112)見出すというのだ。(「熱狂的態度」にかんする章 S. 123 ではつぎのように言われている。)「熱狂が端的に究極の契機となっているいたるところで、すなわち、人びとが現実のなかで、現実のために生きており、すべてが敢行されるところでは、ヒロイズム、英雄的な愛、英雄的な闘争、英雄的な仕事などを語ることができる。」「熱狂的な態度は愛である……」(五節)。——「同情は愛ではない……」(一二八節)。一二七節では、「それゆえに愛は残酷で冷酷であり、そうであるばあいにのみ、真の恋人たちは信じあう」(S. 256 ff.)。「限界状況……(A)闘争。戦いはすべての実存の基本形式である」[S. 257]。「闘争の限界状況に対する反応はつぎのようになる……2項、人間が最後のものとしての闘争を見誤ること。人間は、まるで実存が闘争なしで可能であるかのように……うろつきまわる」[S. 258]などなど。いつもおなじ絵が描かれている。つまり、ヒステリックなロマン主義、残忍な蛮行と教授風の衒学が結びつけられ、テキストは注意深く、節に、そのまた下の小節に分割されざるをえないのである。

《一九四五年八月にカール・ヤスパースがおこなった講演(『罪責論』(これは *Die Schuldfrage*, Zürich 1947 に再録されている。S. 49)のなかで、ヤスパースは有罪であると、つまり、考える人間ならなんぴとにせよかれを非難しないであろうことがらに対して有罪であると告白している。「ユダヤ人の友人が連れ去られた時、われわれは通りに出て行かず、われわれもまた滅ぼされるときまでは叫ばなかった。われわれは、われわれが死んだとて助けにはならないだろうという、正当ではあるが、薄弱な理由で生きることを選んだ。生きていること、それがわれわれの罪である。」しかし、読者は罪責問題において、著者がその著作をつうじて、一般的な精神的雰囲気によってはじめてナチズムが可能にされたことを意識していたことを示すような箇所を探しても無駄であろう。そのように巻きこまれたことを承認する代わりに、つまり、その著述においてナチズムへの道を醸成したことを承認する代わりに、かれはつぎのように嘆くのだ。「一二年間をつうじてわれわれに生じたのは、われわれの存在が溶け、鋳なおされていくことであった」(*loc. cit.*)。》[雑誌『変遷』(*Wandlung*, Jg. I, 1945)に掲載されていた、この講演からの引用文は、一九八七年版のS. 48には、もはや含まれていない。]

(90) A. Kolnai, *op.cit.*, S. 208.

「賭博者の哲学」にかんするコメントについては、参照、オスヴァルト・シュペングラー『決定の年。第一部、ドイツと世界史の展開』(Oswald Spengler (*Jahre der Entscheidung.* I. Teil: *Deutschland und die weltgeschichtliche Entwicklung*, 1933, S. 165 [1980, S. 212])。「ここではその剣によって勝利を戦いとる者が世界の主となろう。そこには壮大な賭けの骰子《さいころ》がある。果敢にもそれを投じるものは誰か。」

ギャングの哲学をさらに特徴づけるのは、おそらく、非常に才能のある著者エルンスト・V・ザロモンの本『追放された者たち』(Ernst V. Salomon, *Die Geächteten* (1930/

1986))(引用箇所 S. 73, 55, 48, 189, 216, 54, 222)であろう。「悪魔の快楽。たとえば、こうだ。俺は銃と一体ではないか。俺は機械ではないか——凍れる金属。人間の最初の快楽は破壊[である]。……ありとあらゆる所で、バンバンやった。なにせ、発砲こそ悦楽だったからな。……計画とかはっきりした目的などなかったぜ。……計画・方法・システムなんぞには縛られもしなかった。……なにが欲しかったかって、そんなことは知らなかったし、知っていたもの、そんなものは欲しくもなかった。……憎しみを沸騰させながら通りを駆け抜けた。殺す準備はできていた。つぎは、俺と世界だ」などなど。参照、(注(51)でも触れた)W. Hegemann, S. 171 も。

(91) A. Kolnai, *op.cit.*, S. 313.

(92) H. O. Ziegler については、参照、A. Kolnai, *op.cit.*, S. 398.

(93) この引用はA・ショーペンハウアー『倫理学の二大根本問題』(A. Schopenhauer, *Die beiden Grundprobleme der Ethik*[『五巻選集』第三巻]S. 339)からである。——G・W・F・ヘーゲルの「もっとも高遠な深み」にかんするコメントは *Jahrbücher für wissenschaftliche Kritik* (1827), Nr. 7, 第六一段からである。[参照、*Berliner Schriften* (1818-1831), hrsg. von Walter Jaeschke, Hamburg 1997, S. 112.「もっとも高遠な深み」という表現は、ヘーゲルではなく、インドの詩の作者を指している。] これはA・ショーペンハウアー(*op.cit.*)によって再度述べられている。——結論としての引用は、ふたたびA.

Schopenhauer, *op.cit.*, S. 337 f. からである。

マルクスにかんする第一三章から第二二章までの一般的コメント

[『資本論』原著は三巻で構成されている。第一巻、ハンブルク、一八六七年。第二巻、ハンブルク、一八八五年。第三巻、ハンブルク、一八九四年。(最後の二巻はフリードリヒ・エンゲルスによる編集。)これらすべてには「政治経済学批判」という副題がついていた。本書におけるカール・マルクスとフリードリヒ・エンゲルスからの引用はすべて、ドイツ社会主義統一党中央委員会付属マルクス=レーニン主義研究所刊行の三九巻本『全集』(*Werke*)からである。引用にあたってはタイトルおよび、ブラケット内で巻数を表示した。]

第一三章　マルクスの社会学的決定論

(1) ヴィルフレド・パレート『社会学大綱』(Vilfredo Pareto, *Trattato di Sociologia generale*, S. 1843 [1916/1988], Bd. 3, S. 1759 f.)。パレートはつぎのように書いている。「統治術とは、そのような感情を自分に有利に利用する方法を見つけることであり、それらを破壊しようなどという無益な試みでエネルギーを浪費しないことである。破壊しようとしてえられる唯一の成果は、しばしば、その感情を強化することでしかない。自分自身の感情の有無を言わせぬ支配から身を解き放つことができる者は、他人の感情を自身の目的のために利用できるようになる。……これは、支配者と被支配者の関係についてまったく一般的に言えることである。自分や党にとってもっとも有用な政治家は、偏見をもたない者であり、他人の偏見から利を引き出せる者である。」パレートの念頭にある偏見とは、ナショナリズム、自由への愛、人道主義的感情といったさまざまなものである。たしかにパレートは多くの偏見から解放されていたが、すべての偏見から解放されていたわけではなかったと注記しておいてもよいだろう。その点はかれの著作のほとんどすべてのページから見て取ることができる。なかんずくかれが、不適切とまでは言えないとしても人道主義的態度と呼ぶ人道主義的宗教について語っているあらゆるところに見出せる。かれ自身の偏見は反人道的な宗教というものである。かれが、偏見と偏見からの自由とのあいだでは選べないにしても、人道主義的偏見と反人道主義的偏見のあいだでは選べることを理解していたら、おそらく自分がすぐれていると確信することはより少なかったであろう。(偏見の問題については、参照、第二四章注(8)(1)およびそこでの本文。)

〈統治術〉にかんするパレートの考えは非常に古く、少なくともプラトンの叔父クリティアスにまでさかのぼる。それは、プラトン学派の伝統のなかで役割を果たしていた(これについては第八章注(18)で言及しておいた)。

(2) (1)フィヒテやヘーゲルの思想は、民族国家と民族自決の原則——反動的な原則——をみちびいた。これらの原則は、トマーシュ・G・マサリクのような開かれた社会のための闘士によっても心底から信じられていたし、民主党のウッドロー・ウィルソンが受け入れたものでもあった。(ウィルソンについては、参照、たとえば、アルフレッド・ツィンメルン編『現代の政治学説』(*Modern Political Doctrines*, hrsg. von Alfred Zimmern, 1939, S. 223 ff.))。この原則はわれわれの地球上では適用できないし、とりわけヨーロッパで適用できないのは明らかである。というのも、ここヨーロッパでは、民族(すなわち言語集団)は互いに接近しており、それらを分離することはまったく不可能であるからである。ウィルソンがこのロマン主義をヨーロッパの政治に適用しようとしたことから生じた身の毛のよだつような帰結は、いまや、誰の目にも明らかなはずである。ヴェルサイユ講和条約が苛酷であったというのは神話であるし、ウィルソンの原則が維持されなかったというのももうひとつの神話である。事実は、こうした原則を首尾一貫して適用することはできないということであった。そしてヴェルサイユは主として、こうしたウィルソンの適用不可能な原則を適用しようとする試みがなされたがゆえに失敗に終わる運命にあった。(こうした点については、参照、第九章注(7)および第一二章注(51)~(64)とそこでの本文。)

(2)このパラグラフ本文では、マルクス主義に見られるヘーゲル主義的性格を述べておいたが、ここでは、マルクス主義がヘーゲル主義から引き継いだ重要な見解をリストアップしておきたい。わたくしのマルクス論は、このリストを使用しない。というのは、わたくしはかれをいまひとりのヘーゲル主義者としてではなく、むしろ、自分自身で語ることができ、またそうあらねばならないまじめな研究者として扱うつもりだからである。リストは、マルクス主義にとっての重要性に応じてさまざまな見解を大まかに整理したが、つぎのようなものである。

(a)ヒストリシズム。社会にかんする科学の方法は、歴史、とりわけ、人類の歴史的発展に内在する諸傾向の研究にある。

(b)歴史相対主義。ある歴史時代における法則は、もはや他の歴史時代においても法則である必要はない。(ヘーゲルは、ある時代に真実であることは、もはやべつの時代に真実である必要はないと主張した。)

(c)歴史発展の基礎には、進歩の法則がある。

(d)発展は、より大きな自由とより大きな理性を目指して進んでいくが、それをもたらす手段は、われわれ自身の合理的な計画ではなく、むしろ情熱や利己心のような非合理的な諸力である。(ヘーゲルはこれを〈理性の狡知〉と呼んでいる。)

(e)道徳的実定主義、あるいはマルクスのばあいでは道徳的〈未来主義〉。(この表現は第二二章で説明する。)

(f)階級意識は、発展そのものを前進させる手段のひとつである。(ヘーゲルは、民族意識、民族精神または「民族の天才」を操った。)
(g)方法論的本質主義。弁証法。
(h)ヘーゲルの以下のような思想は、マルクスの著作のなかで役割を果たしているが、のちのマルクス主義者においてはより大きな意義をえた。
(h1)たんに〈形式的〉な自由またはたんに〈形式的〉な民主主義と〈実質的〉または〈経済的〉な民主主義などとの区別。それに関連しての、自由主義に対する愛と憎しみの入り混じった両義的な態度。
(h2)集団主義。
以下の章でも、(a)がふたたび主題である。(a)および(b)との関連では、参照、本章注(13)も。(b)については、参照、第二二章から第二四章。(c)については第二二章と第二五章で論じる。(d)は第二二章で。(ヘーゲルの〈理性の狡知〉については、参照、第一二章注(84)の本文。)(f)については、参照、第一六章と第一九章、(g)については本章注(4)、第一七章注(6)、第一五章注(13)、第一九章注(15)、第二〇章注(20)~(24)、ならびにそこでの本文。(h1)については、第一七章注(19)を見よ。(h2)はマルクスの反心理学主義に影響を与えている(参照、第一四章注(16)の本文)。マルクスは、個人よりも国家が優越するというプラトン的ヘーゲル的理論の影響を受けて、個人の意識さえも社会的諸条件によって規定されるという理論を展開している。とはいえ、マルクスは基本的に個人主義者であり、かれの関心は、とりわけ苦しんでいる個人に向けられていたのであり、かれらを助けたいと思っていたのだ。したがって、マルクス自身の著作のなかでは、こうした集団主義が重要な役割を果たしていないことはたしかである。(おそらく、(f)で言及した集団的階級意識をマルクスは、たとえば第一八章注(4)で触れたように、強調していたが、それから目を転じるならば。)しかし、それはマルクス主義の実践のなかでその役割を果たしている。

(3) マルクスは、『資本論』(*Das Kapital*[『全集』第二三巻]S. 387 f.)のなかで、プラトンの分業論(参照、第一巻第五章注(29)と本文)およびプラトン的国家のカースト的性格について興味深い指摘をしている。(ただし、マルクスが言及しているのはエジプトのみであり、スパルタについては言及していない。参照、第四章注(27)。)この関連で、マルクスはまた、イソクラテスの『ブシリス』(15 f.[ドイツ語訳 *Sämtliche Werke*, Bd. II, 演説 XI, 1997, S. 38])から興味深い一節を引用している。イソクラテスはそこでプラトンに非常によく類似した、分業支持のための最初の議論を導入していた(参照、第五章注(29)の本文)。そしてイソクラテスはこうつづけていた。「エジプト人は……たいへんよい助言をするので、この種のテーマを扱い、最大の声望を享受している哲学者でさえ、エジプトの国制を優先するし、ラケダイモン人もエジプトの諸制度の一部を模倣し、自分たちのポリスをもっともよく管理しているほどである」[17]。ここでイソクラテスがプラトンを指していいたことは大いにありうることだろう。おそらくクラントールは、エジプト人の弟子になったとしてプラトンを非難した人びとについて語るとき、イソクラテスのことを考えていたのであろう。（参照、第四章注（27）(3)でのコメント。）

（4）参照、第一二章注（68）の本文。弁証法一般、とくにヘーゲル弁証法については、第一二章、とりわけ注（28）〜（33）の本文で論じておいた。マルクスの弁証法については、すでに他の場所（参照、「弁証法とはなにか」〈〉What is Dialectic?〈, in *Mind*, N. F., Bd. 49 (1940), S. 403 ff.〉、これは、現在は改訂されて拙著『推測と反駁』（*Vermutungen und Widerlegungen* [2000, S. 451 ff.]に収められている）で論じておいたので、本書では扱わない。わたくしは、ヘーゲルの弁証法と同様にマルクスの弁証法も危険で混乱したものと見ている。しかし、ここではそれらの分析は省略できる。というのも、マルクスのヒストリシズムに対するわたくしの批判は、マルクスの弁証法のうちまじめに受け取ることのできるすべての点に及んでいるからである。

（5）参照、たとえば、本章注（11）本文での引用。

（6）ユートピア主義は、マルクスとエンゲルスによって、まず『共産党宣言』（第三章第三節）で攻撃されている。「資本の政治経済と、……プロレタリアートの主張とを和解させようとするブルジョア経済学者」に対するマルクスの攻撃、すなわち、主にJ・S・ミルやオーギュスト・コント学派の他のメンバーに向けられた攻撃については、参照、『資本論』

(*Das Kapital*, S. 21(参照、ミルに対する攻撃については、本章注(14)も)およびS. 25(コント派の『実証主義者論評』(*Revue Positiviste*)に対する攻撃については、第一八章注(21)本文も見よ))。社会工学とヒストリシズムとのあいだの、ピースミールな社会工学とユートピア社会工学とのあいだの対立の問題については、参照、第一巻の第九章。(以下の注も見よ。第三章注(9)、第一五章注(18)(3)、M・イーストマンの『マルクス主義——科学なのか』(M. Eastman, *Marxism — Is it Science?* [1941])に立ち入った第九章注(1)。)

(7) (1)W・I・レーニンからの二つの引用は、ウェブ夫妻著『ソビエト共産主義、新しい文明?』(*Soviet Communism: A New Civilisation?* von Sidney und Beatrice Webb, 2. Auflage, Bd. 2 (1937), S. 605 f.[第三版一九四七年においては、副題のあとの疑問符が欠落している。引用箇所はS. 498である])からとった。著者夫妻は、注で二番目の引用は一九一八年五月にレーニンがおこなった演説のなかに現われていると述べている。ウラジミール・レーニンがいかに早く状況を把握したかがきわめて興味深い。一九一七年八月に自身の党による権力掌握の前夜、つまり、著書『国家と革命』を出版したときには、かれはまだ純粋なヒストリシストであった。かれは、新社会の構築という重大な問題を見落としていただけでなく、他の多くのマルクス主義者と同様に、そうした問題は存在しない、あるいは歴史過程によっておのずと解決されるとさえ信じていた。レーニンが、みずから発展していく共産主義社会にとってさまざまな段階における組織と管理の問題は、非常に単純な性質のものであると強調している、とくに『国家と革命』(Dietz Verlag, Berlin, 引用は一九七〇年版にしたがう)からのつぎの一節を参照。レーニンはこう書いている(S. 107)。「重要なのは、彼ら全員が平等に働き、仕事量を適切に保ち、平等な賃金を受け取ることにすぎない。会計業務とその管理は、資本主義によって極限まで単純化されている。」したがって、そうした業務は、労働者が容易に引き継ぐことができる。というのも、そのような管理業務は「読み書きができる人」であれば誰でもおこなうことができ、また、それに対しては「四則演算を習得している」だけで十分であるからである。このような驚くほど素朴な言明は典型的なものである。(類似の見解は、ドイツやイギリスのばあいでも表明されている。参照、本注の(2)。)これはレーニンが数カ月後におこなった演説と対比してみる必要がある。そこには、「科学的社会主義者」が、やがて到来するであろう問題や災厄を予見することがいかに少なかったかが示されている。(わたくしの念頭にあるのは、この予言者的な、技術に対し敵対的な態度をとるマルクス主義がもたらした戦時共産主義時代の災害である。)しかしそれはまた、犯された過ちを見つけ、みずから承認するレーニンの能力も示している。かれは、理論においてではないが、実践においてはマルクス主義を否定した。権力掌握以前における〈科学的社会主義〉の純粋にヒストリシズム的、すなわち予言的で技術に対し敵対的な(レーニンなら〈反ユートピア的〉と言ったであろう――

参照、『国家と革命』(*Staat und Revolution*, S. 96))性格については、『国家と革命』の第五章第二節と第三節も。

しかし、レーニンが、より多く建設にかかわる問題を論じた社会工学の本を知らないと認めたとき、そこに暴露されたのはただただ、マルクスの戒告に忠実なマルクス主義者たちが、まさにこの問題に着手しようとしていた〈教授然とした講壇社会主義者〉の〈ユートピア的な著作〉すら読んでいなかったということにすぎない。わたくしの念頭にあるのは、英国におけるファビアン協会の人びとや、オーストリアのアントン・メンガー(たとえば、Anton Menger, *Neue Staatslehre*, 1902/1930, とくにS. 248 ff.)やヨーゼフ・ポパー=リンコイス(Josef Popper-Lynkeus)である。後者は、多くの提案をしたが、そうしたことから目を転じても、なによりものちにロシアに導入された巨大農場の技術である集団農業の技術を開発した。(参照、かれの『社会問題の解決としての一般栄養論』*Die allgemeine Nährpflicht als Lösung der sozialen Frage*, 1912, S. 206 ff. およびS. 300 ff., 第二版1923.)しかし、かれの興味深い著作は、マルクス主義者によって真剣に受け止められなかった。それは、「半社会主義的なユートピア的システム」として却下されてしまったのだ。かれらはかれを「半社会主義者」と呼んだ。というのも、J・ポパー=リンコイスはその国家システムのなかに民間のイニシアティブが許可されるべき部門を提案していたからである。かれは、国家の経済活動をすべての人の根源的欲求の充足——「最低限の生活の保障」

——という義務に限定した。それ以上のことは、すべてが純粋な競争システムに委ねられた。

(2)上記で引用した『国家と革命』におけるレーニンの見解は、(J・ヴァイナーが示唆したように)『社会主義と急進主義』[1894/1996]におけるジョン・カラザース(John Carruthers, *Socialism and Radicalism* [1894/1996])の見解に類似している。(参照、第一巻の第九章注(9)。) 参照、とくにS. 14-16. かれはつぎのように書いている。「資本家は、工場を最良の状態で維持するための情報を誰にでも教えてくれる、複雑だが実用には十分にシンプルな金融システムを発明した。非常に似ているが、はるかに単純な貨幣システムは、社会主義工場の選出されたリーダーに、おなじように管理の方法を教え、資本家が必要とするよりもさらに強く専門的な組織者を必要とすることはないだろう」[S. 16]。

(8) このナイーブな自然主義的標語は、マルクスの「共産主義の原理」からである。(マルクスは、ルイ・ブランの『労働の組織化』(Louis Blanc, *Organisation du travail*, 1839)[ドイツ語訳 *Organisation der Arbeit*, 1899, S. 91 f. およびS. 96 f.]を引き継いだ。ブライアン・マギーは親切にもこの点を伝えてきてくれた。) その起源はプラトンと初期キリスト教にまでさかのぼる。(参照、第五章注(29)、『使徒の宣教』第二章 44-45 および第四章 34-35. 参照、第二四章注(48)とそこでの指摘。) これは、W・I・レーニンによって『国家と革命』(*Staat und Revolution* (*op.cit.*, S. 100))において引用されている。新しいソビエト社会主義共和国連邦憲法(一九三六年)で取り入れられたマルクスの社会主義の原理は、若干、だが重要な点で、弱められている。参照、第一二条、つまり「ソビエト社会主義共和国では、〈各人はその能力に応じて、各人はその成し遂げたところ(Leistung)に応じて〉という〈社会主義の原則〉が適用される」。〔参照、Helmut Altrichter (Hg.), *Die Sowjetunion*, Bd. 1, 1986, S. 268.〕初期に用いられていた〈必要(Bedürfnis)〉という表現が「成し遂げたところ」におき換えられているわけだが、これは、ロマンチックで経済的にはかなり曖昧な自然主義的言い回しを、まったくもって実際的ではあるが一般によく知られた原理――くわえて〈資本主義〉でさえ要求するかもしれない原理――に変換するものである。

(9) これは、フリードリヒ・エンゲルスのよく知られた著書『社会主義の空想から科学への発展』〔邦訳、『空想より科学へ』岩波文庫〕(Friedrich Engels, *Die Entwicklung des Sozialismus von der Utopie zur Wissenschaft*〔一八八二年『全集』第一九巻 S. 177 ff.〕)をほのめかしている。

(10) 拙著『ヒストリシズムの貧困』(*Das Elend des Historizismus* [6. Auflage 1987])を見よ。

(11) これは、『フォイエルバッハにかんするテーゼ』(*These über Feuerbach* (1845))の第一一テーゼである。〔『全集』第三巻 S. 7〕。参照、本章注(14)〜(16)、および拙著『ヒストリシズムの貧困』の第一節、第一七節、第一八節も。

（12）わたくしはここでは、決定論の形而上学的・方法論的な問題をこまかく論じるつもりはない。（この問題については第二二章でさらにいくつかを指摘しておいた。）しかし、〈決定論〉と〈科学的方法〉を同義語として使うのは間違いであると指摘しておきたい〔詳細は、Karl R. Popper, *Das offene Universum. Ein Argument für den Indeterminismus*, 2001, S. 3 ff.〔邦訳、『開かれた宇宙、非決定論の擁護』岩波書店〕〕。混同は依然として生じている。B・マリノフスキーのような傑出して明解な著者にも見られるのだから。（参照、たとえば、B. Malinowski, 〉Anthropology as the Basis of Social Sciences〈 in *Human Affairs*, Kapitel XII (hrsg. von Raymond B. Cattell, J. Cohen und R. M. W. Travers, 1937/1970, S. 199 ff.）わたくしは、マリノフスキーの論文に見られる方法論的傾向、つまり、科学的方法を社会科学に適用しようという要求、および人類学におけるロマン主義的傾向を見事なまでに排除しようとする判断に全面的に同意する（参照、とくにS. 207 ff.; S. 221-224）。しかし、B・マリノフスキーが「人間文化の研究における決定論」（S. 212, 参照、S. 252も）を提唱するとき、わたくしは「決定論」ということばのもとで「科学的方法」以外のものを理解できない。だが、このような等置は支持できるものではなく、本文で示しておいたように、ヒストリシズムをみちびきかねないのだから、重大な危険を伴う。

（13）ヒストリシズムへの批判は、拙著『ヒストリシズムの貧困』（*op.cit.*, S. 45 ff.）でも述べておいた。

マルクスは誤って「発展についての自然法則」が存在すると想定していたが、許されてよいことだろう。というのも、当時最高の科学者のなかにも進化の法則を発見する可能性を信じていた者が何名かいたからである(たとえば、トマス・H・ハクスリー。参照、かれの『講義およびレイ・サーモンズ』(*Lectures and Lay Sermons*, 1880/1910, S. 30 f.))。だが、経験的な〈進化の法則〉といったものは存在しえない。もちろん、地球上の生命が一定の仕方で発展してきたと主張する具体的な進化にかんする仮説は存在する。しかし、進化にかんする一般法則や自然法則を語るとなったら、すべての惑星における生命の進化にかんする仮説を立てなければならないだろう。ことばを換えると、単独過程の観察のみからは、〈自然法則〉を見つけテストすることは望めないということだ。(もちろん、幼少の有機体にかんする進化の法則は存在する。)

社会学的法則は存在しうるし、進歩の問題にかかわる社会学的な法則さえあるかもしれない。例を挙げれば、思想の自由や思想交換の自由が、議論の公共的性格を確保する法的な制度のようなものによって効果的に保護されるときに、いつにせよ科学の進歩が生じるという仮説は存在する(参照、第二三章)。しかし、歴史法則についてはまったく語らない方がよい理由がある。(参照、第二五章注(7)と本文。)

(14)『資本論』(*Das Kapital*, S. 15 f.)(初版への序。ミルの同様のコメントについては、参照、

注(16))。おなじ箇所で、K・マルクスはまた、「……現代社会の経済的運動法則をあきらかにすることが、本著の究極の目的である」と述べている。(参照、本章注(16)の本文。)マルクスのプラグマティズムとヒストリシズムとの衝突は、(本章注(11)に引用しておいた)フォイエルバッハにかんするテーゼの第一一テーゼと比較するならかなりあきらかになるだろう。拙著『ヒストリシズムの貧困』(*op.cit.*, S. 40 ff.)の第一七節でわたくしは、マルクスのヒストリシズムを、まさにかれによるフォイエルバッハへの攻撃と正確に類似したかたちで特徴づけることによって、この衝突をより明確に強調しようとした。というのも、注(11)の本文で引用しておいた一節については、以下のように言い換えることもできるからである。ヒストリシストは、社会の発展を解釈しさまざまなかたちで支援しうるのみである。しかし、かれにとって重要なのは、誰もそれを変えられないということである。参照、第二二章、とくに注(5)以下。

(15)『資本論』(*Das Kapital*, S. 461)。つぎの三つの引用は『資本論』(*Kapital*, S. 21(第二版の序文))、*op.cit.*, S. 638 注、そして *op.cit.*, S. 777 注からである。本文で言及した〈多数の状況証拠〉については、参照、たとえば、*op.cit.*, S. 148, 626, 777.

(16)『資本論』(*Das Kapital*, S. 15 f.)、参照、本章注(14)。以下の三つの引用は、J・S・ミル『論理学体系』(John S. Mill, *A System of Logic* [1843/2001] 第六巻第一〇章、第二節(末尾)、第一節(冒頭)、第一節(末尾)[ドイツ語訳 *Werke*, Bd. 4, S. 325 と S. 323 からであ

る。この著作についてはテオドール・ゴンペルツによる三巻からなるドイツ語訳『演繹的帰納的論理学の体系』(Theodor Gomperz, *System der deduktiven und induktiven Logik. Eine Darlegung der Grundsätze der Beweislehre und der Methoden wissenschaftlicher Forschung*, Leipzig 1872 f./Aalen 1968)が存在する。これらの巻は本書では引用箇所明示のさいに使用されている」。興味深い一節(注(14)の本文で引用しておいた、マルクスの有名な発言とほぼおなじことを言っている)は、J・S・ミルの『論理学』のおなじ章の第八節にある。ミルは、「社会秩序と社会進歩についての派生的法則」を研究する歴史的方法に言及してつぎのように述べている。「それらの助けを借りて、将来においては、人類の未来史をはるかによく見通すだけでなく、どのような人為的手段をとりそれをどの程度まで用いることができるかを規定することに成功するかもしれない。結果として、有益で、あるかぎりで自然の進歩を加速させ、またそこに付随している弊害や不便を取り除き、人類の発展の歩みのある点でわれわれを脅かすかもしれない危険や偶然に対する予防措置を施すことができるようになるだろう」[S. 345](強調はわたくしのもの)。あるいは、K・マルクスが言っているように、「産みの苦しみを短縮し、緩和するために」。

(17)　参照、J. S. Mill, *op.cit.*, 第二節[S. 324 f.]。つぎの発言は、第三節[S. 325]の第二パラグラフからである。〈円軌道〉と〈放物線軌道〉は、第三節[S. 325 f.]の第二パラグラフ末尾ででてくる。ミルが円軌道について語るとき、かれはおそらく、プラトンの『政治家』やニッコロ・マキァヴェッリの『ティトゥス・リウィウスの初編一〇章にもとづく論考』〔邦訳、『ローマ史論』〕(Niccolò Machiavelli, *Discorsi sopra la prima deca di Tito Livio*〔ドイツ語訳 *Discorsi. Staat und Politik*, 2000〕)に含まれるような周期的な歴史発展の理論を考えていたのであろう。

(18) 参照、J. S. Mill, *loc. cit.*, 第三節〔『選集』第四巻 S. 326 f.〕の最終パラグラフの冒頭。これらのすべての箇所については、参照、第一四章注(6)〜(9)および拙著『ヒストリシズムの貧困』第二二、二四、二七、二八節、S. 57 ff.

(19) (エドムント・フッサールに由来する)心理学主義というテーマについては、著名な心理学者デイヴィッド・カッツからいくつか引用しておきたい。それらはかれの論文(David Katz, 〉Psychological Needs〈)(Kap. 3 in *Human Affairs*, hrsg. von R. B. Cattell, J. Cohen und R. M. W. Travers, 1937/1970, S. 36)から取られている。「哲学では、しばらく、心理学を他のいっさいの学問の基礎としようとする傾向がみられた……この傾向は、ふつう心理学主義と呼ばれている。……しかし、社会学や経済学のように心理学に近い科学であっても、心理学ではない中立的な核心をもっている……。」心理学主義については、第一四章でくわしく論じる。参照、(第一巻の)第五章注(44)も。

(20) 『政治経済学批判』〔『全集』第一三巻 S. 8〕へのカール・マルクスの序言。この一節は、第一五章注(13)の本文と第一六章注(3)の本文でより詳細に引用しておいた。参照、第一四章注(2)も。

第一四章　社会学の自律

(1) 参照、最終章注(19)。

(2) 『政治経済学批判』[1859, S. 9]へのカール・マルクスの序言。これは、第一三章注(20)、第一五章注(13)の本文と第一六章注(4)でも引用しておいた。参照、K・マルクスとF・エンゲルス『ドイツ・イデオロギー』の「生活を規定するのは意識ではないのであって、生活が意識を規定する」[『全集』第三巻S. 27]。

(3) 参照、Morris Ginsberg, *Sociology*, 1934/1963, S. 129 ff. これは問題をおなじような文脈で論じているが、マルクスには言及していない。

(4) 参照、たとえば、『フィールド自然史博物館』(シカゴ、一九二九年)によって発行された『動物学的リーフレット』第一〇号。[Karl P. Schmidt, 〉The Truth About Snake Stories〈, S. 1-19.]

(5) 制度主義については、参照、とくに(第一巻の)第三章(注(9)と(10)の本文)および第九章。

(6) J・S・ミル『論理学体系』(*A System of Logic*, 第六巻第九章第三節[『選集』第四巻

S. 311])。(参照、第一三章注(16)~(18)も)。

(7) J. S. Mill, *op.cit.*, 第六巻第六章第二節[S. 281].

(8) J. S. Mill, *op.cit.*, 第六巻第七章第一節[S. 284]。〈方法論的個人主義〉と〈方法論的集団主義〉の対比については、参照、フリードリヒ・A・フォン・ハイエクの論文「科学主義と社会の研究」第二部、『エコノミカ』第一〇巻(Friedrich A. von Hayek, 〉Scientism and the Study of Society〈, Teil II, in *Economica*, N. S. Bd. X (1943))、とくに第七節 S. 41.

(9) これとつぎの引用については、参照、J. S. Mill, *op.cit.*, 第六巻第一〇章第四節[S. 328]。

(10) 〈規範的法ではなく〉社会生活の自然法則を表わすために〈社会学的法則〉ということばを使用している。参照、第五章注(8)~(9)の本文。

(11) 参照、第一巻の第三章注(10)。(この一節は、拙著『ヒストリシズムの貧困』の第二部(*op.cit.*, S. 52)からの引用である。

社会理論はわれわれのほとんどすべての行動から生じる望まれなかった社会的反作用の研究である、と最初に捉えたのはマルクスであったという論評を、わたくしはカール・ポランニー(Karl Polanyi)に負うている。かれは、私的な討論のなかでマルクス主義のこの側面を強調した(一九二四年)。

(12) ただし、いま言及したようなマルクス主義の側面は、マルクスの方法論的見解とわたくし自身の見解との重要な接点を語るものであるが、マルクスとわたくしとでは、これらの望まれなかった、あるいは意図されなかった反作用を分析する方法にかなりの相違がある。これは、強調されねばならない点である。というのも、マルクスは方法論的な集団主義者であるからである。かれは、望まれなかった帰結をもたらすのは、そのような経済的諸関係のシステムそのものであると考えた。――このシステムは、それが生産手段に依存していることによってのみ説明されるのであり、個々人や、かれらの諸関係、諸行為にまでさかのぼることはできない制度のシステムとして捉えられている。それに対して、わたくしは、制度(や伝統)は個人主義的な仕方で――つまり、ある状況で行動する諸個人の関係と、かれらの行為の意図されなかった諸帰結との関係にそくして分析されなければならないと考えている。

(2)本文中の「画面のまっさら化」は、第九章注(9)と注(12)およびそこでの本文を指している。

(3)本文中(およびこの注が付されたパラグラフ、ならびにつづくいくつかのパラグラフ)で、行為の意図されなかった社会的反作用について述べたが、状況は物理学(および工学や技術)でも同様であると指摘しておきたい。テクノロジーの課題は、だいたいにおいて、行為からの意図されなかった帰結(たとえば、ある部品を補強すると橋は重くなりすぎる)を知らせることにある。しかし、このアナロジーはさらに進めることができる。われわれは機械にかかわる発明をするが、それが当初の計画で期待されていた結果をもたらすることはほとんどない。自動車を発明した人たちは、おそらく自分たちの行為の社会的反作用を予測していなかったであろう。しかし、かれらがみずからの製作物の機械的な反作用――つまり、かれらがつくった乗り物を壊してしまったさまざまな欠陥――を予測していなかったことは間違いない。そして、壊れることを防ぐために加えられた変更は、乗り物をもはやそれとして識別できないほどに変化させた。(それにともなって、ある種の人たちの動機や求めるところも変化した。)

(4) 陰謀論に対する(のちに本文で述べる)批判については、参照、わたくしの講演「社会科学における予測と予言」〈Prediction and Prophecy in the Social Sciences〈(1948). これはいまでは拙著『推測と反駁』第一六章(*Vermutungen und Widerlegungen* [2000])に所収済、とくに第七節 S. 494 f. また「伝統の合理的理論に向けて」〉Towards a Rational Theory of Tradition〈これは最初、*The Rationalist Annual* (1949)に発表された。いまでは同書の第四章とりわけ S. 179 ff. に収められている。)〉

(12) 本章注(8)で引用しておいたJ・S・ミルの『論理学』からの箇所[『選集』第四巻 S. 328]を見よ。

(13) 参照、第一〇章注(63)。権力の論理への重要な貢献は、プラトン(『国家』の第八、九巻、また『法律』で)、アリストテレス、マキァヴェッリ、パレート、その他多くの人びとがおこなった。

(14) 参照、マックス・ウェーバー「カテゴリー論文」〈〉Kategorienaufsatz〈(1913)、邦訳、『理解社会学のカテゴリー』、これは *Gesammelte Aufsätze zur Wissenschaftslehre* (1922/1988)にも収められている。そこでのとくにS. 432 ff.)。

社会科学では自然科学の方法とは異なった方法が用いられているとよく主張されているので、この点についてコメントをくわえておきたい。そうした議論では、われわれは、物理的な原子についてはたんに仮説的に知っているのにすぎないのに対し、〈社会的な原子〉、つまりわれわれ自身については直接的な方法で知っている、と主張される。そこからしばしば、社会科学の方法は、自然科学の〈客観的〉な方法とは対照的に、自分自身についての知識を用いるのだから、心理学的な、あるいはおそらく〈主観的〉な方法であると結論されている(カール・メンガーなど)。これに対しては、以下のように反論せざるをえない。たしかに、自分自身についての直接的な知識があるならば、それを使ってはならないとする理由はない。しかし、その種の知識が社会科学において有用なものとなるのは、一般化できたばあい、すなわち、自分自身について知っていることは他の人間にもあてはまると仮定できたばあいのみである。しかし、そうした一般化は仮説的な性質のものであるのだから、〈客観的〉な性質の経験によってテストされ、修正されなければならない。(チョコレートを好まないという人に出会うまで、だれでもチョコレートは好きなんだと思っている人もいることだろう。)われわれは、多くの点で疑いもなく、物理的な原子に対するよりも〈社会的な原子〉に対して有利な立場にいる。それは、自分自身についての知識があるからというばかりでなく、言語を用いているからでもある。しかし、科学の方法という観点から見るならば、自分についての直感によって示唆された社会的仮説と、原子についての物理学的な仮説とではなんら変わるところはない。そうした物理学的な仮説もまた、物理学者には原子の性質についてのある種の直感によって押しつけられたのかもしれない。いずれのばあいでも、そうした直感は仮説を立てる人の私事である。科学にとって公的関心を惹き重要でもある唯一の問題は、そうした仮説が経験によってテストされうるのかどうか、テストに耐えているのかどうかということである。

このように見てくると、社会理論が物理理論よりも高度に〈主観的〉ということはない。（この点は、たとえば、〈主観的価値論〉ではなく、〈主観的価値についての理論〉とか〈選択行為についての理論〉と言った方がいっそう分かりやすくなるであろう。参照、第一〇章注（9）も。）

（15）このパラグラフは、本文で言及しておいた誤解を避けるために挿入された。そのような誤解の可能性を注意してくれたエルンスト・ゴンブリッチに感謝する。

（16）ヘーゲルは、みずからの「理念（イデー）」は〈絶対的〉であると、すなわち、だれかある人間の思考からは独立して存在するものだと主張した。したがって、かれは心理学者ではなかったと考えられよう。だがマルクスは、ヘーゲルのこのような〈絶対的観念論〉をまじめに受け止めず、むしろそれを隠れた心理学主義と解釈し、そのようなものとしてそれと戦った。『資本論』(*Das Kapital, S. 27*)にはつぎのようにある(強調はわたくしのもの)。「ヘーゲルは、思惟の過程を理念というかたちで自立している主体に変えたのだが、それは、ヘーゲルにとって、現実の造物主である。」K・マルクスの攻撃は、思考過程(あるいは、意識とか精神)が〈現実〉を創造するという教説に限定されており、それが(物質的宇宙はおろか)、社会的現実さえ作りえないことを示すものである。

個人は社会に依存するというヘーゲルの理論については、参照、(第一二章第三節のほかに)(第二三章での)科学の方法における社会的、より正確に言えば、間主観的要素についての議論と、それに対応する(第二四章での)合理性についての間主観的要素についての議論。

第一五章　経済的ヒストリシズム

(1) 参照、カール・マルクス『資本論』英語版へのG・D・H・コールの序文(*Capital* [1933], S. XVI)。(ただし、参照、次注も。)

(2) レーニンもまた「俗流マルクス主義者」という表現をしばしば使っているが、少し異なった意味においてであった。――俗流マルクス主義がマルクスの見解とどれほど共通点が少ないかは、G・D・H・コールの分析(*op.cit.*, S. XX)から、また第一六章注(4)と(5)および第一七章注(17)から見て取れよう。

(3) アルフレッド・アドラー[A. Adler, *Menschenkenntnis*, 1927/2000, S. 71 ff.]によれば、権力欲は、当然のことながら、自分の優越性を強調し、もって自分の劣等感の補償としようとする衝動以外のなにものでもない。[アドラーはこう書いている。「劣等感、不安感、不足感は、人生の目標を強制し、形成するのに役立つ。すでに幼少期の最初の日に、自分自身を全面に押し出し、両親の注意を引き、無理強いしようとする衝動が認められる。これらは、劣等感の作用のもとで成長し、子供には環境をこえると見える目標を設定させるようにする人間の自己形成衝動の最初の兆候である。」]

一部の俗流マルクス主義者は、現代人にかんする哲学はアルベルト・アインシュタインによってその最終的な形をえたとさえ信じている——かれらが思うに、アインシュタインは〈相対性〉または〈相対主義〉を、すなわち、〈すべてのものが相対的である〉ことを発見したからである。

(4) ユリウス・F・ヘッカーは、マルクスのいわゆる〈史的唯物論〉についてつぎのように書いている(Julius F. Hecker, *Moscow Dialogues* (1933/1936), S. 76))。「わたくしはそれを弁証法的ヒストリシズムと、あるいは……似たような名称で呼ぶことを選んだであろう。」——わたくしはさいわど、本著ではマルクスの弁証法を扱っていないという事実に注意をうながしておきたい。というのも、すでに他の場所でそうしておいたからである。(参照、第一三章注(4)。)

(5) ヘラクレイトスの標語については、参照、とくに第二章注(4)(3)の本文、第四章注(16)(17)、第六章注(25)(いずれも本著第一巻)。

(6) 以下の二つの引用は、『資本論』(*Das Kapital*[『全集』第二三巻]S. 27)(第一巻第二版へのあとがき)からである。

(7) 『資本論』第三巻(*Das Kapital*, III. Bd. (1894)[『全集』第二五巻]S. 828, すなわち、第四八章第八節)。つづく引用もそこからである。

(8) 参照、「資本論」第三巻(*Das Kapital*, III. Bd., *loc. cit.*, S. 828)。

(9) このパラグラフでの引用については、参照、フリードリヒ・エンゲルス『反デューリング論』(=『オイゲン・デューリング氏の科学の変革』(Friedrich Engels, 〉Anti Dühring〈, (= *Herrn Eugen Dührings Umwälzung der Wissenschaft*, Leipzig 1878)[『全集』第二〇巻]S. 263 f.))。

(10) わたくしの念頭にあるのは、たとえば、エジプトの幾何学に対する経済的諸条件の影響(土地測量の必要性など)や、ギリシアの地で初期のピタゴラス幾何学がまったく異なる発展を遂げたことなどである。

(11) 参照、とくに、第一四章注(13)での『資本論』からの引用や、注(13)の本文では部分的にしか引用できなかった『政治経済学批判』序文からの詳細な箇所［『全集』第一三巻 S. 7-11］。マルクスにおける本質主義の問題、ならびに「本質(Wirklichkeit)」と「現象」の区別については、参照、本章注(13)、第一七章注(6)と(16)。

(12) しかしわたくしは、それはヘーゲル的な、あるいはプラトン的な観念(イデア)論よりは少しはましであると言いたい。「弁証法とはなにか」(現在、拙著『推測と反駁』(*Vermutungen und Widerlegungen*［2000］)の第一五章所収)のなかで、選択を迫られたら(幸いなことに迫られてはいないが)、唯物論を選ぶだろうと書いておいた。(参照、*op.cit.*, S. 479 f. そこで、ここで論じている問題と非常に類似した問題を論じておいた。)

(13) これ、およびつづく引用については、参照、K・マルクスの『政治経済学批判』序文(*Zur Kritik der Politischen Ökonomie* (S. 9 = *Das Kapital*, S. 720, 721))。

著作『哲学の貧困』［『全集』第四巻 S. 130］の第二部の第二のコメントと比較すると、この一節はさらに興味をひく。というのも、ここでK・マルクスは、こう呼んでよければ、社会を三層に分けて非常に明確に分析しているからである。第一の層は、〈本質(Wirklichkeit, Wesen)〉に対応し、第二と第三は、一次的な、あるいは二次的な現象形態に対応する。(これは、イデア、感覚的知覚対象物、それらについてのイメージ〔表象〕というプラトンがおこなった区別と非常によく似ている。プラトンの本質主義の問題については、参照、第三章。それに対応するマルクスの区別については第一七章注(8)と(16)で論じておいた。）第一の、あるいは根源的な層（あるいは本質（Wirklichkeit））は、物質的な層であり、社会に存在する機械やその他の物質的な生産手段である。K・マルクスはこの層を物質的「生産力」あるいは「物質の生産力」と呼んだ。第二の層をかれは生産関係または社会的関係と呼んでいる。それらは第一の層に依存する。「社会的関係は生産力と密接に結びついている。新たな生産力の獲得とともに、人間は生産様式を変えるのであり、生産様式の変化とともに、生計の立て方も変え、すべての社会的関係を変えていく。」（最初の二つの層については、参照、第一六章注（3）の本文。）第三の層は、イデオロギー、すなわち、法的、道徳的、宗教的、学問的思想によって形成される。「物質的な生産様式に応じて社会的関係を形成するのとおなじ人びとが、その社会的関係に応じて原理、理念、カテゴリーも形成する。」この分析で用いられていることばを使えば、ロシアでは第一の層が第三の層にしたがって変容を遂げたと言うことができよう。——これは、マルクスの理論の明白な反証である。参照、次注も。

（14）適当な時間内に雨が降るだろうという予言のように、ごく一般的な予言をすることは難しくない。だから、数十年のうちにどこかで革命が起こるだろうという予言はなにも特別なことではないだろう。しかし、すでに見たように、マルクスの主張はそれよりもわずかに多くのことを主張しており、まさに出来事によって反証されるに足るものだった。ところで、この反証を逃れようとする者は誰でも、マルクスのシステムのうちに残っている最後の経験的内容を取り除き、それによって純粋に形而上学的なシステム(拙著『探求の論理』〔邦訳、『科学的発見の論理』〕の意味で)にしてしまうのである。

マルクスが、みずからの理論にしたがって革命の一般的なメカニズムをどのように想定したかは、『共産党宣言』〔一八四八年、『全集』第四巻S. 467〕からとられた(「産業革命」とも呼ばれている)ブルジョアジーの社会革命にかんするつぎの記述によって説明されるだろう。「ブルジョアジーがみずからを形成する際の基礎となった生産・流通手段は、封建社会のなかで生み出されていた。こうした生産と流通手段のある発展段階で……封建的な所有関係はすでに発展していた生産力にもはや対応しないものとなった。……それらは多数の枷となった。それらは粉砕されねばならなかったのであり、粉砕された。」参照、第一七章注(11)と注(17)の本文も。

(15) Heinrich Heine, *Zur Geschichte der Religion und Philosophie in Deutschland*, 1887/1997, S. 92.

(16) この友情の証しは、『資本論』脚注六三の末尾(*Das Kapital*〔『全集』第二三巻〕S. 637)に見られる。

マルクスはしばしば不寛容であったと付けくわえておきたい。にもかかわらず、わたくしは——安易な誤解を犯しているのかもしれないが——かれにはあらゆるドグマティズムの弱点を見抜くだけの十分な批判的感受力があり、自分の理論がドグマと化すのを拒んだろう、と感じている。(参照、第一七章注(30)と、拙著『推測と反駁』(*Vermutungen und Widerlegungen*, とくにS. 484)所収の「弁証法とはなにか」、参照、第一三章注(4)。)しかし、F・エンゲルスはマルクス主義者に見られる不寛容や正統意識を容認しようとしていたように見える。最初の『資本論』英訳への序文で(参照、マルクス＝レーニン主義研究所版、S. 27)、かれは、この著作は「大陸ではしばしば労働者階級のバイブルと呼ばれている」と書いているのだ。そして、科学的社会主義を宗教に変えてしまうこうした記述に抗議する代わりに、エンゲルスはつづけて、『資本論』はその書名にあたいし、「この著作で到達された結論は、世界中で、ますます労働者階級の偉大な運動の根本原理になりつつある」ことを示そうとしている。ここからは、異端者狩りと、かつてエンゲルスとマルクスの両者を鼓舞した批判的すなわち科学的な精神を保持している人びととの破門へほんの一歩があるにすぎない。

第一六章　階　級

(1) 参照、K・マルクス、F・エンゲルス『共産党宣言』(K. Marx und F. Engels, *Das Manifest, op.cit.*, S. 462)第四章で指摘したように(参照、注(5)／(6)と(11)／(12)の本文)、プラトンはよく似た考えをもっていた。

(2) 参照、第一四章注(15)の本文。

(3) カール・マルクス『哲学の貧困』(*Das Elend der Philosophie*[『全集』第四巻]S. 130)。引用箇所は、第一五章注(13)で引いた引用文とおなじ箇所からである。

(4) カール・マルクスの『政治経済学批判』への序文(*Zur Kritik der Politischen Ökonomie*[『全集』第一三巻]S. 8)。参照、第一三章注(20)、第一四章注(1)、第一五章注(13)および本文も。ここで引用した一節、とくに〈物質的生産力〉と〈生産関係〉という表現は、第一五章注(13)で引用しておいた一節と比較すると、より理解しやすいであろう。

(5)『資本論』(*Das Kapital*[『全集』第二三巻]S. 618)。参照、『資本論』(*Das Kapital*, S. 168)での資本家と守銭奴にかんする同趣旨の一節も。[そこではこう言われている。「この絶対的な致富衝動、価値を狩り出す熱情は、資本家と守銭奴のあいだで共通しているとはいえ、守銭奴は狂った資本家に過ぎず、資本家は合理的な守銭奴である。」参照、第一七章注(17)も。『哲学の貧困』(*op.cit.*, S. 141)でマルクスはつぎのように書いている。「……現代ブルジョアジーのすべての構成員が、他の階級に対抗して階級を形成しているかぎりで、おなじ関心をもっているが、彼ら自身は相互に対峙したとたん、対立し衝突する関心をもつことになる。この利害の衝突は、ブルジョア生活の経済的条件から生じる。」]

(6)『資本論』(*Das Kapital*, S. 619)。

(7) これは、正確にヘーゲルのナショナリズム的ヒストリシズムと類似する。そこでは民族の真の利害はナショナリストの主観的精神のなかで、とくに指導者の主観的精神のなかで意識されるとされる。

(8) 参照、第一三章注(14)の本文。

(9) 『資本論』(*Das Kapital*, S. 618)。

(10) 《もともとわたくしは、〈自由放任の資本主義(*Laissez-faire*-Kapitalismus)〉という用語を用いていたが、〈自由放任(*laissez-faire*)〉とは貿易障壁(関税など)のないことを意味するという事実(わたくしの考えでは非常に望ましい状況)に鑑みて、また、一九世紀初頭の不介入の経済政策は望ましくなく、逆説的でさえあると考えているので、用語を変更し、その代わりに〈拘束なき資本主義(schrankenloser Kapitalismus)〉ということばを使うことにした。》

第一七章　法のシステムと社会体制

(1) 『政治経済学批判』への序文[『全集』第一三巻]S. 8(*Kapital*, S. 720)。〈上部構造〉の〈層理論〉については、参照、第一五章注(13)での引用。

(2) プラトンが〈説得と暴力〉を推奨したことについては、参照、たとえば第五章注(35)の本文箇所、ならびに第八章注(5)と(8)。

(3) ウラジミール・I・レーニン『国家と革命』(Wladimir I. Lenin, *Staat und Revolution* [1918/1970], S. 22)より引用。

(4) 二つの引用は、カール・マルクス、フリードリヒ・エンゲルス『共産党宣言』(*Manifest der Kommunistischen Partei*[『全集』第四巻]S. 482)からである。

(5) ウラジミール・I・レーニン『国家と革命』(Wladimir I. Lenin, *Staat und Revolution* [1918], S. 7)。[一九七〇年版のS. 9では、引用の最後の部分はつぎのようになっている。「……こうした抑圧を承認し、強化する「秩序」の確立である。」]

(6) ヒストリシズム的本質主義に特徴的な問題設定は、とりわけ「国家とはなにか」「政府とはなにか」といったものであるが、これらについては、(第一巻の)第三章注(26)~(30)の本文、第一一章注(21)~(24)と(26)以下、第一二章注(26)で論じておいた。

わたくしは、この種の本質主義に対しては政治的要求(というよりは、L・J・ラッセルが言うところの政治的「提案」(参照、L. J. Russell, 〉Propositions and Proposals〈, in *Proceedings of the Tenth International Congress of Philosophy*, Bd. I, Teil 2, Amsterdam 1949, S. 618-620)を語ることばが取って代わらなければならないと思う。これについては、参照、とくに第六章注(41)と(42)のあいだの本文。マルクスの本質主義については、第一五章注(11)と(13)、本章注(16)、第二〇章注(20)~(24)で論じておいた。参照、とくに第二〇章注(20)で引用しておいた『資本論』第三巻([『全集』第二五巻]S. 825)の方法論上のコメント。

(7) この引用は、『共産党宣言』(注(4)で触れた *Das Kommunistische Manifest*, S. 464)からである。——本文は、『資本論』最初の英訳へのF・エンゲルスの序文からである。以下では、この序文の結論全文を引用しておこう。エンゲルスは、マルクスの結論についてつぎのように語っている。この結論によれば、「少なくともヨーロッパにおいては、英国が平和的かつ合法的な手段によって不可避の社会革命が完全に遂行されうる唯一の国である。ただし、かれは、英国の支配階級が〈奴隷制擁護の反乱〉なしに、この平和的で合法的な革命に服することはほとんど期待できないとつけ加えることを忘れなかった」(『資本論』(*Das Kapital*[『全集』第二三巻]S. 40)ならびに第一九章注(17))。この一節は、マルクス主義によれば、革命に暴力行使が伴うか伴わないかは旧支配階級の抵抗しだいであることを明確に示している。参照、第一九章注(3)以下の本文も。

(8) F・エンゲルス『反デューリング論』(Anti-Dühring[『全集』第二〇巻]S. 262)。——本章注(5)で言及された箇所も見よ。

ロシアでは、ブルジョアジーの抵抗は何年も前から打ち破られているが、ロシア国家はおろか、その内部組織さえも〈死滅〉する気配はない。

国家の死滅論はどうしようもなく非現実的である。それがマルクスやエンゲルスによって採用されたのは、とくにライバルに対して先手を取るためだったと思われる。ライバルということで、わたくしの念頭にあるのは、ミハイル・バクーニンや無政府主義者である。マルクスは、他の者が自分のラディカリズムを超えていくのを見るのを好まなかった。マルクス同様、無政府主義者も既存の社会秩序の打倒を目標としたが、かれらの攻撃は経済システムではなく、政治的・法的システムに向けられていた。かれらにとって、国家は破壊されなければならない悪であった。しかしマルクスは、みずからの諸前提にもとづいて、無政府主義的な競争相手に、社会主義下での国家制度には果たすべき他の不可欠な機能――すなわち、民主主義についての偉大な理論家たちが帰属させていた正義と自由を保障する機能――があることを容易に認めさせることができていたであろう。

(9) 参照、『資本論』(*Das Kapital*, S. 749 f.)。

(10) K・マルクスは第二四章「本源的蓄積」で、「ここでは、農業革命の純経済的原動力からは目を転じ、その暴力的な推進力について問おう」(『資本論』(*Das Kapital*, S. 751))と述べている。

(11) 〈多くの箇所〉と〈上部構造〉については、参照、第一五章注(13)。

(12) 参照、第一五章注(13)の本文。

(13) 『資本論』――じつに人間の苦しみについての真に不滅の文書――のもっとも注目にあたいする、またもっとも価値ある部分は、〈労働日〉と題された第一巻第八章[S. 245 ff.]であり、そこでK・マルクスは労働立法の初期の歴史について語っている。以下の引用は、この十分な史料に裏づけられた章からである。

しかし、まさにここに、労働者に対する搾取はたえず増大するという予測にもとづく、マルクス主義的な〈科学的社会主義〉に対する完全な反駁材料があることを直視しなければならない。誰にせよ、この章を読んだなら、この予言が幸いなことに成就しなかったことを知るはずである。しかし、それが一部には労働を組織化するにあたってのマルクス主義者の活動に起因すること、だがもっとも重要な貢献は、マルクスにしたがうかぎり〈資本主義的蓄積〉の結果とされる労働生産性の向上に由来するのである。

(14)『資本論』(*Das Kapital, S.* 259)。

(15)『資本論』(*Das Kapital, S.* 269 f.)。この箇所について、K・マルクスが脚注90(〔『全集』第二三巻〕S. 270)で述べているコメントはたいへん興味深い。それは、こうした事例が、トーリー派という〈奴隷制擁護〉の反動派によって奴隷制支持のプロパガンダとして利用されたことを示している。またそれは、わけてもお告げを語る者(ファシズムの先駆者)としてのトマス・カーライルが、この奴隷制擁護運動に参加したことを示している。カーライルは、——K・マルクスを引用するならば——「現代史における一大事件であるアメリカの南北戦争を、北のピーターは労働者を「日ぎめで」雇っているのに南のポールは労働者を生涯雇っているので、北のピーターが南のポールの頭蓋骨を叩き割ろうとしているのだというレベルに引き下げた」のである。K・マルクスはこの箇所で、カーライルの覚書「（アメリカの）イリアス、要点」（*Macmillan's Magazine*, Bd. VIII, August 1863［S. 301］所収）を引用し、つぎのことばでその批判を締めくくっている。「こうしてついに、都市の賃金労働者——決して農村の賃金労働者ではない——へのトーリー派の同情のあぶくが破裂した。その核心にあったのは——奴隷制だ。」

この一節を引用する理由のひとつは、マルクスが奴隷制と〈賃金奴隷制〉のあいだには大きな相違はないという見解をいかに非としていたかに注目してもらいたいからである。奴隷制の廃止（したがって賃金奴隷主義の導入）は、被抑圧者の解放に向けた非常に重要かつ必要な一歩であること、この点をこれほど明確に述べることのできた者はいないだろう。そこからして、〈賃金奴隷制〉という表現は危険であり、誤解を招く。というのも、俗流マルクス主義者は、マルクスが事実上カーライルの状況把握に同意したことを示すものとして解釈したからである。

（16）マルクスは、商品の〈価値〉を生産に必要な労働時間の平均として定義している。この定義は、かれの本質主義をよく解き明かすものである（参照、本章注（8））。というのも、かれは価値を導入することで、商品の価格というかたちで出現するものに対応する本質的な実在に到達しようとしているからである。価格は欺瞞的な現象形態なのである。マルクスは「物は……価値なくして価格をもちうる」と書いている（『資本論』（*Das Kapital*, S. 117）。G・D・H・コールが『資本論』に寄せた、とりわけS. XXVII ff. での序論における卓越したコメントも見よ)。マルクスの「価値論」の概略は、第二〇章に述べておいた。(参照、その章注(9)~(27)とそこでの本文)。

(17)〈賃金奴隷〉の問題については、参照、本章注(15)末尾と、『資本論』(*Das Kapital*, S. 231, とりわけ S. 557 ff.)。K・マルクスをここで簡単に示唆した結果にみちびいた分析については、参照、とくに『資本論』(*Das Kapital*, S. 167 ff.)。参照、またその S. 167 での脚注32ならびに第二〇章。

マルクスの分析についてのわたくしの叙述は、エンゲルスの『反デューリング論』中での『資本論』の要約によっても支えられる。F・エンゲルスはそこでつぎのように書いている(*Anti-Dühring*[『全集』第二〇巻]S. 151 f.)。「ことばを換えればつぎのように言えるだろう。強奪、暴力、詐欺といったすべての可能性を排除して、私有財産はすべてその所有者固有の労働にもとづくのであり、そしてその後の全過程で等価交換のみがなされたと仮定したとしても、生産と交換がひきつづき発展するなかで、必然的に、現在の資本主義的生産様式に、つまり少数者の階級がその手のうちに生産手段と生活の糧を独占する状況に、他階級つまり巨大な大多数からなる階級が所有なき貧民に転落する状態に、一次的な目も眩むほどの生産と商業危機との周期的な交替という状態に、そして、生産における現在のまったき無政府状態に到達するであろう。この歩み全体は、強奪や暴力、国家や政治的干渉といったものをなんら必要とすることなく、純粋に経済的な原因によって説明できる。」

おそらくこの一節は、いつの日にか、マルクス主義というものは経済恐慌を〈大企業家〉の陰謀などで説明するものではないことを俗流マルクス主義者に納得させるだろう。K・マルクス自身はつぎのように述べていた(『資本論』(*Das Kapital*, Bd. II[『全集』第二四巻] S. 409 f. 強調はわたくしのもの)。「それゆえ、資本主義的生産には、善意や悪意とは無関係に、労働者階級の相対的な繁栄は一時的であり、いつでも危機の前兆としてのみ可能とされるという条件が含まれていると思われる。」

(18) [参照、P・J・プルードン『財とは盗みなり』(P. J. Proudhon, *Eigentum ist Diebstahl*, 1982)。] 〈財とは盗みなり〉とか〈財産は強盗である〉といった教説については、参照、ジョン・ワッツについてのK・マルクスのコメントも(『資本論』(*Das Kapital*[『全集』第二三巻]S. 574, Anm. 45))。

(19) たんに〈形式的な〉ものと〈実際の〉あるいは〈現実的な〉自由や民主主義との区別にみられるヘーゲル的性格については、参照、第一二章注(62)。ヘーゲルは、純粋に〈形式的な〉自由をありがたがっているだけだとしてイギリスの憲法を好んで攻撃し、それに対して〈実質的な〉自由が〈現実化されている〉プロイセン国家と対置している。このパラグラフ末尾での引用については、参照、第一五章注(7)の本文で引用しておいた箇所。第二〇章注(14)(15)およびそこでの本文も。

(20)　自由のパラドックスおよび自由を国家によって保護する必要にかんする問題は、第六章注(42)の前の本文における四つのパラグラフ、またとりわけ第七章注(4)と(6)とそこでの本文箇所(いずれも第一巻)で論じておいた。第一二章注(41)と本文、ならびに第二四章注(7)も見よ。

(21)　こうした分析に対しては、つぎのような反論が提起されるだろう。生産者であり、なによりも労働の買い手である企業家同士は労働市場で完全かつ無制限の競争をしている(したがって、この市場に圧力をかける失業者の産業予備軍は存在しない)と仮定してみよう。そのときには、経済的強者による経済的弱者の搾取について、すなわち、企業家による労働者の搾取について語ることはできないであろう。だが、労働市場における買い手同士の完全かつ無制限の競争という仮定は、そもそも現実的なのだろうか。たとえば、多くの地域の労働市場では、ほんとうに重要な買い手は一人しかいないのではないだろうか。さらに、仕事はある場所からべつの場所へ簡単に動かせるわけではないという理由以外はないかもしれないが、完全競争によって失業問題が自動的に解消されるとは考えられないのではないか。

(22)　国家による経済介入の問題と、われわれの現在の経済システムを介入主義として特徴づけることについては、参照、以下の三章、とくに第一八章注(9)と本文。ここでこの語が用いられたときの意味での介入主義とは、第六章注(24)～(44)の本文で語られた政治的保護主義の経済的側面であることに気づかれるべきである。(「介入主義」の代わりに「保護主義」という表現が使えないのは明らかであろう。)とくに第一八章注(9)、第二〇章注(25)／(26)、ならびに本文を見よ。

(23) この一節は第一三章注(14)の本文で十二分に引用しておいた。実践的行動とヒストリシズム的決定論との対立については、この第一三章注(14)、および第二二章注(5)以下の本文でくわしく論じておいた。

(24) 参照、(第一巻)第七章第二節。

(25) バートランド・ラッセル『権力』(Bertrand Russell, *Power* (1938)、とくにS. 123 ff. [ドイツ語訳 *Macht*, 2001, S. 108 ff.])、また、Walter Lippmann, *The Good Society* (1937/1973)、とくにS. 188 ff.[ドイツ語訳 *Die Gesellschaft freier Menschen*, 1945, S. 252 ff.]を見よ。

(26) B・ラッセル『権力』(*Macht*, S. 112 f.)。強調はわたくしのもの。

(27) 民主主義を守るための法律は、依然として、きわめて初歩的な発展段階にある。じつに、多くのことができるし、またなされるべきである。たとえば、公衆に正確なニュースを提供することを目的とした出版の自由が求められる。こうした観点からすれば、この目的を達成するための制度的な保証はきわめて不十分である。優れた新聞社が現在みずからのイニシアティブのもとで通常おこなっていること、すなわち、利用可能なすべての重要ニュースを公衆に提供することは、今後とも、おそらく、慎重に起草された法律とか、世論が承認した道徳規範の確立をつうじて、継続されていくべき義務であろう。ジノヴィエフ書簡［エア・クロウ卿は、英国共産党に宛て革命を呼びかけるこの書簡を一九二四年一〇月に公表した。結果として、労働党は直後の議会選挙で敗北した。参照、Lewis Chester, Stephen Fay, Hugo Young, *The Zinoviev Letter*, 1967］のような事件は、不正な仕方で勝ち取られた選挙を無効とし、公表された情報の信憑性を可能なかぎり確かめなかった出版者に対しては生じた損害に対する責任を求める、つまり、このばあいでは選挙のやり直し費用を求める法律によって統制することができるだろう。ここで細部に立ち入ることはできないが、わたくしは、このような目的を達成するにあたり立ちはだかる技術的諸困難を克服することは容易である、つまり、情熱ではなく理性に訴えて選挙運動をおこなうことは可能であると確信している。たとえば、選挙用パンフレットのサイズや種類などを規格化し、ポスターを全面的に廃止してはいけないのか。(それによって自由が脅かされるわけではないだろう。結局のところ、法廷で弁明する者に課せられる合理的な制限でさえ、自由を脅かすものではない。反対に、それらは自由の保護に貢献するだろう。)現在の宣伝手法は、候補者だけでなく公衆への侮辱である。石鹸を売るのにも十分有効な宣伝は、このような重要なことがらに使われるべきではない。

(28)《参照、一九四七年の英国の雇用調整令。この命令がほとんど使われていない(あきらかに乱用されていないわけであるが)という事実は、非常に危険な法律であっても、切羽詰まった必要性なしに制定されることを示している。――というのも、あきらかに、一般的な行動規範を定める法律と、政府に幅広い行動の自由を与えるその他の法律とのあいだの根本的な相違が十分に理解されていないからである。》

(29)《この区別と「法的枠組み」という用語の使用については、参照、フリードリヒ・A・フォン・ハイエク『隷従への道』(Friedrich A. von Hayek, *The Road to Serfdom* (わたくしは英語第一版 London 1944 から訳している)。たとえば S. 54 を見よ。そこでハイエクは、「生産活動が個人の意思決定にもとづいてなされるようにしている安定した法の枠組みが打ち立てられているところと……経済活動が中央当局に指導される体制との区別」について語っている(強調はわたくしのもの)。ハイエクは、法的枠組みのもつ予測可能性の重要性を強調している。参照、たとえば、S. 56.(参照、ドイツ語版 *Der Weg zur Knechtschaft*, 1945/1994, S. 102 および S. 105)》

(30) サンクトペテルブルクの『ヨーロッパの使者』に掲載された書評をマルクスは、『資本論』第二版の後書きで引用している。(『資本論』(*Das Kapital*, S. 25) を見よ。)
　マルクスに対して公平であろうとしたら、かれは自分の体系をかならずしもまじめにとりすぎていたわけではなく、その基本的図式からの若干の逸脱も厭わなかったと言っておかなければならない。かれはそれを、教説の体系ではなく、ありうる観点(そのようなものとして間違いなく大きな重要性をもつものであったが）と考えていた。

それゆえ、法制度は二次的性格のものである（外套であり、〈現象形態〉である）という通常のマルクス主義的理論を強調する記述（『資本論』(*Das Kapital*, S. 778)）と相前後して、国家の政治権力は非常に重要な役割をもつのであって、あきらかに語のまったき意味で経済力であるとさえ捉える第二の主張も見られる。「著者は、革命は法律によって作られはしないと言っておくべきだったろう」という第一の主張は、産業革命や、それをもたらした政令を問う著者に対するものである。第二の主張は、資本蓄積の方法にかかわる論評（そしてマルクス主義の観点からすると、きわめて非正統的な論評）である。こうした方法はすべて、とマルクスはこう言っている。「社会の集中的にして組織化された権力である国家権力を利用したのだ。……権力は、新しい社会を身ごもっている古い社会すべての助産婦である。それ自体が経済的潜勢力である」[S. 779]。強調しておいた最後の一文に至るまでは、この箇所はあきらかに正統的思考を示している。しかし、最後の一文はその正統的思考を破っているわけだ。

F・エンゲルスははるかにドグマにしばられていた。とりわけ、『反デューリング論』におけるかれの主張のひとつが引用されてしかるべきであろう(*op.cit.*, S. 169 f.)。そこでかれはつぎのように述べている。「これによって、権力が歴史のなかで経済発展に対しどのような役割を果たしてきたかは明白である。」政治権力が経済発展に対抗するならば、

「それは、若干の例外はあるが、通常は経済発展に屈服する。そうした少数の例外は、より残忍な征服者が……どう扱ったらよいのかもわからない生産力を破壊し荒廃させたりする征服といった事例である」(参照、ただし、第一五章注(13)／(14)と本文)。

ほとんどのマルクス主義者に見られるドグマティズムと権威主義的態度は、じつに驚くべき現象である。そこに見られるのは、かれらがマルクス主義を非合理な仕方で、つまり、形而上学的体系として利用しているということである。それは過激派と穏健派のあいだにもおなじように見られる。たとえば、エミール・バーンズは、「反駁は……必然的にマルクスの理論を捻じ曲げてしまう」という驚くほど素朴な発言をしている(Emile Burns, *A Handbook of Marxism*, 1935/1970, S. 374)。ここから出てくるのは、マルクスの理論は反駁不可能である、つまり非科学的なものであるということだろう。なぜなら、あらゆる科学的理論は反駁可能であり、排除したり、取り換えたりできるからである。他方で、ルシアン・ローラットは、『マルクス主義と民主主義』(Lucien Laurat, *Marxism and Democracy* [1940], S. 226)でつぎのように述べている。「われわれが生きている世界を考察すると、マルクスの本質的な予測がほぼ数学的な正確さをもって実現されていることに驚かされる。」

K・マルクス自身の見解は異なっていたようにみえる。この点でわたくしは間違っているかもしれないが、(『資本論』初版の序文の末尾(*Das Kapital* S. 17を見よ)での)かれの主張のまじめさを信じる者である。「科学的批判からのあらゆる判断をわたくしは歓迎する。いわゆる世論の偏見に対しては、……以前とおなじように……わたくしの標語は「汝の道を歩め、かれらにはおしゃべりするに任せよ」である。」

第一八章　社会主義到来の予言

(1) マルクスの本質主義と、かれの理論においては物質的生産手段が実体の役割を果たしているという事実については、参照、とくに第一五章注(13)また、第一七章注(6)ならびに第二〇章注(20)〜(24)および本文。

(2) 『資本論』(*Das Kapital*[『全集』第二三巻]S. 15 f.)ならびに第一三章注(14)と(16)。

(3) わたくしが『資本論』の二次的目標と呼ぶもの、すなわち、資本主義の擁護者へ反駁することには、〈政治経済学の学問的性格の批判〉という学術的課題も含まれている。K・マルクスは、『資本論』の先ぶれとなる著作の書名においても、つまり、かれの著『政治経済学批判』においても、また『資本論』そのものの副題である『政治経済学批判』においても、この課題を示唆していた。これら二つのタイトルは、カントの『純粋理性批判』を示唆している。また、このタイトル自身は、〈純粋哲学や形而上学的哲学をそれらの学問的地位にかんして批判すること〉を意味するはずのものである。(この点は、カントの批判をパラフレーズした書名からさらにあきらかになるだろう。それは科学を名のって現われるであろう将来の一切の形而上学への序論というものであった。）マルクスはカントをほのめかすことで、あきらかに〈カントは形而上学の主張を批判し、それが科学ではなく、大部分が護教的な神学であることをあきらかにしたが、それとおなじように、ここでわたくしはブルジョア経済学の似たような要求を批判する〉と言いたかったのだろう。マルクスの友人であるハイネの『ドイツにおける宗教と哲学の歴史』(Heinrich Heine, *Zur Geschichte der Religion und Philosophie in Deutschland*)からは、マルクスの周辺では、カントの『批判』の主要な傾向が向けられていたのは護教的神学へ対してであったと捉えられていたことがわかる(参照、第一五章注(15)と(16))。興味深いことには、エンゲルスの監修にもかかわらず、『資本論』の最初の英訳者は、副題を「資本主義的生産の批判的分析」と訳し、(わたくし自身が本文中で述べた)マルクスの第二の目標への言及を、第一の目標の強調でおき換えた。

バークは、K・マルクスによって『資本論』(*op.cit.*, S. 342, Anm. 8)で引用されている。その引用は、『穀物不足にかんする思索と詳論』(Edmund Burke, *Thoughts and Details on Scarcity* (1800), S. 31 f.)からである。

(4) 参照、第一六章第一節末尾での階級意識にかんするわたくしのコメント。

階級敵への階級闘争が終了したあとでも階級の団結が存続するかについて触れておこう。

階級意識はみずからを生み出した力を超えて生き延びうるように蓄積され維持されうるというならば、わたくしには、存続するということは、マルクスの前提、とりわけ、かれの弁証法とはほとんど相容れないと思われる。だがさらに、階級意識は必然的にそれらの諸力を超えて生き延びるとまで仮定されているならば、それは、意識を苛酷な社会的現実を反映するもの、あるいはその産物として捉えるマルクスの理論と矛盾する。ところが、マルクスと一緒に歴史の弁証法は必然的に社会主義を到来させると仮定する人は、このようなさらなる仮定をたてざるをえないのだ。

　この関連では、『共産党宣言』(*Manifest der Kommunistischen Partei*［『全集』第四巻］S. 482)からのつぎの箇所はとりわけ興味深い。それは、労働者の階級意識が、状況の暴力、すなわち階級状況の圧力からのたんなる帰結にすぎないという明確な主張を含むと同時に、本文で批判しておいた教説、すなわち無階級社会〔出現〕の予言も含んでいる。その箇所はこうである。「プロレタリアートが、ブルジョアジーとの闘いにおいて必然的にみずからを階級に統合し、革命によって支配階級となり、支配階級として古い生産関係を力ずくで廃棄するならば、そうした生産関係の廃止とともに、階級対立の存続条件も、階級そのものも、ひいては階級としての自身の支配も廃止される。――階級と階級対立を伴う古いブルジョア社会に代わって、各人の自由な発展が万人の自由な発展の条件となる連帯(Assoziation)が出現する」(参照、本章注(8)の本文も)。これは、驚くほど美しい信仰ではあるが、美的でロマンチックな信仰であり、(マルクス主義の用語を使うなら)憧憬の〈ユートピア主義〉であって、〈科学的社会主義〉ではない。

マルクスはみずからが〈ユートピア主義〉と名づけたものと戦った。——それは正当であった(参照、第九章)。しかし、かれ自身がロマン主義者であったために、ユートピア主義のもっとも危険な要素、つまり、自身のロマンチックなヒステリー、唯美的非合理主義に気づかなかった。その代わりにかれは、合理的な計画を立てようとする自分の(あきらかにきわめて未熟であった)試みと闘ってしまい、対置するに自身のヒストリシズムをもってしたのだ(参照、本章注(21))。

かれはシャープに思考したし、また科学的方法を適用しようとしてあらゆる努力をはらった。にもかかわらず、マルクスの思考は、非合理的で美的感情の要素によって捉えられ、いくつかの箇所では完全にそれに支配されていた。これはこんにちではかくあって欲しいという願望的思考と呼ばれている。ロマンチックで、非合理的で、神秘的でさえある願望的思考によって、マルクスは、階級状況が変化したあとでさえ、労働者の集団としての階級的団結や階級的連帯は持続するという仮定にみちびかれたのだ。このような願望的思考、このような神秘的集団主義、文明の重荷に対する非合理な反応があったために、マルクスは社会主義の必然的到来という予言にみちびかれたのである。

この種のロマン主義は、多数のマルクス主義信奉者にもっとも強くアピールする要素のひとつである。それは、たとえば、ユリウス・ヘッカーの『モスクワ対話』(Julius F. Hecker, *Moscow Dialogues* [1933/1936])の献辞中にもっとも感動的に表現されている。そこでユリウス・F・ヘッカーは、社会主義を「階級闘争や人種闘争はもはや存在するはずもなく、万人が真理、善、美に参加するはずの社会秩序」として語っている[S. VII]。地上に天国を打ち立てることをよろこばない者がいるだろうか、というわけだ。だが、合理的な政治の第一原理のひとつは、地上に天国をもたらすことはできないということであらざるをえない。われわれは自由な霊や天使になる途上にはいない——少なくともつぎの数世紀のあいだくらいは。われわれは、かつてマルクスが賢明にも述べたように、新陳代謝〔物質交換〕によってこの地球に縛りつけられている。あるいは、キリスト教では「われわれは霊であり、かつ、肉である」と言われているように。したがって、われわれはもっと謙虚にならなければならない。政治や医療であまりにも多くのことを約束する者はおそらくいかさま師だろう。われわれは、ものごとや状況を改善するために可能なかぎりの努力をしなければならないが、われわれのかなり腐敗した人間社会を純粋で永続的な金に変える公式とか、賢者の石といったものを信じることは放棄しなければならないであろう。

こうした試みすべての背後には、われわれの世界から悪魔を追い出せるという願望が隠されている。プラトンは、それをするには悪魔を下層階級に追放し、悪魔を支配すればよいと考えた。アナーキストは、政治システムとしての国家が破壊されさえすれば、すべてはよい方向に変化せざるをえないだろうと夢見た。そしてマルクスもおなじような夢を見た。かれは、悪魔を追い出すことができる――経済システムを破壊することによって――と夢想したのだ。

こうしたコメントを付したからといって、おそらく比較的些細な改革(たとえば、税制改革とか利子率の引き下げなど)の導入では、急激な進展を望むことはできないと主張しているものと受け取られてはならない。つぎの点はもう一度強調しておきたい。悪をどんなに排除しても、そのたびごとに、不測の反作用として、多くの新しい、緊急性のレベルはまったく異なるとはいえ、小さな悪を生じさせると予期せざるをえない、と。したがって、合理的な政治の第二の原理は、つぎのようになるだろう。〈ウィーンの詩人であり評論家でもあるカール・クラウスのことばを借りれば)すべての政治はより小さな悪を選ぶことにある。そして政治家は、自分たちの行動が生み出す悪しき結果を隠すのではなく、熱心に探すべきである。そうでなければライバルの悪をただしく評価することは不可能になるのだから。

(5) マルクスの弁証法(参照、第一三章注(4))を論じるつもりはないのだが、マルクスの論理的に首尾一貫しない議論は、いわゆる〈弁証法的思考〉を利用すれば、〈強化〉できることを示しておきたい。この思考方法によれば、資本主義内における敵対的な諸傾向は、〔つまるところ〕社会主義が必然的なジンテーゼとして(たとえば全体主義的な国家資本主義のかたちをとって)出現するというように記述すればよいのだ。だから、資本主義における二つの敵対する傾向は、たとえばつぎのように記述されるだろう。テーゼとしては、資本が少数者の手に蓄積する傾向、産業化および産業の官僚的統制への傾向、労働者がその要求や欲望を均一化されることでの労働者の経済的・心理的水平化への傾向、といったものが挙げられよう。――アンチテーゼとしては、大多数者における貧困の増大が挙げられ、これはつぎの要因にもとづいて階級意識の高揚をもたらすとされる。(a)階級闘争、(b)経済システムは、労働者階級を唯一の生産階級とし、したがって産業化された社会秩序における唯一の本質的な階級とするのだから、労働者を途方もなく重要な要素とするという点についてのかれらの目覚め。(参照、第一九章注(15)および本文も。)

　欲せられたマルクス主義的ジンテーゼがどのようにして出現するかを示す必要はほとんどないであろう。必要なのはおそらく、敵対する傾向を記述するにあたって重要性の重みづけをわずかに変えれば、まったく異なった「ジンテーゼ」、つまり、擁護したいどんなジンテーゼでも導出しうると指摘することだろう。たとえば、ファシズム、テクノクラシー、あるいは民主主義的介入主義のシステムを必然的なジンテーゼとして簡単に提示できよう。

(6)《ブライアン・マギーはこの箇所について私信でつぎのように書いてきてくれた[参照、Popper Archive, Hoover Institution, Stanford University, Fasz. 322, 18]。「これこそがジラスのもとで新階級がほんとうに意味していたこと、すなわち、悔い改めるつもりのない共産主義者によって書かれた共産主義革命についての徹底的に熟慮された理論である。」》[参照、Milovan Djilas, *Die neue Klasse. Eine Analyse des kommunistischen Systems*, 1957/1976, S. 23 ff. および S. 160 ff.]

パレートの忠告については、参照、第一三章注(1)。

(7) 労働運動の歴史は対立に満ちている。そこに示されているのは、労働者が自分たち自身の階級を解放する戦いにおいて、そしてそれ以上に全人類の解放のための闘争において、最大の犠牲を払う覚悟があったことである。しかし、ありふれた利己主義についての悲しい話を語っている章や、万人の不利益をもたらすにもかかわらず限定された利権がいかにしばしば追求されたかを示す章も数多くある。

連帯と労使交渉によって組合員に大きな利益をもたらした労働組合が、組合に加入する意思のない人をこれらの利益から遠ざけようとしたこと――たとえば、労働組合員のみが一定の就業を許されるという条件を労働協約に盛り込むこと――はたしかに理解できる。しかし、このようにして独占をえた労働組合が、新しい組合員の受容を可能にする公正な方法(待機者名簿の厳守など)を定めずに、組合員名簿を閉鎖して独占を維持することは正当化できない。こうしたやり方が可能だということのうちには、労働者であっても、被抑圧者との連帯を完全に忘れ、自分の経済的優位性を十二分に利用して、すなわち、仲間の労働者を搾取しうることが示されている。

(8) (注(4)でふれた)『共産党宣言』(*Kommunistisches Manifest*, S. 482)。この箇所は、本章注(4)でより詳細に引用しておいた。そこではマルクスのロマン主義についても語っておいた。

(9) 〈資本主義〉という語は、特定の歴史時代の名称として使うにはあまりにも漠然とし過ぎている。この語は、もともとは軽蔑的な意味で使われていたのであり、一般の用い方ではいまでもそうした意味が保持されている(〈利益を愛好し、労働しない人びとによって作られたシステム〉)。だが同時に、中立的で科学的な意味でも使われてきたが、じつにさまざまな意味を背負わされてきた。マルクスによれば、あらゆる種類の生産手段の蓄積を〈資本〉と呼ぶことができるわけだが、そのかぎりで、〈資本主義〉はある意味では、〈産業主義〉と同義ですらある。この意味では、国家がすべての資本を所有する共産主義社会は、〈国家資本主義〉と記してもまったくただしいことになろう。したがって、わたくしは、マルクスが分析し、そして〈資本主義〉と呼んだ時代を〈拘束なき資本主義〉(schrankenloser Kapitalismus)〉と呼ぶことを提案したい。他方で、われわれ自身の時代は介入主義の時代と呼んでおきたい。このことば〔介入主義〕は、事実としてわれわれの時代における社会工学の三つの主要類型にあてはまるだろう。ロシアの集団主義的な介入主義、スウェーデンや〈より小さな民主主義国〉の民主主義的な介入主義ならびにアメリカのニューディール、そしてそれを超えて、統制経済のファシズム的方法にあてはまるだろう。マルクスが〈資本主義〉と呼んだもの、つまり拘束なき資本主義は二〇世紀には完全に〈死滅〉した。

(10) スウェーデン社会民主党、つまり、スウェーデンの実験を開始した党は、かつてはマルクス主義政党であったが、統治の責任を引き受け、大規模な社会改革プログラムを開始するや、マルクス主義の理論を放棄した。スウェーデンの実験がマルクス主義から離れる側面のひとつは、独断的なマルクス主義者が生産に焦点を当てるのに対し、消費者と消費者協同組合によって演じられる役割を強調するところにある。スウェーデンにおける技術重視の経済学は、マルクス主義者が言うところの〈ブルジョア経済学者〉の影響を強く受けているが、正統派のマルクス主義的な価値論はまったく役割を果たしていない。

(11) この綱領については、参照、『共産党宣言』(*Kommunistisches Manifest*, *op.cit.*, S. 481 f.)。綱領の第一については、第一九章注(15)の本文を見よ。

カール・マルクスとフリードリヒ・エンゲルスは、かれらのもっとも急進的な声明のひとつとして、『一八五〇年三月の中央委員会の同盟員への呼びかけ』(*Ansprache der Zentralbehörde an den Bund vom März 1850*[『全集』第七巻]S. 253)で、累進的な所得税をきわめて革命的な措置であると考えていたことに注目すべきである。K・マルクスとF・エンゲルスは、〈革命を永続的に!〉という鬨の声で最高潮に達する声明の末尾で、革命の戦術を記述しているが、そこでつぎのように言っている。「民主主義者が比例課税を提案するなら、労働者は累進課税を要求し、民主主義者が穏健な累進課税を提案するなら、労働者は大資本が破滅するほど急峻な増大率の課税を主張する。」

(12) ピースミールな社会工学の概念については、(第一巻の)第九章で詳述したとおりである。経済的ことがらへの政治的介入主義については、参照、本章注(9)と本文。そこで、「介入主義」ということばについてのより正確な説明も記しておいた。

(13) わたくしは、マルクス主義に対するこの批判を非常に重要なものだと考えている。それは拙著『ヒストリシズムの貧困』(*Das Elend des Historizismus* [1987, S. 40 ff.])第一七、一八節で取り上げておいた。そこで書いておいたように、ヒストリシズムの道徳論を確立すれば、そうした批判を回避することはできるだろう。しかし、思うに、そうした理論を受け入れることによってしか、マルクス主義は、〈政治的奇跡の信奉〉を教えているという非難から、身を引き離すことはできないのだ。〈政治的奇跡〉という表現はユリウス・クラフトに由来する。) 本章注(4)と(21)も見よ。

(14) 妥協の問題については、参照、第九章注(3)を付されたパラグラフ末尾でのコメント。本文での「かれらは社会全体のために計画を立てるわけではないし」というコメントの正当化については、第九章と拙著『ヒストリシズムの貧困』第三部(とりわけ『ホーリズム批判』(*Das Elend des Historizismus*, S. 61 f.))を見よ。

(15) フリードリヒ・A・フォン・ハイエクは、中央集権的な「計画経済」は、個人の自由に対するもっとも重大な危険を伴わざるをえないと強調している。(参照、たとえば、かれの小冊子『自由と経済システム』(Friedrich A. Von Hayek, *Freedom and the Economic System*, Chicago 1939[参照、『自由の体制』(*Die Verfassung der Freiheit*, 1991, S. 323 ff.)も]。) しかし、かれは自由のための計画の必要性も強調している。(「自由ための計画」は、カール・マンハイムによってもその著『再構築の時代における人間と社会』(Karl Mannheim, *Man and Society in an Age of Reconstruction*, 1941[ドイツ語訳 *Mensch und Gesellschaft im Zeitalter des Umbaus*, 1935/1958, S. 185 ff.])のなかでも推奨されている。しかし、かれの「計画」という考えは、ことのほか集団主義的で全体主義的であるから、わたくしは、それは自由ではなく専制政治をみちびくにちがいないと確信している。またマンハイムの「自由」は、事実としてヘーゲルの末裔である。参照、第二三章末尾と拙著『ヒストリシズムの貧困』。)

(16) マルクス主義の歴史理論とロシアの歴史的現実とのこの矛盾は、第一五章注(13)/(14)と本文で論じておいた。

(17) これも、マルクス主義の理論と歴史的実践とのあいだのさらなる矛盾である。前注で述べた対比とは異なり、これは多くの論議や、補助仮説の導入によって事態を説明しようとする試みを生んだ。それらの補助仮説のなかでもっとも重要なのは、帝国主義と植民地搾取の理論である。この理論は、資本家やプロレタリアが、かれら自身ではなく、植民地の抑圧されたもとからの住民が蒔いたものを刈り取っている国では、革命的発展が妨げられていると主張する。この仮説は、帝国主義的ではなく民主主義的な小国の発展によって疑いもなく反駁されている。これについては、第二〇章(注(37)〜(40)の本文)でより詳細に論じておいた。

多くの社会民主主義者は、ロシア革命を、マルクス主義の図式にしたがって、遅れてやってきた〈ブルジョア革命〉と解釈し、それが先進国の〈産業革命〉に対応する経済発展と結びつくことを強調した。しかしこの解釈は、当然のことながら、歴史はマルクス主義の図式にしたがって進まざるをえないと前提としている。現実には、ロシア革命が遅れてやってきた産業革命であったのか、それとも時期尚早の社会革命であったのかといった本質主義的な問題は、その性格からすれば、純粋にことばだけの問題である。そして、それがマルクス主義に困難をもたらすというのであれば、そこに示されているのは、マルクス主義は、その創始者が予見していなかった出来事の記述にあたり、ことばの困難に巻き込まれるというにすぎない。

(18)　指導者たちは、信奉者たちにかれらの使命——人類の解放——に対する熱狂的な信念を吹き込むことができた。しかし、指導者たちには、その政策が最終的に失敗し、運動が崩壊したことへの責任があった。この失敗は、かれらの知的無責任に起因するところが大きい。かれらは労働者たちに、マルクス主義は科学であり、運動の知的側面は最善者の手にあると断言していた。しかし、かれらはマルクス主義に対して科学的、すなわち批判的な態度をとることはなかった。かれらはマルクス主義を適用できたかぎりで(これよりも簡単なことがあるだろうか)、つまり歴史を論説や講演で解釈できればそれで、知的に満足していたのだ。(参照、本章注(19)および(22)も。)

(19) 中央ヨーロッパではファシズムが台頭する数年前から、社会民主主義の指導者たちのあいだには、敗北主義がきわめて顕著であった。かれらは、ファシズムは社会発展の避けられない段階であると考えるようになった。つまり、こういうことだ。――かれらはマルクス主義の図式をいくつかの箇所で改善したが、ヒストリシズム的アプローチのただしさは決して疑わなかったということである。〈ファシズムは文明の発展のなかで避けられない段階であるのか〉という問いが、全面的な誤りを招くかもしれないことに気づきもしなかったのだ。

(20) 中央ヨーロッパにおけるマルクス主義運動は、歴史的にほとんど先行者のいないものであった。それは、無神論を公言していたが、偉大な宗教運動と呼ぶのがふさわしい。(おそらく、マルクス主義をまじめに受け止めていない知識人のうちにもそこから感動を受けた者がいたことであろう。)もちろん、それはさまざまな意味で集団主義的であり、部族主義的なものであった。しかし、それは労働者の運動であり、自分たちの大きな任務のために自分たちを教育し、自分たちを解放し、自分たちの利益と娯楽の水準を高めることに着手した運動であった。アルコールの代わりに登山を、ダンスミュージックの代わりにクラシック音楽を、低俗小説の代わりにまじめな書物を、という運動であった。「労働者階級の解放は、労働者自身を通してのみ実現することができる」――これがこの運動を鼓舞した信仰であった。G・E・R・ゲディ『倒壊した要塞』(Gedye, *Fallen Bastions*, 1939［ドイツ語訳 *Als die Bastionen fielen*, 1981］)は、この運動が一部の観察者に与えた深い印象を映し出している。

(21)　この引用は、マルクスの『資本論』第二版あとがきからである(*Das Kapital*, *op.cit.*, S. 25。参照、第一三章注(6))。それは、マルクスがいかに書評者に恵まれていたかを示している(参照、第一七章注(30)と本文も)。

また、マルクスがユートピア主義者に反対してヒストリシズムを語っているもうひとつのたいへん興味深い箇所は、カール・マルクス『フランスの内乱』(Karl Marx, *Der Bürgerkrieg in Frankreich*［『全集』第一七巻］S. 343)に見られる。そこでマルクスは、一八七一年のパリ・コミューンを讃えてつぎのように言っている。「労働者階級はコミューンに奇跡を要求しなかった。かれらは人民の布告でできあいのユートピアを導入する必要はなかった。かれらは、みずからを解放し、それにともなって、現代社会がみずからの経済発展をつうじて不可抗力的に目指しているより高い生活形態を実現するためには、労働者階級は、人びとと状況が一変するような一連の歴史的過程の全系列を通過しなければならない長期の闘争を経なければならないことを知っている。それは理想を実現しようとするのではなく、崩壊しつつあるブルジョア社会の懐のなかにすでに胚胎されている新しい社会の要素を解放するだけである。」これほど、計画の欠如というヒストリシズムの特徴的な文章をマルクスのうちに見つけることはまずできない。「長期の闘争を経なければならない……」とK・マルクスは語る。しかし、もし実現させるべき計画がないのだとしたら、マルクスが語るように〈理想を実現しようとするのではない〉のであれば、かれらはなんのために戦っているのだろうか。奇跡を要求してはいない、とマルクスは言っている。だが、マルクス自身は、歴史における闘争は社会生活の〈高次の形態〉を不可抗力的にみちびかざるをえないと信じていたのだから、奇跡を期待していたのだ。（参照、本章注（4）、（13）。）社会計画への関与を拒否したとき、マルクスはある意味ではただしかった。労働者を組織化することが、かれの時代では疑いもなくもっとも重要な実践的課題であった。〈時代はそれに対してまだ熟していない〉といった疑わしい言い訳をすることがただしいのだとしたら、合理的な制度的社会工学の問題に手を出すことをマルクスが拒否したこともただしかったのだということになろう。（この点は、エドワード・ベラミーに至るまでのユートピア的提案の幼稚な性格によって説明されると言えるだろう。［参照、『顧みれば、二〇〇〇年より一八八七年をかえりみる』(Edward Bellamy, *Ein Rückblick aus dem Jahre 2000 auf 1887*, 1998)。］）しかし、残念なことに、かれはこのただしい政治的直感を、社会技術へ理論的攻撃を加えることで支えたのであった。これは、かれの独断的な信奉者たちにとっては、ものごとがすでに変化してしまい、労働者の組織化よりも社会技術が政治的にいちだんと重要になったときでさえおなじ態度を維持するための言い訳となった。

(22) マルクス主義の指導者たちは、この出来事を歴史の弁証法的な浮き沈みとして解釈した。かれらは、行動を呼びかける政治的指導者の役割ではなく、歴史の丘や谷を案内するチチェローネ〔案内人〕の役割を果たしたのだ。歴史上の恐ろしい出来事と戦うのではなく、それを解釈するというこの怪しげな術は、詩人カール・クラウスによって強く非難された〔参照、『人類最後の日々』[*Die letzten Tage der Menschheit*, 2. Bde., 1926/1982]。(K・クラウスについては本章注(4)で言及しておいた。)

第一九章　社会革命

(1)『資本論』(*Das Kapital*[『全集』第二三巻]S. 790)。

(2) この箇所は、カール・マルクス、フリードリヒ・エンゲルス『共産党宣言』(*Das Manifest der Kommunistischen Partei*[一八四八年『全集』第四巻S. 469]からである。

(3)『資本論』(*op.cit.*, S. 529)。この箇所はレーニンも引用している。
ここでは、(本文中では、「少数者の手への資本の集積」という表現におき換えておいた)「資本の集積」という表現について注釈をくわえておきたい。『資本論』第三版では、マルクスはつぎのような区別を導入している。(a)資本の蓄積(Akkumulation)ということで、かれは、たとえば、一定の経済領域内で資本財の総量が積みあがっていくことのみを理解している。(b)資本の集積(Konzentration)(『資本論』(*Das Kapital*, S. 653))ということで、さまざまな個別の資本家における資本の通常の成長が理解されている。この成長は、蓄積という一般的な傾向から生じ、資本家に増加する労働者への支配権を与える。(c)集中(Zentralisation)ということで、一部の資本家が他の資本家から収奪されることで生じる資本の成長部分が理解されている(「一人の資本家が多数の資本家を滅ぼす」)。

第二版では、マルクスはまだ集積と集中とを区別していなかった。かれは「集積」という表現を(b)の意味でも(c)の意味でも使っていた。相違を見るためには、第三版(*Das Kapital, op.cit,* S. 654)のつぎのような箇所を読めばよい。「それは、蓄積や集積とは区別された本来的な意味での集中である。」この箇所は、第二版(S. 577)では、つぎのようになっていた。「それは、蓄積とは区別された本来的な意味での集中である。」しかし、この変更はこの著作のすべてにおいてではなく、わずかの箇所でしか生じていない(とくにS. 654 ff. とS. 791)。本文のここで引用しておいた箇所は、第二版とおなじで、ことば遣いは変わっていない。本章注(15)の本文で引いた箇所(S. 790)では、マルクスは「集積」を「集中」におき換えている。

(4) カール・マルクス『ルイ・ボナパルトのブリュメール一八日』(Karl Marx, *Der achtzehnte Brumaire des Louis Bonaparte*[『全集』第八巻]S. 121 f.)。「ブルジョア共和国は勝利した。その側には、金融貴族、産業ブルジョアジー、中産階級、小市民、軍隊、遊動警備隊として組織されたルンペン・プロレタリアート、知的分子、聖職者、農村住民がいた。パリのプロレタリアートの側には、おのれ以外の何者もいなかった。」〈農村の生産者〉にかんするマルクスの信じられないほど素朴な主張は、第二〇章注(43)で述べておいた。

(5) 参照、第一八章注(11)の本文。

(6) 参照、本章注(4)での引用、とくに中産階級と知的分子についての言及。「ルンペン・プロレタリアート」については、参照、おなじ箇所と『資本論』(*Das Kapital, op.cit.*, S. 673)。

(7) マルクスの意味での「階級意識」という語の意味については、参照、第一六章第一節の末尾。

敗北主義的な精神が広まる可能性については本文で述べたが、これとは別に、労働者の階級意識を損ない、労働者階級の内部分裂をもたらす状況がある。たとえば、ウラジミール・I・レーニンは、帝国主義が分捕ったものの一部を労働者に提供し、それによって労働者を分裂させる可能性に言及している。かれはつぎのように書いている（『資本主義の最高段階としての帝国主義』（Wladimir I. Lenin, *Der Imperialismus als höchstes Stadium des Kapitalismus*, 1917/1989, S. 122））。「イギリスでは、労働者を分裂させ、かれらのあいだの日和見主義を強化し、それによって労働運動を一時的に腐敗させる帝国主義の傾向が、一九世紀末や二〇世紀初頭よりもずっと早くから現れていたことに注意しなければならない。」

ヘンリー・B・パークスは、その優れた分析『マルクス主義――検死』（Henry B. Parkes, *Marxism — A Post Mortem*, 1940（これはまた *Marxism — An Autopsy* ［1939/1964］という書名でも出版された）のなかで、企業家と労働者が手をむすんで消費者を搾取する可能性に言及しているが、これはただしいと言わねばならない。保護された産業や独占産業では、かれらは獲物を分け合うことができる。この可能性は、マルクスが労働者と企業家の利益の敵対関係を誇張していたことを示している。

最後に、ほとんどの政府は抵抗のもっとも少ない方向に進む傾向をもつこと、したがって、つぎのような結果が生じる可能性があることに留意すべきである。労働者と企業家は共同体のなかでもっとも組織化され、政治的にもっとも強力な集団であるから、現代の政府が消費者を犠牲にして両者を満足させることが容易に起こりうる――おそらく罪悪感なしに、ということだ。政府は、共同体のなかでもっとも敵対的な党派間に和平を結ばせたと信じることだろう。

(8)　参照、本章注(17)と(18)の本文。

(9)　一部のマルクス主義者は、暴力的な社会革命であっても、かれらが〈資本主義〉と呼ぶものに結びついている慢性的な害悪よりははるかに少ない苦しみで済むだろうとさえ主張する。(参照、L・ローラット『マルクス主義と民主主義』(L. Laurat, *Marxism and Democracy*, Edward Fitzgerald による翻訳 1940, S. 38, Anm. 2. ローラットはこのような見解をもっているとして Sidney Hook, *Towards the Understanding of Karl Marx* [1933] を批判している。) しかし、こうしたマルクス主義者たちは、このような仮定の科学的根拠をあきらかにはしない。――あるいは、ぶっきらぼうに言えば、無責任きわまりない神託的かこつけの根拠をあきらかにしてはくれないのである。

(10)　F・エンゲルスはヘーゲルから学んだことを思い出しながら、マルクスについてつぎのように述べている。「おのずから明らかなことだが、ものごとやその相互関係は固定したものとしてではなく、変更可能なものとして理解されているところでは、それについての思考上のイメージ、概念もまた、変化と変容の対象となるし、それらを硬直した定義のなかに閉じ込めるのではなく、その歴史的・論理的な形成過程のなかで発展させることになる」(参照、『資本論』第三巻へのエンゲルスの序文(*Das Kapital*, III. Bd.[『全集』第二五巻]S. 20))。

(11) 共産主義者はときとしてより穏健な理論を公言するので、正確に対応しているわけではない。社会民主主義者がこうした理論を主張していない国々ではとくにそうである。参照、たとえば本章注(26)の本文。

(12) 参照、第一七章注(4)と(5)および本文、ならびに本章注(14)、また本章注(17)と(18)および本文。

(13) もちろん、中間的立場も存在するし、きわめて穏健なマルクス主義者の立場、とりわけエドゥアルト・ベルンシュタインのいわゆる〈修正主義〉も存在する。[参照、E. Bernstein, *Die Voraussetzungen des Sozialismus und die Aufgaben der Sozialdemokratie*, 1899/1984.] 後者の立場は、じっさいにはマルクス主義を完全に放棄しており、厳格に民主的で非暴力的な労働者運動を擁護するものに他ならない。

(14) マルクスがこのような仕方で展開を遂げたという仮定は、もちろん、解釈に、しかもおおきな説得力があるとはとうてい言えない解釈にもとづいている。事実は、マルクスは首尾一貫していたわけではなく、〈革命〉〈権力〉〈暴力〉などの表現を体系的に曖昧な仕方で使ったということだ。かれがこうした立場を押しつけられたのは、一部には、かれの生きていたあいだには、歴史はかれの計画通りに進行しなかったという状況があったからである。歴史は、マルクスが述べたような〈資本主義〉からは離れて、介入主義に向かう傾向を明瞭に示していたという点で、マルクス主義の理論に反応したわけだ。マルクスは、たとえば『資本論』第一版序文のなかでこの傾向にしばしば満足げに言及している。(参照、本章注(16)での引用および本文。) 他方で、このおなじ傾向は、マルクスの理論とは反対に(介入主義をつうじて)、労働者の地位の向上をもたらし、それによって革命の可能性を減少させた。マルクスの定まらない態度や、自説についての曖昧な解釈はこのような状況の産物であった。

つぎの二つの引用箇所はこの点を説明するだろう。ひとつはマルクスの初期の著作から、他は後期の著作からである。最初の箇所は、『一八五〇年三月の中央委員会の同盟員への呼びかけ』[『全集』第七巻]にある。これは、実践にかかわっているので興味深い。マルクスは、労働者はブルジョア民主主義者とともに封建制との闘争に勝利し、民主的な政府を樹立したと前提している。マルクスは、この樹立のあとでは労働者の関の声は、「革命を永続的に!」でなければならないと強調している。これが意味するところは、つぎのように詳細に説明されている(S. 249)。「かれらは、革命の直接的興奮が、勝利するやふたたび抑制されてしまうことのないように活動しなければならない。それどころか、かれらはその興奮をできるだけ長く維持しなければならない。いわゆる行き過ぎ、憎たらしい思い出と結びついた憎むべき個人や公共建造物への大衆の復讐に対抗するのではなく、そうした例を容認し、かれらを掌握しなければならない。」(参照、本章注(35)(1)および第二〇章注(44)も。)

いま述べた箇所とは対照的に穏健な箇所は、カール・マルクスの『第一インターナショナルへの挨拶』（*Adresse an die Erste Internationale*, Amsterdam 1872）に見られる（参照、（本章注（9）でふれた）L・ローラット）。「われわれは、アメリカやイギリスのように、そしてわたくしがあなた方の制度をもっとよく知っていれば、オランダをつけ加えるでしょうが、労働者が平和的な手段で目的を達成しうる国があることは否定しません」〔『全集』第一八巻S. 160〕。こうしたより穏健な見解については、参照、本章注（16）～（18）の本文も。

しかし、すべての混乱は、『宣言』の要約［Anm. 2, S. 493］にまったく簡潔なかたちをとって現れている。そこには、ひとつの文で区切られたにすぎないつぎのような矛盾した文章がみられる。（1）「一言で言えば、共産主義者は、いたるところで既存の社会的・政治的条件に反対するすべての革命運動を支持する」（としたら、たとえば、イギリスが含まれることになる）。（2）「共産主義者は、最終的にはあらゆるところで、万国の民主的党派を結びつけ、協調させるために活動する。」混乱をきわまらせるのはつぎの文である。「共産主義者は自分たちの見解や意図を隠蔽することを軽蔑する。共産主義者の目的は、これまでの一切の社会秩序を暴力的に転覆することによってのみ達成できると公然と宣言する。」（民主主義のための条件も除外されないわけだ。）

（15）『資本論』（*Das Kapital, op.cit.*, S. 790 f.）。（第三版では、「集積」は「集中」でおき換え

られている。参照、この点については本章注(3)。)

　この一節はヘーゲル弁証法の影響を強く受けている。その点はつづく箇所が示している。(ヘーゲルは時としてテーゼのアンチテーゼを否定と呼ぶし、ジンテーゼを「否定の否定」と呼ぶ。)K・マルクスは、こう書いている。「資本主義的占有の様式は……個人の、自分自身の労働にもとづく私有財産の最初の否定である。しかし、資本主義的生産は、自然過程の必然性をもって、それ自身の否定を生み出す。それは、否定の否定である。それは、私有財産制を回復させるものではない」[S. 791]。(社会主義のより詳細な弁証法的導出は、第一八章注(5)で述べておいた。)

(16) これが、『資本論』初版序文におけるK・マルクスの態度であった(*Das Kapital*, S. 16)。「しかしここでは、進歩は誤認すべくもない……英国王室の海外代表者たちは、ここで素っ気なく、ヨーロッパ大陸のあらゆる文明国において、資本と労働との既存の関係の変革は、英国と同様に、目に見えるものであり、不可避なものである、と語っている。同時に……北アメリカ合衆国の副大統領ウェイド氏は、いくつかの公の場で、奴隷制廃止後、資本関係と土地所有関係の転換が議題にのぼった! と明言している」。(参照、本章注(14)も。)

(17) 参照、『資本論』英語第一版へのF・エンゲルスの序文([『全集』第二三巻]S. 40)。この一節は、第一七章注(7)でより詳細に引用しておいた。

（18）一八八〇年一二月八日付ヘンリー・M・ハインドマン宛マルクスの書簡［『全集』第三四巻 S. 482］。参照、Henry H. Hyndman, *The Record of an Adventurous Life* (1911/1984), S. 283. 参照、また L. Laurat, *op.cit.*, S. 239. ここではこの一節をより詳細に引用しておこう。「あなたが、英国に対するわが党の見解を共有しないとおっしゃるならば、わたくしは、わが党は英国での革命を必然とは考えていないが――歴史上の先例によれば――可能だとお答えしうるのみです。避け難い進化が革命に変わるならば、それは支配階級だけでなく労働者階級によるものでもあります。」（立場の二義性が注意されるべきである。）

（19）H. B. Parkes, *Marxism — A Post Mortem*, S. 101（参照、S. 106 ff.）も同様の見解を示している。かれは、「資本主義は改革されえず、破壊されるのみである」というマルクス主義の信念は、マルクス主義の蓄積論の特徴的な主張のひとつであると強調している。「べつの理論が取られるならば、漸次的方法によって資本主義を変革する可能性がある」とかれは書いている。

（20）参照、（注（2）で触れたが）『宣言』の末尾 S. 493。「プロレタリアは、それ［共産主義革命のこと、編者］で鎖以外に失うものはなにもない。かれらは世界を獲得する。」

（21）『宣言』、S. 481. この箇所は、本章注（35）の本文でより詳細に引用しておいた。――このパラグラフの最後の引用は、『宣言』S. 472 からである。参照、本章注（35）も。

(22) しかし、社会改革が、苦しんでいる人びとからの圧力のもとでおこなわれることはほとんどない。宗教運動——わたくしはここに功利主義者も含めるが——や（チャールズ・ディケンズのような）個人は世論に強い影響力をもつことができる。そしてヘンリー・フォード[*My Life and Work*, 1924, S. 135 ff.]は、あらゆるマルクス主義者や数多の「資本家」を驚かせたのだが、賃金をあげることが企業家に利益をもたらすことを発見した。

(23) 参照、第一八章注(18)と(21)。

(24) 『宣言』(*Manifest*, *op.cit.*, S. 474)。

(25) W・I・レーニン『国家と革命』(W. I. Lenin, *Staat und Revolution* [1918/1970], S. 104 f.)。ここでは、この箇所を十全なかたちで引用しておく。「資本家に対する労働者階級の闘いにおいて、民主主義には計り知れないほどの重要性がある。しかし、民主主義は越えられない国境といったものではなく、封建主義から資本主義への、資本主義から共産主義への道のりの一段階にすぎない。」[一九七〇年版では訳が少しばかり異なっている。]
　レーニンは、民主主義とは「形式的平等」を意味するにすぎないと主張している。参照、『プロレタリア革命と背教者カウツキー』(*Die proletarische Revolution und der Renegat Kautsky* (1918/1990), S. 113)も。ウラジミール・I・レーニンは、カウツキーに対して、たんに〈形式的な〉平等というヘーゲル的な主張をもちだした。「かれは、（資本主義のもとでは、徹頭徹尾、偽りであって、不誠実でもある）形式的な平等を、事実としての平等と考えている。」

(26) H. B. Parkes, *Marxism — A Post Mortem, op.cit.*, S. 219.

(27) このような戦術は、共産主義者は、(注(2)で触れたように、S. 493)「あらゆるところで、万国の民主的党派を結びつけ、協調させるために」活動すると述べている『宣言』に呼応しているが、その箇所は同時に、「共産主義者の目的は、これまでの一切の社会秩序を暴力的に転覆することによってのみ達成できる」(と述べ民主主義のための条件も除外していないのだ。

しかし、このような作戦行動もまた、一九二八年の党の綱領に対応している。というのも、それはつぎのように言っているからだ。(『国際共産主義者綱領』(*The Programme of the Communist International*, London 1929/1932, S. 61)。)「戦術的行動を決定するにあたって、各共産党は具体的な内外の状況を考慮に入れなければならない……党は、可能なかぎり広範な大衆を……組織することを目指して、スローガンを定めている。」しかし、これは「革命」ということばの体系的な二義性を十分に利用しなければ実現できないことである。

(28) (注(2)で触れた)『共産党宣言』(*Manifest der Kommunistischen Partei*, S. 493)、ならびに本章注(14)末尾。参照、注(37)も。

(29) これは引用ではなく、パラフレーズである。参照、たとえば、第一七章注(9)で引用した一節は、『資本論』英語第一版へのF・エンゲルスの序文からである。L. Laurat, *op.cit*, S. 240も見よ。

(30) これら二箇所のうち最初のものはL. Laurat, *loc. cit.* にあり、第二については、参照、カール・マルクス『フランスにおける階級闘争』Karl Marx, *Die Klassenkämpfe in Frankreich*[『全集』第七巻]S. 526. 強調はわたくしのもの。

(31) フリードリヒ・エンゲルスは、戦線変更を余儀なくされたことを部分的に認識していた。なぜなら、かれが言っているように「歴史は、われわれおよびわれわれとおなじように考えた人すべてが間違っていることをあきらかにした」からである(カール・マルクス『フランスにおける階級闘争』への「序文」(*Die Klassenkämpfe in Frankreich* [1895], S. 8))。[『全集』第二二巻S. 513においては、この文は「しかし、歴史はまたわれわれが誤っていたことをあきらかにし、当時におけるわれわれの見解が幻想であったことを露わにした」となっている。]しかし、エンゲルスの目に留まった主な間違いは、かれとマルクスが発展のスピードを過大評価していたという一事だけであった。だが、かれは、その発展がじっさいにはまったく異なる方向で起きていたことを決して認めなかった(とはいえ、かれはこの事態を嘆いた。参照、第二〇章注(38)~(39)の本文。それでわたくしは、「英国のプロレタリアートはますますブルジョア化している」というエンゲルスの逆説的な嘆きを引用しておいたのである)。

(32) 参照、第七章注(4)および(6)。

(33) それらが継続していることにはべつの理由もあるだろう。たとえば、僭主の権力は被支配者の一定集団からの支持に支えられているということもあろう。だからといって、マルクス主義者が言うように、専制はじっさいには階級支配であらざるをえないということではない。なぜなら、たとえ、僭主が住民の一定集団に賄賂を贈ること、すなわち、経済的、あるいはその他の権益を付与せざるをえなかったとしても、その集団から強制されたとか、その集団にはそのような権益を要求する力があり、その権益をみずからの権利として貫徹しうる力があるという結論は正当化されないであろうから。そのような集団が影響力を行使できるようにする制度がなかったなら、僭主はその集団に帰属している権益を廃棄し、べつの集団の支援を求めることもできるだろう。

(34) カール・マルクス『フランスの内乱』へのF・エンゲルスの序文(Karl Marx, *Der Bürgerkrieg in Frankreich*[『全集』第一七巻], Einleitung von F. Engels, S. 625)。参照、(注(25)で触れた)W・I・レーニン『プロレタリア革命』(W. I. Lenin, *Die proletarische Revolution*, S. 112 f.)

(35) (注(2)で触れた)『宣言』(*Manifest*, S. 481)。本章注(21)も見よ。参照、そのほかに、つぎの一節、『宣言』(*Manifest*, S. 474)。「共産主義者のつぎの目的は……プロレタリアートによる政治的権力の掌握である。」

(1)民主主義のための闘争での敗北をみちびかざるをえないような戦術的助言を、マルクスは『一八五〇年三月の中央委員会の同盟員への呼びかけ』のなかで詳細に述べている[*Werke*, Bd. 7](参照、本章注(14)および第二〇章注(44))。そこでマルクスは、民主主義が確立したあとに、『宣言』(参照、本章注(14))の諸言明によれば、共産主義者が「結びつけ、協調させる」べく努めなければならない民主主義的政党に対して取るべき態度を説明している。K・マルクスとF・エンゲルスは「ひと言で言えば、勝利の最初の瞬間から、不信が向けられるべきは、もはや敗北した反動の党ではなく、かつての同盟者である」(すなわち、民主主義者に対して)と言っている(S. 250)。

K・マルクスとF・エンゲルスは「プロレタリアート全体が散弾銃、ライフル銃、大砲、弾薬で武装すること」を要求している(S. 250)。これは「ただちに……実行されなければならない」。また「労働者は、みずから選んだ指揮者とみずから選んだ参謀をもって、みずからをプロレタリア守備隊として組織しなければならない」。その目的は、「ブルジョア民主主義政府は、即座に労働者の後ろ盾を失うだけでなく、最初から、背後には労働者の全大衆がひかえている委員会によって、監視され威嚇されていることを気づかせる」ことにある。

こうした政策は、明白なことながら、民主主義を破壊せざるをえない。こうした政策がとられるなら、政府は、法律にしたがおうとせず脅迫でもって統治しようとする労働者に対して、激怒せざるをえないだろう。K・マルクスとF・エンゲルスは、つぎのように予言することでかれらの政策を弁解しようとした(*loc. cit.*「挨拶」)。「新政権が樹立されるや否や、労働者に対する闘いをただちに開始するだろう」[S. 251]。そしてかれらは「勝利するや否や裏切りを始めるこの党に」(すなわち、民主主義者の党に)「対し、精力的かつ威嚇をもって対抗できるようにするために、労働者は武装し、組織化されていなければならない」と言うであろう[S. 250]。こうした戦術は、まさにマルクスが予測した結果をもたらすだろう。それはかれの歴史予言を実現させることだろう。じっさい、——もし労働者がほんとうにこのような仕方で行動していたら、良識ある民主主義者は、マルクスが労働者階級に対する裏切りと呼んだもの、すなわち、僭主や大独裁者の善意なるものから個人を守るために役立つ民主的な制度を、それらを破壊しようとするすべての者——たとえ、労働者であっても——から擁護することを余儀なくされるであろう。

注意すべきは、引用した箇所は比較的初期のものであり、マルクスの成熟した見解は、おそらくはいく分か異なったであろうが、いずれにしてもいっそう曖昧なかたちを取ったであろうということである。しかし、こうした初期の一節が永続的な影響力をもち、かかわりのあったすべての者にとって害となったのだが、かれらがしばしばそれにしたがって行動したという事実が変わるわけではない。

(2) 本文中の(b)の点に関連して、W・I・レーニン(『プロレタリア革命』などに見られところ)から一節を引用しておこう。「……労働者は……熟知しているのだが、ブルジョア議会は、かれらにとっては疎遠な制度、つまり、ブルジョアジーがプロレタリアを抑圧するための武器であり、搾取する少数者である敵対的な階級の制度である。」このようなお話は、ファシストの攻撃から議会制民主主義を擁護するようにと労働者を激励するのにはあきらかに不適切であった。

(36)　参照、W・I・レーニン『国家と革命』*op.cit.*, S. 92.「民主主義は……富者のためのもの――資本主義社会の民主主義はこう見える……数年に一度、抑圧する階級のいかなる代表が抑圧される者を踏みにじるべきかを国会で決めると言ったとき、マルクスは資本主義下の民主主義の本質をみごとに捉えていた!」第一七章注(1)と注(2)も見よ。

(37)　W・I・レーニンは一九二〇年に『「左翼過激主義」、共産主義の小児症』(邦訳、『共産主義における「左翼」小児病』*Der ›linke Radikalismus‹, die Kinderkrankheit im Kommunismus* [Berlin 1985], S. 94 f.)でつぎのように書いている。「いまや、つぎのステップにすべての力、すべての注意を集中させる必要がある……、つまり、プロレタリア革命への移行形態を……見つけ出すことに。――プロレタリアの前衛はイデオロギー的には勝利している……しかし、ここから勝利までの道のりはまだまだ遠い。……したがって、階級全体が、それゆえ労働する広範な大衆、資本によって抑圧されている人びとが、この立場に到達するためには、プロパガンダのみでは、煽動のみでは十分ではない。そのためには、これら大衆もみずからの政治的経験を積む必要がある。これはすべての偉大な革命の根本法則である……大衆もまた……断固として共産主義に向かうためには、プロレタリアートの独裁に対する唯一の選択肢として……極端な反動主義者の独裁が避けられないことを……身をもって知らなければならない。」最後の文の強調はわたくしのものである。

(38) 予想されるように、二つのマルクス主義政党はそれぞれ、その失敗の責任を他方に転嫁しようとしている。一方〔穏健な党〕が相手を、破滅的政策をとっているとして非難すれば、自身は他方から民主主義闘争に勝利する可能性を信じる労働者の信念を損なっているとして非難される。マルクス自身が、状況を、とりわけ自分たちの失敗を競争相手のせいにするというこのやり方について、きわだった、そしてあらゆる細部にも適合する記述を与えているのを見るのは皮肉な感じがする。(マルクスの記述は、もちろん、当時の社会主義政党に向けられたものであった。) K・マルクスはこう書いている(W・I・レーニン『カール・マルクスの教え』(W. I. Lenin, *The Teachings of Karl Marx* [1914/1977], Bd. I, S. 55)。「かれらは自分たちの手段を過度に批判的に考察する必要はない。信号を上げるだけでいい。民衆は無尽蔵の手段で圧政者に突進するだろう。もしかれらの力が……重要なばあいにまったく無力であることが判明したとしたら、誤りは団結した人民をさまざまな、敵対的な陣営に分裂させた破壊的なソフィスト」(おそらく他の党)「にあるか、……あるいはすべてが実行のさいの些事のために失敗したか、または不測の偶然がしばらくのあいだ勝負を台無しにしたかである。いずれにしても、民主主義者」（または反民主主義者）「は、もっとも恥ずべき敗北からも、無邪気に参加したときがそうであったように汚れなく、そして、自分たちは征服者になるべく定められていると、言い換えると、自分たちも党も古い立場を放棄する必要はないのであり、反対に、自分たちがみずからの方向に進んでいくためには条件が成熟してこなければならない、という新たに勝利した確信をもって立ち上がってくるのだ……」

(39) わたくしが言っているのは、〈過激派〉である。というのは、ファシズムは仮借なき発展における不可避的段階であるというヒストリシズム的解釈が、共産主義とは完全に隔たっている集団によっても信じられ擁護されていたからである。ファシズムに対し、英雄的ではあるが遅きにすぎ、そして組織も不十分な闘争をおこなったウィーンの労働者の指導者でさえ、ファシズムは社会主義へ向かう歴史発展における必然的な段階であるという信念に捕らえられていた。かれらはファシズムをはげしく憎んでいたとはいえ――ファシズムすらも、苦しむ人民を最終目標に近づける一歩と見ざるをえないと感じていたのだ。

(40) 参照、本章注(37)で引用した箇所。

開《ひら》かれた社会《しゃかい》とその敵《てき》〔全4冊〕　カール・ポパー著
第2巻　にせ予言者《よげんしゃ》（上）
—ヘーゲル，マルクスそして追随者《ついずいしゃ》—

2023年7月14日　第1刷発行

訳　者　小河原《こがわら》誠《まこと》

発行者　坂本政謙

発行所　株式会社 岩波書店
〒101-8002 東京都千代田区一ツ橋 2-5-5

案内 03-5210-4000　営業部 03-5210-4111
文庫編集部 03-5210-4051
https://www.iwanami.co.jp/

印刷・三秀舎　カバー・精興社　製本・中永製本

ISBN 978-4-00-386027-4　　Printed in Japan

読書子に寄す

――岩波文庫発刊に際して――

岩波茂雄

真理は万人によって求められることを自ら欲し、芸術は万人によって愛されることを自ら望む。かつては民を愚昧ならしめるために学芸が最も狭き堂宇に閉鎖されたことがあった。今や知識と美とを特権階級の独占より奪い返すことはつねに進取的なる民衆の切実なる要求である。岩波文庫はこの要求に応じそれに励まされて生まれた。それは生命ある不朽の書を少数者の書斎と研究室とより解放して街頭にくまなく立たしめ民衆に伍せしめるであろう。近時大量生産予約出版の流行を見る。その広告宣伝の狂態はしばらくおくも、後代にのこすと誇称する全集がその編集に万全の用意をなしたるか。千古の典籍の翻訳企図に敬虔の態度を欠かざりしか。さらに分売を許さず読者を繋縛して数十冊を強うるがごとき、はたしてその揚言する学芸解放のゆえんなりや。吾人は天下の名士の声に和してこれを推挙するに躊躇するものである。このときにあたって、岩波書店は自己の責務のいよいよ重大なるを思い、従来の方針の徹底を期するため、すでに十数年以前より志して来た計画を慎重審議この際断然実行することにした。吾人は範をかのレクラム文庫にとり、古今東西にわたって文芸・哲学・社会科学・自然科学等種類のいかんを問わず、いやしくも万人の必読すべき真に古典的価値ある書をきわめて簡易なる形式において逐次刊行し、あらゆる人間に須要なる生活向上の資料、生活批判の原理を提供せんと欲する。この文庫は予約出版の方法を排したるがゆえに、読者は自己の欲する時に自己の欲する書物を各個に自由に選択することができる。携帯に便にして価格の低きを最主とするがゆえに、外観を顧みざるも内容に至っては厳選最も力を尽くし、従来の岩波出版物の特色をますます発揮せしめようとする。この計画たるや世間の一時の投機的なるものと異なり、永遠の事業として吾人は微力を傾倒し、あらゆる犠牲を忍んで今後永久に継続発展せしめ、もって文庫の使命を遺憾なく果たさしめることを期する。芸術を愛し知識を求むる士の自ら進んでこの挙に参加し、希望と忠言とを寄せられることは吾人の熱望するところである。その性質上経済的には最も困難多きこの事業にあえて当たらんとする吾人の志を諒として、その達成のため世の読書子とのうるわしき共同を期待する。

昭和二年七月

《法律・政治》〔白〕

- 人権宣言集 — 高木八尺・末延三次・宮沢俊義 編
- 新版 世界憲法集 第二版 — 高橋和之 編
- 君主論 — マキアヴェッリ 河島英昭 訳
- フィレンツェ史 全二冊 — マキァヴェッリ 齊藤寛海 訳
- リヴァイアサン 全四冊 — ホッブズ 水田洋 訳
- 法の精神 全三冊 — モンテスキュー 野田良之・稲本洋之助・上原行雄・田中治男・三辺博之・横田地弘 訳
- 教育に関する考察 — ロック 服部知文 訳
- 完訳 統治二論 — ジョン・ロック 加藤節 訳
- 寛容についての手紙 — ジョン・ロック 加藤節・李静和 訳
- キリスト教の合理性 — ジョン・ロック 加藤節 訳
- ルソー 社会契約論 — 桑原武夫・前川貞次郎 訳
- アメリカのデモクラシー 全四冊 — トクヴィル 松本礼二 訳
- リンカーン演説集 — 高木八尺・斎藤光 訳
- 権利のための闘争 — イェーリング 村上淳一 訳
- 近代人の自由と古代人の自由・征服の精神と簒奪 他一篇 — コンスタン 堤林剣・堤林恵 訳
- 民主主義の本質と価値 他一篇 — ハンス・ケルゼン 長尾龍一・植田俊太郎 訳
- 外交談判法 — カリエール 坂野正高 訳
- 危機の二十年 —理想と現実 — E・H・カー 原彬久 訳
- ザ・フェデラリスト — A・ハミルトン J・ジェイ J・マディソン 斎藤眞・中野勝郎 訳
- アメリカの黒人演説集 —キング・マルコムX・モリスン 他 — 荒このみ 編訳
- モーゲンソー 国際政治 —権力と平和 全三冊 — 原彬久 監訳
- ポリアーキー — ロバート・A・ダール 高畠通敏・前田脩 訳
- 現代議会主義の精神史的状況 他一篇 — カール・シュミット 樋口陽一 訳
- 政治的なものの概念 — カール・シュミット 権左武志 訳
- 第二次世界大戦外交史 全二冊 — 芦田均
- 憲法講話 — 美濃部達吉
- 日本国憲法 — 長谷部恭男 解説
- 民主体制の崩壊 —危機・崩壊・再均衡 — ファン・リンス 横田正顕 訳
- 憲法 — 鵜飼信成

《経済・社会》〔白〕

- 政治算術 — ペティ 大内兵衛・松川七郎 訳
- 国富論 全四冊 — アダム・スミス 水田洋 監訳 杉山忠平 訳
- 法学講義 — アダム・スミス 水田洋 訳
- コモン・センス 他三篇 — トーマス・ペイン 小松春雄 訳
- 経済学における諸定義 — マルサス 玉野井芳郎 訳
- オウエン自叙伝 — ロバアト・オウエン 五島茂 訳
- 戦争論 全三冊 — クラウゼヴィッツ 篠田英雄 訳
- 自由論 — J・S・ミル 塩尻公明・木村健康 訳
- 大学教育について — J・S・ミル 竹内一誠 訳
- 功利主義 — J・S・ミル 関口正司 訳
- イギリス国制論 全二冊 — バジョット 遠山隆淑 訳
- ユダヤ人問題によせて ヘーゲル法哲学批判序説 — マルクス 城塚登 訳
- 経済学・哲学草稿 — マルクス 城塚登・田中吉六 訳
- 新編輯版 ドイツ・イデオロギー — マルクス エンゲルス 廣松渉 編訳 小林昌人 補訳
- マルクス エンゲルス 共産党宣言 — 大内兵衛・向坂逸郎 訳
- 賃労働と資本 — マルクス 長谷部文雄 訳
- 賃銀・価格および利潤 — マルクス 長谷部文雄 訳
- マルクス 経済学批判 — 武田隆夫・遠藤湘吉・大内力・加藤俊彦 訳
- マルクス 資本論 全九冊 — エンゲルス 編 向坂逸郎 訳
- トロツキー わが生涯 全二冊 — 森田成也・志田昇 訳

空想より科学へ —社会主義の発展— エンゲルス 大内兵衛訳
帝国主義論 全二冊 ホブスン 矢内原忠雄訳
帝国主義 レーニン 宇高基輔訳
国家と革命 レーニン 宇高基輔訳
ローザ・ルクセンブルク 獄中からの手紙 秋元寿恵夫訳
雇用、利子および貨幣の一般理論 全二冊 ケインズ 間宮陽介訳
シュムペーター 経済発展の理論 全二冊 塩野谷祐一・中山伊知郎・東畑精一訳
シュムペーター 経済学史 —学説ならびに方法の諸段階— 中山伊知郎・東畑精一訳
租税国家の危機 シュムペーター 木村元一・小谷義次訳
日本資本主義分析 山田盛太郎
恐慌論 宇野弘蔵
経済原論 宇野弘蔵
資本主義と市民社会 他十四篇 大塚久雄 齋藤英里編
共同体の基礎理論 他六篇 大塚久雄 小野塚知二編
ユートピアだより ウィリアム・モリス 川端康雄訳
社会科学と社会政策にかかわる認識の「客観性」 マックス・ヴェーバー 富永祐治・立野保男訳 折原浩補訳
プロテスタンティズムの倫理と資本主義の精神 マックス・ヴェーバー 大塚久雄訳

職業としての学問 マックス・ウェーバー 尾高邦雄訳
社会学の根本概念 マックス・ヴェーバー 清水幾太郎訳
職業としての政治 マックス・ヴェーバー 脇圭平訳
古代ユダヤ教 全三冊 マックス・ヴェーバー 内田芳明訳
宗教と資本主義の興隆 —歴史的研究 全二冊 トーニー 出口勇蔵・越智武臣訳
世論 全二冊 リップマン 掛川トミ子訳
鯰絵 —民俗的想像力の世界 C・アウエハント 小松和彦・中沢新一・飯島吉晴・古家信平訳
贈与論 他二篇 マルセル・モース 森山工訳
国民論 他二篇 マルセル・モース 森山工編訳
ヨーロッパの昔話 その形と本質 マックス・リュティ 小澤俊夫訳
独裁と民主政治の社会的起源 —近代世界形成過程における領主と農民 全二冊 バリントン・ムーア 宮崎隆次・森山茂徳・高橋直樹訳
大衆の反逆 オルテガ・イ・ガセット 佐々木孝訳

《自然科学》〔青〕

ヒポクラテス医学論集 國方栄二編訳
科学と仮説 ポアンカレ 河野伊三郎訳
ロウソクの科学 ファラデー 竹内敬人訳
種の起原 全二冊 ダーウィン 八杉龍一訳

自然発生説の検討 パストゥール 山口清三郎訳
完訳ファーブル昆虫記 全十冊 山田吉彦・林達夫訳
科学談義 T・H・ハックスリ 小泉丹訳
メンデル 雑種植物の研究 岩槻邦男・須原準平訳
アインシュタイン 相対性理論 内山龍雄訳・解説
相対論の意味 アインシュタイン 矢野健太郎訳
アインシュタイン 一般相対性理論 小玉英雄編訳・解説
自然美と其驚異 ジョン・ラバック 板倉勝忠訳
ダーウィニズム論集 八杉龍一編訳
ニールス・ボーア論文集1 因果性と相補性 山本義隆編訳
ニールス・ボーア論文集2 量子力学の誕生 山本義隆編訳
ハッブル 銀河の世界 戎崎俊一訳
パロマーの巨人望遠鏡 全二冊 D・O・ウッドベリー 関正雄・湯澤博・成相恭二訳
生物から見た世界 ユクスキュル クリサート 日高敏隆・羽田節子訳
ゲーデル 不完全性定理 林晋・八杉満利子訳
日本の酒 坂口謹一郎
生命とは何か —物理的にみた生細胞 シュレーディンガー 岡小天・鎮目恭夫訳

《哲学・教育・宗教》〔青〕

ソクラテスの弁明・クリトン　プラトン　久保勉訳
ゴルギアス　プラトン　加来彰俊訳
饗宴　プラトン　久保勉訳
テアイテトス　プラトン　田中美知太郎訳
パイドロス　プラトン　藤沢令夫訳
メノン　プラトン　藤沢令夫訳
国家　全二冊　プラトン　藤沢令夫訳
プロタゴラス　―ソフィストたち　プラトン　藤沢令夫訳
パイドン　―魂の不死について　プラトン　岩田靖夫訳
アナバシス　―敵中横断六〇〇〇キロ　クセノポン　松平千秋訳
アリストテレス　ニコマコス倫理学　全二冊　高田三郎訳
アリストテレス　形而上学　全二冊　出隆訳
アリストテレス　弁論術　戸塚七郎訳
アリストテレース　詩学　ホラーティウス　詩論　松本仁助・岡道男訳
物の本質について　ルクレーティウス　樋口勝彦訳
エピクロス　―教説と手紙　出隆・岩崎允胤訳

生の短さについて　他二篇　セネカ　大西英文訳
怒りについて　他二篇　セネカ　兼利琢也訳
エピクテトス　人生談義　全二冊　國方栄二訳
人さまざま　テオプラストス　森進一訳
マルクス・アウレーリウス　自省録　神谷美恵子訳
老年について　キケロー　中務哲郎訳
弁論家について　全二冊　キケロー　大西英文訳
キケロー書簡集　高橋宏幸編
平和の訴え　エラスムス　箕輪三郎訳
方法序説　デカルト　谷川多佳子訳
哲学原理　デカルト　桂寿一訳
情念論　デカルト　谷川多佳子訳
パンセ　全三冊　パスカル　塩川徹也訳
スピノザ　神学・政治論　全二冊　スピノザ　畠中尚志訳
知性改善論　畠中尚志訳
スピノザ　エチカ（倫理学）　全二冊　畠中尚志訳
スピノザ　国家論　畠中尚志訳

スピノザ往復書簡集　畠中尚志訳
デカルトの哲学原理　―附　形而上学的思想　スピノザ　畠中尚志訳
スピノザ　神・人間及び人間の幸福に関する短論文　畠中尚志訳
モナドロジー　他二篇　ライプニッツ　谷川多佳子・岡部英男訳
市民の国について　全二冊　ヒューム　小松茂夫訳
自然宗教をめぐる対話　ヒューム　犬塚元訳
エミール　全三冊　ルソー　今野一雄訳
人間不平等起原論　ルソー　本田喜代治・平岡昇訳
ルソー　社会契約論　桑原武夫・前川貞次郎訳
言語起源論　―旋律と音楽的模倣について　ルソー　増田真訳
ディドロ　絵画について　佐々木健一訳
道徳形而上学原論　カント　篠田英雄訳
啓蒙とは何か　他四篇　カント　篠田英雄訳
純粋理性批判　全三冊　カント　篠田英雄訳
カント　実践理性批判　波多野精一・宮本和吉・篠田英雄訳
判断力批判　全二冊　カント　篠田英雄訳
永遠平和のために　カント　宇都宮芳明訳

プロレゴメナ　カント　篠田英雄訳
学者の使命・学者の本質　フィヒテ　宮崎洋三訳
シュライエルマッハー　独白　木場深定訳
ヘーゲル　政治論文集　全二冊　金子武蔵訳
哲学史序論 —哲学と哲学史　ヘーゲル　武市健人訳
歴史哲学講義　全二冊　ヘーゲル　長谷川宏訳
法の哲学 —自然法と国家学の要綱　ヘーゲル　上妻精・佐藤康邦・山田忠彰訳
学問論　シェリング　西川富雄・藤田正勝監訳
自殺について　他四篇　ショウペンハウエル　斎藤信治訳
読書について　他二篇　ショウペンハウエル　斎藤忍随訳
知性について　他四篇　ショーペンハウエル　細谷貞雄訳
不安の概念　キェルケゴール　斎藤信治訳
死に至る病　キェルケゴール　斎藤信治訳
体験と創作　全二冊　ディルタイ　柴田治三郎・小牧健夫訳
眠られぬ夜のために　全二冊　ヒルティ　草間平作・大和邦太郎訳
幸福論　全三冊　ヒルティ　草間平作・大和邦太郎訳
悲劇の誕生　ニーチェ　秋山英夫訳

ツァラトゥストラはこう言った　全二冊　ニーチェ　氷上英廣訳
道徳の系譜　ニーチェ　木場深定訳
善悪の彼岸　ニーチェ　木場深定訳
この人を見よ　ニーチェ　手塚富雄訳
プラグマティズム　W・ジェイムズ　桝田啓三郎訳
宗教的経験の諸相　全二冊　W・ジェイムズ　桝田啓三郎訳
日常生活の精神病理　フロイト　高田珠樹訳
純粋現象学及現象学的哲学考案　全二冊　フッセル　池上鎌三訳
デカルト的省察　フッサール　浜渦辰二訳
愛の断想・日々の断想　ジンメル　清水幾太郎訳
ジンメル宗教論集　深澤英隆編訳
笑い　ベルクソン　林達夫訳
道徳と宗教の二源泉　ベルクソン　平山高次訳
時間と自由　ベルクソン　中村文郎訳
ラッセル教育論　安藤貞雄訳
ラッセル幸福論　安藤貞雄訳
存在と時間　全四冊　ハイデガー　熊野純彦訳

学校と社会　デューイ　宮原誠一訳
民主主義と教育　全二冊　デューイ　松野安男訳
我と汝・対話　マルティン・ブーバー　植田重雄訳
アラン　幸福論　神谷幹夫訳
アラン　定義集　神谷幹夫訳
天才の心理学　E・クレッチュマー　内村祐之訳
英語発達小史　H・ブラッドリ　寺澤芳雄訳
日本の弓術　オイゲン・ヘリゲル述　柴田治三郎訳
ことばのロマンス —英語の語源　ウィークリー　寺澤芳雄・出淵博訳
ヴィーコ　学問の方法　上村忠男・佐々木力訳
国家と神話　全二冊　カッシーラー　熊野純彦訳
天才・悪　ブレンターノ　篠田英雄訳
人間の頭脳活動の本質　他一篇　ディーツゲン　小松摂郎訳
プラトン入門　R・S・ブラック　内山勝利訳
反啓蒙思想　他二篇　バーリン　松本礼二編
マキアヴェッリの独創性　他三篇　バーリン　川出良枝編
ロシア・インテリゲンツィヤの誕生　他五篇　バーリン　桑野隆編

岩波文庫の最新刊

グレゴリー・ベイトソン著／佐藤良明訳
精神の生態学へ（中）
コミュニケーションの諸形式を分析し、精神病理を「個人の心」から解き放つ。中巻は学習理論・精神医学篇。ダブルバインドの概念、アルコール依存症の解明など。（全三冊）〔青N六〇四-三〕 定価一二一〇円

イーディス・ウォートン作／河島弘美訳
無垢の時代
二人の女性の間で揺れ惑う青年の姿を通して、時代の変化にさらされる〈オールド・ニューヨーク〉の社会を鮮やかに描く。ピューリッツァー賞受賞作。〔赤三四五-一〕 定価一五〇七円

バジョット著／宇野弘蔵訳
ロンバード街
―ロンドンの金融市場―
一九世紀ロンドンの金融市場を観察し、危機発生のメカニズムや「最後の貸し手」としての中央銀行の役割について論じた画期的著作。改版。（解説＝翁邦雄）〔白一二二-一〕 定価一三五三円

道籏泰三編
中上健次短篇集
中上健次（一九四六―一九九二）は、怒り、哀しみ、優しさに溢れた人間のあり方を短篇小説で描いた。『十九歳の地図』『ラプラタ綺譚』等、十篇を精選。〔緑二三〇-一〕 定価一〇〇一円

……今月の重版再開……

井原西鶴作／横山重校訂
好色一代男
〔黄二〇四-一〕 **定価九三五円**

ヴェブレン著／小原敬士訳
有閑階級の理論
〔白二〇八-一〕 **定価一二一〇円**

定価は消費税 10% 込です　2023. 6